학문을 키워주는 미래로의 산책

에게 드립니다

온고지신(溫故知新)

'온고(溫故)'는 옛것을 익힌다는 뜻이고, '지신(知新)'은 새것을 안다는 뜻으로
새로운 것을 알기 위해서 옛것을 익히고 배워야 한다.

온고지신 인문학 4

원저: 홍자성 / 편저: 박일봉

일봉 채근담

개정판

육문사
Yukmoonsa

온고지신 인문학 4

일봉 채근담

초판 1쇄 | 2016년 3월 15일 발행

원저자 | 홍자성
편저자 | 박일봉
교　정 | 이정민
디자인 | 인지숙
펴낸이 | 이경자
펴낸곳 | 육문사

주소 | 서울 마포구 월드컵로 11길 35, 101동 502호
전화 | 02-336-9948
팩시밀리 | 02-337-4315
출판등록 | 제313-2011-2호 (1974. 5. 29)

ISBN 978-89-8203-025-3 04140
978-89-8203-100-7 (세트)

국립중앙도서관 출판시도서목록(CIP)

(일봉) 채근담 / 원저자: 홍자성 ; 편저자: 박일봉. -- 서울 : 육문사, 2016
p. ; cm. -- (온고지신 인문학 ; 4)

원표제: 菜根譚
원저자명: 洪自誠
중국어 원작을 한국어로 번역
ISBN 978-89-8203-025-3 04140 : ₩15000
ISBN 978-89-8203-100-7 (세트) 04140

인생훈[人生訓]
채근담[菜根譚]

199.1-KDC6
179.9-DDC23 CIP2016003804

一峰 菜根譚

채근담을 시작하며……

세상에는 인생(人生)과 처세(處世)에 대한 수양서(修養書)가 헤아릴 수 없이 많이 있지만 그중에서 이 《채근담(菜根譚)》이야말로 동서고금(東西古今)에 그 유례(類例)가 없는 군계일학(群鷄一鶴)의 백미(白眉)이리라.

《채근담(菜根譚)》 전 · 후집(前後集)을 통하여 살펴보면 저자 홍자성(洪自誠)은 그 사상의 뿌리를 유교(儒敎)에 두고 있으나 노장(老莊)의 도교(道敎)나 불교(佛敎)의 사상까지도 폭넓게 받아들이고 있다. 그러므로 그는 인생을 초탈(超脫)하되 속세(俗世) 속에서 초탈하라고 강조하고 있으며 물질(物質)과 명예(名譽)도 맹목적으로 부정하고 있지는 않다. 《채근담(菜根譚)》이 현대인의 공감(共感)을 불러일으키는 이유도 여기에 있는 것이다.

이리하여 이 《채근담(菜根譚)》은 부귀한 사람에게는 경계(警戒)를 주고 빈천(貧賤)한 사람에게는 안락(安樂)을 주며, 성공한 사람에게는 충고를 주고 실의(失意)에 빠진 사람에게는 격려(激勵)를 주어 누구에게나 인격수양(人格修養)의 지침서가 되고 삶의 지혜의 샘물이 되어 만인(萬人)에게 즐거움을 안겨 주는 것이다.

《채근담(菜根譚)》에 담겨 있는 내용은 결코 고답적(高踏的)인 공리공론(空理空論)이 아니라 현실적 입장 위에서 인생의 깊은 철리(哲理)와 우주의 진리를 간파한 훈계적(訓戒的)인 것들이다.

우공겸(于孔兼)도 제사(題詞)에서 '책을 손에 잡고 읽어 보니, 비로소 그 성명(性命:本性과 天命)을 논하매 곧 현묘(玄妙)한 경지에 이르고, 인

정(人情: 인간의 심리)을 논하매 간곡히 구석구석을 다 밝혀서, 하늘을 우러르고 땅을 굽어보매 가슴이 유연(悠然)함을 깨닫고, 속세(俗世)의 공명(功名)이 티끌 같아져 식견(識見)과 취미가 문득 고원(高遠)함을 알겠도다.…… 그가 말하고 있는 바는 모두가 세상 사람들에게 약이 되고 사람들을 깨우쳐 주는 간요(肝要)한 것들뿐으로, 귀로 들어왔다가 입으로 나가는 경박(輕薄)한 것이 아니로다.'라고 말하고 있듯이, 《채근담(菜根譚)》은 일어일구(一語一句)가 심오한 진리이며 촌철자인(寸鐵刺人)의 경계(警戒) 아닌 것이 없어 한 번 읽으면 가슴이 트이고 마음이 맑아지며, 두 번 읽으면 인생에 대해 눈을 뜨고 세상을 깨닫게 되고, 세 번 읽으면 생사(生死)를 깨치고 인생을 즐겨 저 영원무궁(永遠無窮)한 천지자연(天地自然)과 더불어 유유자적(悠悠自適)하게 되리라.

더욱이 《채근담(菜根譚)》의 문장은 음미(吟味)할수록 맛이 새로울 뿐만 아니라 모두가 아름답고 물 흐르는 듯하여, 목청을 돋우어 읊으면 시(詩)가 되고 나직이 음미하면 곧 명상(瞑想)과 사색(思索)에 잠기게 되리라.

《채근담(菜根譚)》은 전집(前集) 이백이십오 장, 후집(後集) 일백삼십사 장(章), 모두 삼백오십구 장으로 되어 있어 1년 삼백육십오 일과 거의 맞아떨어진다. 굳이 하루에 한 장씩 읽도록 꾸민 것은 아니지만 날마다 몇 장씩 읽고 해마다 한 차례씩 읽기를 거듭하여 평생토록 자기수양(自己修養)의 반려(伴侶)로 삼는다면 일생을 그르치는 일이 없을 것이다.

<일러두기>

1. 채근담(菜根譚)에는 저자(著者)의 이름이 다른 두 종류의 판본(版本)이 있다. 하나는 환초도인(還初道人) 홍자성(洪自誠)이 저자로 되어 있고 삼봉주인(三峰主人) 우공겸(于孔兼)의 제사(題詞)가 붙어 있는 판본이며, 다른 하나는 홍응명(洪應明)이 저자로 되어 있고 우공겸(于孔兼)의 제사(題詞)가 붙어 있지 않은 판본이다. 이 책은 우리 나라에 널리 알려져 있으며 홍자성(洪自誠)이 저자로 되어 있는 판본을 완역한 것이다.
2. 이 책을 번역함에 있어 원문(原文)을 이해하는 데에 필요한 단어에 대해서는 물론 고사(故事)나 다른 책에서 인용한 문구(文句)들에 대해서도 그 출전(出典)과 내용을 【말의 뜻】에 자세히 소개함으로써 독자들로 하여금 그 문구에 내포되어 있는 정확한 의미를 파악하게 하여, 원문이 지니고 있는 묘미(妙味)와 심오한 맛을 볼 수 있도록 하는 데에 주력했다.
3. 우리말로 옮김에 있어 원문에 충실하게 번역하려고 노력했으나 원문이 지니고 있는 오묘한 맛을 그대로 전달하기에는 어려움이 많았다. 그러므로 이 책을 읽음에 있어 먼저 원문과 【말의 뜻】을 비교해 가며 읽은 다음 원문을 번역한 글을 읽는다면, 독자들은 번역 과정에서 우리말로 옮길 수 없었던 오묘한 맛까지도 원문에 가깝게 이해할 수 있을 것이다.
4. 번역문 다음에 【뜻 풀이】를 두어 독자들이 원문의 뜻을 이해하는 데에 도움이 되도록 했다.
5. 이 책은 세상을 움직이는 책 《일봉 채근담》을 원본으로 하여 자신의 내면을 바르고 건전하게 가꾸며 타인, 공동체, 자연과 더불어 사는 데 필요한 인간다운 성품과 역량을 기르는 인성교육의 도움이 되도록 온고지신 인문학 시리즈로 발간하였다.

차 례 / 채근담(菜根譚)

해제(解題)

1. 서명(書名)《채근담(菜根譚)》에 대하여

《채근담(菜根譚)》이라는 이 책의 이름은 송(宋)의 유학자(儒學者) 왕신민(汪信民:이름은 革, 信民은 字)의 '사람이 항상 나물 뿌리[菜根]를 씹을 수 있다면 백 가지 일을 할 수 있다.(人常咬得菜根, 則百事可做)' 라는 말에 기원을 두고 있다.

이 말은 '맛있는 음식을 구하지 않고 항상 채근(菜根)과 같은 거친 음식을 달게 여기며 사는 사람은 어떤 일이라도 성취할 수 있다.'라는 뜻으로, 주자(朱子)가 편집한 《소학(小學)》 선행편(善行篇) 맨 끝부분에 '왕신민이 일찍이 말하기를 '사람이 항상 채근(菜根)을 씹을 수 있다면 모든 일을 다 이룰 수 있다.'라고 했는데, 호강후(胡康侯:송나라의 유명한 유학자로 이름은 安國, 康侯는 字)는 이 말을 듣고 무릎을 치며 감탄하고 칭찬했다.(汪信民嘗言, 人常咬得菜根, 則百事可做. 胡康侯聞之, 擊節嘆賞.)'라는 말이 보이며, 《여씨사우잡록(呂氏師友雜錄)》에도 같은 글이 실려 있다.

또 주자(朱子)도 그의 주(註)에서 '오늘날 사람들을 보건대 채근(菜根)을 씹을 줄을 모름으로 인해 자기의 본심(本心)을 잃기에 이른 자들이 많다.'라고 말하고 있다.

이 말은 본래 빈고(貧苦)의 생활을 견디어 내는 것을 의미하지만 한 걸음 더 나아가 딱딱하고 근(筋)이 많은 채근(菜根)을 잘 씹을 수 있는 것은 사물의 참맛을 맛볼 수 있는 사람임을 의미하며, 또한 채근(菜根)이라는 말에는 빈곤(貧困)한 생활이라는 의미가 내포되어 있으므로 빈고의 생활을 견디어 낼 수 있는 사람은 인생의 모든 일을 달성할 수 있음을 의미하기도 한다.

우공겸(于孔兼)도 이 책의 제사(題詞)에서 '이 글을 채근(菜根)이라고 이름 붙였거니와 이는 본디 작자 스스로가 청고(淸苦)를 겪고 단련하는 가운데서 이루어진 것이며, 또한 스스로 심고 물 주어 가꾸는 속에서 얻어진 것으로서, 그가 얼마나 세상 풍파(風波)에 시달리고 인생 행로(人生行路)의 험난함을 맛보았는지 가히 상상할 수 있도다.(譚以菜根名. 固自淸苦歷練中來, 亦栽培灌漑裡得. 其顚頓風波, 備嘗險阻可想矣.)' 라고 말하였으며, 또한 '채근(菜根) 속에는 참맛이 있다.(菜根中有眞味)' 라고 말하고 있다.

2. 저자(著者) 홍자성(洪自誠)에 대하여

《채근담(菜根譚)》의 저자 홍자성(洪自誠)은 어떤 인물이며 어떤 삶을 살았는지 등에 대해 모든 것이 분명치 않으며 지금으로서는 조사할 수 있는 자료도 전혀 없다.

다만 우리는, 우공겸(于孔兼)이 이 책의 제사(題詞)에서 '나의 벗 홍자성이란 이가 그의 저서 채근담(菜根譚)을 가지고 와 내게 보이면서 서(序)를 부탁했다.(友人洪自誠者. 持菜根譚示予. 且丐予序.)' 라고 말해 홍자성은 우공겸과 같은 시대의 인물임을 알 수 있으며 그의 친구로서의 홍자성에 대해 미루어 짐작할 수 있을 뿐이다.

그러면 우공겸은 어떤 인물인가? 《명사(明史)》 본전(本傳)에 의하면 우공겸은 금단(金壇) 사람으로 호는 삼봉주인(三峰主人), 만력(萬曆) 8년(1580년)에 진사(進士)에 합격하고 구강추관(九江推官)·예부주사(禮部主事) 등 여러 관직을 거쳐 의제랑중(儀制郎中)에 올랐다.

그러나 그는 청렴(淸廉)한 선비로서, 신종 황제(神宗皇帝)에게 아첨하는 환관(宦官) 일파에 대항하여 항상 정론(正論)을 개진(開陳)하다가 마침내 신종의 미움을 받아 만력 이십일 년(1593년) 관직에서 물러나 집에 들어앉아 이십 년 동안 책을 읽으며 조용한 생활을 하다가 오십오 세의 나이로 죽었다.

당시 그는 그의 제사(題詞) 중에 '찾아오는 손님을 쫓고 외로이 띠집—모옥(茅屋)—에 은거(隱居)하여 우리 유도(儒道)의 선비와는 사귀어 즐기되 그 밖의 사람들과는 사귀어 놀지 않노라.(逐客孤踪, 屛居蓬舍, 樂與方以內人遊, 不樂與方以外人遊也.)' 라는 말과, '이렇게 함으로써 내가 산중 생활(山中生活)의 능력을 다 발휘하기에 족하다.(此足以畢予山中伎倆矣.)' 라는 말이 나타내듯이 조용한 생활을 보냈다.

이상으로 미루어 우리는 우공겸의 인품을 짐작할 수 있으며, 우공겸이 홍자성을 '나의 벗' 이라고 부르고 있는 것에서 또한 홍자성의 사람됨을 어렴풋하게나마 짐작할 수 있다.

추측컨대 홍자성은 명(明)시대 말(末)의 유학자로 그 내력은 분명치 않으나 필시 박학다식한 석학(碩學)이면서도 일찍이 홍진세파(紅塵世波)에 시달려 온갖 역경과 실의를 맛본 끝에 인생과 세상의 이치를 크게 깨닫고 이《채근담(菜根譚)》을 지어 후세 사람들의 수양서(修養書)로 삼고자 했음이리라.

3.《채근담(菜根譚)》의 사상에 대하여

《채근담(菜根譚)》에 담겨 있는 사상은 유교적(儒敎的) 사상을 기조(基調)로 하고 이에 도교(道敎)와 불교(佛敎)의 사상을 가한 유(儒)·도(道)·불(佛) 3敎 합일(合一)의 사상이다.

《채근담(菜根譚)》의 내용 중에는《시경(詩經)》·《논어(論語)》·《대학(大學)》·《중용(中庸)》·《주역(周易)》 등의 유교적(儒敎的) 경서(經書)나 명(明)의 진백사(陳白沙, 前集 77 참조)·북송(北宋)의 소요부(邵堯夫, 後集 58 참조)·북송(北宋)의 소동파(蘇東坡, 前集 173 참조)·당(唐)의 백거이 (白居易, 後集 82, 91 참조) 등의 유가적(儒家的) 선현(先賢)들의 시구(詩句)를 인용하고 있는 부분이 많으며, 또 '우리의 유학자 오유(吾儒)'라는 말이 가끔 보이는 것을 보면《채근담(菜根譚)》이 유교적 사상에 바탕을 두고 있음을 쉽게 알 수 있다.

또 때로는 석가(釋迦)나 고승(高僧)의 말을 인용하고 있으며, 때로는《노자(老子)》·《장자(莊子)》의 말을 인용하고 있다. 이들을 인용하는 데에 그치는 것이 아니라 한 걸음 더 나아가《채근담(菜根譚)》은 유교와 불교와 도교에 공통된 진리성(眞理性)을 추구하고 있는 것이다.

예컨대 후집(後集) 124의 '꽃을 가꾸고 대나무를 심으며 학을 즐기고 물고기를 바라볼지라도, 또한 그 가운데 일단의 깨닫는 바가 있어야 한다. 만일 한갓 그 광경에 빠져 겉모습만을 희롱한다면 이는 또한 우리 유학에서 말하는 구이지학(口耳之學)이요, 불교에서 말하는 완공(頑空)일 뿐이니, 무슨 아름다운 취미가 있으랴.' 라든가 후집(後集) 63의 '옛날 고승(高僧)이 이르기를 '대나무 그림자가 뜰을 쓸되 티끌은 움직이지 않고, 달의 그림자가 연못을 뚫되 물에는 흔적이 없네.'라 했고, 또 우리 유교의 선비가 이르기를 '물의 흐름이 아무리 빨라도 둘레는 늘 고요하고, 꽃은 빈번히 떨어지지만 마음은 스스로 한가하네.'라 하였다. 사람이 항상 이 뜻을 가지고 일에 응하고 사물에 접한다면 몸과 마음이 얼마나 자유로우랴!' 등에서는 유교와 불교의 공통된 진리성을 추구하고 있으며, 후집(後集) 102의 '마음에 망령된 생각이 없으면 어찌 마음을 볼 것이 있으랴! 석가(釋迦)가 말하는 '마음을 본다' 함은 거듭 그 장애를 더할 뿐이다. 만물(萬物)은 본래 한 물건이니 어찌 가지런하기를 기다릴 것이 있으랴! 장자(莊子)가 말하는 '만물을 가지런히 한다' 함은 스스로 같은 것을 갈라놓는 것이다.' 등에서는 유교와 도교의 공통된 진리성을 추구하고 있는 것이다.

이와 같이 《채근담(菜根譚)》은 유교와 불교와 도교의 공통된 진리성(眞理性)에 바탕을 두고 인생의 철리(哲理)와 천리(天理)를 밝힘으로써 우리를 진리(眞理)의 현묘(玄妙)한 세계로 인도한다.

채근담 제사(題詞)

逐客孤踪 屛居蓬舍 樂與方以內人遊 不樂與方以外人遊也.
축객고종 병거봉사 낙여방이내인유 불락여방이외인유야

妄與千古聖賢 置辯於五經同異之間 不妄與二三小子 浪跡于
망여천고성현 치변어오경동이지간 불망여이삼소자 낭적우

雲山變幻之麓也. 日與漁父田夫 朗吟唱和於五湖之濱 綠野
운산변환지록야 일여어부전부 낭음창화어오호지빈 록야

之坳 不日與競刀錐榮升斗者 交臂抒情於冷熱之場 腥羶之
지요 불일여경도추영승두자 교비서정어냉열지장 성전지

窟也. 間有習濂洛之說者牧之 習竺乾之業者闢之 爲譚天雕龍
굴야 간유습염락지설자목지 습축건지업자벽지 위담천조룡

之辯者遠之. 此足以畢予山中伎倆矣. 適有友人洪自誠者 持
지변자원지 차족이필여산중기량의 적유우인홍자성자 지

菜根譚示予 且丐予序. 予始訑訑然睨之耳. 旣而徹几上陳編
채근담시여 차개여서 여시이이연시지이 기이철궤상진편

屛胸中雜慮 手讀之則覺 其譚性命直入玄微 道人情曲盡岩險
병흉중잡려 수독지즉각 기담성명직입현미 도인정곡진암험

俯仰天地見胸次之夷猶 塵芥功名知識趣之高遠 筆底陶鑄 無
부앙천지견흉차지이유 진개공명지식취지고원 필저도주 무

非綠樹靑山 口吻化工 盡是鳶飛魚躍. 此其自得何如 固未能
비녹수청산 구문화공 진시연비어약 차기자득하여 고미능

深信 而據所擒詞 悉砭世醒人之喫緊 非入耳出口之浮華也.
심신 이거소금사 실폄세성인지끽긴 비입이출구지부화야

譚以菜根名. 固自淸苦歷練中來 亦自栽培灌漑裡得. 其顚頓
담이채근명 고자청고역련중래 역자재배관개리득 기전돈

風波備嘗險阻 可想矣. 洪子曰 天勞我以形 吾逸吾心以補之
풍파비상험조 가상의 홍자왈 천로아이형 오일오심이보지

天阨我以遇 吾高吾道以通之. 其所自警自力者 又可思矣. 由
천액아이우 오고오도이통지 기소자경자력자 우가사의 유

是 以數語弁之 俾公諸人人 知菜根中有眞味也.
시 이수어변지 비공제인인 지채근중유진미야

三峰主人 于孔兼 題
삼봉주인 우공겸 제

찾아오는 손님을 쫓고 외로이 띠[茅]집에 은거(隱居)하며, 우리 유도(儒道)의 선비와는 사귀어 즐기되 그 밖의 사람들과는 사귀어 놀지 않노라. 망령되이 천고(千古)의 성현(聖賢)들과 오경(五經)의 뜻이 같고 다름을 의논하되 허투로 두서너 소인들과 더불어 자연의 변화를 쫓아 산기슭에 마구 산책하지 않노라.

날로 어부나 농부와 더불어 오호(五湖) 물가나 푸른 들 가운데서 시를 읊조리고 노래를 화답하되, 날로 한 점 이익을 다투고 한 말[斗] 지위를 영화로 여기는 자와는 염량(炎凉)을 헤아릴 길 없으니 날고기에 파리 떼가 모여드는 소굴에서 서로 사귀지 않노라.

간혹 염락(濂洛)의 학설을 배우러 찾아오는 자 있으면 이를 가르쳐 주고 불교의 공부를 하는 자 있으면 그 몽매(蒙昧)함을 깨우쳐 주되, 헛되이 하늘 모습을 말하고 용을 아로새기는 굉장한 변론으로 뽐내는 자는 이를 멀리하노라.

이렇게 함으로써 내 산중 생활(山中生活)의 능력을 다 발휘하기에 족하다고 여겨 왔노라.

마침 나의 벗 홍자성(洪自誠)이라는 이가 그의 저서(著書) 채근담(菜根譚)을 가지고 와 내게 보이면서 서문(序文)까지 부탁하는지라, 처음에 나는 대단찮이 여기고 이를 건성으로 보았을 뿐이다.

그러다 이윽고 책상 위의 옛 책들을 물리치고나서 가슴속의 잡념을 없애 마음을 가다듬고 책을 손에 잡고 읽어 보니, 비로소 그 성명(性命)을 논하매 곧 현묘(玄妙)한 경지에 이르고, 인정(人情)을 말하매 간곡히 구석구석을 다 밝혀서, 하늘을 우러르고 땅을 굽어보매 가슴이 유연(悠然)함을 깨닫고, 속세의 공명(功名)이 티끌 같아져 식견(識見)과 취미가 문득 고원(高遠)함을 알겠도다. 붓의 저력(底力)이 이루어 내는 것 녹수청산(綠樹靑山) 아님이 없고, 입에서 흘러나오는 말 모두가 이 유유자적(悠悠自適)하는 연비어약(鳶飛魚躍)의 경지로다.

그의 이 자득(自得)함은 어떠한고? 진실로 아직 깊이 믿을 수는 없지만 그러나 그가 털어놓은 말에 의하면 모두가 세상에 약이 되고 사람을 깨우쳐 주는 간요(肝要)한 것뿐으로, 귀로 들은 것을 입으로 말하는 부화(浮華)한 것이 아니로다.

이 글[譚]을 '채근(菜根)'이라 이름 붙였거니와 이는 본디 작자 스스로가 청고(淸苦)를 겪고 단련하는 가운데서 이루어진 것이며, 또한 스스로 심고 물 주어 가꾸는 속에서 얻어진 것으로서, 그가 얼마나 세상의 풍파(風波)에 시달리고 인생 행로(人生行路)의 험난함을 맛보았는지 가히 상상할 수 있도다.

홍씨(洪自誠)가 말하기를 '하늘이 나를 몸으로써 수고롭게 하면 나는 내 마음을 편안히 하여 이를 보충하고, 하늘이 나를 역경(逆境)에 빠지게 하면 나는 내 도(道)를 높임으로써 이를 트게 하리라.(本文 前集 90 참조)' 하였으니, 이로써 그가 가히 스스로 경계하고 스스로 노력하였음을 추측할 수 있도다.

이로 말미암아 몇 마디 말을 책머리에 적어 사람들로 하여금 이 채근담 가운데 인생의 참다운 맛이 있음을 널리 알게 하고자 함이로다.

삼봉주인 우공겸 제(三峰主人 于孔兼 題)

【말의 뜻】 孤踪(고종):홀로 자신의 길을 감. 踪은 蹤과 同字로, 발자취. 屛居(병거):은거(隱居). 屛은 退, 즉 '물러나다'의 뜻. 方以內人(방이내인):아래 나오는 '方以外人'에 대응되는 말로, 유학자(儒學者)들을 가리킨다. 方은 구역(區域), 즉 '속세(俗世)'의 뜻으로 해석하는 說도 있고 '法'의 뜻으로 해석하는 說도 있다. 方以內는 여기서는 예(禮)로 구속되어 있는 소세계(小世界)를 의미한다. 이에 반해 方以外는 아무것에도 구속되어 있지 않은 자유로운 세계를 의미한다. 그러므로 일반적으로 方以內는 유교(儒敎)를 의미하며 方以外는 불교(佛敎)를 의미한다. 五湖(오호):중국의 아름다운 다섯 호수, 즉 파양호(鄱陽湖)·단양호(丹陽湖)·청초호(靑草湖)·동정호(洞庭湖)·태호(太湖)를 가리킴. 刀錐(도추):작은 이익(利益)에 비유한 말. 交臂抒

情(교비서정):교제함. '交臂'는 본래 친밀한 정을 표하여 서로 손을 마주 잡는 것. 腥羶之窟(성전지굴):더러운 소굴. '腥'은 날고기의 비린내. '羶'은 누린내. 濂洛(염락):濂은 염계(濂溪)의 주돈이(周敦頤, 1017~1073), 洛은 낙양(洛陽)의 정호(程顥, 1032~1085)와 정이(程頤, 1033~1107)를 가리킨다. 이들은 모두 宋代의 뛰어난 유학자(儒學者)들이다. 竺乾(축건):불교(佛敎). 譚天雕龍(담천조룡):하늘의 모습을 말하고 용을 아로새긴다는 뜻으로, 轉하여 굉장한 수식어로 번지르르한 공리공론(空理空論)을 의미한다. 訑訑然(이이연):스스로 만족하여 남의 말을 듣지 않는 모양. '訑'는 으쓱거리다. 眎(시):視의 古字. 徹(철):물리치다. 徹去하다. 陳編(진편):옛 책. 고서(古書). 性命(성명):하늘로부터 부여받은 본성(本性)과 천명(天命). 夷猶(이유):유연(悠然)한 모양. 陶鑄(도주):만들어 냄. 이루어 냄. 吻(문):입술. 鳶飛魚躍(연비어약):솔개가 하늘을 날고 물고기가 물에서 뛰논다는 뜻으로, 자유롭고 활발한 모양을 나타낸다. 砭(폄):돌로 만든 침. 혹은 침(針)으로 병을 고침. 轉하여 사람의 성품과 행위를 바로잡아 준다는 뜻으로 사용된다. 喫緊(끽긴):간요(肝要)한. 歷綠(역련):겪고 단련함. 顚頓(전돈):넘어짐. 뒤집힘. 備嘗(비상):쓴맛 단맛을 빠짐없이 맛봄.

채근담 전집

(菜根譚 前集)

인생이란 마치 나룻배와 같다. 나룻배는 강을 건너기 위한 방편일 뿐이다. 그러므로 강을 건너면 곧 배를 버릴 줄 알아야 진리를 깨달은 사람이다.

이와 마찬가지로 경전(經典)이나 불전(佛典)도 도(道)를 깨닫기 위한 하나의 방편에 지나지 않는다. 만일 부처가 마음에 있음을 깨닫지 못하고 경전이나 불전에 집착한다면 이는 나귀를 타고서 자기 나귀를 찾는 것으로, 영원히 진리를 깨닫지 못하는 어리석은 선승(禪僧)이 되고 말 것이다.

1

棲守道德者 寂寞一時. 依阿權勢者 凄凉萬古. 達人
서 수 도 덕 자　적 막 일 시　의 아 권 세 자　처 량 만 고　달 인
觀物外之物 思身後之身. 寧受一時之寂寞 毋取萬古
관 물 외 지 물　사 신 후 지 신　영 수 일 시 지 적 막　무 취 만 고
之凄凉.
지 처 량

도덕(道德)을 지키고 사는 사람은 한때만 적막할 뿐이나, 권세에 의지하고 아부하여 사는 사람은 만고(萬古)에 처량하다. 도(道)에 통달한 사람은 사물 밖의 것을 보고 육체 뒤의 몸을 생각한다. 차라리 한때의 적막함을 받을지언정 만고의 처량함을 취하지 말라.

【글자 뜻】 棲:살 서. 阿:아첨할 아. 凄:쓸쓸할 처. 凉:서늘할 량. 寧:편안할 녕, 차라리 녕. 毋:말 무, 없을 무.

【말의 뜻】 棲守(서수):그곳에 머물러 지킴. '棲'는 '머물러 살다, 깃들이다'의 뜻. 道德(도덕):도(道). 진리(眞理). 진실(眞實). 寂寞(적막):쓸쓸함. 외로움. 一時(일시):본래 '한때, 잠시'의 뜻이나 여기서는 뒤에 나오는 '萬古'에 대응되는 말로 현세(現世)에서의 일생을 뜻함. 依阿(의아):의지하고 아부함. '阿'는 '아부하다'의 뜻. 萬古(만고):영원. 영구. 達人(달인):도(道)에 통달한 사람. 지인(至人). 物外之物(물외지물):사물 이외의 것, 즉 도(道)·진리(眞理)를 가리킴. 앞의 物은 지위·권세·재물 등 세속적인 부귀영화를 의미함. 身後之身(신후지신):육체가 없어진 뒤의 몸, 즉 죽은 뒤의 명예나 평판. 후세에까지 없어지지 않고 남아 있는 생명을 가리킴. 寧(녕):차라리. 毋(무):'無'와 동자(同字). '~하지 말라.'

【뜻 풀이】 인생이란 두 번 다시 되풀이할 수 없는 숙명적(宿命的)인 것이다. 그러기에 사람은 누구나 권력과 재산을 지니고 싶고 자기 인생을 찬란히 꽃피우고 싶어하는 것인지도 모른다.

그러나 아무리 권력과 재산과 명예가 좋다 한들 그것이 정당한 방법으로 얻어진 것이 아니라면 그 권력과 재산과 명예를 오래 지니기 어려울 뿐 아니라, 설사 요행히 짧은 평생 동안 지닐 수 있다손 치더라도 그 부끄러움은 영원히 씻을 길이 없음은 인류의 역사가 잘 증명해 주고 있다.

사람으로서의 양심과 도덕(道德)을 잃지 않도록 자기의 평생을 가꾸려면 세속(世俗)의 불의(不義)에 휩쓸리지 말아야 하기 때문에 때로는 외로운 일생을 살아야 할지도 모른다. 그렇다고 부귀를 탐내어 양심을 꺾고 권세에 아부한다면 비록 한때의 영화는 누릴지 모르지만 결국은 영원히 욕됨을 면치 못하는 처량한 인생이 되고 말 것이다.

오직 인생의 참뜻을 알고 세상일을 달관(達觀)한 사람만이 뜬구름 같은 부귀 이외의 진정한 부귀를 내다보고 살며, 육체가 죽은 뒤의 참다운 자기 모습을 생각하며 살 수 있는 것이다.

그러므로 사람은 사는 동안 한때는 쓸쓸히 지낼지라도 영원히 구제될 길 없는 천 길 나락(奈落)으로 떨어지는 과오를 저지르지는 말아야 할 것이다.

2

涉世淺 點染亦淺. 歷事深 機械亦深 故君子與其練達
섭세천 점염역천 역사심 기계역심 고군자여기연달

不若朴魯. 與其曲謹 不若疎狂.
불약박로 여기곡근 불약소광

세상을 건넘이 얕으면 때 묻음 또한 얕고, 세상일에 경험이 깊으면 계략 또한 깊다. 그러므로 군자는 능숙하기보다는 차라리 질박(質朴)하고 노둔(魯純)한 편이 낫고, 치밀하기보다는 소탈한 편이 낫다.

【글자 뜻】 涉:건널 섭, 걸을 섭. 淺:얕을 천. 深:깊을 심. 曲:굽을 곡, 곡진할 곡. 謹:삼갈 근. 疎:성길 소. 狂:미칠 광, 사나울 광.

【말의 뜻】 涉世(섭세):세상을 살아감. '涉'은 '건너다'의 뜻. 點染(점염):때묻음. 악(惡)에 물듦. 歷事(역사):세상일에 대한 경험. 機械(기계):계략. 권모술수(權謀術手). '機'에는 '기교(技巧)·거짓·허위'의 뜻이 있다. 기계지심(機械之心)과 기심(機心)은 같은 뜻. 與~不若(여~불약):~하기보다는 차라리 ~하는 편이 낫다. 練達(연달):세상일에 능숙하고 통달함. 朴魯(박로):질박(質朴)하고 노둔(魯純)함. '魯'는 '둔하고 어리석다'의 뜻. 曲謹(곡근):치밀하고 조심함. '曲'은 자세하고 치밀하다는 뜻. 疎狂(소광):소홀하고 거칠음.

【뜻 풀이】 사람이 세상을 살아간다는 것은 마치 거친 물결을 건너가는 것과 같다. 따라서 세상살이의 경력이 적은 사람은 그만큼 악(惡)에 물든 것도 적으며 온갖 경력을 많이 겪은 사람은 그만큼 세상을 능숙하게 살아가는 재주도 많아지게 마련이다.

그렇기 때문에 뜻있는 군자는 인생을 능숙하게 살기보다는 정직하고 어리석게 사는 편을 택하고, 물샐틈없이 용의주도하게 살기보다는 가끔 실수는 있을지라도 차라리 서툴게 살기를 바라는 것이다.

그렇다고 하여 본장(本章)에서 하는 말이 세상일을 피해서 살라는 뜻은 아니다. 마치 쇠붙이가 불에 녹고 쇠망치에 맞을수록 강철이 되듯이 어려움 속에서도 본성(本性)을 잃지 않는다면 위대한 인간이 될 것이다.

요컨대 인간성을 상실(喪失)하고 아부와 권모술수(權謀術數)로 자신을 망치고 남에게까지 피해를 주는 일이 없어야 할 것이다.

3

君子之心事 天靑日白 不可使人不知. 君子之才華
군자지심사 천청일백 불가사인부지 군자지재화
玉韞珠藏 不可使人易知.
옥온주장 불가사인이지

군자는 마음을 하늘이 푸르고 태양이 빛나는 것처럼 하여 다른 사람들로 하여금 모르게 하지 말아야 하고, 자신의 뛰어난 재지(才智)는 주옥(珠玉)이 바위 속에 숨겨진 것처럼 하여 다른 사람들로 하여금 쉽게 알게 하지 말아야 한다.

【글자 뜻】 靑:푸를 청. 白:흰 백. 華:빛날 화. 韞:감출 온. 藏:감출 장. 易:쉬울 이, 바꿀 역.

【말의 뜻】 心事(심사):마음. 의중(意中). 天靑日白(천청일백):청천백일

(靑天白日). 여기서는 공명정대(公明正大)하다는 뜻. 才華(재화):뛰어난 재주와 지혜. 玉韞珠藏(옥온주장):주옥(珠玉)이 바위 속에 숨겨져 있음. '韞' 은 '감추다', '깊이 넣어두다' 의 뜻.

【뜻 풀이】 푸른 하늘과 밝은 태양은 조금의 꾸밈이나 거짓이 없어 누가 보아도 곧 이를 알 수 있다. 사람의 마음도 이와 같이 공명정대(公明正大)해야 한다. 주옥(珠玉)은 바위 속에 깊이 숨겨져 있어 보기에는 다른 돌과 다를 것이 없다. 사람의 재주나 지혜도 함부로 드러내 놓지 말고 주옥처럼 깊이 간직해 두어야 한다.

그러나 소인들은 자기의 속마음은 감추어 사람들이 모르게 하고 자기의 작은 지혜나 재주는 있는 대로 드러내어 남에게 보이려 한다.

마음은 청천백일(靑天白日)처럼 드러내 놓고 재능은 보석(寶石)처럼 깊이 간직해 두라.

4

勢利紛華 不近者爲潔 近之而不染者爲尤潔. 智械機
세 리 분 화　불 근 자 위 결　근 지 이 불 염 자 위 우 결　지 계 기
巧 不知者爲高 知之而不用者爲尤高.
교　부 지 자 위 고　지 지 이 불 용 자 위 우 고

권세(權勢)와 명리(名利)와 사치를 가까이하지 않는 사람은 청렴결백(淸廉潔白)하며, 이들을 가까이하고서도 이에 물들지 않는 사람은 더욱 청렴결백하다. 권모(權謀)와 술수(術數)를 알지 못하는 사람은 고상하고, 이를 알면서도 쓰지 않는 사람은 더욱 고상하다.

【글자 뜻】 勢:권세 세. 利:이로울 리. 紛:어지러워질 분. 潔:깨끗할 결. 械:틀 계. 機:틀 기.

【말의 뜻】 勢利(세리):권세(權勢)와 명리(名利). 紛華(분화):사치스럽고 화려함. 尤潔(우결):더욱 청렴결백함. '尤'는 '더욱'의 뜻. 智械機巧(지계기교):권모(權謀)와 술수(術數). 尤高(우고):더욱 고상함.

【뜻 풀이】 권력·재산·명예·사치 등은 사람의 마음을 끌기 쉽고 사람의 행실을 타락시키기 일쑤이다. 그러므로 이런 것을 조금도 거들떠보지 않는 사람이라면 결백한 사람임에 틀림이 없다. 그런데 이런 것들에 가까이 있으면서도 이에 물들지 않는 사람이야말로 더욱 청렴결백한 사람이라 하겠다.

권모술수(權謀術數)란 남을 임기응변(臨機應變)으로 속이는 수단이다. 그러므로 이런 권모술수는 애당초 모르는 사람이 고상한 인격자다. 그렇지만 이 권모술수를 알면서도 사용하지 않는 사람이야말로 더욱 고상한 인격자라 하겠다.

5

耳中常聞逆耳之言 心中常有拂心之事 纔是進德修行的
이 중 상 문 역 이 지 언 심 중 상 유 불 심 지 사 재 시 진 덕 수 행 적
砥石. 若言言悅耳 事事快心 便把此生埋在鴆毒中矣.
지 석 약 언 언 열 이 사 사 쾌 심 편 파 차 생 매 재 짐 독 중 의

귀로는 항상 귀에 거슬리는 말을 듣고 마음속에는 항상 마음에 어긋나는 일을 지니면, 이야말로 덕과 행실을 갈고 닦는 숫돌이다.

만일 말마다 귀를 기쁘게 해주고 일마다 마음을 흡족하게 해준다면, 이야말로 자기 몸을 맹독(猛毒) 속에 파묻는 것이다.

【글자 뜻】 纔:겨우 재. 進:나아갈 진. 砥:숫돌 지. 埋:묻을 매. 鴆:짐새 짐. 毒:독 독.

【말의 뜻】 逆耳之言(역이지언):귀에 거슬리는 말, 즉 충언(忠言), 간언(諫言). 拂心(불심):마음에 어긋나다. '拂'은 '戾', '背'의 뜻. 纔是(재시):이것이야말로 ~이다. '纔'의 본디의 뜻은 '겨우, 잠깐, 가까스로'. 進德修行的砥石(진덕수행적지석):덕과 행실을 닦는 숫돌. '的'은 우리말의 '~의'에 해당되는 소유격 조사(助詞)로, 《菜根譚》에서 많이 사용되고 있음. '砥石'은 숫돌. 此生(차생):이 몸. 鴆毒(짐독):극독(劇毒). 맹독(猛毒). '鴆'은 광동성(廣東省)에 사는 독조(毒鳥)인 짐새.

【뜻 풀이】 《공자가어(孔子家語)》에 보면 '좋은 약은 입에 쓰지만 병에는 이롭고, 충고의 말은 귀에 거슬리지만 행실에는 이롭다.'라는 말이 있다. 주변에 항상 귀에 거슬리는 충고를 해 주는 벗이 있고 또 일이 뜻대로 되지 않아 항상 마음을 쓰게 된다면, 그의 덕행(德行)은 마치 칼을 숫돌에 갈듯이 일취월장(日就月將)할 것이다.

그러나 이와는 달리 주변에 있는 사람들이 항상 듣기 좋은 아첨하는 말만 들려주고 또 일마다 마음에 만족스럽다면, 그의 일생은 죽음의 독약 속에 빠지는 것과 같다.

6

疾風怒雨 禽鳥戚戚. 霽日光風 草木欣欣. 可見 天地
질 풍 노 우 금 조 척 척 제 일 광 풍 초 목 흔 흔 가 견 천 지

不可一日無和氣 人心不可一日無喜神.
불 가 일 일 무 화 기 인 심 불 가 일 일 무 희 신

거센 바람 성난 비에는 새들도 근심하고, 갠 날씨 따뜻한 바람에는 초목도 기뻐한다.

가히 알겠도다, 천지(天地)에는 하루도 온화한 기운이 없어서는 안 되고, 사람에게는 하루도 기쁜 마음이 없어서는 안 된다는 것을.

【글자 뜻】疾:병 질. 禽:날짐승 금. 戚:근심할 척. 霽:갤 제. 欣:기뻐할 흔.

【말의 뜻】戚戚(척척):근심에 싸여 있는 모양. 霽日光風(제일광풍):맑게 갠 날의 화창한 바람. '霽'는 '맑게 개다'의 뜻. 欣欣(흔흔):기뻐하는 모양. 喜神(희신):기쁜 마음. '神'은 정신, 혹은 마음.

【뜻 풀이】비바람이 휘몰아치고 우뢰와 번개가 천지를 뒤흔드는 살벌한 날씨에는 새들마저 근심과 걱정에 싸인 것 같고, 이와 반대로 맑게 갠 봄날 따뜻한 바람이 불어오면 초목까지도 기뻐서 춤을 추는 듯하다.

이로 미루어 보건대 천지에 하루라도 화(和)한 기운이 없다면 만물이 자랄 수 없고, 사람의 마음에 하루라도 기쁘고 명랑한 마음을 지니지 않는다면 평화롭고 행복한 생활이 영위될 수 없다는 사실을 알 수 있다.

7

醲肥辛甘非眞味 眞味只是淡. 神奇卓異非至人 至人只是常.
농 비 신 감 비 진 미 진 미 지 시 담 신 기 탁 이 비 지 인 지 인 지 시 상

진한 술과 살진 고기나 맵고 단 것이 참맛이 아니다. 참맛은 오직 담담할 뿐이다.

신기한 재주로 뛰어난 행실을 하는 사람이 지인(至人)이 아니다. 지인은 오직 평범할 뿐이다.

【글자 뜻】 醲:진한 술 농. 肥:살찔 비. 淡:묽을 담. 卓:높을 탁.

【말의 뜻】 醲肥(농비):진한 술과 살진 고기. 좋은 술과 좋은 안주, 즉 美酒佳肴. 眞味(진미):참된 맛. 참으로 좋은 맛. 只是(지시):오직 ~할 뿐이다. '只'는 '다만, 단지'의 뜻으로 강조하는 말. 淡(담):담박(淡泊)한, 담담한. 神奇(신기):신기한 재주를 가진 사람. 卓異(탁리):뛰어나게 행동하는 사람. 至人(지인):道와 德의 극치에 도달한 사람, 즉 인격이 극치에 도달한 사람.

【뜻 풀이】 잘 익은 진한 술에 기름진 고기 안주, 그리고 고추나 생강처럼 매콤하고 향긋한 음식이나 식혜나 설탕처럼 달콤한 음식들은 누구나 먹기를 좋아한다. 그러나 이런 맛있는 음식을 매일 계속해서 먹는다면 얼마 안 가 곧 싫증을 느낄 것이다. 그러므로 이것은 음식의 참다운 맛이 아닌 것이다. 그렇지만 밥은 어떠한가? 그저 담담할 뿐 이렇다 할 별미는 없다. 그러면서도 매일같이 먹어도 싫증을 느끼지 않는

다. 이 담담한 맛이 진짜 음식의 맛인 것이다.

이처럼 재주나 행동이 남들보다 뛰어난 사람은 얼핏 보기에는 위대한 인간처럼 생각될지도 모른다. 그러나 이런 사람들 가운데에 진정한 인격자는 드문 법이다. 덕을 갖춘 진정한 인격자는 결코 남들보다 뛰어난 체하는 언행(言行)을 하지 않는 법이다. 진정한 인격자는 그 언어(言語)와 기거(起居)와 동작(動作)이 보통 사람들과 조금도 다를 것 없이 평범할 뿐이다.

8

天地寂然不動 而氣機無息少停. 日月晝夜奔馳 而貞
천 지 적 연 부 동　이 기 기 무 식 소 정　일 월 주 야 분 치　이 정
明萬古不易. 故君子 閒時要有喫緊的心思 忙處要有
명 만 고 불 역　고 군 자　한 시 요 유 끽 긴 적 심 사　망 처 요 유
悠閒的趣味.
유 한 적 취 미

하늘과 땅은 고요하여 움직이지 않건만 그 작용은 잠시도 쉼이 없고, 해와 달은 밤낮으로 달리고 있건만 그 광명(光明)은 만고(萬古)에 변함이 없다.

그러므로 군자(君子)는 한가한 때에도 다급한 일에 대비하는 마음을 지녀야 하며, 바쁜 처지에서도 한가한 마음을 지녀야 한다.

【글자 뜻】 寂:고요할 적. 動:움직일 동. 機:틀 기. 息:쉴 식. 奔:달릴 분. 馳:달릴 치. 喫:마실 끽. 緊:긴할 긴. 趣:뜻 취.

【말의 뜻】 寂然不動(적연부동):죽은 듯이 고요하여 움직이지 않음. 氣機

(기기):천지(天地)의 활동, 작용. '氣'는 천지음양(天地陰陽)의 기(氣). '機'는 활동. 奔馳(분치):달리고 또 달림. '奔', '馳'는 모두 '달리다'의 뜻. 貞明(정명):해와 달의 밝음이 영원히 변치 않음. '貞'은 '변함없이'의 뜻. 閒時(한시):한가한 때. '閒'은 '閑'과 혼용(混用). 喫緊的心思(끽긴적심사):긴급한 경우에 대비하는 마음의 준비. '喫緊'은 '매우 긴급함'의 뜻. 悠閒(유한):마음에 여유가 있어 한가함.

【뜻 풀이】 천지(天地)는 만고(萬古)의 침묵을 지닌 채 조금도 움직이지 않는 것 같다. 그렇지만 그의 활동은 잠시도 쉬는 일이 없기 때문에 만물을 자라게 하는 것이다. 그런가 하면 해와 달은 날마다 동에서 서로 부지런히 달리고 있다. 그러면서도 그 밝은 빛은 언제나 한결같아 영구불변이다. 이것이 천지자연(天地自然)의 이치이다.

사람이 산다는 것도 이 자연의 원리에서 벗어날 수는 없는 것이다. 그러므로 지각이 있는 군자는 이 원리를 본받아 아무리 한가할 때라도 불의에 닥칠지 모르는 급변(急變)에 대비하기 때문에 어떤 일을 당하여도 당황하는 일이 없으며, 아무리 바쁜 때라도 태연자약(泰然自若)하게 마음의 여유를 지니고 사는 것이다.

9

夜深人靜 獨坐觀心 始覺妄窮而眞獨露. 每於此中得
야 심 인 정 독 좌 관 심 시 각 망 궁 이 진 독 로 매 어 차 중 득
大機趣. 旣覺眞現而妄難逃 又於此中得大慚忸.
대 기 취 기 각 진 현 이 망 난 도 우 어 차 중 득 대 참 뉵

밤 깊고 사람들 잠들어 고요한 때 홀로 앉아 자기의 마음을 들여다보면, 비로소 망상(妄想)이 없어지고 참마음이 나타남을 깨닫게 되거니와 언제나 이런 가운데서 대진리(大眞理)를 얻을 수 있다.

그러나 이 참마음이 나타났는데도 망상(妄想)에서 벗어나기 어려움을 깨닫는다면, 또한 이런 가운데에서 참 부끄러움을 얻게 되는 것이다.

【글자 뜻】 深:깊을 심. 靜:고요할 정. 觀:볼 관. 覺:깨달을 각. 窮:다할 궁. 露:드러날 로. 旣:이미 기. 慚:부끄러울 참. 忸:익을 뉴, 부끄러울 뉵.

【말의 뜻】 觀心(관심):스스로 반성하여 자기 마음의 본체(本體)를 관찰함. 妄窮(망궁):망상(妄想)이 없어짐. '妄'은 망상(妄想). 번뇌(煩惱). '窮'은 '없어지다'의 뜻. 眞獨露(진독로):진심만이 홀로 나타남. '眞'은 진심, 본심. 大機趣(대기취):대진리(大眞理). 대오철저(大悟徹底)의 작용. 慚忸(참뉵):부끄러움. '慚', '忸'은 모두 '부끄러워하다'의 뜻. '慚'은 '慙'으로도 씀.

【뜻 풀이】 낙엽이라도 지는 가을날, 밤도 이미 깊어 삼라만상(森羅萬象)이 모두 잠들어 고요한 때 홀로 앉아 스스로의 마음을 관찰하면, 마치 구름에 싸였던 달이 그 밝고 둥근 모습을 나타내듯이 이제까지 허망했던 모든 생각이 씻은 듯 사라지고 본래의 마음만이 오롯이 나타난다. 이러한 때야말로 인간의 본성(本性)을 되찾고 인생의 참다운 의의를 발견하게 되는 것이다.

그러나 이러한 때에도 명리(名利)에 대한 허망한 생각에서 벗어나지 못하여 발버둥치는 스스로의 모습을 바라본다면, 또한 부끄러움에 떨고 있는 스스로의 마음을 깨닫게 될 것이다.

10

恩裡由來生害. 故快意時 須早回頭. 敗後或反成功.
은리유래생해 고쾌의시 수조회두 패후혹반성공
故拂心處 莫便放手.
고불심처 막변방수

은혜 속에서 본디 재앙은 싹트나니, 그러므로 만족스러운 때에 모름지기 머리를 돌려 사방을 둘러보라.

실패한 뒤에 도리어 성공하나니, 그러므로 일이 뜻대로 안 된다 하여 곧 포기하지는 말라.

【글자 뜻】 恩:은혜 은. 快:쾌할 쾌. 須:모름지기 수. 敗:패할 패. 莫:없을 막.

【말의 뜻】 恩裸(은리):은혜를 받는 가운데. '裸'는 '속, 안'의 뜻. 由來(유래):원래. 快意(쾌의):만족스러움. 득의(得意). 須(수):모름지기. 반드시. 回頭(회두):머리를 돌려 사방을 둘러봄. 전후좌우(前後左右)로 주의함. '回'는 '回'의 본자(本字). 拂心(불심):일이 마음과 어긋남. 뜻대로 되지 않음. '拂'은 '戾(거스르다)'의 뜻. 便(변):문득. 곧. 放手(방수):하던 일을 도중에서 포기함.

【뜻 풀이】 높은 곳에 서 있는 나무는 그만큼 바람을 더 타게 마련이다.

윗사람으로부터 총애를 독점하면 다른 사람들의 질투와 미움을 면치 못하는 것이 세상 인정이다. 그러므로 지위가 올라갈수록 마음과 행실을 조심하지 않는다면 화를 면치 못할 것이다.

사업에 있어서도 마찬가지이다. 일이 뜻대로 된다고 하여 마음을 놓아서는 안 된다. 실패의 싹은 이런 때 싹트기 마련인 것이다. 일이 뜻대로 되지 않는다 하여 실의(失意)에 빠져서는 안 된다. '실패는 성공의 어머니' 라는 말이 있지만, 자기가 하는 일이 옳은 것이라면 굳은 신념(信念)을 가지고 꾸준히 붙잡고 늘어지면 마침내 성공하게 될 것이다.

조금만 부귀해지면 오만 불손해지고 조금만 일이 뜻대로 되지 않으면 실의에 빠지는 사람들에게 좋은 교훈이 되는 명언(名言)이다.

11

藜口莧腸者 多氷淸玉潔 袞衣玉食者 甘婢膝奴顔. 蓋
여 구 현 장 자 다 빙 청 옥 결 곤 의 옥 식 자 감 비 슬 노 안 개
志以澹泊明 而節從肥甘喪也.
지 이 담 박 명 이 절 종 비 감 상 야

명아주 국으로 입을 달래고 비름나물로 창자를 채우는 사람들 중에는 얼음처럼 맑고 옥(玉)처럼 결백한 사람이 많지만, 비단옷 입고 기름진 고기를 먹는 사람은 굽실거리는 종노릇을 달게 여긴다.

대저 지조(志操)란 청렴결백(淸廉潔白)하면 뚜렷해지고, 절개란 부귀(富貴)를 탐내면 잃게 되는 법이다.

【글자 뜻】 藜:명아주 려. 莧:비름 현. 腸:창자 장. 潔:깨끗할 결. 袞:

곤룡포 곤. 婢:여자 종 비. 膝:무릎 슬. 顔:얼굴 안. 蓋:덮을 개, 대개 개. 澹:담박할 담.

【말의 뜻】藜口莧腸(여구현장):명아주 잎으로 국을 끓여 먹고 비름으로 창자를 채운다는 말로, 거친 음식을 먹는 것을 뜻함. '藜'는 명아주, '莧'은 비름. 氷淸玉潔(빙청옥결):얼음처럼 맑고 옥(玉)처럼 깨끗함. 袞衣玉食(곤의옥식):좋은 옷을 입고 좋은 음식을 먹음. '袞衣'는 고대(古代)에 천자(天子)가 입던 옷인 곤룡포(袞龍袍). '玉食'은 맛있는 음식을 먹음. 婢膝奴顔(비슬노안):계집종이 무릎을 꿇고 사내종이 얼굴빛을 좋게 하여 주인을 섬긴다는 뜻으로, 비굴한 태도를 의미함. 澹泊(담박):맑음. 청렴결백. 담박(淡泊). 節(절):절개. 肥甘(비감):살진 고기와 맛있는 음식. 부귀(富貴)를 뜻함.

【뜻 풀이】《논어(論語)》雍也篇에 보면, 공자의 제자인 안자(顔子)에 관하여 '一簞食, 一瓢飮, 在陋巷. 人不堪其憂, 回也不改其樂.(한 그릇 밥, 한 표주박 국으로 누추한 거리에 사는 것을 사람들은 다 싫어하되 안회(顔回)는 그 즐거움 고칠 줄 모른다.)'라는 기록이 있다. 그처럼 가난 속에서도 행복한 사람은 물욕(物慾)이 없는 사람으로, 권세나 재물에 대한 욕심이 없기 때문에 청렴결백한 지조(志操)를 능히 지킬 수 있는 것이다.

부귀를 탐내는 사람은 권력 앞에 무릎을 꿇고 마치 종처럼 굽실거리며 기생처럼 아양을 떨어 아부하는 노예 근성이 뿌리깊이 박혀 있으니, 어찌 이런 인간에게서 지조나 절개 따위를 찾아볼 수 있겠는가?

그러므로 사람의 마음이 청렴결백(淸廉潔白)하면 절로 지조가 깃들이고, 부귀공명(富貴功名)을 탐내면 따라서 절개를 잃게 마련인 것이다.

12

面前的田地 要放得寬. 使人無不平之歎. 身後的惠澤
면 전 적 전 지 요 방 득 관 사 인 무 불 평 지 탄 신 후 적 혜 택
要流得久. 使人有不匱之思.
요 류 득 구 사 인 유 불 궤 지 사

살아생전의 마음은 활짝 열어 너그러워야 하나니, 사람들로 하여금 불평의 탄식이 없게 하라.

죽은 뒤의 은혜는 오래가야 하나니, 사람들로 하여금 만족한 생각을 지니게 하라.

【글자 뜻】 寬:너그러울 관. 歎:탄식할 탄. 澤:못 택, 은혜 택. 流:흐를 류. 匱:모자랄 궤.

【말의 뜻】 面前的田地(면전적전지):현세(現世)의 마음. '面前'은 다음 구절에 나오는 '身後'에 대응되는 말로 '살아생전'의 뜻. '田地'는 '마음', '심경(心境)'을 가리킴. 마음이 여러 가지 번뇌를 만들어 내는 것을 밭이 곡식을 만들어 내는 것에 비유한 것이다. 放得寬(방득관):개방하여 관대함. 身後的惠澤(신후적혜택):죽은 후에 남게 되는 은혜와 덕택. 流得久(유득구):후세에 남기어 오래가게 함. 不匱(불궤):부족함이 없음, 만족함. '匱'는 '다하여 없어지다'의 뜻.

【뜻 풀이】 살아 있는 동안에는 마음의 문을 활짝 열어놓아 누구나 다 볼 수 있도록 비밀이 없게 하고 또 누구나 받아들이는 너그러움을 지닌다면 한 사람의 불평불만이나 원한도 사지 않을 것이다.

죽은 뒤에 남기는 은덕이 널리 퍼지고 오래 흐르도록 한다면 사람

들은 그 은덕을 잊지 않고서 길이 칭송할 것이다.

13

徑路窄處 留一步與人行 滋味濃的 減三分讓人嗜. 此 경 로 착 처 유 일 보 여 인 행 자 미 농 적 감 삼 분 양 인 기 차 是涉世一極安樂法. 시 섭 세 일 극 안 락 법

작은 길 좁은 곳에서는 한 걸음만 멈추어 다른 사람으로 하여금 먼저 지나가게 하고, 맛있고 좋은 음식은 십 분의 3만 덜어서 다른 사람에게 양보하여 맛보게 하라. 이것이야말로 세상을 안락하게 살아가는 최상(最上)의 방법 중 하나이다.

【글자 뜻】 徑:좁은길 경. 窄:좁을 착. 留:머무를 류. 滋:불을 자. 濃:짙을 농. 讓:사양할 양. 嗜:즐길 기. 極:다할 극.

【말의 뜻】 徑路(경로):작은 길. 지름길. 窄處(착처):좁은 곳. '窄'은 '좁은'의 뜻. 與人行(여인행):다른 사람으로 하여금 먼저 가게 함. 滋味濃的(자미농적):맛이 좋은 음식. 讓人嗜(양인기):다른 사람에게 양보하여 맛보게 함. '嗜'는 '즐기다'의 뜻. 涉世一極安樂法(섭세일극안락법):안락하게 세상을 건너는 최상의 방법의 하나. '極'은 '최상(最上)'의 뜻.

【뜻 풀이】 만일 외나무다리에서 서로 양보하지 않는다면 마침내는 두 사람 다 깊은 물에 빠지고 말 것이다. 또 사람을 옆에 두고 맛있는 음식

을 혼자서 먹으려 한다면 그 원한은 재앙의 씨가 될 것이다. 어려운 처지에선 내가 먼저 양보하고, 눈앞의 이익을 보면 상대방에게도 분배해 주는 것이 험한 세상을 편안히 사는 방법이다. 절실한 비유이다.

14

作人無甚高遠事業 擺脫得俗情 便入名流. 爲學無甚
작인무심고원사업 파탈득속정 변입명류 위학무심
增益工夫 減除得物累 便超聖境.
증익공부 감제득물루 변초성경

사람이 됨에 뛰어나게 위대한 일을 함은 없을지라도 세속(世俗) 인정을 벗어나기만 한다면 그것으로 족히 명류(名流)에 들 것이요, 학문을 함에 뛰어나게 많이 공부함은 없을지라도 물욕(物欲)을 마음에서 제거하기만 한다면 그것으로 족히 성인(聖人)의 경지에 넘어 들어갈 것이다.

【글자 뜻】 甚:심할 심. 擺:열 파, 흔들 파. 脫:벗을 탈. 便:문득 변. 增:더할 증. 除:덜 제. 累:묶을 루.

【말의 뜻】 作人(작인):훌륭한 인물이 됨. '作'은 자동사로서 '爲'와 같은 뜻. 甚(심):심하게. 뛰어나게. 대단히. 高遠事業(고원사업):고상원대(高尙遠大)한 일. 위대한 일. 擺脫(파탈):벗어버림. 제거함. '擺'는 '흔들어 털어버리다'의 뜻. 便(변):곧. 문득. 즉. 名流(명류):名士의 무리. 增益工夫(증익공부):업적으로 남을 만한 연구. 減除(감제):털어서 제거함. 物累(물루):물욕에 마음이 얽매임. '累'는 '묶

다' 의 뜻.

【뜻 풀이】 사람은 사회적으로 뚜렷한 일을 해야만 명사(名士)가 되는 것은 아니다. 무엇보다도 중요한 것은 세속적인 마음의 때를 벗어야만 명사라 할 수 있다.

학문을 닦음에는 반드시 만권 서책(萬卷書冊)을 읽는다고 성인(聖人)이 되는 것은 아니다. 부귀공명(富貴功名)에 대한 물욕에서 벗어난 사람이라야 성인의 경지에 이르는 것이다.

15

交友 須帶三分俠氣. 作人 要存一點素心.
교우 수대삼분협기 작인 요존일점소심

벗을 사귐에는 반드시 십 분의 3의 의협심을 지녀야 하고, 사람이 됨에는 반드시 한 점의 순결한 마음을 지녀야 한다.

【글자 뜻】 交:사귈 교. 須:모름지기 수. 帶:띠 대, 지닐 대. 俠:호협할 협. 素:흴 소.

【말의 뜻】 須(수):모름지기. 반드시. 三分(삼분):십 분의 3. 俠氣(협기):의협심(義俠心). 一點素心(일점소심):한 점의 순결한 마음. '一點' 은 위의 '三分' 에 대응하는 말로, '조금, 약간' 의 뜻이 아니라 '적어도 한 점은' 의 뜻. '素心' 은 '본심(本心)', '더럽혀지지 않은 순결한 마음' 의 뜻.

【뜻 풀이】 교우관계(交友關係)에 있어서 타산적이어서는 안 된다. 적어도 3할 정도는 친구를 위하여 희생할 수 있는 의협심이 필요한 것이다. 세월이 흐를수록 벗은 줄어들게 마련이거니와, 흔히 벗을 잃게 되는 것은 지나치게 타산적이기 때문이다.

자기 자신이 훌륭한 사람이 되려면 적어도 한 점의 순결한 마음은 지니고 있어야 한다. 그래야만 부정(不正)과 불의(不義)에 물들지 않게 되기 때문이다.

16

寵利毋居人前 德業毋落人後. 受享毋踰分外 修爲毋減分中.
총리무거인전 덕업무락인후 수향무유분외 수위무감분중

총애(寵愛)와 이익에는 다른 사람 앞에 나서지 말고, 덕행(德行)과 사회를 위한 일에는 다른 사람 뒤에 처지지 말라.

다른 사람에게서 받음은 분수 밖으로 넘지 말고, 자신을 닦음은 분수 안으로 줄이지 말라.

【글자 뜻】 寵:굄 총. 德:덕 덕. 享:누릴 향. 踰:넘을 유. 修:닦을 수.

【말의 뜻】 寵利(총리):총애와 이익. 毋(무):~하지 말라. 人前(인전):다른 사람 앞에 나섬, 다른 사람보다 앞섬. 德業(덕업):덕행(德行)과 사회공익(社會公益)을 위한 일. 受享(수향):남에게서 받음. 踰(유):뛰어넘다. 벗어나다. 修爲(수위):덕(德)을 닦아 실행함.

【뜻 풀이】 세상 사람들은 흔히 의무 이행(義務履行)에는 뒤로 물러서고 이익 분배(利益分配)에는 앞을 다툰다. 또 받는 일에는 분수 이상 바라고 자기가 할 일은 능력의 반도 힘쓰지 않으려 한다.

공자가 '군자는 의(義)에 밝고 소인은 이(利)에 밝다.' 고 말한 바 있거니와 옳은 일에는 앞장서서 용감히 하고, 이익을 따지는 마당에서는 뒤로 물러서며, 남에게서 받을 때에는 분수를 넘어서 탐내지 않고, 힘을 기울여 자신의 인격을 닦는 사람이라면 인생을 그르치는 일은 결코 없을 것이다.

17

處世 讓一步爲高 退步 卽進步的張本. 待人 寬一分是
처세 양일보위고 퇴보 즉진보적장본 대인 관일분시
福 利人 實利己的根基.
복 이인 실리기적근기

세상을 살아감에는 한 발짝 양보함을 높게 여기거니와, 한 걸음 물러나는 것은 곧 스스로 전진하는 토대가 된다.

사람을 대우함에는 일 푼 관대함이 복이 되거니와, 남을 이롭게 하는 것은 실로 자기를 이롭게 하는 토대가 된다.

【글자 뜻】 讓:사양할 양. 退:물러날 퇴. 步:걸음 보. 寬:너그러울 관. 實:열매 실. 根:뿌리 근.

【말의 뜻】 爲高(위고):높게 여김. 張本(장본):기초. 토대. 본래는 복선(伏線), 즉 뒷일의 준비로서 미리 암암리에 베풀어 두는 것을 뜻한다.

待人(대인):사람을 대우함. 一分(일분):약간. 根基(근기):근본(根本)과 기초(基礎). 토대.

【뜻 풀이】 여유 있는 처세(處世)와 대인술(對人術)이라 하겠다. 남에게 한 걸음 양보함은 단순한 후퇴가 아니다. 개구리가 움츠려야 높이 뛸 수 있는 것처럼, 이 후퇴는 곧 앞날의 비약의 발판이 될 것이다.

사람을 대우함에 있어 한결 너그럽게 하는 것은 남을 이롭게만 하는 행위가 아니다. 이것이 자신을 위해서는 몇 배, 몇백 배의 이익을 가져올 수도 있는 자본이 되는 것이다.

18

蓋世功勞 當不得一個矜字. 彌天罪過 當不得一個悔字.
개세공로 당부득일개긍자 미천죄과 당부득일개회자

세상을 뒤덮을 만큼 큰 공로도 '자랑할 긍(矜)' 자 한 자를 당해 내지 못하며, 하늘에 가득 찰 만큼 큰 죄도 '뉘우칠 회(悔)' 자 한 자를 당해 내지 못한다.

【글자 뜻】 蓋:덮을 개. 當:마땅 당, 당할 당. 矜:자랑할 긍. 彌:두루 미. 個:낱 개. 悔:뉘우칠 회.

【말의 뜻】 蓋世功勞(개세공로):온 세상을 뒤덮을 만큼 큰 공로. 當不得(당부득):감당해 낼 수 없다. 彌天罪過(미천죄과):하늘에 가득 찰 만

큼 큰 죄. '彌'는 '널리 퍼지다'의 뜻.

【뜻 풀이】 온 세상에 알려질 만큼 큰 공로를 세웠다 할지라도 본인 자신이 스스로의 공을 내세워 자랑하고 뽐낸다면 그 공은 곧 물거품처럼 사라지고 말 것이다. 그러기에 공은 여러 사람에게로 돌려야 하는 것이다.

아무리 큰 죄를 저질렀다 할지라도 뜨거운 눈물을 흘리면서 스스로 뉘우치고 마음을 고친다면 그 죄는 이미 사라진 것이다. 그러기에 공자도 '잘못을 저지르고도 고치지 않는 것, 그것이 잘못이니라.(過而不改, 是謂過矣)' 라고 말했다.

19

完名美節 不宜獨任. 分些與人 可以遠害全身. 辱行汚名 不宜全推. 引些歸己 可以韜光養德.
완명미절 불의독임 분사여인 가이원해전신 욕행오명 불의전추 인사귀기 가이도광양덕

좋은 이름과 아름다운 절의(節義)는 혼자서만 차지하지 말라. 조금은 나누어 남에게도 주어야 해(害)를 멀리하고 몸을 보전할 수 있다.

욕된 행위와 더러운 이름은 남에게만 마루지 말라. 조금은 끌어다 나에게도 돌려야 빛을 감추고 덕을 쌓을 수 있다.

【글자 뜻】 完:완전할 완. 美:아름다울 미. 宜:마땅할 의. 獨:홀로 독. 些:적을 사. 辱:욕될 욕. 推:밀 추. 歸:돌아갈 귀. 韜:감출 도.

【말의 뜻】 完名(완명):완전하여 조금의 흠도 없는 이름, 완전무결한 명예. 美節(미절):아름다운 절의(節義). 공로. 不宜(불의):해서는 안 됨. '宜'는 '옳다', '마땅하다'의 뜻. 獨任(독임):독점함. 分些與人(분사여인):조금 나누어 남에게 줌. 辱行汚名(욕행오명):욕된 행위와 더러운 이름. 全推(전추):남에게 전부 미룸. '推'는 '밀어붙이다, 떠맡기다, 뒤집어씌우다'의 뜻. 歸己(귀기):자기에게로 돌림. 韜光養德(도광양덕):빛을 감추고 덕을 기름. 즉 밖으로는 재능의 빛을 감추고 안으로는 덕을 쌓아 가는 것을 뜻한다. '韜'는 '감추다'의 뜻.

【뜻 풀이】 명예와 공로는 칭찬을 받고 불명예와 악행은 미움을 받는다. 그렇다고 하여 명예와 공로는 자기가 독차지하려 하고 불명예와 악행의 책임은 남에게 미루려 한다면 그 원망과 재앙이 몸에 미치게 될 것이다.

비록 잘된 일의 공은 남에게 돌리고 잘못된 일의 책임은 자기가 지지는 못할망정, 공로의 얼마만큼은 남에게도 나누어 주고 잘못된 책임의 얼마만큼은 내가 나누어 져야 몸을 보전할 수 있을 뿐 아니라 인격이 수양되고 덕망이 높아질 것이다.

20

事事 留個有餘不盡的意思 便造物不能忌我 鬼神不能
사 사 유 개 유 여 부 진 적 의 사 변 조 물 불 능 기 아 귀 신 불 능
損我. 若業必求滿 功必求盈者 不生內變 必召外憂.
손 아 약 업 필 구 만 공 필 구 영 자 불 생 내 변 필 소 외 우

일마다 얼마만큼의 여유를 두어 다하지 않는 마음을 지니면, 조물주(造物主)도 나를 꺼려하지 못하고 귀신도 나를 해치지 못한다.

그러나 일이 꼭 가득 차기를 바라고 공(功)이 반드시 가득 차기를 바란다면, 안에서 변이 일어나지 않으면 반드시 밖에서 우환이 생기게 마련이다.

【글자 뜻】 留:머무를 류. 餘:남을 여. 盡:다할 진. 造:지을 조. 損:덜 손, 해칠 손. 求:구할 구. 盈:찰 영. 變:변할 변, 변고 변. 憂:근심할 우.

【말의 뜻】 個(개):본래 '한 개'의 뜻이나 여기서는 '얼마쯤'의 뜻. 意思(의사):마음. 便(변):문득. 곧. 造物(조물):조물주. 業必求滿(업필구만):일이 반드시 꽉 차기를 바람. 盈(영):가득 차다. 여기서는 '차면 기운다'는 天地의 理法을 말하고 있는 것이다. 여기서의 '盈'은 교만, '謙'은 겸손으로 해석할 수도 있다. 召(소):招, 즉 '부르다'의 뜻.

【뜻 풀이】 무슨 일에나 마음과 힘의 여유를 지니고 살아간다면 사람들뿐 아니라 운명도 나를 해치지 못한다. 그러나 일이 반드시 달성되기를 바라고 결과가 반드시 만족스럽게 채워지기만을 욕심낸다면 반드시 재앙을 초래하고야 말 것이다.

사람의 능력에는 한도가 있고 욕심에는 끝이 없는 것이다. 욕망을 억제하여 항상 적당한 여유를 남기고 살아가는 것이 재앙을 멀리하고 인생을 윤택하게 하는 길임을 알아야 한다.

21

家庭有個眞佛 日用有種眞道 人能誠心和氣 愉色婉
가 정 유 개 진 불 일 용 유 종 진 도 인 능 성 심 화 기 유 색 완
言 使父母兄弟間 形骸兩釋 意氣交流 勝於調息觀心
언 사 부 모 형 제 간 형 해 양 석 의 기 교 류 승 어 조 식 관 심
萬倍矣.
만 배 의

가정 안에 하나의 진짜 부처가 있고 일상생활 속에 하나의 진짜 도(道)가 있다. 사람이 능히 성실한 마음, 온화한 기운, 유쾌한 얼굴빛, 유순한 말씨로 부모와 형제들로 하여금 한 몸이 되게 하고 마음과 뜻이 서로 통하게 한다면, 부처 앞에 좌선(坐禪)하고 숨을 고르게 하고 내심(內心)을 관조(觀照)하는 것보다 만 배나 낫다.

【글자 뜻】 個:낱 개. 眞:참 진. 佛:부처 불. 種:씨 종. 愉:즐거울 유. 婉:순할 완. 骸:뼈 해. 釋:풀 석. 勝:이길 승, 나을 승. 調:고를 조. 觀:볼 관.

【말의 뜻】 個(개):한 개. 日用(일용):일상적인 일. 種(종):일종(一種)의. 和氣(화기):온화한 기색. 화락(和樂)한 마음. 愉色(유색):유쾌한 얼굴빛. 婉言(완언):완곡(婉曲)한 말. '婉'은 '유순하다'의 뜻. 形骸兩釋(형해양석):일신동체(一身同體)가 됨. '骸'는 몸, 뼈. '形骸'는 몸, 육체. '兩'은 나와 너. '兩釋'은 둘이 하나로 융화되는 것. 意氣交流(의기교류):마음과 뜻이 서로 소통됨. 勝於(승어):~보다 나음. 調息觀心(조식관심):호흡을 고르게 하고 자기의 마음을 관조(觀照)함. '調息'은 도사(道士)가 양생(養生)하기 위하여 정좌(正坐)하여 숨을 고르게 하는 것. '觀心'은 불자(佛者)가 좌선(坐禪)하고 자기의

마음을 내관반성(內觀反省)하는 것.

【뜻 풀이】 부처는 절에서 찾기에 앞서 집에서 찾아야 하고, 진리(眞理)는 상아탑(象牙塔) 속에서 찾기에 앞서 일상생활에서 발견해야 한다. 사람이 언제나 성실한 마음과 온화한 기운, 명랑한 낯빛과 부드러운 말씨를 잃지 않아 가정을 한 마음 한 뜻으로 융화시킨다면 이것이 부처님 앞에 앉아 숨을 고르고 진리를 찾는 것보다도 만 배나 더 진리에 가까워지는 길이다.

22

好動者雲電風燈 嗜寂者死灰槁木. 須定雲止水中 有
호 동 자 운 전 풍 등 기 적 자 사 회 고 목 수 정 운 지 수 중 유
鳶飛魚躍氣象 纔是有道的心體.
연 비 어 약 기 상 재 시 유 도 적 심 체

활동하기를 좋아하는 사람은 구름 사이에서 번쩍이는 번개와 같고 바람 앞의 등불과 같으며, 고요함을 좋아하는 사람은 불 꺼진 재[灰]와 같고 말라 죽은 나무와 같다.

모름지기 머물러 있는 구름과 괸 물 가운데 솔개가 날고 물고기가 뛰어오르는 기상이 있어야 한다. 이것이야말로 도(道)를 깨친 사람의 마음의 본체(本體)인 것이다.

【글자 뜻】 雲:구름 운. 電:번개 전. 嗜:즐길 기. 寂:고요할 적. 灰:재 회. 鳶:솔개 연. 飛:날 비. 躍:뛸 약. 纔:겨우 재. 體:몸 체.

【말의 뜻】 雲電(운전):구름 사이에서 빛나는 번개. 風燈(풍등):바람 앞의 등불, 즉 풍전등화(風前燈火). 雲電風燈은 끊임없이 움직이고 흔들려 고요함이 없는 것을 비유한 말이다. 嗜寂(기적):고요함을 좋아함. 死灰槁木(사회고목):불이 꺼져 차갑게 식은 재와 말라 죽은 나무. 생명력이 없음을 뜻함. '槁' 는 '말라 죽다' 또는 '말라 죽은 나무' 의 뜻. 須~有(수~유):모름지기 ~이 있어야 한다. 定雲止水(정운지수): '定雲' 은 한곳에 머물러 움직이지 않는 구름. '止水' 는 한곳에 머물러 흐르지 않는 물. 모두 고요함을 비유한 말이다. 鳶飛魚躍(연비어약):솔개가 하늘 높이 날고 물고기가 물에서 뛴다는 뜻으로, 자유롭고 극히 활발한 활동 상태를 비유한 말. 이 구절은 후집(後集) 66에도 나온다. 纔是有道的心體(재시유도적심체):이것이야말로 도(道)를 깨친 사람의 마음의 本體이다. '纔' 는 겨우. 바로. '有道的心體' 는 참된 도(道)를 깨친 사람의 마음의 본체.

【뜻 풀이】 활동하기를 너무 좋아하는 사람은 침착성이 없을 뿐 아니라 마치 구름 속에서 찰나적으로 번쩍하고 마는 번개나 풍전등화(風前燈火) 같아서 그 결과를 기대할 수가 없다. 이와 반대로 활동하기를 너무 싫어하는 사람은 무기력할 뿐 아니라 마치 불 꺼진 재나 말라버린 나무와 같아서 아무 기대도 할 수가 없다.

'정중동(靜中動)' 이란 말이 있거니와 사람의 마음이란 떠가다가 멈춘 흰 구름 사이에 소리개가 원을 그리며 유유히 날듯이, 또는 흐르다가 괴어 맑은 물 위에 물고기가 한가히 뛰놀듯이, 언제나 태연자약한 가운데 힘찬 활동력을 지니고 있어야 하는 것이다.

23

攻人之惡 毋太嚴. 要思其堪受. 敎人以善 毋過高. 當
공 인 지 악 무 태 엄 요 사 기 감 수 교 인 이 선 무 과 고 당
使其可從.
사 기 가 종

사람의 잘못을 꾸짖되 지나치게 엄격하게 하지 말라. 그가 받아서 견딜 만한가를 생각해야 한다.

사람을 선(善)으로써 가르치되 지나치게 고상(高尙)하게 하지 말라. 마땅히 그로 하여금 따를 수 있게 해야 한다.

【글자 뜻】 攻:칠 공. 嚴:엄할 엄. 堪 :견딜 감. 善:착할 선. 從:좇을 종.

【말의 뜻】 攻(공):본래 '공격하다'의 뜻이지만 여기서는 '꾸짖다, 책망하다'의 뜻. 太嚴(태엄):지나치게 엄격함. '太'는 '지나치다'의 뜻으로, 다음 구절에 나오는 過高의 '過'와 같은 뜻으로 사용되고 있다. 堪受(감수):받아서 견딤. '堪'은 '견디다, 감당하다'의 뜻. 過高(과고):지나치게 고상함.

【뜻 풀이】 남의 잘못이나 결점을 공격하거나 충고할 때에는 너무 가혹하게 하면 역효과가 난다. '궁지에 몰린 도둑을 쫓지 말라.—窮寇勿迫'는 말이 있거니와 꾸짖음이 너무 심하면 반감(反感)을 일으키거나 더욱 비뚤어지는 길로 내닫게 되기 쉽기 때문이다.

남을 가르침에는 지나치게 고상해서는 효과가 없다. 그가 들어서 충분히 이해하고 따라올 만큼 그의 수준에 맞춰서 해야 한다.

24

糞蟲至穢 變爲蟬而飮露於秋風. 腐草無光 化爲螢而
분 충 지 예 변 위 선 이 음 로 어 추 풍 부 초 무 광 화 위 형 이
耀采於夏月. 固知 潔常自汚出 明每從晦生也.
요 채 어 하 월 고 지 결 상 자 오 출 명 매 종 회 생 야

굼벵이는 몹시 더럽건만 변하여 매미가 되어 가을바람에 맑은 이슬을 마시고, 썩은 풀은 빛이 없건만 변하여 반딧불이 되어 여름 달밤에 아름다운 광채를 낸다.

진실로 알겠도다, 깨끗함은 항상 더러움으로부터 생겨나고 밝음은 항상 어둠으로부터 생겨남을.

【글자 뜻】 糞:똥 분. 蟲:벌레 충. 穢:더러울 예. 蟬:매미 선. 腐:썩을 부. 螢:반딧불 형. 耀:빛날 요. 采:캘 채. 夏:여름 하. 潔:깨끗할 결. 汚:더러울 오. 每:매양 매. 晦:그믐 회, 어둠 회.

【말의 뜻】 糞蟲(분충):더러운 흙 속에 사는 벌레. 굼벵이. '糞'은 분토(糞土), 즉 더러운 흙. 썩은 흙. 至穢(지예):몹시 더러움. '穢'는 '더러운'의 뜻. 蟬(선):매미. 飮露於秋風(음로어추풍):가을바람에 이슬을 마심. 腐草(부초):썩은 풀. 化爲螢(화위형):반딧불이 되다. '螢'은 반딧불. 耀采(요채):아름다운 광채를 냄. '采'는 '彩'의 뜻. 固(고):진실로. 晦(회):어둠.

【뜻 풀이】 굼벵이는 쓰레기나 두엄 밑에서 썩은 흙을 먹고 자란다. 그러나 껍질을 벗고 매미가 되어 나무 위에 앉아 가을바람에 노래하며 맑은 이슬을 마시고 산다. 또 썩은 풀은 광명(光明)이 없지만 일단 변하

여 반딧불이 되면(禮記 月令에, 늦여름 썩은 풀이 변하여 반딧불이 된다는 기록이 있고 格物論에도 이와 비슷한 기록이 있음) 여름 달밤에 별처럼 아름다운 광채를 희롱하며 날아다닌다.

이로써 미루어 보면 깨끗함은 더러움으로부터 나오고 밝음은 어두움으로부터 생겨난다는 진리를 깨달을 수 있다. 수양(修養)이 없는 사람은 그 뜻이 천하고 그 행실이 어둡다. 그러나 수양을 쌓아 인격이 높아지면 저 매미나 반딧불처럼 그 뜻이 고결(高潔)해지고 그 덕행이 밝게 빛나게 되는 것이다.

25

矜高倨傲 無非客氣. 降伏得客氣下 而後正氣伸. 情
긍 고 거 오 무 비 객 기 항 복 득 객 기 하 이 후 정 기 신 정
欲意識 盡屬妄心. 消殺得妄心盡 而後眞心現.
욕 의 식 진 속 망 심 소 쇄 득 망 심 진 이 후 진 심 현

뽐냄과 오만은 헛된 기운 아닌 것이 없다. 이 헛된 기운을 항복 받아 물리친 뒤에라야 참된 기운이 자라난다.

욕망과 의식(意識)은 모두 헛된 마음이다. 이 헛된 마음을 소멸하여 다 없앤 뒤에라야 참된 마음이 나타나는 것이다.

【글자 뜻】 矜:자랑할 긍. 倨:거만할 거. 降:항복할 항, 내릴 강. 屬:무리 속, 이을 촉. 消:사라질 소. 殺:덜 쇄, 죽일 살. 盡:다할 진.

【말의 뜻】 矜高(긍고):잘난 체 뽐냄. 倨傲(거오):오만함. '倨'는 '거만하다'의 뜻. 客氣(객기):혈기(血氣)나 만용(蠻勇)에서 나오는 헛된 기

운. 다음 문장에 나오는 '正氣'에 대응되는 말. 正氣(정기):공명정대(公明正大)한 참된 기운. 情欲(정욕):욕망. 意識(의식):옳고 그름, 이해(利害), 득실(得失) 등을 판단하는 지능. 불교에서 말하는 六識[眼識 · 耳識 · 鼻識 · 舌識 · 身識 · 意識]의 하나. 妄心(망심):망령된 마음. 헛된 마음.

【뜻 풀이】 사람은 누구에게나 본성적(本性的)으로 타고난 기운과 마음이 있다. 그 기운은 만물(萬物)이 자라나는 자연의 기운이요, 천체(天體)가 운행하는 우주의 기운이다. 그리고 그 마음은 한 점의 티끌도 없는 거울의 마음이요, 악에 물들지 않은 신(神)의 마음이다. 이것이 정기(正氣)요 진심(眞心)인 것이다.

그런데 이 기운에 외부로부터 객기(客氣)가 들어오면 뽐냄과 거만이 발동하고, 이 마음에 망심(妄心)이 들어오면 온갖 욕망과 잡된 생각이 발동하게 마련이다. 그러므로 이 객기를 몰아내야 정기(正氣)가 자라게 되고, 이 망심(妄心)을 씻어내야 진심(眞心)이 나타나게 되는 것이다.

26

飽後思味 則濃淡之境都消 色後思婬 則男女之見盡
포 후 사 미 즉 농 담 지 경 도 소 색 후 사 음 즉 남 녀 지 견 진
絕. 故人常以事後之悔悟 破臨事之癡迷 則性定而動
절 고 인 상 이 사 후 지 회 오 파 임 사 지 치 미 즉 성 정 이 동
無不正.
무 부 정

배불리 먹은 후에 맛을 생각하면 맛있고 맛없음의 구별이 모두 사라지고, 성욕(性慾)을 만족시킨 후에 정욕을 생각하면 남녀의 관념이 모두 끊어진다.

그러므로 사람이 항상 일이 끝난 뒤의 후회로써 일을 시작할 때의 어리석음을 깨뜨린다면, 본성이 확고해져 행동에 그르침이 없을 것이다.

【글자 뜻】 飽:배부를 포. 味:맛 미. 濃:짙을 농. 都:도읍 도. 모두 도. 婬:음탕할 음. 破:깨뜨릴 파. 臨:임할 림(임). 癡:어리석을 치. 迷:미혹할 미.

【말의 뜻】 飽後(포후):배불리 먹은 후. '飽'는 '배부르다, 배불리 먹다'의 뜻. 濃淡之境(농담지경):맛있는 음식과 맛없는 음식의 구별. '境'은 경계, 구별. 都消(도소):모두 사라짐. '都'는 '모두'의 뜻. 色後(색후):성욕을 만족시킨 후. 婬(음):음욕(婬欲), 즉 남녀 사이의 정욕. 男女之見(남녀지견):남녀의 정교(情交)에 관한 관념. '見'은 '견해, 관념'의 뜻. 臨事(임사):일을 착수하려고 할 때. 癡迷(치미):어리석음, 미망(迷妄). 性定(성정):本性이 확고부동해져 동요(動搖)되지 않음. 動(동):행동. 동작.

【뜻 풀이】 사람은 누구나 맛있는 음식과 아름다운 여색(女色)을 좋아한다. 그러나 값진 산해진미(山海珍味)도 배부른 뒤에는 맛이 없고 절세미인(絕世美人)이라도 성교(性交) 뒤에는 허망하다. 차라리 쌀밥에 김치라면 언제 먹어도 싫증나지 않고, 수수한 내 아내라면 언제 보아도 든든한 것이다. 값진 요리가 참맛이 아니라 담담한 쌀밥이 참맛이요, 아름다운 기녀(妓女)가 참 여인이 아니라 얌전한 아내가 참 여인이기 때문이다.

그러므로 사람은 언제나 본성(本性)을 잃지 말고, 잘못을 저지른 뒤에 후회하리라는 생각을 가지고 사전에 그 어리석음을 타파(打破)한다면 절대로 실수하는 행동을 하지 않게 될 것이다.

27

居軒冕之中 不可無山林的氣味. 處林泉之下 須要懷廊廟的經綸.
거헌면지중 불가무산림적기미 처임천지하 수요회낭묘적경륜

고위고관(高位高官)의 지위에 있을지라도 산림(山林)에 묻혀 사는 풍취가 없어서는 안 되며, 산림(山林)에 묻혀 있을지라도 반드시 조정(朝廷)의 경륜(經綸)을 품어야 한다.

【글자 뜻】 軒:추녀 헌, 수레 헌. 冕:면류관 면. 泉:샘 천. 懷:품을 회. 廊:복도 랑. 廟:사당 묘. 經:날 경. 綸:벼리 륜.

【말의 뜻】 軒冕(헌면):고위고관(高位高官). '軒'은 대부(大夫) 이상의 高官이 타는 수레. '冕'은 대부(大失) 이상이 쓰는 예관(禮冠). 면류관(冕旒冠). 山林的氣味(산림적기미):山林에 묻혀 사는 은자(隱者)와 같은 고결하고 한적한 풍취. '氣味'는 멋, 풍취, 정취. 林泉(임천):본래는 숲과 샘을 뜻하나 전(轉)하여 수목이 울창하고 샘물이 흐르는 산속, 즉 세상을 버리고 은둔(隱遁)하기에 알맞은 곳을 의미한다. 廊廟(낭묘):'廊'은 궁중(宮中)의 복도. '廟'는 종묘(宗廟). 따라서 廊廟는 조정(朝廷)을 뜻한다. 經綸(경륜):나라를 다스리는 일.

'經' 은 본래 피륙의 세로 놓인 실, 즉 종사(縱絲)를 당기는 것. '綸' 은 '실을 정리하다, 다스리다' 의 뜻.

【뜻 풀이】 '열흘 붉은 꽃 없고, 십년 세도(十年勢道) 없다.' 라는 말이 있거니와, 아무리 고위고관(高位高官)의 몸일지라도 한편으로는 명리(名利)를 초월하여 자연을 벗 삼아 유유자적하는 은사(隱士)의 고결(高潔)한 취미를 지니고 있어야 한다. 만일 그렇지 못하면 그 지위를 지키기에 급급하여 마침내는 자신을 망치고 국가와 사회에 죄를 짓고 말 것이다.

이와 반대로, 비록 자연 속에 묻혀 유유자적하는 몸일지라도 항상 국가를 다스리고 큰일을 할 만한 능력과 포부를 지니고 있어야 한다. 이런 준비가 없다면 때가 와도 나아가 활동할 수 없을 것이다.

28

處世不必邀功 無過便是功. 與人不求感德 無怨便是德.
처세불필요공 무과변시공. 여인불구감덕 무원변시덕

세상을 살아감에 있어 반드시 성공이 있기를 바라지 말라. 그르침이 없으면 그것이 곧 성공인 것이다. 남에게 줌에 있어 그것을 은덕으로 생각하기를 바라지 말라. 원망이 없으면 그것이 곧 은덕인 것이다.

【글자 뜻】 邀:맞을 요, 구할 요. 過:지날 과, 허물 과. 便:곧 변, 편할

편. 感:느낄 감. 怨:원망할 원.

【말의 뜻】 邀功(요공):억지로 공(功)을 구함. '邀'는 구할 수 없는 것을 무리하게 구하는 것. 便(변):바로. 곧. 與人(여인):다른 사람에게 줌. 感德(감덕):베푼 은혜에 대해 고맙게 생각함.

【뜻 풀이】 사람은 누구나 자기가 하는 일에 큰 성과가 있기를 바란다. 그러나 큰 성과가 있기만을 기대하고 무리하게 되면 오히려 일을 그르치기 쉬운 것이다. 그러므로 큰 실수가 없다면 우선 이에 만족하여 성공한 것으로 자위하는 편이 현명하다. 기대가 크면 실망도 크기 마련이다.

남에게 은혜를 베풀 때에는 반드시 상대방이 그 은혜를 고맙게 여겨 가슴에 새겨 두기를 바라지 않는 편이 현명하다. 억지로 그의 감은(感恩)을 요구하면 오히려 베푼 은덕(恩德)이 손상될 뿐이다. 그러므로 원망이 돌아오지 않는 것만으로도 충분히 은덕을 베푼 의의는 있는 것이다. 세상에는 호의(好意)를 베풀고도 욕설과 원망을 대가로 받는 일이 얼마나 많은가!

29

憂勤是美德 太苦則無以適性怡情. 澹泊是高風 太枯則無以濟人利物.
우근시미덕 태고즉무이적성이정 담박시고풍 태고즉무이제인이물

근심과 근면은 미덕(美德)이긴 하지만 지나치게 수고하면 본성(本

性)에 따라 마음을 즐겁게 할 수 없고, 청렴과 결백은 높은 기개이긴 하지만 지나치게 말쑥하면 사람을 구제하고 일을 이롭게 할 수 없다.

【글자 뜻】 憂:근심할 우. 勤:부지런할 근. 太:클 태. 苦:쓸 고, 애쓸 고. 適:맞을 적 .澹:담박할 담. 濟:건널 제, 구제할 제. 物:만물 물.

【말의 뜻】 憂勤(우근):근심하고 부지런히 노력함. 太苦(태고):지나치게 수고함. '太'는 지나치게. 適性(적성):본성에 일치함. 怡情(이정):마음을 유쾌하게 함. '怡'는 '기뻐하다'의 뜻. 澹泊(담박):청렴결백함. 淡泊. 高風(고풍):높은 기개. 太枯(태고):지나치게 말쑥함. '枯'는 본래 '마르다'의 뜻. 利物(이물):일을 잘되게 함. '物'은 '事'의 뜻.

【뜻 풀이】 놀고먹으려는 사람들이 많은 세상에서 근면이야말로 미덕(美德)이 아닐 수 없다. 그러나 근면에도 정도가 있다. 지나치게 몸과 마음을 수고롭게 하다 보면 건강을 해치기도 쉬울 뿐 아니라 인간으로서의 본성(本性)까지 잃기 쉽다.

또 부정(不正)과 협잡이 들끓는 오늘날 청렴결백이야말로 바람직한 기풍이다. 그러나 지나치게 말쑥하다 보면 남을 도와주고 일을 이루게 하기는 고사하고 자기 한 몸조차도 주체하지 못할 것이다.

그러므로 자신을 돌아볼 수 있는 정도의 마음의 여유를 가지는 근면과 남의 처지를 생각할 수 있는 정도의 너그러움을 지니는 청렴결백이라야 하는 것이다.

30

事窮勢蹙之人 當原其初心. 功成行滿之士 要觀其末路.
사 궁 세 축 지 인 당 원 기 초 심　공 성 행 만 지 사　요 관 기 말 로

일이 막혀 궁지에 빠진 사람은 마땅히 그 처음의 마음으로 되돌아가 생각해야 하고, 공(功)을 이루어 만족하고 있는 사람은 반드시 그 말로(末路)를 내다보아야 한다.

【글자 뜻】 窮:다할 궁. 勢:기세 세. 蹙:닥칠 축. 初:처음 초. 要:요긴할 요. 觀:볼 관. 末:끝 말. 路:길 로.

【말의 뜻】 事窮(사궁):일이 막힘. 勢蹙(세축):형세가 완전히 오그라듦. '蹙'은 '줄어들다'의 뜻. 原(원):근원으로 거슬러 올라가 생각함. 初心(초심):처음 그 일을 착수했을 때의 마음. 功成(공성):功을 이룸. 行滿(행만):행함이 가득함, 즉 일이 뜻대로 됨. 末路(말로):만년(晩年).

【뜻 풀이】 사람이란 하는 일이 조금만 실패해도 깊은 실망에 잠기고 또 일이 좀 잘되면 마음이 들뜨기 쉬운 존재이다. 그러나 아무리 실패를 거듭하여 진퇴유곡(進退維谷)에 놓일지라도 절대로 자포자기해서는 안 된다. 이런 때에는 한 걸음 뒤로 물러나서 처음에 그 일을 착수했을 때의 상태부터 냉정히 검토해 볼 일이다. 그러면 어딘가에서 해결의 실마리를 찾아 새로운 용기를 갖게 될 것이다.

이와 반대로 자기가 한 일이 성공했을 때에는 너무 흥분하여 그대로 내닫기만 하지 말 일이다. 잠시 발걸음을 멈추고 앞길을 내다보는

여유가 필요하다. 덮어놓고 내닫기만 하다가 비참한 말로(末路)에 이른 뒤에 후회한들 이미 때는 늦은 것이다.

31

富貴家宜寬厚 而反忌刻. 是富貴而貧賤其行矣. 如何
부귀가의관후 이반기각 시부귀이빈천기행의 여하
能享. 聰明人宜斂藏 而反炫耀. 是聰明而愚懵其病矣.
능향 총명인의염장 이반현요 시총명이우몽기병의
如何不敗.
여하불패

부귀(富貴)한 집안은 마땅히 너그럽고 후(厚)해야 하거늘 도리어 시기하고 각박하다면 이는 곧 부귀하면서도 그 행실을 빈천(貧賤)하게 하는 것이니 어찌 그 부귀를 누릴 수 있겠는가!

총명한 사람은 마땅히 그 재주를 깊이 감춰야 하거늘 도리어 드러내 자랑한다면 이는 곧 총명하면서도 어리석고 우매함에 병들어 있는 것이니 어찌 실패하지 않을 수 있겠는가!

【글자 뜻】 富:가멸 부. 貴:귀할 귀. 寬:너그러울 관. 厚:두터울 후. 刻:새길 각, 각박할 각. 貧:가난할 빈. 賤:천할 천. 聰:귀 밝을 총. 斂:거둘 렴(염). 藏:감출 장. 耀:빛날 요. 愚:어리석을 우. 懵:어리석을 몽. 敗:패할 패.

【말의 뜻】 宜(의):마땅함. 이치에 맞음. 忌刻(기각):시기하고 각박함. 如何能享(여하능향):어찌 누릴 수 있겠는가? 斂藏(염장):거두어 깊이 감춤. '斂'은 거두다. 炫耀(현요):빛남. 드러내 자랑함. 愚懵(우

몽): 어리석고 우매함. '懵'은 '어두운', '우매한'의 뜻.

【뜻 풀이】 물질이란 후하게 내보내면 반드시 더욱 후하게 들어오게 마련이다. 더구나 너그럽고 후해야 할 부귀한 집안에서 각박하게 군다면 이는 가난하고 천한 사람의 행동이다. 스스로 가난하고 천하게 행동하는 집안에서 어찌 길이 부귀를 누릴 수 있겠는가!

또 지혜 있는 사람이라면 자기의 재능을 깊이 간직하는 법이거니와, 자기에게 남다른 재능이 있다고 하여 마구 잘난 체 행동한다면 많은 사람들로부터 미움만을 받을 뿐이니, 서로 협력해야 살 수 있는 세상에서 어찌 성공할 수 있겠는가!

32

居卑而後 知登高之爲危. 處晦而後 知向明之太露.
거 비 이 후 지 등 고 지 위 위 처 회 이 후 지 향 명 지 태 로
守靜而後 知好動之過勞. 養默而後 知多言之爲躁.
수 정 이 후 지 호 동 지 과 로 양 묵 이 후 지 다 언 지 위 조

낮은 데에 살아 본 후라야 높은 데에 올라감이 위험한 줄을 알게 되고

어두운 데에 있어 본 후라야 밝은 곳에 있음이 지나치게 드러나 있음을 알게 되고

조용함을 지켜 본 후라야 활동 좋아함이 수고로움에 지나지 않는다는 것을 알게 되고

침묵을 수양해 본 후라야 말 많음이 시끄러운 것임을 알게 된다.

【글자 뜻】 卑: 낮을 비. 危: 위태할 위. 露: 이슬 로, 드러날 로. 靜: 고요할 정. 默: 묵묵할 묵. 躁: 성급할 조, 시끄러울 조.

【말의 뜻】 晦(회): 어둠. 太露(태로): 지나치게 드러나 있음. 守靜(수정): 한거(閑居)하여 조용한 생활을 함. 養默(양묵): 침묵의 수양을 쌓음. 躁(조): 시끄러움.

【뜻 풀이】 높은 지위에 있을 때에는 그것이 얼마나 위험한 것인 줄을 모른다. 그 지위에서 물러나 낮은 데에 서 봐야 비로소 그 위험함을 깨닫게 된다. 또 여러 사람 앞에 나서서 일할 때에는 모르다가 물러나 들어앉아 보아야 비로소 여러 사람들의 이목 속에 있었다는 것을 깨닫게 되고, 조용한 생활을 해 본 후라야 분주히 활동하는 것이 부질없음을 깨닫게 되며, 가만히 앉아 다른 사람들이 떠드는 것을 들어 본 뒤에라야 그것이 얼마나 시끄러운가를 깨닫게 된다.

그러므로 사람은 높은 데에 있을 때에도 몸을 낮추고, 밝은 데에 나아가도 행동을 조심하고, 활동할 때에도 조용함의 멋을 알아야 하며, 침묵을 지키어 언어를 절제해야 하는 것이다.

33

放得功名富貴之心下 便可脫凡. 放得道德仁義之心下
방 득 공 명 부 귀 지 심 하 변 가 탈 범 방 득 도 덕 인 의 지 심 하
纔可入聖.
재 가 입 성

부귀(富貴)와 공명(功名)에 얽매인 마음을 다 털어버려야 비로소 범

속(凡俗)에서 벗어날 수 있고, 도덕(道德)과 인의(仁義)에 얽매인 마음을 다 벗어버려야 비로소 성인(聖人)의 경지에 들어갈 수 있다.

【글자 뜻】 脫:벗을 탈. 得:얻을 득. 纔:겨우 재.

【말의 뜻】 放得下(방득하):털어버림. 벗어남. 便(변):문득. 비로소. 곧. 脫凡(탈범):범속(凡俗)에서 벗어남. 纔(재):비로소. 겨우.

【뜻 풀이】 부귀와 공명은 사람마다 바라는 바이다. 그러나 지나치게 마음을 써 그것의 노예가 되면 속물이 되어버리고 만다. 또 도덕과 인의(仁義)는 좋은 생활규범이다. 그러나 지나치게 속박되어 그 규범의 굴레에서 벗어나지 못한다면 성인의 경지에는 이르지 못하게 되는 것이다.

34

利欲未盡害心 意見乃害心之蟊賊. 聲色未必障道 聰明乃障道之藩屏.
이욕미진해심 의견내해심지모적 성색미필장도 총명내장도지번병

이욕(利欲)이 마음을 해치는 것이 아니라 독단적(獨斷的)인 생각이 바로 마음을 해치는 해충(害虫)이요, 음악과 여색(女色)이 반드시 도(道)를 가로막는 것이 아니라 총명함이 바로 도(道)를 가로막는 장애물이다.

【글자 뜻】 欲:욕심 욕. 害:해칠 해. 蟊:해충 모. 賊:도둑 적, 벌레 이

름 적. 聲:소리 성. 障:가로막을 장. 聰:귀 밝을 총. 藩:울타리 번. 屛:병풍 병.

【말의 뜻】 意見(의견):독단적인 생각. 사견(邪見). 아견(我見). '정견(正見)'에 대응되는 말. 蟊賊(모적):해충(害蟲). '蟊'는 '蝥'와 同字로 '뿌리를 잘라 먹는 벌레'의 뜻. '賊'은 묘목의 마디를 갉아먹는 벌레. 이 두 字는 모두 농작물을 해치는 해충(害虫)을 뜻한다. 轉하여 蟊賊은 선량한 백성을 해치는 악인(惡人)을 의미하기도 한다. 聲色(성색):음악과 여색(女色). 障道(장도):도(道)를 방해함. 藩屛(번병):담장. 울타리. 장애물. '藩', '屛'은 모두 '울타리', '가로막는 물건'의 뜻. 藩屛은 천자(天子)에 대해 제후(諸侯)를 의미하기도 한다.

【뜻 풀이】 이욕은 물론 사람의 마음을 해친다. 그러나 사람의 마음을 근본적으로 해치는 것은 독단적인 생각[我見]이다. 이 그릇된 생각을 참다운 생각[正見]인 줄 알고 마구 행동하는 고집은 고칠 길조차 없기 때문이다.

여색이 인격 수양에 방해되는 것은 사실이다. 그러나 인격 수양에 근본적으로 방해가 되는 것은 어설픈 총명이다. 자신이 가장 총명하다고 믿는 생각이야말로 사람을 오만불손하게 만드는 가장 큰 요소인 것이다.

35

人情反復 世路崎嶇 行不去處 須知退一步之法. 行得去處 務加讓三分之功.
인정반복 세로기구 행불거처 수지퇴일보지법 행득거처 무가양삼분지공

사람의 마음은 변하기 쉽고, 언쟁의 행로(行路)는 험난하다.

가기 어려운 곳에서는 모름지기 한 걸음 물러서는 법을 알아야 하고, 쉽게 갈 수 있는 곳에서는 힘써 십 분의 3의 공(功)을 양보하여 나누어 주어야 한다.

【글자 뜻】 崎:험할 기. 嶇:험할 구. 退:물러날 퇴. 務:힘쓸 무. 讓:사양할 양.

【말의 뜻】 人情反復(인정반복):인정(人情)은 변하기 쉽다. '反復'은 '飜覆'과 같음. 崎嶇(기구):험함. 기구함. '崎', '嶇' 모두 '험한'의 뜻. 行不去處(행불거처):가기 어려운 좁고 험한 곳. 다음 구절에 나오는 '行得去處'에 대응되는 말. 須知(수지):모름지기 ~함을 알라. 行得去處(행득거처):쉽게 갈 수 있는 곳. 三分(삼분):십 분의 3.

【뜻 풀이】 세상 길은 험난하고, 믿을 수 없는 것은 사람의 마음이다. 인생을 평탄히 걸어가는 법이 있으니, 그것은 얼마의 양보심을 발휘하는 것이다. 좁고 험한 길에서는 상대방에게 먼저 지나가도록 길을 양보하고, 가기 쉬운 평탄한 길에서는 상대방에게도 나란히 걸어갈 만큼의 길을 양보한다.

즉 어려운 경우를 당하면 상대방을 먼저 안전한 곳으로 내보내고,

순조롭게 이득이 생기면 상대방에게 조금만 더 양보하여 나누어 주기를 잊지 말아야 하는 것이다.

36

待小人 不難於嚴 而難於不惡. 待君子 不難於恭 而難於有禮.
대 소 인 불 난 어 엄 이 난 어 불 오 대 군 자 불 난 어 공 이 난 어 유 례

소인(小人)을 대함에는 엄격하기가 어려운 것이 아니라 미워하지 않기가 어렵고, 군자(君子)를 대함에는 공손하기가 어려운 것이 아니라 예절을 잃지 않기가 어렵다.

【글자 뜻】 待:기다릴 대. 難:어려울 난. 嚴:엄할 엄. 惡:미워할 오. 禮:예도 례.

【말의 뜻】 待(대):'對'의 뜻. 小人(소인):뒤에 나오는 '君子'에 대응되는 말로 덕(德)이 없는 사람, 또는 신분이 낮은 사람. 不惡(불오):미워하지 않음.

【뜻 풀이】 소인(小人)은 으레 언어나 행동에 잘못이 많게 마련이다. 그러므로 소인을 다룰 때는 어느 정도 엄격하게 대할 필요가 있다. 그러나 이것은 그렇게 어려운 일이 아니다. 진정 어려운 것은 그를 미워하지 않고 관대한 마음으로 선도(善導)해 주는 것이다.

또 인격이 높은 군자(君子) 앞에서는 누구나 저절로 고개가 숙여지

게 마련이다. 그러므로 군자 앞에서 공손하게 굴기는 쉬운 노릇이다. 그러나 공손함이 지나치면 아첨이 되기 쉽다. 그런데 군자는 이 아첨을 미워한다. 그러므로 군자 앞에서 공손하고 정중하기가 어려운 것이 아니라 예절에 맞게 행동하기가 어려운 것이다.

37

寧守渾噩而黜聰明 留些正氣還天地. 寧謝紛華而甘澹泊 遺個淸名在乾坤.

영수혼악이출총명 유사정기환천지 영사분화이감담박 유개청명재건곤

차라리 순박함을 지키고 총명함을 물리쳐 얼마만큼의 공명정대(公明正大)한 기운을 지녀 천지(天地)로 돌리라.

차라리 화려함을 거절하고 청렴결백함을 달게 여겨 하나의 깨끗한 이름을 세상에 남기라.

【글자 뜻】 渾:흐릴 혼. 噩:놀랄 악, 순박할 악. 黜:물리칠 출. 留:머무를 유. 些:적을 사. 謝:사양할 사. 遺:남길 유. 乾:하늘 건. 坤:땅 곤.

【말의 뜻】 寧(녕):차라리. 渾噩(혼악):소박하여 꾸밈이 없음. 渾渾噩噩의 준말. 渾渾은 꾸밈이 없고 간략한 모양. 噩噩은 엄숙한 모양. 黜(출):물리치다. 없애버리다. 些(사):얼마만큼. 약간. 正氣(정기):공명정대(公明正大)한 천지(天地)의 기운. 호연지기(浩然之氣). 紛華(분화):몹시 화려함. 謝(사):사양하다. 거절하다. 澹泊(담박):청렴

결백, 담박(淡泊). 淸名(청명):깨끗한 이름. 청렴결백한 이름. 乾坤(건곤):천지(天地). 세상. '乾'은 하늘, '坤'은 땅. 轉하여 우주를 의미하기도 한다.

【뜻 풀이】 세상을 영리하게 살려고만 한다면 잔꾀와 잔재주가 발동하여 마음을 어지럽혀 놓는다. 그러므로 어설픈 총명을 내치고 차라리 어리석을지언정 순박함을 지키고 천지자연(天地自然)의 정대(正大)한 기운을 몸에 지녔다가 죽어서 돌아갈 때 그 기운을 천지로 돌려보내도록 힘쓸 일이다.

부귀공명(富貴功名)의 호화찬란한 생활은 더러운 이름을 남기기 쉽다. 그러므로 차라리 청렴결백을 달게 여겨 몸에 지녔다가 죽어서 돌아갈 때 깨끗한 이름을 세상에 남기고 가는 것이 현명한 인생 태도이다.

38

降魔者 先降自心. 心伏則群魔退聽. 馭橫者 先馭此
항마자 선항자심 심복즉군마퇴청 어횡자 선어차

氣. 氣平則外橫不侵.
기 기평즉외횡불침

악마를 굴복시키려거든 먼저 자신의 마음을 굴복시켜라. 마음이 굴복하면 모든 악마들은 물러나 고분고분해질 것이다.

횡포를 누르려거든 먼저 자신의 객기(客氣)를 누르라. 객기가 가라앉으면 외부의 횡포는 침입하지 못할 것이다.

【글자 뜻】 降:항복할 항. 魔:마귀 마. 伏:엎드릴 복. 馭:말 부릴 어. 橫:가로 횡. 侵:침노할 침.

【말의 뜻】 降魔(항마):악마를 굴복시킴. 여기서 '魔'는 사람의 마음을 혼란시켜 수도(修道)를 방해하는 마성(魔性). 退廳(퇴청):물러나 本心의 명령에 따름. 馭橫(어횡):횡포한 것을 누름. '馭'는 본래 '부리다'의 뜻. 此氣(차기):객기(客氣). 外橫(외횡):외부의 횡포.

【뜻 풀이】 외부로부터의 장애물을 없애려면 먼저 자신의 마음에서 장애물을 없애야 한다. 자신의 마음이 올바르기만 하다면 외부로부터의 장애물은 저절로 사라질 것이다.

또 외부로부터의 횡포를 막으려면 먼저 자신의 혈기를 가라앉혀야 한다. 혈기에서 일어나는 객기(客氣)가 가라앉으면 외부로부터의 횡포는 자연히 침입할 수 없는 것이다. 즉 내 마음의 수양이 근본 문제인 것이다.

39

教弟子 如養閨女. 最要嚴出入謹交遊. 若一接近匪人
교제자 여양규녀 최요엄출입근교유 약일접근비인
是淸淨田中下一不淨種子 便終身難植嘉禾矣.
시청정전중하일부정종자 변종신난식가화의

자녀를 가르치는 것은 규중 처녀(閨中處女)를 기르는 것과 같아, 무엇보다도 출입을 엄하게 하고 벗 사귐을 조심하도록 해야 한다.

만일 한번 악한 사람과 친근하게 되면 이는 마치 깨끗한 논밭에 잡초의 씨앗을 뿌린 것과 같아서 평생토록 좋은 곡식 심기가 어려울 것이다.

【글자 뜻】 閨:안방 규. 最:가장 최. 謹:삼갈 근. 遊:놀 유. 接:사귈 접. 淨:깨끗할 정. 植:심을 식. 嘉:아름다울 가.

【말의 뜻】 弟子(제자):당시 스승은 제자를 친자식과 똑같이 아끼고 사랑했으며 또한 제자도 스승을 부모와 똑같이 섬겼다. 그러므로 여기서는 弟子를 자녀(子女), 자제(子弟)로 보아도 좋을 것이다. 閨女(규녀):깊은 閨房의 처녀. 규중 처녀(閨中處女). '閨'는 부녀자가 거처하는 방. 交遊(교유):교제. 匪人(비인):악한 사람. 匪는 非와 同字. 下(하):떨어뜨리다. 심다. 蒔의 뜻. 不淨種子(부정종자):좋지 않은 씨앗. 잡초의 씨앗. 嘉禾(가화):좋은 곡식.

【뜻 풀이】 '그릇과 여자는 나돌면 금이 간다.'는 속담이 있거니와, 감수성이 예민한 어린 자녀를 기를 때에는 그보다도 더 세심한 주의를 기울여야 한다. 마구 나돌아 다니고 친구를 아무나 사귀게 내버려둔다면 어떻게 되겠는가? 선(善)은 배우기 어려워도 악(惡)에 물들기는 쉬운 것이 사람의 마음이다.

만일 한번 악한 친구를 사귄다면 마치 잘 갈아 놓은 좋은 논밭에 잡초의 씨앗을 뿌린 것과 같아서 평생토록 좋은 곡식을 심지 못하고 일생을 망칠지도 모를 일이다.

40

欲路上事 毋樂其便而始爲染指. 一染指 便深入萬仞.
욕로상사 무낙기편이시위염지 일염지 변심입만인
理路上事 毋憚其難而稍爲退步. 一退步 便遠隔千山.
이로상사 무탄기난이초위퇴보 일퇴보 변원격천산

욕정(欲情)에 관한 일은 쉽게 즐길 수 있다 하여 조금도 손끝에 물들이지 말라. 한번 손끝에 물들면 곧 만 길 절벽 아래로 떨어지리라.

도리(道理)에 관한 일은 어렵다 하여 조금도 뒤로 물러서지 말라. 한 걸음 물러서면 곧 일 천(一千) 산(山)의 거리만큼 멀리 떨어지리라.

【글자 뜻】 便:편할 편, 곧 변. 染:물들일 염. 深:깊을 심. 隔:사이 뜰 격.

【말의 뜻】 欲路上事(욕로상사):욕정에 관한 일. 樂其便(낙기편):쉽게 즐김. 姑(고):잠시. 일시. 染指(염지):손가락에 물들임. 손가락으로 찍어 조금 맛을 봄. 萬仞(만인):만 길, 깊은 절벽. 仞은 길이의 단위로 一仞은 8척. 理路上事(이로상사):도리(道理)에 관계된 일. 憚(탄):꺼림. 稍(초):점점. 조금. 千山(천산):매우 먼. 본래는 '많은 산(山)'의 뜻.

【뜻 풀이】 여색에 빠지기는 쉽고 도리에 맞게 살기는 어렵다. 그러므로 아무리 쉽게 쾌락을 즐길 수 있을지라도 방탕한 생활에는 한 발짝도 들여놓지 말아야 하며, 아무리 행하기 어려워도 올바르게 살아가는 일에 있어 주저해서는 안 된다.

만일 달콤한 여색에 한번 빠지면 문득 만 길 절벽 아래로 떨어져 일생을 망치게 되고, 도리에 어긋나는 행동을 한번 하면 천산만학(千山萬壑)이 가릴 만큼 아득히 뒤떨어지는 인생이 되고 말 것이다. 여색은 삼갈수록 좋고 도리(道理)에는 용감할수록 좋은 법이다.

41

念頭濃者 自待厚 待人亦厚 處處皆濃. 念頭淡者 自待
염 두 농 자 자 대 후 대 인 역 후 처 처 개 농 염 두 담 자 자 대
薄 待人亦薄 事事皆淡. 故君子 居常嗜好 不可太濃艶
박 대 인 역 박 사 사 개 담 고 군 자 거 상 기 호 불 가 태 농 염
亦不宜太姑寂.
역 불 의 태 고 적

마음이 두터운 사람은 자신을 대함에도 후(厚)하고 다른 사람을 대함에도 후하여 이르는 곳마다 모두 두텁다. 마음이 말쑥한 사람은 자신을 대함에도 박(溥)하고 다른 사람을 대함에도 박하여 하는 일마다 모두 말쑥하다.

그러므로 군자(君子)는 항상 즐기고 좋아하기를 지나치게 두텁고 후하게 하지도 말아야 하며 지나치게 말쑥하고 박하게 하지도 말아야 한다.

【글자 뜻】 念:생각할 념(염). 頭:머리 두. 薄:엷을 박. 皆:다 개. 艶:고울 염.

【말의 뜻】 念頭(염두):마음. 생각. 濃(농):두터움. 淡(담):엷음. 말쑥함. 居常(거상):평상(平常). 평소(平素). 濃艶(농염):짙고 아름다움. 두텁고 후함. 枯寂(고적):말쑥하여 쓸쓸함. 고담적막(枯淡寂寞).

【뜻 풀이】 마음이 후덕한 사람은 하는 일이 다 후하다. 후한 것은 미덕이지만 이것이 지나치면 무절제요 낭비가 된다. 또 마음이 청렴한 사람은 하는 일마다 다 깨끗하다. 청렴한 것은 고상한 일이지만 이것이 지나치면 너무 각박해진다.

그러므로 사람은 마땅히 후하되 지나치게 후하지 않고, 청렴결백하되 지나치게 각박하지 않도록 중용(中庸)의 길을 걸어야 하는 것이다.

42

彼富我仁 彼爵我義. 君子固不爲君相所牢籠. 人定勝
피 부 아 인 피 작 아 의 군 자 고 불 위 군 상 소 뇌 롱 인 정 승
天 志一動氣. 君子亦不受造物之陶鑄.
천 지 일 동 기 군 자 역 불 수 조 물 지 도 주

그가 부(富)를 내세우면 나에게는 인(仁)이 있고, 그가 지위를 내세우면 나에게는 의(義)가 있다. 그러므로 군자(君子)는 군주와 대신에게도 농락(籠絡)되지 않는다.

사람이 힘을 모으면 하늘을 이기고, 뜻을 하나로 모으면 기질도 변화시킨다. 그러므로 군자는 조물주가 만들어 준 운명의 지배도 또한 받지 않는다.

【글자 뜻】 彼:저 피. 富:가멸 부. 爵:벼슬 작. 牢:우리 뇌. 勝:이길 승. 陶:질그릇 도. 鑄:불릴 주.

【말의 뜻】 彼富我仁, 彼爵我義(피부아인, 피작아의):그가 부(富)를 내세우면 나에게는 인(仁)이 있고, 그가 지위를 내세우면 나에게는 의(義)

가 있다. 여기서 '仁' 은 도덕(道德)의 총칭. '爵' 은 지위, 벼슬. 君相(군상):군주와 재상. 牢籠(뇌롱):농락(籠絡)하다. 본래 '牢' 는 짐승을 가두는 우리 또는 감옥. '籠' 은 새장. 人定勝天(인정승천):사람이 힘을 모으면 하늘이 내려 준 운명도 이길 수 있다. 志一動氣(지일동기):뜻을 하나로 모으면 그 사람의 기질까지도 변화시킨다. 造物(조물):조물주. 신(神). 陶鑄(도주):찰흙으로 질그릇을 만들고 쇠붙이를 녹여 틀에 부어 쇠그릇을 만든다는 뜻으로, 조물주가 사람의 기질과 운명을 마음대로 만들어 준다는 뜻.

【뜻 풀이】 재산이나 지위는 후천적으로 얻는 것이지만 사람에게는 누구나 인(仁)과 의(義)라는 선천적으로 타고난 귀한 보배가 있다. 그러므로 재산과 지위는 언제 잃을지 모르지만 인의(仁義)는 본인이 굳게 지키기만 하면 조금도 잃어버릴 염려가 없다.

맹자(孟子)는 '인(仁)은 사람이 살 편안한 집이요, 의(義)는 사람이 걸어가야 할 넓은 길이다.' 라고 말했거니와, 이 인의(仁義)를 몸에 지닌 사람은 절대로 재산이나 지위 앞에 고개 숙이지 않는 법이다.

또 의지가 굳세고 실천력이 강한 사람은 자신의 운명을 스스로 개척해 나가므로 그의 앞에는 하늘이 정해 준 운명도 작용하지 못하며 타고난 기질까지도 바뀌게 되는 것이다.

43

立身不高一步立 如塵裡振衣 泥中濯足. 如何超達.
입신불고일보립 여진리진의 이중탁족 여하초달
處世不退一步處 如飛蛾投燭 羝羊觸藩. 如何安樂.
처세불퇴일보처 여비아투촉 저양촉번 여하안락

몸(마음)을 세우되 한 걸음 높이 세우지 않는다면 이는 마치 먼지 속에서 옷을 털고 흙탕물 속에서 발을 씻는 것과 같으니 어찌 달관할 수 있으랴!

세상을 살아가되 한 걸음 물러서지 않는다면 이는 마치 불나방이 촛불로 날아들고 양(羊)이 울타리를 들이받는 것과 같으니 어찌 안락할 수 있으랴!

【글자 뜻】 塵:티끌 진. 振:떨칠 진. 泥:진흙 니. 濯:씻을 탁. 超:넘을 초. 達:통달할 달. 蛾:나방 아. 投:던질 투. 燭:촛불 촉. 羝:숫양 저. 藩:덮을 번, 울타리 번. 樂:즐거울 락.

【말의 뜻】 立身(입신):몸을 세움. 마음을 목표에 둠. 塵裡振衣(진리진의):먼지 속에서 옷에 묻은 먼지를 털음. 泥中濯足(이중탁족):흙탕물 속에서 발을 씻음. 超達(초달):초월함. 달관함. 飛蛾投燭(비아투촉):불나방이 촛불에 날아듦. '蛾'는 나방이. 羝羊觸藩(저양촉번):양이 뿔로 울타리를 들이받음. 뿔이 울타리에 박혀 뺄 수도 나아갈 수도 없는 진퇴양난을 비유한 말. '羝'는 수컷 양(羊). '藩'은 울타리.

【뜻 풀이】 사람이 마음을 한 걸음 높은 곳에 세우지 않는다면 마치 먼지 속에서 옷을 털고 흙탕물에 발을 씻음과 같아서 평생토록 때 묻음을

벗어나지 못할 것이다.

또 이익 추구에 혈안이 된 세상 사람들보다 한 걸음 뒤에서 걸어가지 않는다면 마치 불나방이 불 속으로 날아들어 스스로 타 죽고 양이 뿔로 울타리를 들이받아 스스로의 몸을 결박함과 다를 것이 없으니 어찌 안락한 삶을 누릴 수 있으랴!

44

學者 要收拾精神 併歸一路. 如修德而留意於事功名
학 자 요 수 습 정 신 병 귀 일 로 여 수 덕 이 유 의 어 사 공 명

譽 必無實詣. 讀書而寄興於吟咏風雅 定不深心.
예 필 무 실 예 독 서 이 기 흥 어 음 영 풍 아 정 부 심 심

학문하는 사람은 정신을 가다듬어 한곳에 집중해야 한다.

만일 덕(德)을 닦으면서도 공적과 명예에 마음을 둔다면 틀림없이 깊은 경지에까지는 이르지 못할 것이요, 책을 읽으면서도 시를 읊는 일에 흥(興)을 둔다면 틀림없이 깊은 마음에까지는 이르지 못할 것이다.

【글자 뜻】 收:거둘 수. 拾:주울 습. 併:아우를 병. 譽:기릴 예. 詣:이를 예. 讀:읽을 독. 寄:부칠 기.

【말의 뜻】 收拾精神(수습정신):정신을 가다듬다. 정신을 집중하다. 併歸一路(병귀일로):한 방향으로 집중함. 事功(사공):사업. 공적. 實詣(실예):참다운 조예(造詣). 吟咏(음영):시를 읊음. 風雅(풍아):본래. 《詩經》의 국풍(國風) · 대아(大雅) · 소아(小雅)를 의미하나 여기

서는 시문(詩文)을 뜻함.

【뜻 풀이】 인격과 학문을 닦음에 있어서는 무엇보다도 정신의 집중이 필요하다. 인격을 수양하면서 마음을 속세의 명리(名利)에 빼앗긴다면 높은 경지에까지 이르기 어렵고, 학문을 연구하면서 음풍영월(吟風詠月)에 마음을 빼앗긴다면 깊은 진리를 체득하지는 못할 것이다.

45

人人有個大慈悲 維摩屠劊 無二心也. 處處有種眞趣味
인 인 유 개 대 자 비 유 마 도 회 무 이 심 야 처 처 유 종 진 취 미
金屋茅簷非兩地也. 只是欲蔽情封. 當面錯過 使咫尺
금 옥 모 첨 비 양 지 야 지 시 욕 폐 정 봉 당 면 착 과 사 지 척
千里矣.
천 리 의

사람들은 누구나 큰 자비심(慈悲心)이 있으니 유마거사(維摩居士)와 백정은 두 마음이 아니요, 곳곳마다 어디에나 참된 즐거움이 있으니 고대광실과 초가집이 다른 곳이 아니다.

다만 욕심에 덮이고 정에 가리어 눈앞에 한 번 실수를 저지르면 이것이 바로 지척을 천 리가 되게 하는 것이다.

【글자 뜻】 慈:사랑할 자. 悲:슬플 비. 摩:문지를 마. 屠:잡을 도. 劊:끊을 회. 屋:집 옥. 簷:처마 첨. 蔽:덮을 폐. 封:봉할 봉. 錯:어긋날 착.

【말의 뜻】 大慈悲(대자비):한없이 큰 사랑. 維摩(유마):유마힐(維摩詰).

석가(釋迦)와 같은 시대의 인도의 居士로, 보살(菩陸)의 화신(化身)이라 불릴 정도로 자비심이 깊었다 함. 屠劊(도회): '屠'는 가축을 도살(屠殺)하는 사람. '劊'는 죄인의 목을 자르는 사람. 따라서 천한 일을 하는 사람을 의미한다. 無二心(무이심): 사람의 마음에는 두 가지가 있지 않다. 모든 사람의 마음은 같다. 眞趣味(진취미): 참된 즐거움. 金屋(금옥): 호화스러운 집. 茅簷(모첨): 초가집. '茅'는 포아풀과의 다년초인 띠. '簷'은 처마. 檐과 동자(同字). 欲蔽情封(욕폐정봉): 욕심에 덮이고 정에 가리어 마음이 흐려짐. 錯過(착과): 잘못을 저지름. 咫尺(지척): 매우 가까운 거리. '咫'는 본래 '여덟 치(八寸)'의 뜻.

【뜻 풀이】 어린이가 우물에 빠진 것을 보면 비록 강도라도 위험을 무릅쓰고 뛰어들어 그 어린이를 구원한다. 이로 미루어 본다면 사람의 마음은 누구나 선량한 것으로, 신성한 직업에 종사하는 사람이거나 백정과 같은 천한 직업에 종사하는 사람이거나 선한 마음이 있는 것은 한 가지이다. 또 고대광실 호화로운 저택에 살거나 삼간초옥 오막살이에 살거나 인생의 참다운 맛을 알고 살기는 오로지 자신의 마음가짐에 달려 있는 것이다.

그러므로 이 선량한 마음과 인생의 참다운 맛을 지니고 살아간다면 자신의 일생을 그르치는 일은 없을 것이다. 그러나 만일 욕심과 사정(私情)에 이끌려 한 번 잘못을 저지른다면 선량한 마음과 인생의 참다운 맛에서 천 리나 멀리 떨어지게 될 것이다.

46

進德修道 要個木石的念頭. 若一有欣羡 便趨欲境.
진 덕 수 도 요 개 목 석 적 염 두 약 일 유 흔 선 변 추 욕 경
濟世經邦 要段雲水的趣味. 若一有貪著 便墮危機.
제 세 경 방 요 단 운 수 적 취 미 약 일 유 탐 착 변 타 위 기

덕(德)을 기르고 도(道)를 닦음에는 모름지기 목석(木石)과 같이 굳은 마음을 지녀야 하거니와, 만일 부귀(富貴)를 부러워하는 마음이 일어나면 문득 욕망의 세계로 내닫게 될 것이다.

세상을 구제하고 나라를 다스릴 때에는 모름지기 운수(雲水)와 같이 맑은 취미를 지녀야 하거니와, 만일 지위를 탐내는 마음을 지닌다면 문득 위험한 지경에 떨어지게 될 것이다.

【글자 뜻】 進:나아갈 진, 오를 진. 欣:기뻐할 흔. 羡:부러워할 선. 趨:달릴 추. 境:곳 경, 장소 경 濟:건널 제, 구제할 제. 經:다스릴 경. 邦:나라 방. 貪:탐할 탐. 墮:떨어질 타. 危:위태로울 위. 機:틀 기.

【말의 뜻】 進德修道(진덕수도):德을 기르고 道를 닦음. 인격을 수양함. 個(개):하나의. 일종의. 木石的念頭(목석적염두):목석처럼 외부의 사물에 의해 움직이지 않는 굳은 마음. 欣羡(흔선):원하고 부러워함. 趨(추):향하다. 내닫다. 經邦(경방):나라를 다스림. '經'은 '經綸'의 뜻. 段(단):일단, 다소. 雲水的趣味(운수적취미):떠다니는 구름과 흐르는 물처럼 無心한 취미. '雲水'는 본래 '구름과 물'의 뜻이지만 轉하여 사방으로 정처 없이 돌아다니는 행각승(行脚僧), 탁발승(托鉢僧)을 의미하기도 한다. 그러므로 行脚僧처럼 사물에 집착하지 않는 담박(淡泊)한 취미라고도 볼 수 있다. 貪著(탐착):욕심내고 집착함.

【뜻 풀이】 사람은 마음을 늘 잔잔한 호수의 수면처럼 간직해야 한다. 그렇지만 항상 단속하다가도 조금만 한눈을 팔면 어느 사이에 욕심이 고개를 들어 고요한 마음에 파문이 일게 마련이다. 그러므로 인격을 수양하는 사람은 목석(木石)과 같이 굳은 마음을 지녀야 물욕의 세계에서 벗어날 수 있는 것이다.

몸은 비록 고관대작의 높은 지위에 있을지라도 일단(一端)의 흰 구름, 맑은 물과 같은 청렴한 마음과 한적한 취미를 지니고 있지 않다면 탐욕과 집착(執着)으로 인해 위험한 지경에 빠지고 말 것이다.

47

吉人無論作用安祥 卽夢寐神魂 無非和氣. 凶人無論
길인무론작용안상 즉몽매신혼 무비화기 흉인무론

行事狼戾 卽聲音咲語 渾是殺機.
행사낭려 즉성음소어 혼시살기

착한 사람은 행동이 안락하고 상서로울 뿐 아니라 잠자는 동안의 정신까지도 온화한 기운에 충만해 있지 않는 일이 없다.

그러나 악한 사람은 하는 일이 거칠고 어긋날 뿐 아니라 목소리와 웃음 띤 말에까지도 살벌한 기운을 띠지 않는 일이 없다.

【글자 뜻】 吉:길할 길, 이로울 길. 祥:상서로울 상, 자세할 상. 寐:잠잘 매. 魂:넋 혼, 생각 혼. 凶:흉할 흉, 재앙 흉. 狼:이리 랑. 戾:어그러질 려. 咲:웃음 소. 渾:흐릴 혼.

【말의 뜻】 吉人(길인):선인(善人). 作用(작용):일상의 행동. 安祥(안

상):안락하고 상서로움. 郎(즉):더 나아가서. 神魂(신혼):영혼. 정신. 凶人(흉인):惡人. 行事(행사):하는 일. 행위. 狼戾(낭려):거칠고 도리에 어긋남. '狼'은 본래 '이리'의 뜻이나 轉하여 이리와 같이 잔인무도한 것을 뜻하기도 한다. '戾'는 '어긋나다', '사납고 흉포하다'의 뜻. 咲語(소어):웃음 띤 말. '咲'는 '笑'의 고자(古字). 渾(혼):모두. 殺機(살기):살벌한 기운. 살기(殺氣).

【뜻 풀이】 마음은 안이요 행동은 겉이다. 마음이 선량하면 하는 일이 부드러워 옳지 않은 것이 없고, 마음이 악한 사람은 하는 일이 악독하여 옳은 일이 하나도 없다.

그러므로 선량한 사람은 평소의 언행(言行)이 부드러울 뿐 아니라 잠든 얼굴에도 화기가 어려 있고, 악한 사람은 그 행동이 도리에 어긋날 뿐 아니라 말소리, 웃음소리에까지도 악독한 기운이 서려 있는 것이다.

48

肝受病則目不能視 腎受病則耳不能聽. 病受於人所不見 必發於人所共見. 故君子欲無得罪於昭昭 先無得罪於冥冥.
간수병즉목불능시 신수병즉이불능청 병수어인소불견 필발어인소공견 고군자욕무득죄어소소 선무득죄어명명

간(肝)에 병이 들면 눈이 보지 못하고, 콩팥에 병이 들면 귀가 듣지 못한다. 병은 남들이 보지 못하는 곳에 들지만, 반드시 남들이 보는 곳

에 나타나는 법이다.

그러므로 군자가 밝은 곳에서 죄를 얻지 않으려면 모름지기 어두운 곳에서도 죄를 짓지 말아야 한다.

【글자 뜻】 肝:간 간, 요긴할 간. 目:눈 목. 視:볼 시. 腎:콩팥 신. 耳:귀 이. 受:받을 수. 聽:들을 청. 共:함께 공, 한가지 공. 得:얻을 득. 昭:밝을 소. 冥:어두울 명.

【말의 뜻】 肝目, 腎耳(간목, 신이):중국에서는 간장(肝臟)과 눈, 신장(腎臟)과 귀가 관계가 있으며, 폐장(肺臟)과 코(鼻), 비장(脾臟)과 입(口), 심장(心臟)과 혀(舌)가 관계가 있다고 예로부터 전해지고 있다. 昭昭(소소):밝은 곳. 여러 사람이 보는 가운데. 冥冥(명명):어두운 곳. 다른 사람들이 보지 못하는 곳.

【뜻 풀이】 '낮말은 새가 듣고 밤말은 쥐가 듣는다.' 라는 속담이 있거니와, 아무리 남몰래 저지른 죄악도 언젠가는 반드시 탄로 나게 마련이다. 간에 든 병이 눈으로 나타나고 콩팥에 든 병이 귀로 나타나 사람들의 눈에 띄게 마련이다. 그러므로 사람은 마땅히 남들이 보는 데서뿐만 아니라 혼자 있는 동안에도 악한 마음이나 악한 행동을 해서는 안 된다.

옛날 중국에서는 오행설(五行說)에 근거하여 폐 · 간 · 염통 · 지라 · 콩팥 등의 오장(五臟)은 각각 코 · 눈 · 입 · 혀 · 귀 등의 다섯 개의 감각기관과 연관되어 있다고 생각했다.

49

福莫福於少事 禍莫禍於多心. 唯苦事者 方知少事之
복 막 복 어 소 사 화 막 화 어 다 심 유 고 사 자 방 지 소 사 지
爲福. 唯平心者 始知多心之爲禍.
위 복 유 평 심 자 시 지 다 심 지 위 화

복(福)에는 일 적음보다 더 큰 복이 없고, 재앙에는 마음 많음보다 더 큰 재앙이 없다. 오직 일에 시달린 사람이라야 바야흐로 일 적은 것이 복임을 알게 되고, 오직 마음이 평온한 사람이라야 비로소 마음 많은 것이 재앙임을 알게 된다.

【글자 뜻】 福:복 복. 莫:없을 막, 말 막. 禍:재앙 화. 唯:오직 유. 始:비로소 시, 처음 시. 知:깨달을 지, 알 지. 多:많을 다.

【말의 뜻】 少事(소사):일이 적음. 多心(다심):마음이 많음. 마음을 여러 곳에 씀. 苦事者(고사자):일에 시달린 사람. 方(방):바야흐로. 平心(평심):마음을 평온히 함.

【뜻 풀이】 맹자(孟子)는 '재앙을 적게 하는 가장 좋은 방법은 욕심을 적게 하는 일이다.' 라고 말했거니와, 부귀에 대한 욕심이 많으면 많을수록 일을 많이 벌이고 마음을 많이 쓰게 마련이다.

한 가지 일에라도 있는 힘을 다 기울여 큰 성과를 올리도록 하는 것이 현명한 길이요, 마음을 오로지하여 옳은 일에만 전념하는 것이 인격을 닦는 좋은 방법이다. 부질없는 일과 쓸데없는 마음은 적을수록 행복하고 많을수록 불행한 법이다.

50

處治世宜方 處亂世宜圓 處叔季之世當方圓竝用. 待
처 치 세 의 방 　처 난 세 의 원 　처 숙 계 지 세 당 방 원 병 용 　대
善人宜寬 待惡人宜嚴 待庸衆之人當寬嚴互存.
선 인 의 관 　대 악 인 의 엄 　대 용 중 지 인 당 관 엄 호 존

태평한 세상에 처해서는 마땅히 방정(方正)해야 하고, 어지러운 세상에 처해서는 마땅히 원만해야 하며, 평범한 세상에 처해서는 마땅히 방정(方正)함과 원만함을 병용(竝用)해야 한다.

선량한 사람을 대함에는 마땅히 관대해야 하고, 악한 사람을 대함에는 마땅히 엄격해야 하며, 보통 사람을 대함에는 마땅히 관대함과 엄격함을 아울러 지녀야 한다.

【글자 뜻】 處:거처할 처, 곳 처. 治:다스릴 치. 宜:마땅할 의. 亂:어지러울 난. 圓:둥글 원. 叔:아재비 숙. 季:끝 계. 竝:나란히 병. 寬:너그러울 관. 嚴:엄할 엄. 待:기다릴 대. 互:서로 호.

【말의 뜻】 治世(치세):태평한 세상. 잘 다스려진 세상. 宜(의):옳음. 이치에 맞음. 마땅함. 方(방):행동이 방정(方正)함. 圓(원):행동이 원만함. 叔季之世(숙계지세):태평한 세상도 아니고 난세(亂世)도 아닌 세상. 본래 '叔季'는 백중숙계(伯仲叔季)의 叔季로, '叔'은 '셋째' 혹은 '끝', '季'는 '막내' 혹은 '끝'의 뜻으로, 轉하여 叔世·季世는 모두 말세(末世)를 의미하며 숙계지세(叔季之世)도 또한 말세(末世)를 의미한다. 그러나 여기서는 문맥상 춘추시대(春秋時代) 魯나라의 삼환(三桓:孟孫 叔孫 季孫)이 다스리던, 태평하지도 못했지만 전국시대(戰國時代)처럼 어지럽지도 않았던 세상을 가리킨다고 보는 것이 옳

을 것이다. *庸衆之人*(용중지인):평범한 사람. 범인(凡人). 선인(善人)도 아니고 악인(惡人)도 아닌 사람. *互存*(호존):아울러 지님.

【뜻 풀이】 사람은 시대적 · 사회적 환경을 벗어나서는 살 수 없고, 또 매일같이 사람들을 대하지 않고는 살아갈 수 없다. 그러므로 어느 정도 환경에 적응하고 대인 관계를 조절할 필요가 있는 것이다.

나라가 잘 다스려져 세상이 태평할 때에는 올바른 법도에 따라 행동을 뚜렷이 하는 것이 좋지만, 어지러운 세상에서는 '모난 돌이 정을 맞는' 법이니 행동을 원만히 하지 않는다면 재앙을 면하기 어렵다. 그러나 요즈음 세상처럼 평범한 세상에서는 행동이 지나치게 모나도 안 되며 지조를 잃을 정도로 원만하기만 해서도 안 된다. 그 중용(中庸)을 취하는 것이 상책이다.

또 대인 관계에 있어서는 선량한 사람에게는 관용을 베풀고 간악한 사람에게는 엄격하게 대하는 것이 원칙이지만, 선하지도 않고 악하지도 않은 보통 사람에게는 때로는 관대하고 때로는 엄격하게 대하여 지나치게 관대하거나 지나치게 엄격하지 않도록 그 중용을 취하는 것이 좋다는 말이다.

51

我有功於人不可念 而過則不可不念. 人有恩於我不可
아 유 공 어 인 불 가 념 이 과 즉 불 가 불 념 인 유 은 어 아 불 가

忘 而怨則不可不忘.
망 이 원 즉 불 가 불 망

내가 남에게 베푼 공(功)은 마음에 새겨 두지 말고 나의 잘못은 마음에 새겨 두라. 남이 나에게 베푼 은혜는 잊지 말고 남의 원망은 잊어버리라.

【글자 뜻】 我:나 아, 자기 아. 念:생각할 념. 過:허물 과. 恩:은혜 은. 忘:잊을 망. 怨:원망할 원.

【말의 뜻】 功(공):공로. 過(과):과오. 잘못. 不可不念(불가불념):마음에 새겨 두지 않으면 안 됨. 기억해 두어야 함.

【뜻 풀이】 남에게 은혜를 베풀 때 훗날의 보답을 기대하고 베푼다면 이는 이미 은혜가 아니다. 그리고 내가 남에게 지은 죄를 잊는다면 이는 이미 사람의 마음이 아닌 것이다. 이와 반대로 내가 남에게서 받은 은혜는 잊지 말고 평생토록 마음에 새겨 두어야 하며 남에게서 받은 서운함은 빨리 마음에서 지워버릴수록 좋은 것이다.

사람의 마음이란 원래 이기적(利己的)이어서 남에게서 받은 은혜는 쉽게 잊으면서도 내가 베푼 은혜는 늘 생각하고, 내가 끼친 잘못은 쉬 잊으면서도 남에게서 받은 서운함은 오래도록 마음에 새겨 두고서 원망하기 쉬운 법이다. 이 경지를 벗어난 다음에라야 인격이 수양된 사람이라 이르리라.

52

施恩者 內不見己 外不見人 卽斗粟可當萬鍾之惠. 利
시은자 내불견기 외불견인 즉두속가당만종지혜 이
物者 計己之施 責人之報 雖百鎰難成一文之功.
물자 계기지시 책인지보 수백일난성일문지공

은혜를 베푸는 사람이 만일 안으로 나를 생각하지 않고 밖으로 그 사람을 생각하지 않는다면 한 말의 곡식도 만 섬(萬石)의 은혜가 된다.

그러나 남에게 이익을 베푼 사람이 자기가 베푼 은혜를 계산하고 그 사람이 갚을 것을 요구한다면 비록 천 냥의 많은 돈일지라도 한 푼의 공(功)도 되기 어렵다.

【글자 뜻】 施:베풀 시. 粟:곡식 속. 鍾:쇠북 종. 惠:은혜 혜. 責:요구할 책. 報:갚을 보. 雖:비록 수. 鎰:스물넉 냥 일. 難:어려울 난.

【말의 뜻】 內不見己(내불견기):안으로 나를 보지 않음. 마음속으로 자기가 남에게 은혜를 베풀고 있다는 생각을 지니지 않음을 의미함. 外不見人(외불견인):밖으로 상대방을 보지 않음. 밖으로 다른 사람이 자기의 은혜를 받고 있다는 생각을 지니지 않음을 의미함. 斗粟(두속):한 말의 곡식. '粟'은 껍질을 벗기지 않은 쌀. 萬鍾(만종):많은 양의 곡식. '鍾'은 본래 용량(容量)의 단위로 육곡 사두(六斛四斗). 利物者(이물자):남에게 이익을 베푸는 사람. 計己之施(계기지시):자기가 베푼 것을 계산함. 責人之報(책인지보):남이 나에게 갚을 것을 요구함. '責'은 '요구하다', '독촉하다'의 뜻. 百鎰(백일):많은 돈. '鎰'은 본래 이십 냥. 文(문):엽전.

【뜻 풀이】 전장(前章)과 비슷한 뜻이다. 남에게 은혜(恩惠)를 베푸는 사람이 만일 자신이 은혜를 베풀고 있다는 생각과 상대방이 자기로부터 은혜를 받고 있다는 생각을 마음에 두지 않고, 진정으로 마음에서 우러나 베푸는 순수한 은혜라면 비록 한 말의 곡식을 베푸는 은혜일지라도 그 가치는 만 석의 곡식을 베푸는 은혜를 능가할 것이다.

그러나 자기가 베푸는 은혜를 따져 그 사람이 갚아 주기를 바라고 베푸는 은혜라면 비록 백만 원의 큰 돈을 베풀었다 할지라도 그것은 순수한 마음에서 주는 백 원짜리 동전 하나의 가치도 되지 않을 것이다.

53

人之際遇 有齊有不齊 而能使己獨齊乎. 己之情理 有順有不順 而能使人皆順乎. 以此相觀對治 亦是一方便法門.
인지제우 유제유부제 이능사기독제호 기지정리 유순유불순 이능사인개순호 이차상관대치 역시일방편법문

사람들의 경우를 보면 갖춘 이도 있고 갖추지 못한 이도 있거늘 어찌 나 혼자만 다 갖추려 할 수 있겠는가?

또 자기의 심정을 보면 도리에 맞는 것도 있고 맞지 않는 것도 있거늘 어찌 사람마다 다 도리에 맞기를 바랄 수 있겠는가?

이와 같이 남과 나를 비교해서 다스려 나간다면 이것이 또한 세상을 살아가는 한 가지 방법이 될 것이다.

【글자 뜻】 際:즈음 제. 獨:홀로 독. 齊:가지런할 제. 乎:어조사 호.

【말의 뜻】 際遇(제우):경우. 처지. 齊(제):갖춤. 복(福)을 갖춤. 情理(정리):심리(心理). 정신 상태. 順(순):도리에 맞음. 相觀(상관):나와 남을 살펴봄. 對治(대치):균형을 잡아 다스려 나감. 方便法門(방편법문):세상을 살아가는 방법. 편의적(便宜的)인 방법. 불교(佛敎)의 진실법문(眞實法門)에 대응되는 말.

【뜻 풀이】 재산(財産), 지위(地位), 명예(名譽), 건강(健康), 수명(壽命), 자손(子孫) 등 사람들이 바라는 욕망은 많다. 그러나 사람들의 처지를 자세히 살펴보면 이 모든 조건을 골고루 다 갖춘 완전한 행복이란 거의 없다. 그런데 어찌 나 혼자만 이 모든 조건을 다 갖추려 하는가?

또 내 심리 상태를 살펴보면 도리에 맞는 것도 있고 맞지 않는 것도 있다. 그런데 어찌 세상 사람들이 하는 일마다 다 도리에 맞는 옳은 일이기를 바랄 수 있겠는가?

그러므로 다른 사람의 처지와 나의 심리 상태(心理狀態)를 비교하고 잘 관찰하여 내가 어려움을 당했을 때에는 남의 어려운 처지를 살펴보고, 남의 잘못을 보았을 때에는 내 잘못을 생각하여 조화 있게 자신을 다스려 가는 것도 또한 세상을 살아가는 편의적(便宜的)인 방법의 하나라고 하겠다.

54

心地乾淨 方可讀書學古. 不然 見一善行 竊以濟私 聞
심 지 건 정 방 가 독 서 학 고 불 연 견 일 선 행 절 이 제 사 문
一善言 假以覆短. 是又藉寇兵 而齎盜粮矣.
일 선 언 가 이 복 단 시 우 자 구 병 이 재 도 량 의

마음을 깨끗이 한 다음에야 책을 읽고 옛것을 배워야 한다.

만일 그렇지 않으면, 한 가지 착한 행실을 보면 그것을 훔쳐 자기의 욕심을 채우고, 한 마디 좋은 말을 들으면 그것을 빌어 자기의 잘못을 덮을 것이니 이것은 바로 적(敵)에게 무기를 빌려 주고 도둑에게 양식(糧食)을 주는 것과 같다.

【글자 뜻】 乾:하늘 건. 淨:깨끗할 정. 竊:훔칠 절. 假:거짓 가, 빌릴 가. 藉:깔 자, 빌 차.

【말의 뜻】 心地(심지):마음. 마음이 여러 가지 번뇌(煩惱)를 만들어 내는 것을 땅이 곡식을 만들어 내는 것에 비유한 말이다. 方(방):바야흐로. 비로소. 乾淨(건정):깨끗하게 함. 잡념을 버리고 마음을 청결하게 함. 竊(절):훔치다. 도둑질하다. 濟私(제사):사욕(私慾)을 채움. 이기적인 일을 함. 假(가):빌다. 借와 같은 뜻. 覆短(복단):단점을 덮음. 잘못을 가림. 藉寇兵, 而齎盜粮(자구병, 이재도량):적(敵)에게 무기를 빌려 주고 도둑에게 양식(糧食)을 줌. 이적 행위(利敵行爲)를 하는 것을 의미한다. '藉'는 빌려 주다. '兵'은 무기. '齎'는 주다. '粮'은 糧과 同字.

【뜻 풀이】 마음이 선량한 사람은 지혜가 많으면 옳은 길로 활용하지만 악

한 사람이 지혜가 많으면 지능적(知能的)인 죄악을 범하여 사리사욕(私利私慾)을 꾀할 뿐이다. 그러므로 마음을 깨끗하게 한 상태에서 책을 읽고 지혜를 넓혀야 인격을 수양하는 방편이 된다.

만일 마음에 옳지 못한 생각을 품고 있는 상태에서 책을 읽고 지혜를 넓힌다면 그 지혜를 악용하여 죄악을 범할 것이니, 이는 마치 강도에게 무기를 빌려 주고 적군에게 군량(軍糧)을 대 주는 것과 같이 그 악행을 조장(助長)할 뿐이다.

그러므로 사람은 학문을 하기에 앞서 그 마음을 올바로 지니지 않으면 안 되는 것이다.

55

奢者富而不足 何如儉者貧而有餘. 能者勞而府怨 何如拙者逸而全眞.
사자부이부족 하여검자빈이유여 능자노이부원 하여졸자일이전진

사치하는 사람에게는 아무리 부유해도 모자라거늘 어찌 검소(儉素)한 사람의 가난하면서도 여유 있음만 할 수 있으랴!

능란한 사람은 애써 일하고서도 원망을 불러들이거늘 어찌 서툰 사람의 한가로우면서도 천성(天性)을 지킴만 할 수 있으랴!

【글자 뜻】 奢:사치할 사. 儉:검소할 검. 餘:남을 여. 能:능할 능. 拙:서툴 졸. 逸:편안할 일.

【말의 뜻】 府怨(부원):원망을 모아들임. 본래 '府'는 창고를 의미한다.

拙者(졸자) : 일이 서툰 사람.　全眞(전진) : 본성(本性)을 보전함. '眞'은 자연으로부터 받은 인간의 본성. 선성(善性).

【뜻 풀이】 검소(儉素)한 생활과 자중(自重)하는 행동을 권한 말이다. 사치를 좋아하는 사람은 아무리 많은 재산을 가지고 있어도 항상 모자라 쩔쩔매는 생활을 하지만, 절약하여 검소한 생활을 하는 사람은 언제나 여유 있게 살아간다.

또 유능(有能)한 체하는 사람은 언제나 일에 묻혀 지내면서도 원망을 면치 못하지만, 무능(無能)한 체하는 진중한 사람은 언제나 유유자적(悠悠自適)하면서도 자기의 할 일을 완수해 놓는 것이다.

56

讀書不見聖賢 爲鉛槧傭. 居官不愛子民 爲衣冠盜. 講學不尙躬行 爲口頭禪. 立業不思種德 爲眼前花.
독서불견성현 위연참용 거관불애자민 위의관도 강학불상궁행 위구두선 입업불사종덕 위안전화

책을 읽으면서도 성현(聖賢)을 보지 못한다면 이는 글씨를 베끼는 필생(筆生)이요, 관직(官職)에 있으면서도 백성을 사랑하지 않는다면 이는 관복(官服)을 입은 도둑이다.

학문을 가르치면서도 몸소 실천하지 않는다면 이는 입으로 선(禪)을 하는 것이며, 사업을 세우고서도 덕(德)의 씨앗을 뿌리기를 생각하지 않는다면 이는 눈앞에서 지는 꽃에 지나지 않는다.

【글자 뜻】 讀:읽을 독. 鉛:납 연. 槧:판 참. 講:익힐 강, 풀이할 강. 業:업 업. 眼:눈 안.

【말의 뜻】 鉛槧傭(연참용):필사생(筆寫生). '鉛' 은 연분(鉛粉). '槧' 은 서판(書板). 轉하여 鉛槧은 문필(文筆)을 의미하기도 하나 여기서는 자기가 읽은 책의 좋은 글을 옮겨 써놓는 것을 가리킴. '傭' 은 노예, 하찮은 사람. 종이가 없던 옛날에는 나무판[槧]에 납[鉛]으로 글씨를 썼다. 子民(자민):백성. 衣冠盜(의관도):관복(官服)을 입은 도둑. 의관(衣冠)은 관직(官職)에 있는 사람을 가리킨다. 躬行(궁행):몸소 실천함. '躬' 은 '몸소', '자신이 직접' 의 뜻. 口頭禪(구두선):입으로만 하는 선(禪). 실천이 따르지 않는 빈말. 선(禪)에서 가장 금기(禁忌)하는 것은 입으로만 하는 이론이다. 立業(입업):사업을 일으킴. 種德(종덕):덕(德)의 씨앗을 뿌림. 眼前花(안전화):눈앞에서 피었다가 이내 지는 꽃. 일시적인 성공을 의미함.

【뜻 풀이】 책을 읽으면서도 그 글 속에 담긴 참뜻을 파악하지 못하는 '수박 겉핥기' 식의 독서는 남의 글을 베끼는 필생(筆生)과 다를 것이 없고, 관직에 있으면서도 자기가 다스리는 백성을 사랑하는 마음이 없다면 관복(官服)을 입고 도둑질하는 탐관오리(貪官汚吏)에 지나지 않는다.

또 제자들에게는 높은 진리(眞理)를 가르치면서도 스스로 솔선수범(率先垂範)하여 이를 실천하지 않는다면 그 가르침은 한갓 공염불(空念佛)에 지나지 않고, 큰 업적(業績)을 세우고도 은혜를 베풀 줄 모른다면 그 업적은 눈앞에서 피었다 순식간에 지는 허망한 꽃과 같은 운명을 면치 못할 것이다.

57

人心有一部眞文章 都被殘編斷簡封錮了. 有一部眞鼓
인 심 유 일 부 진 문 장 도 피 잔 편 단 간 봉 고 료 유 일 부 진 고
吹 都被妖歌艶舞湮沒了. 學者須掃除外物 直覓本來.
취 도 피 요 가 염 무 인 몰 료 학 자 수 소 제 외 물 직 멱 본 래
纔有個眞受用.
재 유 개 진 수 용

사람의 마음속엔 누구나 한 권의 참다운 문장(文章)을 지니고 있건만 불완전한 옛사람들의 기록 때문에 모두 굳게 갇혀 있으며

누구나 한 가락의 참다운 음악을 지니고 있건만 요염(妖艶)한 노래와 춤에 모두가 파묻혀 있다.

그러므로 배우는 사람은 모름지기 외부의 것을 쓸어 없애고 본래의 마음을 찾아야 비로소 참다운 묘미(妙味)를 맛볼 수 있다.

【글자 뜻】 殘:남을 잔. 編:엮을 편, 책 편. 斷:끊을 단. 錮:막을 고. 鼓:북 고. 艶:고울 염. 舞:춤출 무. 湮:묻힐 인. 沒:빠질 몰. 掃:쓸 소. 覓:찾을 멱. 纔:겨우 재.

【말의 뜻】 一部眞文章(일부진문장):한 권의 참다운 문장. '一部'는 여기서는 책(冊). '眞文章'은 훌륭한 문장. 都被(도피):모두 ~당함. 殘編斷簡(잔편단간):단편적으로 남은 옛 기록. '編', '簡'은 모두 '책'의 뜻. '殘', '斷'은 모두 '불완전한'의 뜻. 封錮(봉고):봉쇄되어 갇힘. 一部眞鼓吹(일부진고취):한 가락의 참다운 음악. '一部'는 여기서는 가락. '眞鼓吹'는 훌륭한 음악. 鼓吹는 鼓歌吹奏(고가취주)의 略語. 妖歌艶舞(요가염무):요염한 노래와 춤. 湮沒(인몰):파묻힘. '湮'은 '빠지다', '파묻히다'의 뜻. 外物(외물):외부의 사물. 여기서

는 잔편단간(殘編斷簡)과 요가염무(妖歌艶舞)를 가리킴. 覔本來(멱본래):선천적으로 지니고 있는 것을 찾음. '覔'은 '구하다', '찾아 얻다'의 뜻으로 覓의 속자(俗字). '本來'는 '본래의 모습'의 뜻으로 여기서는 진문장(眞文章)과 진음악(眞音樂)을 가리킴. 纔(재):비로소. 겨우. 眞受用(진수용):참다운 묘미를 맛봄. 참다운 문장과 음악을 누림.

【뜻 풀이】 사람의 마음속에는 타고난 진리(眞理)의 문장(文章)과 고상(高尙)한 음악(音樂)이 간직되어 있다. 그러나 옛사람들이 남긴 책에서 단편적(斷片的)인 진리를 찾기 위하여 마음에 지닌 참다운 진리의 문장을 읽을 줄 모르고, 요염한 노래와 춤에 매혹되어 마음에 지닌 참다운 음악을 즐길 줄 모른다.

그러므로 참다운 진리는 책에서 찾기 전에 마음속에서 찾아야 하며, 참다운 음악의 즐거움은 노래와 춤에서 구하기 전에 마음속에서 발견해야 하는 것이다.

58

苦心中 常得悅心之趣. 得意時 便生失意之悲.
고 심 중 상 득 열 심 지 취 득 의 시 변 생 실 의 지 비

고심(苦心)하는 가운데 항상 마음을 기쁘게 하는 취미를 얻고
득의만만(得意滿滿)한 때에 문득 실의(失意)의 슬픔이 생겨난다.

【글자 뜻】 趣:풍취 취. 意:뜻 의. 時:때 시. 悲:슬플 비.

【말의 뜻】 苦心(고심):일이 뜻대로 되지 않아 마음이 괴로움. 得意(득의):바라던 일이 성취됨. 뜻대로 되어 만족함. 便(변):문득. 곧.

【뜻 풀이】 역경(逆境) 속에서도 행복을 누릴 수 있고, 성공한 때에도 슬픔을 맛볼 수 있는 것이 인생이다. 행복과 슬픔은 오로지 마음먹기에 달려 있기 때문이다. 더구나 성공은 으레 실패(失敗) 뒤에 찾아오고, 쓰라린 불행은 성공했을 때에 이미 싹트기 마련인 것이다.

그러므로 무엇보다도 중요한 것은 역경 속에서도 신념(信念)과 용기(勇氣)를 잃지 말아야 한다는 것과, 성공한 때일수록 불의의 실패에 대비하는 마음의 준비와 꾸준한 노력이 필요하다는 것이다.

59

富貴名譽 自道德來者 如山林中花. 自是舒徐繁衍.
부귀명예 자도덕래자 여산림중화 자시서서번연
自功業來者 如盆檻中花. 便有遷徙廢興. 若以權力得
자공업래자 여분함중화 변유천사폐흥 약이권력득
者 如甁鉢中花. 其根不植 其萎可立而待矣.
자 여병발중화 기근불식 기위가입이대의

도덕(道德)으로부터 온 부귀(富貴)와 명예(名譽)는 마치 산속의 꽃과 같아서 스스로 무럭무럭 자라 번성하며, 공적(功績)으로부터 온 것은 마치 화단의 꽃과 같아서 곧 옮겨지며 흥망(興亡)이 있다.

그러나 권력으로 얻은 것은 마치 꽃병 속의 꽃과 같아서 그 뿌리가 내리지 않으므로 시들음 또한 서서 기다릴 수 있다.

【글자 뜻】 譽:기릴 예. 繁:번성할 번. 檻:우리 함. 遷:옮길 천. 甁:병 병. 鉢:바리때 발. 萎:시들 위.

【말의 뜻】 自道德(자도덕):도덕으로부터. '自'는 '~로부터'의 뜻. 舒徐繁衍(서서번연):퍼져 매우 번성해짐. '舒'는 '펴다', '퍼지다'의 뜻. '衍'은 '퍼지다', '넘치다'의 뜻. 盆檻(분함):화단. 화분과 화단. 遷徙(천사):이리저리 옮김. '徙'는 '移'의 뜻. 甁鉢(병발):화병. '鉢'은 '그릇'의 뜻. 立而待(입이대):선 자리에서도 기다릴 수 있음. 몹시 빠름을 의미한다.

【뜻 풀이】 부귀(富貴)와 공명(功名)은 사람마다 바라는 바이거니와, 그것을 얻는 방법에도 여러 가지가 있어 그에 따라 그 수명도 각각 다르다.

높은 덕(德)을 펴서 절로 얻은 부귀공명은 마치 산과 들에서 절로 자라나는 꽃과 같아서 뿌리와 가지가 마음껏 번성하여 그 생명을 오래 누릴 것이다.

하지만 큰 공적(功績)을 이루어 갑자기 얻은 부귀공명은 마치 꽃밭에 심은 꽃과 같아서 자주 옮겨 심어지고 뿌리가 약하니 그 수명 또한 믿을 것이 못 된다.

그런데 권력으로 빼앗은 부귀공명이라면 잠시 보려고 꽃병에 꺾어다 꽂은 꽃과 같은 것이어서 뿌리가 없으니 그 생명 또한 얼마나 가겠는가!

60

春至時和 花尙鋪一段好色 鳥且囀幾句好音. 士君子
춘 지 시 화 화 상 포 일 단 호 색 조 차 전 기 구 호 음 사 군 자

幸列頭角 復遇溫飽. 不思立好言行好事 雖是在世百
행 렬 두 각 부 우 온 포 불 사 입 호 언 행 호 사 수 시 재 세 백

年 恰似未生一日.
년 흡 사 미 생 일 일

봄이 되어 날씨가 화창하면 꽃도 한층 아름다운 빛깔을 펴내고 새도 몇 가락 고운 노래를 굴리거니와, 선비로서 다행히 두각(頭角)을 나타내고 호의호식(好衣好食)하면서도 좋은 말을 세우고 좋은 행실을 할 생각을 하지 않는다면 비록 백 년을 살지라도 단 하루도 살지 않음과 다를 것이 없다.

【글자 뜻】 鋪:펼 포. 囀:지저귈 전. 幾:몇 기. 雖:비록 수. 恰:흡사할 흡. 似:닮을 사.

【말의 뜻】 鋪(포):펴다. 펴지다. 囀(전):새가 지저귀다. 幾句(기구):몇 구절. 몇 마디. 士君子(사군자):학덕(學德)이 높은 사람. 士人君子의 略語. 列頭角(열두각):두각을 나타내어 반열(班列)에 나섬. 출세함. 遇溫飽(우온포):따뜻하고 배부름을 맞음. 따뜻하게 입고 배불리 먹음. '溫飽'는 溫衣飽食(온의포식)의 略語. 立好言(입호언):좋은 말을 하여 사람들이 본받게 함. 好事(호사):훌륭한 행실.

【뜻 풀이】 봄철이 되어 날씨가 화창해지면 무심한 꽃도 아름다운 빛깔을 수놓아 사람의 마음을 기쁘게 해 주고 새들도 고운 노래를 불러 사람의 마음을 즐겁게 해 준다.

하물며 학문을 닦은 선비가 다행히 입신출세(立身出世)하여 부귀영화를 누리면서도 좋은 말로 사람들을 선도(善導)하고 좋은 일로 사람들에게 은혜 베풀 생각은 하지 않고서 헛되이 세월을 보내며 자리나 지킨다면 어찌 올바른 삶을 누린다고 할 수 있겠는가?

공자께서도 '아침에 도(道)를 들어 깨달으면 저녁에 죽어도 괜찮다.(朝聞道夕死可矣)' 라고 말씀했거니와, 사람으로서 헛되이 평생을 보낸다면 단 하루도 살지 않음과 무엇이 다르겠는가?

61

學者要有段兢業的心思 又要有段瀟洒的趣味. 若一味
학 자 요 유 단 긍 업 적 심 사 우 요 유 단 소 쇄 적 취 미 약 일 미

斂束清苦 是有秋殺無春生. 何以發育萬物.
염 속 청 고 시 유 추 살 무 춘 생 하 이 발 육 만 물

배우는 사람은 한편으로는 조심하는 마음을 지녀야 하며, 또 한편으로는 탁 트인 활달한 멋을 지녀야 한다.

만일 오로지 단속하여 지나치게 결백(潔白)하기만 하다면, 여기엔 쌀쌀한 가을의 살기(殺氣)만 있고 따스한 봄의 생기(生氣)가 없음이니 어찌 만물을 자라게 할 수 있겠는가?

【글자 뜻】 段:구분 단. 兢:삼갈 긍. 瀟:강 이름 소, 맑을 소. 殺:죽일 살. 育:기를 육.

【말의 뜻】 段(단):일단(一段). 일편(一片). 兢業(긍업):조심스럽고 신중함. 兢兢業業(긍긍업업)의 略語. 瀟洒(소쇄):작은 일에 구애되지 않

고 활달함. '瀟'는 맑다. '洒'는 씻다, 시원하다. 一味(일미):오로지. 한결같이. 斂束(염속):거두어 단속함. 淸苦(청고):지나치게 청렴결백함. '苦'는 지나치게. 秋殺(추살):만물을 시들게 하는 가을의 살기(殺氣). 春生(춘생):만물을 자라게 하는 봄의 따뜻한 기운.

【뜻 풀이】'돌다리도 두드려 보고 건너라.' 라는 속담이 있거니와 실패하지 않으려면 미리 조심하고 경계하는 것보다 더 좋은 약은 없다. 그러나 외곬으로 졸라매기만 한다면 너무 각박하여 대인 관계(對人關係)가 성립되지 못할 것이다. 따라서 사소한 일에는 대범하게 넘기는 아량을 지녀야 하는 것이다.

만일 오로지 조심하고 단속만 하여 사소한 실수도 추상(秋霜) 같은 엄격으로 용납지 않는다면, 이는 마치 낙엽이 지고 풀이 말라 죽는 가을의 싸늘한 기운 같고 만물을 자라게 하는 따스한 봄기운이 전연 없으니 어찌 원만한 대인 관계와 사회생활을 기대할 수 있겠는가!

62

眞廉無廉名. 立名者正所以爲貪. 大巧無巧術 用術者乃所以爲拙.
(진렴무렴명 입명자정소이위탐 대교무교술 용술자내소이위졸)

진짜 청렴(淸廉)에는 청렴하다는 이름조차 없다. 이름을 날리는 사람은 바로 탐욕스럽기 때문이다.

참으로 뛰어난 재주에는 교묘한 재주가 없다. 교묘한 재주를 부리는 사람은 바로 재주가 서툴기 때문이다.

【글자 뜻】 廉:청렴할 렴. 貪:탐할 탐. 巧:공교할 교. 術:재주 술. 拙:서툴 졸.

【말의 뜻】 眞廉(진렴):참으로 청렴(淸廉)함. 立名(입명):이름을 드날림. 大巧(대교):참으로 뛰어난 재주. 巧術(교술):교묘한 수단. 拙(졸):서툶음.

【뜻 풀이】 참으로 청렴결백(淸廉潔白)한 사람에게는 청렴결백하다는 이름조차도 없다. 남들로부터 청렴결백하다는 명성(名聲)을 얻고 있는 사람은 탐욕이 있기 때문인 것이다. 이와 마찬가지로 뛰어나게 재주가 교묘한 사람은 잔재주를 부리지 않는 법이다. 잔재주를 부리는 사람이라면 그것은 재주가 서툴기 때문인 것이다.

63

> 攲器以滿覆 撲滿以空全. 故君子 寧居無不居有 寧處缺不處完.
> (기 기 이 만 복 박 만 이 공 전 고 군 자 녕 거 무 불 거 유 영 처 결 불 처 완)

기기(攲器)는 가득 차면 엎어지고, 박만(撲滿)은 비어야 온전하다.

그러므로 군자(君子)는 차라리 무(無)에 살지언정 유(有)에 살지 않으며, 모자라는 데에 있을지언정 가득 찬 데에 있지 않는다.

【글자 뜻】 攲:기울 기. 器:그릇 기. 滿:찰 만. 覆:엎어질 복. 寧:편안할 녕. 缺:이지러질 결, 모자랄 결. 完:완전할 완.

【말의 뜻】 攲器(기기):물을 넣는 그릇. 물이 없으면 기울어지고, 물이 반쯤 들어 있으면 똑바로 서 있고, 물이 가득 차면 뒤집어지는 그릇으로 옛날 현명한 군주가 스스로 중용(中庸)을 지키기 위해 항상 곁에 놓고 경계로 삼았다 함. 그래서 一名 '宥坐之器' 라고도 한다. '攲' 는 '기울어지다' 의 뜻. 撲滿(박만):흙으로 만든 벙어리저금통. 한번 넣은 돈은 다시 꺼낼 수 없으므로 돈이 가득 차면 저금통을 깨뜨려 돈을 꺼내야 한다. 그러므로 저금통은 비어 있어야만 온전한 것이다.

【뜻 풀이】 어의(語義)에서 밝힌 기기(攲器)의 내용과 비슷한 것으로《공자가어(孔子家語)》에 보면 '공자께서 말씀하시기를, 내 들으니 유좌지기(宥坐之器)는 비면 기울고, 중간쯤 차면 바로 서고, 가득 차면 엎어진다. 명군(明君)은 이것으로써 지성을 삼았으니, 항상 이것을 자리 곁에 두었다 한다.' 라는 기록이 있다. 또《서경잡기(西京雜記)》에 보면 '박만(撲滿)은 토기(土器)로 만든 저금통이다. 돈을 구멍으로 넣을 수는 있어도 꺼낼 수는 없어 가득 차면 깨뜨려야 한다.' 라는 기록이 있다.

즉 기기(攲器)는 물이 가득 차면 엎어지고, 박만(撲滿)은 돈이 가득 차면 깨뜨려지게 마련이다. 그러므로 군자는 이를 본받아 욕심은 없애기에 힘쓰고 물질은 부족한 데서 만족해야 하는 것이다.

64

名根未拔者 縱輕千乘甘一瓢 總墮塵情. 客氣未融者
명근미발자 종경천승감일표 총타진정 객기미융자
雖澤四海利萬世 終爲剩技.
수택사해이만세 종위잉기

명리(名利)를 추구하는 마음의 뿌리가 빠지지 않은 사람은 설사 천승(千乘)의 부(富)를 가볍게 여기고 한 표주박의 음식을 달게 여길지라도 사실은 속세(俗世)의 욕망에 떨어진 것이요,

헛된 기운이 다 녹지 않은 사람은 설사 은덕(恩德)을 천하에 베풀고 이익을 만 대(萬代)에 끼칠지라도 마침내 쓸모없는 재주가 될 것이다.

【글자 뜻】 根:뿌리 근. 乘:탈 승. 瓢:표주박 표. 墮:떨어질 타. 融:녹을 융. 剩:남을 잉.

【말의 뜻】 名根(명근):名利를 추구하는 욕심의 뿌리. 縱(종):가령. 설사. 千乘(천승):兵車千乘. 여기서는 제후(諸侯)의 부귀(富貴)를 가리킴. '乘'은 본래 전시(戰時)에 내보내는 전차(戰車)를 의미한다. 고대(古代) 중국에서는 전시에 내보내는 전차(戰車)의 수에 의해 국가나 대부(大夫)의 힘을 나타냈다. 周代의 제도에서는 천자(天子)는 만 승(萬乘), 제후(諸侯)는 천 승(千乘), 대부(大夫)는 백 승(百乘)으로 정했다. 一瓢(일표):한 표주박의 음식. 청빈(淸貧)을 의미함. '瓢'는 표주박. 塵情(진정):속세의 욕심. 명리(名利)의 욕심. 客氣(객기):참된 기운이 아닌 헛된 기운. 澤(택):은덕(恩德)을 베풂. 四海(사해):천하(天下). 剩技(잉기):쓸모없는 재주.

【뜻 풀이】 사람은 누구나 마음과 기운을 타고난다. 그런데 이 타고난 마음 이외에 후천적(後天的)으로 욕심이 생기고, 타고난 기운 이외에 허황된 혈기(血氣)가 더해진다. 인격의 수양(修養)이란 다름 아닌 이 욕심을 제거(除去)하고 객기를 녹여 없애는 것이다.

만일 이 욕심의 뿌리를 뽑지 못한다면 아무리 부귀를 가벼이 여기고 청빈(淸貧)한 생활에 만족할지라도 언젠가는 그 욕심이 다시 자라나 부귀를 탐내게 될 것이다. 또 만일 이 객기를 완전히 녹여 없애지 못한다면 비록 온 인류에게 길이 혜택을 줄 만한 큰 업적을 이룩했을지라도 드디어는 그 객기의 발동으로 인하여 모든 공적을 무너뜨리는 행동을 하고야 말 것이다.

65

心體光明 暗室中有青天. 念頭暗昧 白日下生厲鬼.
심 체 광 명 암 실 중 유 청 천 염 두 암 매 백 일 하 생 려 귀

마음의 바탕이 광명(光明)하면 어두운 방 속에도 푸른 하늘이 있고 마음속이 어두우면 밝은 햇빛 아래에도 악귀(惡鬼)가 나타난다.

【글자 뜻】 體:몸 체. 暗:어두울 암. 昧:어두울 매. 厲:갈 려, 귀신 려. 鬼:귀신 귀.

【말의 뜻】 心體(심체):마음의 본체(本體). 念頭(염두):마음속. 생각. 暗昧(암매):어두움. '昧'는 어둡다. 흐리다. 白日(백일):밝은 햇빛. 대낮. 厲鬼(여귀):악귀. 악마. '厲'는 악귀(惡鬼), 원령(怨靈).

【뜻 풀이】 사람이란 마음 자체가 밝게 빛나 한 점의 티끌도 없다면 아무리 어두운 방에 혼자 앉아 있을지라도 마치 푸른 하늘 아래 있는 것처럼 마음이 공명정대(公明正大)하다.

그러나 마음 자체가 어두우면 비록 밝은 대낮에 태양을 머리 위에 이고 있을지라도 요사한 악마들이 나타나 그의 마음을 어지럽혀 온갖 죄악을 범하게 만들 것이다.

66

人知名位爲樂 不知無名無位之樂爲最眞. 人知饑寒爲憂 不知不饑不寒之憂爲更甚.
인지명위위락 부지무명무위지락위최진 인지기한위우 부지부기불한지우위갱심

사람들은 명예(名譽)와 지위(地位)가 즐거움인 줄만 알고, 명예 없고 지위 없는 즐거움이 가장 참된 즐거움인 줄은 알지 못한다.

사람들은 춥고 배고픔이 근심인 줄만 알고, 굶주리지 않고 춥지 않은 근심이 더욱 심한 근심인 줄은 알지 못한다.

【글자 뜻】 位:자리 위. 樂:즐거울 락. 最:가장 최. 饑:주릴 기. 寒:찰 한. 憂:근심할 우. 更:다시 갱. 甚:심할 심.

【말의 뜻】 名位(명위):명예와 지위. 最眞(최진):가장 참된 즐거움. 최진락(最眞樂). 饑寒(기한):춥고 배고픔. 가난한 생활을 의미함. 更甚(갱심):더욱 심한 근심. 갱심우(更甚憂).

【뜻 풀이】 부귀와 공명은 누구나 좋아하고 가난과 천함은 누구나 싫어한다. 그러기에 세상 사람들은 부귀의 즐거움만 알 뿐 근심과 걱정이 없이 유유자적하는 무명지사(無名之士)의 즐거움 속에 인생의 즐거움이 있다는 것을 모르고 있으며, 가난한 생활이 근심되는 줄만 알고 높은 지위에서 근심 걱정에 싸여 아슬아슬하게 걸어가는 고관대작(高官大爵)이나 산더미 같은 재산을 모아 놓고 그것을 지키기 위하여 노심초사하는 부자들의 근심이 얼마나 더 심한 근심인가는 모르고 있다.

67

爲惡而畏人知 惡中猶有善路. 爲善而急人知 善處卽是惡根.
위악이외인지 악중유유선로 위선이급인지 선처즉시악근

악(惡)을 행하고서 사람들이 알까 두려워하는 것은 악(惡)한 속에 아직도 선(善)으로 향하는 마음이 있기 때문이며

선(善)을 행하고서 사람들이 알아주기를 서두는 것은 선(善)한 속에 악(惡)의 뿌리가 있기 때문이다.

【글자 뜻】 畏:두려워할 외. 猶:오히려 유. 急:급할 급. 卽:곧 즉. 根:뿌리 근.

【말의 뜻】 猶(유):오히려. 아직도. 善路(선로):선(善)으로 향하는 길, 즉 선(善)을 행하고자 하는 마음. 善處(선처):선행(善行)이 있는 곳. 惡根(악근):악덕(惡德)의 뿌리.

【뜻 풀이】 공자(孔子)도 '잘못을 저지르고서도 고치지 않는 것, 이것이 잘못이다' 라고 말한 바 있거니와, 잘못을 저지르고 그것을 남들이 알까 두려워하는 것은 그래도 아직 그에게 한 줄기 선(善)한 마음이 살아 있기 때문이다. 이것은 선으로 나아갈 길이 충분히 남아 있다는 증거이다.

이와 반대로 조금 좋은 일을 하고 나서 그것이 남들에게 빨리 알려지기를 바란다면 거기에는 아직 악(惡)의 뿌리가 박혀 있다는 증거이다. 빨리 그 뿌리를 뽑아버려야 할 것이다.

68

天之機緘不測. 抑而伸 伸而抑 皆是播弄英雄 顚倒豪傑處. 君子只是逆來順受 居安思危 天亦無所用其技倆矣.

천지기함불측 억이신 신이억 개시파롱영웅 전도호걸처 군자지시역래순수 거안사위 천역무소용기기량의

하늘의 기밀(機密)은 헤아릴 길 없어 눌렀다가는 펴고 폈다가는 다시 누르거니와, 이는 모두 영웅(英雄)을 희롱하고 호걸(豪傑)을 전복시키는 것이다.

그러나 군자는 운명이 역(逆)으로 와도 이를 순리(順理)로 받아들이고, 평온한 때에도 위험한 때를 생각하기 때문에 하늘도 또한 그 재주를 부릴 수 없다.

【글자 뜻】 緘:봉할 함. 測:헤아릴 측. 抑:누를 억. 播:뿌릴 파. 弄:희

롱할 롱. 雄:수컷 웅. 顚:엎드러질 전. 倒:넘어질 도. 豪:호걸 호. 傑:뛰어날 걸. 倆:재주 량.

【말의 뜻】 機緘(기함):봉(封)해져 엿볼 수 없는 책략(策略). 여기서는 변화의 기밀(機密). 機는 책략. 緘은 봉(封)하다. 播弄(파롱):조롱함. 희롱함. 逆來順受(역래순수):천명(天命)이 역(逆)으로 오면 이를 순(順)으로 받아들임. 居安思危(거안사위):평온한 때에도 위험한 때를 생각하여 대비함. 伎倆(기량):재주, 수완. '伎'는 '技'와 통함.

【뜻 풀이】 운명(運命)의 장난이란 실로 변화무쌍(變化無雙)하여 인간의 지혜로서는 도저히 알아낼 길이 없다. 영웅과 호걸이 되는 행운을 주었는가 하면 어느 사이 악운을 안겨 주어 비참한 최후를 마치게도 한다. 시저가 그랬고 나폴레옹이 그랬으며 히틀러 또한 그랬다. 흘러간 역사가 이를 증명하거니와 오늘날 우리 주변에서도 이런 일은 얼마나 많이 일어나는 것일까!

그러나 인격이 수양(修養)된 사람은 이런 운명의 장난에 희롱되지 않는다. 그는 가난과 역경이 찾아와도 이를 순리로 받아들일 줄 알고, 무사태평(無事泰平)한 때에도 미리 조심하여 불운을 예방하기 때문에 하늘이 아무리 그를 불행에 빠뜨리려 해도 수완을 부릴 수가 없는 것이다.

역(逆)을 역으로 받아들이면 마찰이 심해지는 것은 물리의 법칙이다. 가난이나 불운이 찾아왔을 때 그것을 받아들이지 않고 이에서 벗어나려고 발버둥치기 때문에 운명의 신(神)의 희롱에 말려드는 것이다.

69

燥性者火熾 遇物則焚. 寡恩者氷清 逢物必殺. 凝滯
조 성 자 화 치 우 물 즉 분 과 은 자 빙 청 봉 물 필 살 응 체
固執者 如死水腐木 生機已絕. 俱難建功業而延福祉.
고 집 자 여 사 수 부 목 생 기 이 절 구 난 건 공 업 이 연 복 지

성질이 조급한 사람은 타오르는 불길 같아서 만나는 것마다 태워버리고, 은덕(恩德)이 적은 사람은 차가운 얼음 같아서 만나는 것마다 죽여버리며, 딱 붙어 고집스러운 사람은 괴어 있는 물, 썩은 나무 같아서 생생한 활동력이 끊어져버리는 법이니, 이들은 모두 공적(功績)을 세우고 복(福)을 늘리기는 어려울 것이다.

【글자 뜻】 燥:마를 조. 熾:성할 치. 遇:만날 우. 焚:불사를 분. 恩:은혜 은. 凝:엉길 응. 滯:막힐 체. 執:잡을 집. 腐:썩을 부. 機:틀 기. 絕:끊을 절. 難:어려울 난. 建:세울 건.

【말의 뜻】 燥性者(조성자):성질이 조급한 사람. 火熾(화치):불이 활활 타오름. '熾'는 세력이 강함. 寡恩者(과은자):은혜 베풀기에 인색한 사람. 즉 성질이 냉혹한 사람. 氷清(빙청):얼음처럼 차가움. 凝滯(응체):한 곳에 머물러 있음. 융통성이 없음을 뜻함. 死水(사수):죽은 물. 한 곳에 괴어 있는 물. 生機(생기):생기(生氣). 생생한 활동력. 俱(구):모두. 위의 세 가지를 가리킴.

【뜻 풀이】 성질이 조급하고 과격한 사람은 무엇이나 닥치는 대로 불태워 죽게 하고, 인색하고 엄격하기만 한 사람은 무엇이나 닥치는 대로 다 얼어 죽게 만들며, 고집스러워 융통성이 없는 사람은 스스로 도사리

고 앉아 생명력(生命力)이 없다. 이 세 가지 결점을 고치지 않는다면 사업을 이루고 복락(福樂)을 증대(增大)시키지는 못할 것이다.

70

福不可徼. 養喜神 以爲召福之本而已. 禍不可避. 去殺機 以爲遠禍之方而已.
복불가요 양희신 이위소복지본이이 화불가피 거살기 이위원화지방이이

행복은 뜻대로 맞아들일 수 없는 것이니 즐거운 마음을 길러 이로써 행복을 부르는 근본으로 삼아야 할 따름이요,

재앙은 마음대로 피할 수 없는 것이니 남을 해치려는 마음을 버려 이로써 재앙을 멀리하는 방법으로 삼아야 할 따름이다.

【글자 뜻】 徼:구할 요. 養:기를 양. 避:피할 피. 殺:죽일 살. 機:틀 기. 已:이미 이.

【말의 뜻】 徼(요):맞아들이다. 구하다. 喜神(희신):즐거운 마음. 召(소):招의 뜻. 殺機(살기):남을 해치려는 마음. 殺氣.

【뜻 풀이】 사람은 누구나 복을 좋아하고 재앙을 싫어한다. 그러나 애써 구한다고 하여 반드시 복이 오는 것도 아니며 애써 피한다고 하여 재앙이 멀어지는 것도 아니다. 그러나 대체의 경우 착하고 즐거운 마음을 기르면 행복이 찾아오고, 남에게 해를 끼치려는 악한 마음을 뿌리뽑으면 재앙이 멀어지게 마련이니 이것이 원화소복(遠禍召福)하는 길

일 따름이다.

71

十語九中 未必稱奇. 一語不中 則愆尤騈集. 十謀九成 未必歸功. 一謀不成 則訾議叢興. 君子 所以寧默毋躁 寧拙毋巧.

십어구중 미필칭기 일어부중 즉건우병집 십모구성 미필귀공 일모불성 즉자의총흥 군자 소이녕묵무조 영졸무교

열 마디 말 가운데 아홉 마디가 맞을지라도 신기하다고 칭찬하지 않으면서 한 마디 말만 맞지 않으면 비난의 소리가 사방에서 몰려들고, 열 가지 계획 가운데 아홉 가지가 이루어져도 공(功)은 그에게 돌리지 않으면서 한 가지 계획이 실패하면 헐뜯는 소리가 사방에서 일어난다.

군자가 차라리 입을 다물지언정 떠들어대지 않고, 서툰 체할지언정 재주 있는 체하지 않는 것은 그 때문이다.

【글자 뜻】 稱:일컬을 칭, 칭찬할 칭. 愆:허물 건. 集:모일 집. 謀:꾀할 모. 訾:헐뜯을 자. 議:의논할 의. 叢:모일 총. 寧:차라리 녕. 默:묵묵할 묵.

【말의 뜻】 十語九中(십어구중):열 마디 말 가운데 아홉 마디가 맞음. '中'은 적중(的中)하다. 稱奇(칭기):신기하다고 칭찬함. 愆尤(건우):허물하고 탓함. '愆'과 '尤'는 모두 잘못, 과실. 騈集(병집):사방에서 모임. '騈'은 늘어서다. 歸功(귀공):공(功)을 그 사람에게 돌림. 訾議(자의):헐뜯어 말함. '訾'는 헐뜯다. '議'는 비난하다. 叢

興(총흥) : 사방에서 일어남. '叢'은 빽빽하게 들어선 모양. 寧(녕) : 차라리. 毋躁(무조) : 떠들어대지 않음. '躁'는 시끄럽게 떠들어댐.

【뜻 풀이】 세상 인심이란 잘한 일에는 칭찬이 없고 잘못한 일에는 책망을 퍼붓게 마련이다. 열 마디 말 가운데 아홉 마디가 적중(的中)해도 장하게 여기지 않다가도 그중 한 마디만 적중하지 않으면 그를 탓하는 원성이 빗발치듯하고, 열 가지를 계획한 가운데서 아홉 가지 계획이 성공해도 그 공로를 인정하지 않다가도 그중 한 가지를 실패하면 헐뜯는 화살이 사방에서 날아들게 마련이다.

그러므로 인격이 수양된 사람은 차라리 침묵을 지키고 어리석은 체하는 것이다.

72

天地之氣 暖則生 寒則殺. 故性氣淸冷者 受享亦凉薄.
천지지기 난칙생 한칙살 고성기청랭자 수향역량박
唯和氣熱心之人 其福亦厚 其澤亦長.
유화기열심지인 기복역후 기택역장

천지(天地)의 기운이 따뜻하면 만물(萬物)을 자라게 하고, 추우면 만물을 죽게 한다. 그러므로 성질이 차가운 사람은 복 받음 또한 박(薄)한 법이다. 오직 마음이 온화하고 따뜻한 사람이라야 복 받음 또한 두텁고 은택(恩澤) 또한 오래간다.

【글자 뜻】 暖 : 따뜻할 난. 冷 : 찰 랭. 凉 : 서늘할 량. 薄 : 엷을 박. 熱 : 더

울 열. 福:복 복. 厚:두터울 후. 澤:못 택.

【말의 뜻】 性氣(성기):마음의 기운. 성질. 淸冷(청랭):차고 쌀쌀함. '淸'도 冷의 뜻. 受享(수향):복(福)을 받아 누림. 凉薄(양박):엷음. 박(薄)함. '凉'도 薄의 뜻. 和氣熱心(화기열심):마음이 온화하고 따뜻함. 澤(택):은택(恩澤).

【뜻 풀이】 따뜻한 봄철의 기후는 만물을 자라나게 하지만, 추운 겨울의 날씨는 만물을 얼어 죽게 한다. 인생도 이 자연의 법칙에서 벗어날 수는 없는 것이다. 쌀쌀한 기질을 지닌 사람은 박복하게 마련이며, 마음과 성질이 온화한 사람이라야 그 따뜻한 온상(溫床)에서 복이 무럭무럭 자라나고 그 은덕의 흐름 또한 오래갈 것이다.

73

天理路上甚寬 稍遊心 胸中便覺廣大宏朗. 人欲路上甚窄 纔寄迹 眼前俱是荊棘泥塗.
천리로상심관 초유심 흉중변각광대굉랑 인욕로상심착 재기적 안전구시형극니도

천지자연(天地自然)의 이치(理敎)의 길은 몹시 넓어 조금만 마음을 자유롭게 놀게 해도 곧 가슴속이 넓고 크게 탁 트이어 명랑해짐을 깨닫게 되고, 사람의 욕망의 길은 몹시 좁아 조금만 발을 들여놓아도 눈앞이 모두 가시덤불, 진흙탕이 되어버린다.

【글자 뜻】 甚:심할 심. 寬:너그러울 관. 稍:점점 초, 약간 초. 胸:가슴

흉. 覺:깨달을 각. 宏:클 굉. 窄:좁을 착. 纔:겨우 재. 荊:가시나무 형. 棘:가시 극. 泥:진흙 니. 塗:진흙 도.

【말의 뜻】 天理路上(천리로상):천지자연(天地自然)의 이치(理致)의 길. 稍(초):조금. 차츰차츰. 遊心(유심):마음을 자유롭게 놀게 함. 마음을 둠. 宏朗(굉랑):넓고 명랑함. 人欲路上(인욕로상):인간의 욕망의 길. 위의 천리로상(天理路上)에 대응되는 말. 窄(착):좁은. 寄迹(기적):발을 들여놓음. 俱(구):모두. 荊棘(형극):가시덤불. 泥塗(이도):진흙탕.

【뜻 풀이】 천지자연(天地自然)의 도리를 따르는 길은 한없이 넓고도 크다. 그러므로 마음을 조금만 여기에 두어도 곧 가슴속이 탁 트이고 마음이 명랑해져 인생을 공명정대(公明正大)하고 즐겁게 살 수 있다.

그러나 욕심을 따르는 길은 한없이 좁고 험하여 한 발짝만 여기 들여놓아도 눈앞이 온통 가시덤불이요 진흙탕이 되어 앞으로 나아갈수록 멸망(滅亡)의 구렁으로 빠지게 마련이다.

74

一苦一樂相磨練 練極而成福者 其福始久. 一疑一信
일고일락상마련 연극이성복자 기복시구 일의일신
相參勘 勘極而成知者 其知始眞.
상참감 감극이성지자 기지시진

괴로움과 즐거움을 다 같이 연마(練磨)하여, 연마한 끝에 얻은 행복(幸福), 그런 행복이라야 오래간다.

의심과 믿음을 다 같이 참작한 끝에 얻은 지식, 그런 지식이라야 참된 지식이다.

【글자 뜻】 磨:갈 마. 練:익힐 련. 疑:의심할 의. 參:참여할 참. 勘:헤아릴 감.

【말의 뜻】 磨練(마련):갈고 닦음. 연마(練磨). 始(시):비로소. 參勘(참감):참작하여 깊이 생각함. '勘'은 살피다, 깊이 생각하다.

【뜻 풀이】 괴로움 뒤에 얻은 즐거움이 아니라면 이 행복은 오래가지 못한다. 괴로움과 즐거움을 다 같이 맛보아 그 속에서 몸과 마음을 단련(鍛鍊)한 뒤에 이룬 행복이라야 오래 누릴 수 있는 것이다. 또 의문을 품지 않고 맹목적으로 믿는 것은 참다운 지식이 아니다. 의문과 믿음을 서로 비교 대조(比較對照)하고 충분히 생각하여 얻은 지식이라야 참다운 지식인 것이다.

75

心不可不虛 虛則義理來居. 心不可不實 實則物慾不入.
심 불 가 불 허 허 칙 의 리 래 거 심 불 가 불 실 실 칙 물 욕 불 입

마음은 항상 비워 두지 않으면 안 된다. 마음이 비어 있으면 진리(眞理)가 와서 산다. 마음은 항상 채워 두지 않으면 안 된다. 마음이 꽉 차 있으면 물욕(物慾)이 들어오지 못한다.

【글자 뜻】 虛:빌 허. 來:올 래. 居:있을 거. 實:열매 실. 慾:욕심 욕.
【말의 뜻】 虛(허):공허(空虛). 무(無)의 상태. 사심(邪心)을 제거한 상태. 義理(의리):정의진리(正義眞理). 도리(道理). 實(실):충실(充實). 의리(義理)로써 가득 채우는 것을 뜻함.

【뜻 풀이】 진리(眞理)와 물욕(物慾)은 원래 상극이어서 사람의 마음에 진리가 자리 잡고 있으면 물욕이 도망가고 물욕이 들어앉으면 진리가 들어가지 못한다. 그러므로 사람은 항상 마음에서 물욕을 몰아내어 진리가 들어올 빈자리를 만드는 한편, 마음을 꾸준히 진리로 채워 물욕이 들어오지 못하도록 노력해야 한다.

76

地之穢者多生物 水之淸者常無魚. 故君子 當存含垢
지 지 예 자 다 생 물 수 지 청 자 상 무 어 고 군 자 당 존 함 구
納汚之量 不可持好潔獨行之操.
납 오 지 량 불 가 지 호 결 독 행 지 조

더러운 땅에는 초목이 많이 자라고, 맑은 물에는 항상 고기가 없다.
그러므로 군자(君子)는 마땅히 때 묻고 더러운 것도 받아들이는 아량(雅量)을 지녀야 하며, 결백(潔白)함을 좋아하여 홀로 이를 행하려는 지조(志操)를 가져서는 안 된다.

【글자 뜻】 穢:더러울 예. 魚:고기 어. 含:머금을 함. 納:바칠 납. 量:헤아릴 량. 持:가질 지. 好:좋을 호. 潔:깨끗할 결. 操:잡을 조, 지

조조.

【말의 뜻】穢(예):더러운. 水之淸者常無魚(수지청자상무어):지나치게 맑은 물에는 고기가 살지 않는다. 含垢納汚之量(함구납오지량):때묻은 것을 받아들이고 더러운 것을 받아들이는 아량(雅量).

【뜻 풀이】더러운 것이 덮인 기름진 땅에는 곡식과 초목이 잘 자라나, 지나치게 맑은 물에는 먹이가 없기 때문에 물고기가 깃들지 않는다. 크거나 작거나 사람에게는 대개 결점과 잘못이 있게 마련이다. 사소한 결점이나 잘못쯤은 관대(寬大)히 용납하고 감싸주는 아량을 베풀어야 하는 것이다. 지나친 결벽(潔癖)으로 세상을 외로이 산다면 무엇을 이룰 수 있겠는가?

77

泛駕之馬 可就驅馳 躍治之金 終歸型範. 只一優游不
봉가지마 가취구치 약야지금 종귀형범 지일우유부
振 便終身無個進步. 白沙云 爲人多病未足羞. 一生
진 변종신무개진보 백사운 위인다병미족수 일생
無病是吾憂. 眞確論也.
무병시오우 진확론야

수레를 뒤엎는 사나운 말[馬]도 길들이면 마음대로 달릴 수 있고, 마구 튀어오르는 쇳물도 결국은 주형(鑄型)으로 들어간다. 단지 한결같이 우유부단(優柔不斷)하여 분발하지 않는다면 평생토록 조금의 발전도 없다.

백사 선생(白沙先生)은 '타고난 병이 많음은 부끄러울 것이 못 되나

평생토록 걱정 없음이 나의 근심거리이다.' 라고 말했거니와 참으로 옳은 말이로다.

【글자 뜻】 泛:엎을 봉, 뜰 범. 駕:수레 가. 就:나아갈 취. 驅:몰 구. 馳:달릴 치. 躍:뛸 약. 歸:돌아갈 귀. 型:거푸집 형. 範:법 범, 거푸집 범. 優:넉넉할 우. 振:떨칠 진. 個:낱 개. 步:걸음 보. 羞:부끄러울 수. 確:굳을 확.

【말의 뜻】 泛駕之馬(봉가지마):수레를 뒤엎는 사나운 말. '泛' 은 뒤엎다, 전복시키다. '駕' 는 수레. 驅馳(구치):자유롭게 말을 몰아 달림. '驅', '馳' 모두 말을 몰아 달린다는 뜻. 躍冶之金(약야지금):주형(鑄型)에 부어 넣을 때 사방으로 마구 튀는 쇳물. 型範(형범):틀. 주형(鑄型). 優游(우유):꾸물거리다. '游' 는 게으름을 피우다. 不振(부진):분발하지 않음. 白沙(백사):明나라 中期의 학자 진백사(陳白沙, 1428~1499). 이름은 헌장(獻章). 字는 공보(公甫), 號는 석재(石齋). 백사(白沙)에 은거하여 성명학(性命學)을 가르쳤기 때문에 문인(門人)들은 그를 백사 선생(白沙先生)이라고 불렀다. 多病(다병):육체적으로 병이 많음. 無病(무병):정신적으로 번민이 없음.

【뜻 풀이】 수레를 뒤엎는 사나운 말도 잘 길들이면 명마(名馬)가 되고, 품질이 사나운 쇠도 잘 다루면 훌륭한 그릇이 된다. 사람도 마찬가지로 아무리 천성(天性)이 좋지 못한 사람도 열심히 노력하여 수양하면 결국에는 뛰어난 인물이 될 수 있다. 그러나 아무리 천성을 잘 타고난 사람도 게으름 피우고 노력하지 않는다면 아무런 발전도 기대할 수 없는 법이다.

명(明)나라의 학자 진백사(陳白沙)의 말대로, 사람에겐 육체적인 병이 병이 아니라 정신적으로 생각 없이 인생을 사는 것, 그것이 진짜 병인 것이다.

78

人只一念貪私 便銷剛爲柔 塞智爲昏 變恩爲慘 染潔爲汚 壞了一生人品. 故古人以不貪爲寶. 所以度越一世.
인 지 일 념 탐 사 변 소 강 위 유 색 지 위 혼 변 은 위 참 염 결 위 오 괴 료 일 생 인 품 고 고 인 이 불 탐 위 보 소 이 도 월 일 세

사람은 마음에 한번 자기의 이익을 탐(貪)하면 문득 강직(剛直)한 기상(氣象)이 녹아 유약(柔弱)해지고, 지혜가 막혀 어두워지며, 어진 마음이 변하여 가혹해지고, 깨끗한 마음이 물들어 더러워져서 일생의 인격과 품성(品性)을 파괴하고 만다.

그러므로 옛날 사성자한(司城子罕)은 탐(貪)하지 않는 것을 보배로 삼았거니와, 이것이 일세(一世)를 초월하는 방법이다.

【글자 뜻】 貪:탐할 탐. 私:사사 사. 銷:녹일 소. 柔:부드러울 유. 塞:막힐 색, 변방 새. 昏:어두울 혼. 變:변할 변. 壞:무너질 괴. 了:마칠 료. 寶:보배 보. 越:넘을 월.

【말의 뜻】 貪私(탐사):사리(私利)를 탐(貪)함. 銷剛爲柔(소강위유):강직(剛直)한 기상(氣象)이 녹아 유약(柔弱)해짐. '銷'는 녹다, 사라지다. 昏(혼):어두움. 어리석음. 變恩爲慘(변은위참):남에게 은덕(恩德)을 베푸는 어진 마음이 가혹해짐. '慘'은 참혹(慘酷)해짐. 壞了(괴료):파괴해 버림. 人品(인품):인격과 품성(品性). 古人(고인):춘추시대

(春秋時代) 宋의 현신(賢臣) 樂喜(司城子罕)를 가리킨다. 度越(도월):초월(超越).

【뜻 풀이】 맹자(孟子)도 '마음을 수양(修養)함에는 욕심을 적게 함보다 더 좋은 방법은 없다.'라고 말한 바 있거니와, 사리사욕(私利私慾)이야말로 자기의 귀중한 일생을 망치는 원인인 것이다.

마음에 한번 탐욕(貪慾)이 싹트면 굳센 의지가 약해지고, 밝은 지혜가 어두워지며, 인자하던 마음이 잔악해지고, 청렴결백(淸廉潔白)하던 사람이 탐관오리(貪官汚吏)로 타락되어 일생을 망치게 된다. 그러므로 탐욕을 없애는 것이야말로 자기의 일생을 초월하여 영원히 살아남는 좋은 방법인 것이다.

79

耳目見聞爲外賊 情欲意識爲內賊. 只是主人翁 惺惺
이 목 견 문 위 외 적 정 욕 의 식 위 내 적 지 시 주 인 옹 성 성
不昧 獨坐中堂 賊便化爲家人矣.
불 매 독 좌 중 당 적 변 화 위 가 인 의

귀로 듣고 눈으로 보는 것은 바깥 도둑이요, 정욕(情欲)과 사욕(私欲)은 안 도둑이다. 주인인 마음이 정신을 똑바로 차리고 깨어 안방에 뚜렷이 앉아 있으면 도둑들은 곧 하인이 될 것이다.

【글자 뜻】 賊:도둑 적. 欲:하고자 할 욕. 識:알 식. 翁:늙은이 옹. 坐:앉을 좌.

【말의 뜻】 意識(의식):사욕(私欲). 主人翁(주인옹):주인. 여기서는 마음. 본심(本心)을 가리킴. '翁'은 노인의 존칭으로 주인(主人)을 의인화(擬人化)한 것임. 惺惺不昧(성성불매):정신을 똑바로 차리고 깨어 있음. '惺'은 '깨닫다'의 뜻. 마음을 고요하게 하여 도리(道理)를 깨닫는 것을 의미한다. 中堂(중당):안채. 안방. 家人(가인):하인. 종.

【뜻 풀이】 귀로 아름다운 것을 듣거나 눈으로 화려한 것을 보면 간사한 생각이 들게 마련이니, 이것은 밖으로부터 침입해 들어와 마음을 해치는 도둑이다. 또 여색(女色)과 물욕(物慾)은 마음속에서 일어나 마음을 어지럽히니, 이것은 안으로부터 반기(叛旗)를 들고 일어난 집안 도둑이다.

그러나 주인공인 본마음이 정신을 차려 안방을 꽉 지키고 있으면 그러한 도둑들도 고분고분하게 된다는 말이다.

80

圖未就之功 不如保已成之業. 悔旣往之失 不如防將來之非.
도미취지공 불여보이성지업 회기왕지실 불여방장래지비

아직 시작하지 않은 공적(功績)을 계획하는 것보다는 이미 성취해 가는 일을 계속하는 것이 낫고,

과거의 과오를 후회하는 것보다는 장래의 과오를 예방하는 것이 낫다.

【글자 뜻】 圖:꾀할 도. 就:나아갈 취. 保:지킬 보. 業:업 업. 悔:뉘우칠 회. 旣:이미 기. 失:잃을 실, 그르칠 실.

【말의 뜻】 圖(도):도모하다. 계획하다. 未就之功(미취지공):아직 시작하지 않은 공적(功績). 保(보):보지(保持)하다. 유지하다. 旣往(기왕):과거(過去). 將來之非(장래지비):장래의 과오.

【뜻 풀이】 아직 손도 대지 않은 일을 공상(空想)으로 계획하기보다는 이미 성취해 놓은 일에 더욱 분발하여 노력하는 편이 낫다. 또 이미 지나가버린 실수를 헛되이 후회만 하기보다는 지난날의 실수를 거울 삼아 다시는 그 전철(前轍)을 밟지 않도록 예방책을 강구함이 현명한 처세법(處世法)이다.

81

氣象要高曠而不可疎狂. 心思要縝密而不可瑣屑. 趣味要沖淡而不可偏枯. 操守要嚴明而不可激烈.

기상요고광이불가소광 심사요진밀이불가쇄설 취미요충담이불가편고 조수요엄명이불가격렬

기상(氣象)은 높고도 넓어야 하지만 세상일에 어둡고 상궤(常軌)에서 벗어나서는 안 되며

마음은 치밀해야 하지만 잗달아서는 안 되며

뜻은 맑고 깨끗해야 하지만 지나치게 말쑥해서는 안 되며

지조(志操)를 지킴에는 엄정(嚴正)해야 하지만 과격(過激)해서는 안 된다.

【글자 뜻】 曠:밝을 광, 넓을 광. 疎:성길 소. 縝:촘촘할 진. 密:빽빽할 밀. 瑣:자질구레할 쇄. 屑:가루 설. 淡:묽을 담. 偏:치우칠 편. 枯:마를 고. 激:격할 격.

【말의 뜻】 高曠(고광):높고 넓음. 疎狂(소광):세상일에 어둡고 상궤(常軌)에서 벗어남. 心思(심사):생각. 마음. 縝密(진밀):치밀함. '縝' 은 촘촘하다, 면밀(綿密)하다. 瑣屑(쇄설):자디잚. 자질구레함. '瑣', '屑' 모두 잘다, 세소(細小)하다. 趣味(취미):뜻. 마음이 향하는 바. 沖淡(충담):성질이 맑고 깨끗하여 욕심이 없고 집착하지 않음. '沖' 은 '虛' 의 뜻. 沖과 同字. 偏枯(편고):한쪽으로 치우침. 여기서는 지나치게 맑고 깨끗한 것을 뜻함. 操守(조수):지조(志操)를 지킴. 嚴明(엄명):엄정공명(嚴正公明).

【뜻 풀이】 기상(氣象)은 모름지기 높고 넓게 지녀야 한다. 그렇다고 하여 지나치게 세상일에 어두우면 상식 밖의 행동을 저지른다. 마음가짐은 물샐틈없이 면밀한 것이 좋다. 그러나 지나치게 자질구레한 일에 얽매여서는 큰일은 하지 못한다. 취미(趣味)는 고결(高潔)한 것이 좋다. 그러나 지나치게 말쑥하면 무미건조해진다. 그리고 자기의 주의 주장은 마땅히 엄격하고 공명정대(公明正大)해야 한다. 그러나 지나치게 과격하면 화(禍)를 면키 어려운 법이다.

82

風來疎竹 風過而竹不留聲. 雁度寒潭 雁去而潭不留影. 故君子 事來而心始現 事去而心隨空.
풍래소죽 풍과이죽불류성 안도한담 안거이담불류영 고군자 사래이심시현 사거이심수공

바람이 성긴 대나무 숲에 불어와도 바람이 지나가면 대나무 숲은 소리를 남겨 두지 않고, 기러기가 찬 연못을 지나도 기러기가 지나가버리면 연못은 그림자를 남겨 두지 않는다.

그러므로 군자는 일이 오면 비로소 마음이 나타나고, 일이 지나가면 마음도 그와 함께 공(空)으로 돌아간다.

【글자 뜻】 疎:성길 소. 留:머무를 류. 聲:소리 성. 雁:기러기 안. 潭:못 담. 影:그림자 영. 始:비로소 시. 隨:따를 수.

【말의 뜻】 疎竹(소죽):드문드문 난 대나무 숲. 雁(안):기러기. 度(도):지나가다. 渡의 뜻. 寒潭(한담):차가운 연못. 깊고 맑은 연못. 事去而心隨空(사거이심수공):일이 지나가면 그와 함께 마음도 허(虛)로 돌아간다. 마음이 본래의 상태인 허(虛)로 돌아가 그 후에는 집착하지 않는다는 뜻.

【뜻 풀이】 대나무 숲에는 바람이 조금만 불어와도 와삭와삭 소리가 요란하다. 그러나 일단 바람이 지나간 다음이면 대숲에는 바람 소리가 남아 있지 않다. 맑은 연못에는 기러기나 흰 구름의 그림자가 진다. 그러나 일단 그것들이 지나가고 나면 연못에는 아무 그림자도 없다.

그러므로 사람도 이 대숲과 연못을 닮아 부귀나 공명이 찾아오면

맞아들이고 그것이 가버리면 깨끗이 보내어 마음에 두지 말아야 하는 것이다.

83

清能有容 仁能善斷 明不傷察 直不過矯 是謂蜜餞
청능유용 인능선단 명불상찰 직불과교 시위밀전

不甛 海味不醎 纔是懿德.
불첨 해미불함 재시의덕

청렴결백(淸廉潔白)하면서도 도량(度量)이 넓고, 인자하면서도 훌륭한 결단력이 있고, 총명하면서도 지나치게 살피지 않고, 정직하면서도 지나치게 따지지 않는다면

이야말로 달지 않을 만큼 꿀을 바른 음식이요, 짜지 않은 해산물(海産物)이라 할 것이니 이것이 곧 아름다운 덕(德)인 것이다.

【글자 뜻】 斷:끊을 단. 傷:다칠 상. 察:살필 찰. 矯:바로잡을 교. 謂:이를 위. 蜜:꿀 밀. 甛:달 첨. 醎:짤 함. 懿:아름다울 의.

【말의 뜻】 淸(청):청렴결백(淸廉潔白). 有容(유용):도량(度量)이 큼. 너그러움. 善斷(선단):훌륭한 결단력이 있음. 明(명):총명(聰明). 不傷(불상):지나치지 않음. 察(찰):살피다. 여기서는 다른 사람의 결점을 찾는다는 뜻. 矯(교):따지다. 蜜餞(밀전):꿀을 넣어 만든 음식. 不甛(불첨):달지 않음. 甛은 甜과 同字로 甘의 뜻. 海味(해미):해산물(海産物). 不醎(불함):짜지 않음. 醎은 鹹의 俗字로 '짜다'의 뜻. 懿德(의덕):아름다운 덕. '懿'는 '아름다운', '훌륭한'의 뜻.

【뜻 풀이】 청렴결백(淸廉潔白)한 사람은 남을 너그럽게 감싸는 아량(雅量)이 적고, 인정 많은 사람은 우유부단(優柔不斷)하여 결단력이 모자라기 쉽다. 또 총명한 사람은 잘 살펴 들추어내기를 잘하고, 강직한 사람은 다른 사람의 시비(是非)를 잘 따진다.

그러므로 그 중용(中庸)을 터득하여 실천하는 사람이라야 가히 인격이 수양된 사람이라 하겠다.

꿀은 달고 바닷물은 짜다. 그러나 꿀을 넣어 만든 좋은 요리는 지나치게 달지 않고, 바다에서 나온 해산물로 만든 좋은 요리는 짜지 않으니 그것은 맛의 중용을 이루고 있기 때문이다.

84

貧家淨拂地 貧女淨梳頭 景色雖不艶麗 氣度自是風
빈가정불지 빈녀정소두 경색수불염려 기도자시풍
雅. 士君子 一當窮愁寥落 奈何輒自廢弛哉
아 사군자 일당궁수요락 내하첩자폐이재

가난한 집도 깨끗이 청소하고, 가난한 여인도 깨끗이 머리를 빗으면 그 모습이 비록 아름답고 곱지는 않을지라도 그 기품(氣品)이 저절로 풍아(風雅)해진다.

그러므로 군자가 한때 곤궁과 실의(失意)의 슬픔을 당할지라도 어찌 곧 자포자기(自暴自棄)하겠는가!

【글자 뜻】 貧:가난할 빈. 淨:깨끗할 정. 梳:빗을 소. 艶:고울 염. 麗:고울 려. 雅:맑을 아. 窮:궁할 궁. 寥:공허할 료. 輒:문득 첩. 廢:

폐할 폐.

【말의 뜻】 拂地(불지)：땅을 쓺. 깨끗이 청소함. 梳頭(소두)：머리를 빗음. 梳는 머리를 빗다. 景色(경색)：모습. 외관. 艶麗(염려)：아름답고 고움. 氣度(기도)：기품(氣品). 품격(品格). 風雅(풍아)：풍류(風流)와 아취(雅趣)가 있음. 士君子(사군자)：학문이 있고 덕행(德行)이 높은 사람. 窮愁(궁수)：곤궁한 근심. 곤궁(困窮). 우수(憂愁). 寥落(요락)：실의(失意)의 슬픔에 빠짐. 奈何(내하)：어찌. '如何'와 같은 뜻. 輒(첩)：문득. 곧. 廢弛(폐이)：자포자기함.

【뜻 풀이】 '집과 계집은 가축할 탓'이라는 속담이 있다. 비록 삼간초옥이나 산골 처녀라 할지라도 깨끗이 청소하고 단장하면 비록 큰 저택이나 도시에서 성장한 여인처럼 화려하지는 않을지라도 그 나름대로의 청초(淸楚)한 멋과 아늑한 기품(氣品)이 풍겨 나온다.

그러므로 인격이 수양된 사람은 비록 가난과 불운(不運)에 놓일지라도 절대로 자포자기하는 일이 없이, 그런 중에서도 멋과 맛을 풍기며 행복한 인생을 살아가는 것이다.

85

閒中不放過 忙處有受用. 靜中不落空 動處有受用.
한중불방과 망처유수용 정중불락공 동처유수용
暗中不欺隱 明處有受用.
암중불기은 명처유수용

한가한 가운데서도 헛되이 지내지 않으면 바쁜 때에 도움이 되고

고요한 가운데서도 마음을 허공에 떨어뜨리지 않으면 움직일 때에 도움이 되며

어두운 가운데서도 숨기지 않으면 밝은 곳에서 도움이 된다.

【글자 뜻】 閒:한가할 한, 사이 간. 靜:고요할 정. 暗:어두울 암. 隱:숨길 은.

【말의 뜻】 放過(방과):헛되이 지냄. 受用(수용):쓸모. 마음대로 활용함. 落空(낙공):마음의 활동을 정지함. 멍하게 있음. 欺隱(기은):속이고 숨김.

【뜻 풀이】 인생이란 모든 일에 있어서 평소에 꾸준히 앞날의 준비를 해 두어야 한다. 만일 평소에 아무런 준비도 없이 헛되이 날을 보낸다면 갑자기 일에 당면했을 때 곤란하게 된다. 그러므로 한가한 때에 미리 준비해 둔다면 바쁜 일을 당해도 당황하지 않고, 조용히 지낼 때에 부지런히 능력을 길러 두면 활동할 때에 그 능력을 발휘할 수 있다.

또 남이 보지 않는 중에서도 속이거나 숨기는 일이 없이 정의(正義)에 산다면 사람들의 신망(信望)을 절로 얻게 되는 것이다.

86

念頭起處 纔覺向欲路上去 便挽從理路上來. 一起便覺 一覺便轉. 此是轉禍爲福 起死回生的關頭. 切莫輕易放過.

염두기처 재각향욕로상거 변만종리로상래 일기변각 일각변전 차시전화위복 기사회생적관두 절막경이방과

생각이 일어난 때에 조금이라도 사욕(私欲)의 길로 향해 나아감을 깨닫거든 곧 돌이켜 도리(道理)의 길을 따르게 하라.

생각이 일어나면 곧 깨닫고, 깨달으면 곧 돌이켜야 하나니 이것이 곧 재앙을 돌려 복(福)으로 만들고 죽음에서 일어나 삶으로 돌아오는 방법이다.

결코 소홀히 지나쳐 버리지 말라.

【글자 뜻】 纔:겨우 재. 覺:깨달을 각. 挽:당길 만. 轉:구를 전, 바꿀 전. 關:빗장 관. 莫:없을 막. 輕:가벼울 경. 易:쉬울 이, 바꿀 역.

【말의 뜻】 念頭(염두):마음. 생각. 欲路(욕로):사욕(私欲)의 길. 挽(만):이끌어 돌이킴. 본래는 '잡아당기다' 의 뜻. 理路(이로):도리(道理)에 맞는 길. 轉(전):전환하다. 轉禍爲福(전화위복):재앙이 변하여 복이 됨. 起死回生(기사회생):죽음에서 일어나 삶으로 돌아옴. 關頭(관두):중요한 곳. 關鍵. 輕易(경이):가볍게 여김.

【뜻 풀이】 마음이 올바라야 생각함이 옳고, 생각이 옳아야 행동이 바르게 된다. 자기의 생각이 조금이라도 사리사욕(私利私慾)을 탐내는 방향으로 빗나감을 깨닫거든 곧 이를 이끌어 도리에 맞는 공명정대(公明正大)한 방향으로 돌이켜야 한다.

즉 어떤 생각이 일어나면 곧 그 생각이 도리에 어긋나는가를 깨달아야 하고, 그것을 깨달았으면 곧 도리에 맞는 쪽으로 방향 전환(方向轉換)을 해야 한다. 이것이 곧 전화위복(轉禍爲福)의 길이요, 죽음에서 삶을 얻는 중요한 비결이니 생각에 있어 절대로 이 점을 가벼이 넘겨서는 안 된다.

87

靜中念慮澄徹 見心之眞體. 閒中氣象從容 識心之眞機.
정 중 염 려 징 철 견 심 지 진 체 한 중 기 상 종 용 식 심 지 진 기
淡中意趣沖夷 得心之眞味. 觀心證道 無如此三者.
담 중 의 취 충 이 득 심 지 진 미 관 심 증 도 무 여 차 삼 자

고요한 때에 생각이 맑으면 마음의 참모습을 볼 것이요, 한가한 때에 기상(氣象)이 조용하면 마음의 참된 활동을 알 것이요, 담박(淡泊)한 가운데 마음이 향하는 바가 평온하고 조용하면 마음의 참맛을 얻을 것이니, 마음을 보고 도(道)를 체득(體得)함에는 이 세 가지만한 것이 없느니라.

【글자 뜻】 慮:생각할 려. 澄:맑을 징. 徹:통할 철. 象:코끼리 상, 모양 상. 識:알 식. 機:틀 기. 沖:빌 충, 화할 충. 觀:볼 관. 證:증거 증, 깨달을 증. 此:이 차.

【말의 뜻】 念慮(염려):생각. 마음. 澄徹(징철):맑아 밑바닥까지 환히 보임. 眞體(진체):본체(本體). 참모습. 從容(종용):조용함. 침착함. 眞機(진기):참된 활동. 淡中(담중):담박(淡泊)하여 집착하지 않는 가운데. 담박 질소(淡泊質素)한 가운데. 意趣(의취):마음이 향하는 바. 의향(意向). 沖夷(충이):평온하고 조용함. 證道(증도):도(道)를 체득(體得)함.

【뜻 풀이】 마음의 본체(本體)를 알고 도(道)를 채득하는 세 가지 요건이다. 고요히 있을 때에 생각이 맑고 깨끗하여 바닥까지 들여다보여야 마음의 본체를 볼 수 있고, 한가한 때에 기상(氣象)이 조용히 가라앉

아 있어야 마음의 미묘한 활동을 알 수 있고, 담박질소(淡泊質素)한 때에 취미와 기호(嗜好)가 깨끗하고 안정되어 있어야 마음의 진정한 맛을 체득할 수 있는 것이다.

88

靜中靜非眞靜. 動處靜得來 纔是性天之眞境. 樂處樂
정 중 정 비 진 정　동 처 정 득 래　재 시 성 천 지 진 경　낙 처 락
非眞樂. 苦中樂得來 纔見心體之眞機.
비 진 락　고 중 락 득 래　재 견 심 체 지 진 기

고요한 속에서의 고요함은 진정한 고요함이 아니다. 분주한 곳에서 고요함을 얻어야 비로소 마음의 참다운 경지에 이를 수 있다. 즐거운 곳에서의 즐거움은 진정한 즐거움이 아니다. 괴로운 속에서 즐거움을 얻어야 비로소 마음의 참된 활동을 볼 수 있다.

【글자 뜻】 靜:고요할 정. 非:아닐 비. 纔:겨우 재.

【말의 뜻】 性天(성천):마음. 천성(天性). 본성(本性). 眞境(진경):참다운 경지. 본래의 경지. 心體(심체):마음의 본체(本體). 眞機(진기):참된 활동.

【뜻 풀이】 소리 하나 들리지 않는 고요 속에서 마음을 고요히 지니기는 어려운 일이 아니다. 그러므로 이것은 진정한 고요함이라고 이를 수 없다. 오히려 시끄럽고 분주하게 활동하는 속에서 마음의 동요가 없이 고요함을 유지할 수 있어야 비로소 마음의 진정한 경지에까지 이

를 수가 있는 것이다.

안락(安樂)한 처지에서 즐거움을 느끼는 것은 당연한 일이다. 그러므로 이런 즐거움은 진정한 즐거움이 아니다. 오히려 곤궁(困窮)과 역경(逆境)에 처해 있으면서도 조금도 비관하지 않고 유유자적하면서 그 속에서 즐거움을 깨달아야 비로소 마음의 본체의 미묘한 작용을 체득할 수 있는 것이다.

89

舍己 毋處其疑. 處其疑 卽所舍之志多愧矣. 施人 毋
사기 무처기의 처기의 즉소사지지다괴이 시인 무
責其報. 責其報 倂所施之心俱非矣.
책기보 책기보 병소시지심구비의

자기를 버렸거든 의혹에 사로잡히지 말라. 의혹에 사로잡히면 버린 뜻에 부끄러움이 많을 것이다.

남에게 베풀었거든 그에 대해 보답할 것을 요구하지 말라. 보답할 것을 요구하면 베푼 마음까지도 헛된 것이 되어버릴 것이다.

【글자 뜻】舍:집 사, 버릴 사. 毋:말 무. 疑:의심할 의. 愧:부끄러워할 괴. 施:베풀 시. 報:갚을 보. 責:요구할 책. 倂:아우를 병.

【말의 뜻】舍己(사기):자기를 버림. 자기를 희생함. 舍는 捨의 뜻. 處其疑(처기의):의혹이 일어나 주저함. 施人(시인):남에게 은혜를 베풂. 責其報(책기보):보답할 것을 요구함. 은혜를 갚을 것을 요구함. '責'은 '재촉하다', '독촉하다', '요구하다'의 뜻.

【뜻 풀이】 옳은 일에 자기를 희생(犧牲)하여 봉사(奉仕)하기로 결심하고 서도 스스로 회의(懷疑)를 느껴 주저하거나 후회한다면 이미 자기의 희생정신에 흠이 생긴 것이다. 또 남에게 은혜를 베푼 이상 그에 대한 보답을 바라거나 재촉한다면 이미 그 은혜는 깨어지고 마는 것이다.

90

天薄我以福 吾厚吾德以迓之. 天勞我以形 吾逸吾心以
천 박 아 이 복 오 후 오 덕 이 아 지 천 노 아 이 형 오 일 오 심 이
補之. 天阨我以遇 吾亨吾道以通之. 天且奈我何哉.
보 지 천 액 아 이 우 오 형 오 도 이 통 지 천 차 내 아 하 재

하늘이 나에게 복(福)을 박(薄)하게 준다면 나는 나의 덕(德)을 후(厚)하게 하여 이를 맞이할 것이며, 하늘이 나의 몸을 수고롭게 한다면 나는 나의 마음을 편안하게 하여 이를 보충할 것이며, 하늘이 나의 처지를 곤궁하게 한다면 나는 나의 도(道)를 달성하여 이를 트이게 할 것이니, 하늘인들 나를 어떻게 할 수 있겠는가!

【글자 뜻】 厚:두터울 후. 迓:마중할 아. 奈:어찌 내.

【말의 뜻】 薄我以福(박아이복):나에게 복(福)을 박(薄)하게 줌. 迓(아):마중나가 맞이하다. 勞我以形(노아이형):나의 몸을 수고롭게 함. 形은 육체(肉體). 阨我以遇(액아이우):나의 처지를 곤궁하게 함. 阨은 막다, 고생하게 하다. 遇는 경우(境遇). 吾道(오도):나의 도덕. 天且(천차):하늘조차.

【뜻 풀이】 운명(運命)이 설사 내게 복(福)을 박하게 줄지라도 결코 이를 원망하지 않고 오히려 내 덕(德)을 두터이 쌓아 복을 맞아들이리라. 또 운명이 만일 내 몸을 고달프게 한다면 나는 내 마음을 안일(安逸)하게 가져 그 고달픔을 보충하리라. 그리고 운명이 내 처지를 역경(逆境)으로 몰아넣는다면 나는 내 도(道)를 달성하여 그 역경을 극복하리라. 이런 마음을 지니고 인생을 살아간다면 운명인들 나를 어쩔 수 있겠는가!

91

貞士無心徼福. 天卽就無心處 牖其衷. 憸人著意避禍. 天卽就著意中 奪其魄. 可見 天之機權最神. 人之智巧何益.

(정사무심요복 천즉취무심처 유기충 섬인착의피화 천즉취착의중 탈기백 가견 천지기권최신 인지지교하익)

절의(節義)를 지키는 사람은 복(福)을 구하는 마음이 없으므로 하늘은 곧 마음 없는 곳을 찾아가 그의 본심(本心)을 열어주고, 간사한 사람은 재앙을 피하려고 애를 쓰므로 하늘은 그 애쓰는 속으로 들어가 그의 넋을 빼앗는다.

보라, 하늘의 권능(權能)의 신묘(神妙)함을! 인간의 지혜와 기교(技巧)가 무슨 소용이 있겠는가!

【글자 뜻】 貞:곧을 정. 就:나아갈 취. 牖:들창 유. 衷:속마음 충. 奪:빼앗을 탈. 最:가장 최. 神:귀신 신. 益:더할 익.

【말의 뜻】 貞士(정사):곧은 선비. 절의(節義)를 지키는 사람. 徼(요):구

하다. 牖其衷(유기충):本心을 열어 줌. '牖'는 본래 '창문' 혹은 '깨우쳐 주다'의 뜻이나 여기서는 '열어 주다' 혹은 '인도해 주다'의 뜻. '衷'은 본심(本心). 憸人(섬인):간사한 사람. 著意(착의):애쓰다. 조심하다. 위의 '無心'과 대응되는 말. 奪其魄(탈기백):넋을 빼앗음. 깜짝 놀라 기절케 함. 機權(기권):권능(權能). 機는 여기서는 권세. 最神(최신):몹시 신묘(神妙)함. 智巧(지교):지혜와 기교(技巧).

【뜻 풀이】 절개를 지키는 뜻있는 사람은 자기의 행복만을 추구(追求)하려는 이기적인 마음을 가지지 않는다. 그러나 하늘은 도리어 이런 올바른 마음을 찾아다니며 행복의 문을 열어 준다.

그런데 마음이 뒤틀린 간사한 사람은 자기가 저지른 잘못에 신경이 곤두서서 재앙을 피하려고 바동거린다. 그렇지만 하늘은 이런 간사한 마음을 찾아가 불의의 재앙을 던져 주어 혼비백산(魂飛魄散)하게 만들어 놓는다. 이 신묘(神妙)하기 짝이 없는 하늘의 권능(權能) 앞에 하잘 것 없는 인간의 잔 지혜와 잔꾀가 용납될 수 있겠는가!

92

聲妓晩景從良 一世之胭花無碍. 貞婦白頭失守 半生
성기만경종량 일세지연화무애 정부백두실수 반생
之淸苦俱非. 語云 看人只看後半截. 眞名言也.
지청고구비 어운 간인지간후반절 진명언야

기생도 늘그막에 남편을 따르면 젊어서의 분 냄새 사라지고, 열녀(烈女)라도 머리 희어 정조(貞操)를 잃으면 반평생의 절개가 수포로 돌아간다.

옛말에 이르기를 '사람을 볼 때에는 그 늘그막을 보라.' 고 했거니와 참으로 명언(名言)이로다.

【글자 뜻】 聲:소리 성. 妓:기생 기. 晩:저물 만, 늙을 만. 胭:연지 연. 碍:거리낄 애. 半:반 반. 云:이를 운. 看:볼 간. 截:끊을 절.

【말의 뜻】 聲妓(성기):기생. 가기(歌妓). 晩景(만경):만년(晩年). 노후(老後). 良(량):'양인(良人)'의 뜻으로 남편. 胭花(연화):본래 분(粉)을 뜻하나 여기서는 轉하여 음란한 생활을 의미함. 無碍(무애):거리낌이 없음. 貞婦(정부):정조(貞操)를 지키는 열녀(烈女). 白頭(백두):머리가 희어짐. 노년(老年). 失守(실수):정조를 잃음. 淸苦(청고):절개. 청조고절(淸操苦節). 語(어):옛말. 속담. 看人只看後半截(간인지간후반절):사람을 볼 때에는 후반생(後半生)을 보라. 截은 切의 뜻.

【뜻 풀이】 젊은 시절에 웃음과 몸을 팔던 천한 기생도 늘그막에 결혼하여 정조를 지키고 남편을 따르면 지난날의 분 냄새와 음탕한 흠이 가셔 버린다. 그와 반대로 아무리 청상과부(靑孀寡婦)로 머리털이 희끗희끗할 때까지 절개를 지키고 살아온 열녀라도 한번 정조를 깨뜨리면 평생의 괴롭던 수절(守節)도 수포로 돌아간다.

우리 나라 속담에 '사람은 늦팔자가 좋아야 한다.'는 말이 있거니와 사람의 가치도 늘그막에 달려 있는 것이다.

93

平民肯種德施惠 便是無位的公相. 士夫徒貪權市寵
평 민 긍 종 덕 시 혜 변 시 무 위 적 공 상 사 부 도 탐 권 시 총
竟成有爵的乞人.
경 성 유 작 적 걸 인

평민(平民)이라도 즐겨 덕(德)을 심고 은혜를 베풀면 곧 벼슬 없는 재상(宰相)이며, 고위고관(高位高官)이라도 권세를 탐내고 총애(寵愛)를 팔면 곧 벼슬 있는 거지에 불과하다.

【글자 뜻】 肯:옳이 여길 긍. 施:베풀 시. 惠:은혜 혜. 貪:탐할 탐. 寵:괼 총. 竟:다할 경. 爵:벼슬 작. 乞:빌 걸.

【말의 뜻】 肯(긍):즐겨하다. 種德(종덕):덕(德)을 심음, 즉 德을 쌓음. 無位的公相(무위적공상):벼슬이 없는 재상(宰相). 位는 작위(爵位). 公相은 최고의 지위인 삼공(三公)과 재상(宰相). 士夫(사부):사대부(士大夫). 고위고관(高位高官). 앞에 나온 '평민(平民)'에 대응되는 말. 市寵(시총):총애를 팖. '市'는 賣의 뜻. 竟(경):마침내. 결국.

【뜻 풀이】 비록 관직(官職)이 없는 평민일지라도 덕을 깊이 심고 은혜를 널리 베풀면 온 백성이 존경하고 따르는 정신적인 제왕(帝王)이 될 것이다. 이와 반대로 아무리 고관대작(高官大爵)에 앉은 사람이라도 권세를 무리하게 탐내고 아랫사람에게 매관매직(賣官賣職)이나 하며 온갖 부정을 일삼는 탐관오리라면 결국은 벼슬자리에 앉은 도둑이나 거지에 불과한 것이니 그 말로(末路)가 어찌 되겠는가!

94

問祖宗之德澤 吾身所享者是. 當念其積累之難. 問子
문 조 종 지 덕 택 오 신 소 향 자 시 당 염 기 적 루 지 난 문 자
孫之福祉 吾身所貽者是. 要思其傾覆之易.
손 지 복 지 오 신 소 이 자 시 요 사 기 경 복 지 이

조상이 남겨준 은혜는 무엇인가? 지금 내 몸이 누리고 있는 것이 그것이니 마땅히 그 쌓아올리기 어려웠음을 생각하라.

자손이 받는 복(福)은 무엇인가? 지금 내 몸이 물려주는 것이 그것이니 그 기울어지기 쉬움을 생각하라.

【글자 뜻】 澤:못 택, 은혜 택. 享:누릴 향. 當:마땅 당. 積:쌓을 적. 累:묶을 루, 포갤 루. 孫:손자 손. 貽:끼칠 이, 남길 이. 傾:기울 경.

【말의 뜻】 祖宗(조종):조상. 선조(先祖). 德澤(덕택):은혜. 은덕(恩德). 積累(적루):쌓아 올림. 所貽者(소이자):자손에게 물려주는 것. '貽'는 남겨주다, 물려주다. 傾覆(경복):기울어지고 엎어짐.

【뜻 풀이】 우리에게는 잘났거나 못났거나 우리의 조상이 있고 그들이 수천 년 동안 쌓아올린 국토와 역사와 전통과 문화와 풍습이 있다. 그들이 이를 지키고 발전시키기까지에는 얼마나 많은 고난이 있었던가! 그러므로 우리는 불평을 말하기에 앞서 그 노고(勞苦)에 감사드려야 할 것이다.

그러면 우리의 자손들은 얼마나 행복하게 살 수 있을까? 그것은 우리의 손에 달려 있는 것이다. 만일 우리가 충분히 튼튼한 터전을 마련해 주지 않는다면 자칫 그들의 행복이 기울어지고 쓰러질지도 모른

다. 이 점을 염두에 두고 공고(鞏固)한 행복의 터전을 이룩하여 자손들에게 물려주어야 할 것이다.

95

君子而詐善 無異小人之肆惡. 君子而改節 不及小人之自新.
군자이사선 무리소인지사악 군자이개절 불급소인지자신

군자(君子)로서 선(善)한 체 꾸민다면 소인(小人)이 악(惡)을 마음대로 행함과 다를 것이 없고, 군자(君子)로서 절개를 고친다면 소인(小人)이 스스로 잘못을 고침만도 못하다.

【글자 뜻】 詐:속일 사. 肆:방자할 사. 改:고칠 개. 節:마디 절. 及:미칠 급.

【말의 뜻】 詐善(사선):선(善)한 체 꾸밈. 위선(僞善). 肆惡(사악):악(惡)을 마음대로 행함. '肆'는 멋대로 하다. 改節(개절):절개를 고침. 변절(變節)함. 自新(자신):잘못을 뉘우쳐 스스로 고침.

【뜻 풀이】 군자란 학문과 덕행을 갖춘 인격자(人格者)이다. 그가 스스로의 양심을 속이고 위선자(僞善者) 노릇을 한다면 이는 무지몽매(無知蒙昧)한 소인이 악을 행함보다 나을 것이 없다. 더구나 사리사욕(私利私慾)에 눈이 어두워 지조(志操)를 잃는다면 이는 자신의 잘못을 뉘우치고 스스로 바른 길로 나아가는 소인만도 못한 것이다.

96

家人有過 不宜暴怒 不宜輕棄. 此事難言 借他事隱諷
가 인 유 과 불 의 폭 노 불 의 경 기 차 사 난 언 차 타 사 은 풍

之.今日不悟 俟來日再警之. 如春風解凍 如和氣消氷
지 금 일 불 오 사 내 일 재 경 지 여 춘 풍 해 동 여 화 기 소 빙

纔是家庭的型範.
재 시 가 정 적 형 범

집안사람이 잘못이 있거든 사납게 성내지도 말고 가벼이 여겨 버려두지도 말라.

그 일을 말하기 어렵거든 다른 일을 빌어 넌지시 깨우쳐 주고, 오늘 깨닫지 못하거든 내일을 기다려 다시 깨우쳐 주되 봄바람이 언 땅을 녹이듯이 하고 온화(溫和)한 기운이 얼음을 녹이듯이 하라. 이것이 곧 가정을 다스리는 법도(法度)이다.

【글자 뜻】 暴:사나울 폭. 棄:버릴 기. 借:빌 차. 隱:숨길 은. 諷:풍자할 풍, 간할 풍. 俟:기다릴 사. 再:두 재, 거듭 재. 消:사라질 소, 녹일 소. 範:법 범.

【말의 뜻】 暴怒(폭노):사납게 성냄. 輕棄(경기):가벼이 여겨 버려둠. 隱諷(은풍):비유로 넌지시 깨우쳐 줌. 俟(사):기다리다. 春風解凍(춘풍해동):봄바람이 언 땅을 녹임. '型範(형범):법도. 전형 규범(典型規範).

【뜻 풀이】 집안사람의 잘못은 불끈 화내어 다스려도 안 되고 가벼이 여겨 내버려두어도 안 된다. 직접 그 일을 가지고 말하기가 어렵거든 다른 일을 끌어 비유(比喩)로 깨우쳐 주되 그래도 잘못을 깨닫지 못하거든

급히 서둘지 말고 다음에 다시 기회를 만들어 깨우쳐 주어야 한다.

이와 같이 마치 따뜻한 봄바람이 언 땅을 차차 녹이듯이 하고, 봄의 온화한 기운이 얼음을 녹이듯이 하여 자발적으로 잘못을 깨닫고 고치도록 하는 것이 상책이다.

97

此心常看得圓滿 天下自無缺陷之世界. 此心常放得寬平 天下自無險側之人情.
차심상간득원만 천하자무결함지세계 차심상방득관평 천하자무험측지인정

자기 마음을 살피어 항상 원만(圓滿)하게 한다면 천하(天下)에는 자연히 결함 있는 세계가 없을 것이며, 자기 마음을 열어 놓아 항상 너그럽게 한다면 천하(天下)에는 자연히 사나운 인정(人情)은 없을 것이다.

【글자 뜻】 看:볼 간. 圓:둥글 원. 缺:이지러질 결. 陷:빠질 함. 寬:너그러울 관. 側:곁 측, 치우칠 측.

【말의 뜻】 此心(차심):자기의 본심(本心). 看(간):감시하다. 살피다. 放(방):풀어놓다. 열어놓다. 寬平(관평):너그럽고 평온함. 관대평온(寬大平穩). 險側(험측):험악함. 사나움.

【뜻 풀이】 안으로 자기의 마음을 반성하여 언제나 둥근 보름달처럼 원만하여 조금도 이지러진 데가 없다면 이 원만한 마음으로 바라보는 모

든 세계는 절로 다 원만하게 느껴질 것이요, 밖으로 자기 마음을 활짝 열어 남을 대함에 언제나 관대(寬大)하고 평온(平穩)하다면 자연히 대하는 사람마다 사나운 인정을 가지고 덤벼드는 사람은 없을 것이다.

98

澹泊之士 必爲濃艶者所疑. 檢飭之人 多爲放肆者所
담 박 지 사 필 위 농 염 자 소 의 검 칙 지 인 다 위 방 사 자 소
忌. 君子處此 固不可少變其操履. 亦不可太露其鋒芒.
기 군 자 처 차 고 불 가 소 변 기 조 리 역 불 가 태 로 기 봉 망

담박(擔泊)한 사람은 반드시 사치스러운 자의 의심을 받고, 엄격한 사람은 방종(放縱)한 자의 미움을 받는 일이 많다.

군자는 이 경우에 처해 그 지조(志操)를 조금도 바꾸어서도 안 되며 또한 그 창끝을 지나치게 드러내어서도 안 된다.

【글자 뜻】 澹:담박할 담. 泊:담백할 박. 濃:짙을 농. 飭:신칙할 칙. 肆:방자할 사. 操:잡을 조. 履:신 리, 행할 리. 鋒:칼날 봉.

【말의 뜻】 澹泊(담박):욕심이 없고 마음이 깨끗함. 담박(淡泊). 濃艶(농염):호화스럽고 사치함. 檢飭(검칙):신중하고 엄격함. 飭은 삼가다. 放肆(방사):방종(放縱). 操履(조리):지조를 지키어 행함. 조수이행(操守履行). 太露(태로):지나치게 드러냄. 鋒芒(봉망):창끝.

【뜻 풀이】 검소를 존중하는 사람은 호화를 좋아하는 자들의 의심을 받게

마련이고, 엄격한 사람은 방종한 자들의 미움을 받게 마련이다. 그러므로 청렴과 엄격을 지니어 자기의 지조를 조금도 꺾이지 않으면서도 한편으로는 자기의 주의(主義)나 주장(主張)의 칼끝을 너무 내놓아 덮어놓고 상대와 충돌하지 않도록 하는 것이 군자의 취할 길이다.

99

居逆境中 周身皆鍼砭藥石 砥節礪行而不覺. 處順境
거 역 경 중 주 신 개 침 폄 약 석 지 절 려 행 이 불 각 처 순 경
內 滿前盡兵刃戈矛 銷膏靡骨而不知.
내 만 전 진 병 인 과 모 소 고 마 골 이 부 지

역경(逆境) 속에 있을 때에는 몸 주변이 모두 침(鍼)이요 약(藥)인지라 절개가 갈리고 행실이 닦여도 깨닫지 못하며, 순경(順境)속에 있을 때에는 눈앞이 모두 칼이요 창인지라 살이 녹고 뼈가 깎여도 알지 못한다.

【글자 뜻】 逆:거스를 역. 皆:다 개. 砭:돌침 폄. 砥:숫돌 지. 礪:숫돌 려. 順:순할 순. 盡:다할 진. 膏:살찔 고. 靡:쓰러질 미, 갈 마.

【말의 뜻】 周身(주신):몸의 주변. 鍼砭(침폄):침. '鍼'은 쇠로 만든 침. '砭'은 돌로 만든 침. 鍼砭은 轉하여 경계, 훈계의 뜻으로도 사용된다. 본래 鍼은 針과 同字이나 현재는 鍼은 침, 針은 꿰매는 바늘의 뜻으로 사용된다. 砥節礪行(지절려행):절개를 갈고 행실을 닦음. 砥와 礪는 모두 명사로는 '숫돌', 동사로는 '갈고 닦다'의 뜻. 滿前(만전):안전(眼前)의 것 모두. 兵刃戈矛(병인과모):칼과 창. 무기. 銷膏(소고):살을 녹임. '銷'는 녹다, 녹이다. '膏'는 기름진 살. 靡骨(마

골):뼈를 깎음. '靡'는 '갈다'의 뜻으로 摩와 同字.

【뜻 풀이】 사람이 역경에 놓여 있을 때에는 여러 가지 어려움과 괴로움이 몸을 둘러싸고 있다. 이 고난(苦難)의 시련(試練)이 병을 고쳐 주는 침이나 약처럼 그의 마음과 행실을 닦아 위대한 인격체(人格體)를 이루게 한다. 그러므로 정신적으로 볼 때 역경은 환영할 만한 것이다.

이와 반대로 그리울 것 없는 순경(順境)에 놓여 있을 때에는 조금만 정신을 차리지 않아도 눈앞에 즐비한 안일과 사치와 방탕 등의 무서운 칼날이 가슴을 찌르고 뼈를 깎아 내어 드디어는 몸이 파멸의 구렁으로 떨어지고 만다.

역경은 괴롭지만 마음의 병을 고치는 값비싼 약이 들어 있고, 순경은 달콤하지만 몸을 망치는 독약이 가득 차 있다.

100

生長富貴叢中的 嗜欲如猛火 權勢似烈焰. 若不帶些
생장부귀총중적 기욕여맹화 권세사열염 약불대사
清冷氣味 其火焰不至焚人 必將自爍矣.
청랭기미 기화염부지분인 필장자삭의

부귀(富貴)한 집안에서 자라난 사람은 욕심이 사나운 불길과 같고 권세(權勢)가 사나운 불길 같은지라, 만일 약간의 맑고 서늘한 기운을 지니지 않는다면 그 불길은 다른 사람을 태우는 데 이르지는 않을지라도 반드시 자신을 태워버릴 것이다.

【글자 뜻】 富:가멸 부. 叢:모일 총. 嗜:즐길 기. 權:권세 권. 勢:기세 세. 焰:불꽃 염. 帶:띠 대, 지닐 대. 爍:빛날 삭, 태울 삭.

【말의 뜻】 富貴叢中(부귀총중):부귀 속. '叢'은 '빽빽한, 무정한'. 嗜欲(기욕):욕심. 욕망. 烈焰(열염):사나운 불길. 些(사):약간. 조금. 清冷氣味(청랭기미):맑고 서늘한 기운. 세속(世俗)을 초월한 정신을 의미함. 自爍(자삭):자신을 불태움. '爍'은 '태우다'.

【뜻 풀이】 부귀한 집안에서 태어나 자란 사람은 보고 듣는 것이 다 부귀에 관한 것뿐이므로 그의 권력과 물질에 대한 욕심은 사나운 불길과 같다. 그러므로 다소라도 세속을 초월한 정신적 청량제(清凉劑)로 식히지 않는다면 그 욕심의 불길은 다른 사람들을 태울 것이다. 설사 남을 태우지는 않을지라도 반드시 자기 스스로를 태워 멸망하고 말 것이다.

101

人心一眞 便霜可飛 城可隕 金石可貫. 若僞妄之人 形
인심일진 변상가비 성가운 금석가관 약위망지인 형
骸徒具 眞宰已亡. 對人則面目可憎 獨居則形影自媿.
해도구 진재이망 대인칙면목가증 독거칙형영자괴

사람의 진심에서 나온 일념(一念)은 능히 여름에 서리를 내리게 할 수 있고, 울음으로 성(城)을 무너뜨릴 수 있으며, 금석(金石)도 뚫을 수 있다.

그러나 거짓된 사람은 형체만 갖추고 있을 뿐 참 주인[마음의 본체]

은 이미 멸망한지라 남을 대할 때에는 얼굴이 가증스럽게 보이고 홀로 있을 때에는 자신의 몸과 그림자가 스스로 부끄러워진다.

【글자 뜻】 霜: 서리 상. 隕: 떨어질 운. 貫: 꿸 관. 骸: 뼈 해. 憎: 미워할 증. 獨: 홀로 독. 影: 그림자 영. 媿: 부끄러울 괴.

【말의 뜻】 人心一眞(인심일진): 사람의 진심(眞心)으로부터 나온 일념(一念). 霜可飛(상가비): 여름에 서리가 내리게 하다. 城可隕(성가운): 견고한 성벽(城壁)도 무너뜨리다. 隕은 무너뜨리다, 허물어지다. 金石可貫(금석가관): 진심을 가지고 하면 쇠나 돌도 뚫을 수 있다는 뜻. 形骸(형해): 육체. 徒(도): 다만. 뿐. 眞宰(진재): 참된 주인. 宰는 우두머리, 주재자(主宰者), 지배자. 도가(道家)의 용어로 마음의 주재자(主宰者), 즉 마음의 본체를 의미함. 앞에서 나온 형해(形骸)에 대응되는 말. 形影(형영): 형체와 그림자. 自媿(자괴): 스스로 부끄러워함. 媿는 愧와 同字.

【뜻 풀이】 사람의 진심에서 나온 일념은 천지신명(天地神明)도 감동시킬 만큼 놀라운 위력을 지니고 있다. 그러나 진심이 결여(缺如)된 거짓된 사람은 형체만 사람의 탈을 썼을 뿐 진짜 그의 주인인 마음이 없기 때문에 남을 대하면 그 얼굴이 가증스럽게 보이고, 자기 혼자 있으면 스스로도 자기의 모습이나 그림자조차 부끄럽게 느껴지는 것이다.

102

文章做到極處 無有他奇 只是恰好. 人品做到極處 無有他異 只是本然.
문장주도극처 무유타기 지시흡호 인품주도극처 무유타이 지시본연

문장(文章)이 극진한 경지에 이르면 별달리 기발(奇技)함이 있는 것이 아니라 다만 꼭 알맞을 뿐이요,

인품(人品)이 극진한 경지에 이르면 별다른 뛰어남이 있는 것이 아니라 다만 본연(本然) 그대로일 뿐이다.

【글자 뜻】 做:지을 주. 極:다할 극. 他:다를 타. 恰:마치 흡. 異:다를 이.

【말의 뜻】 做到(주도):도달함. 做는 본래 作과 같은 뜻. 恰好(흡호):꼭 알맞음. 매우 적당함. 恰은 아주 적당함을 나타내는 말로 '꼭'의 뜻. 人品(인품):인격과 품성(品性). 本然(본연):본디 그대로의 모습. 자연 그대로의 모습.

【뜻 풀이】 서투른 사람의 문장은 미사여구(美辭麗句)의 나열로 기교(技巧)를 부리지만 극치에 도달한 사람은 평범한 문장 속에 마음과 생각을 어울리게 담는다. 이와 마찬가지로 지각 없는 사람은 남에게 드러내 보이려고 애쓰지만 인격이 원숙(圓熟)된 사람의 언행은 극히 평범한 가운데 본래 자연 그대로의 모습일 뿐이다.

103

以幻迹言 無論功名富貴 卽肢體亦屬委形. 以眞境言
이환적언 무론공명부귀 즉지체역속위형 이진경언
無論父母兄弟 卽萬物皆吾一體. 人能看得破 認得眞
무론부모형제 즉만물개오일체 인능간득파 인득진
纔可任天下之負擔 亦可脫世間之韁鎖.
재가임천하지부담 역가탈세간지강쇄

현상계(現象界)로써 말한다면 부귀와 공명(功名)은 물론 나의 육체도 빌려 받은 형체에 불과하며, 실재(實在)의 세계로써 말한다면 부모와 형제는 물론 세상 만물(萬物)이 모두 나와 한 몸이다.

사람이 능히 이 세계가 거짓된 것임을 간파하고 세상 만물이 모두 나와 한 몸임을 깨닫는다면 비로소 천하의 대임(大任)을 짊어질 수 있고 또한 세상의 속박에서 벗어날 수 있을 것이다.

【글자 뜻】 幻:헛보일 환. 屬:무리 속, 이을 촉. 委:맡길 위. 皆:다 개. 破:깨뜨릴 파. 認:알 인. 韁:고삐 강. 鎖:쇠사슬 쇄.

【말의 뜻】 幻迹(환적):현상계(現象界). 환상과 같은 덧없는 거짓 세계. 다음에 나오는 진경(眞境)에 대응되는 말. 肢體(지체):몸뚱이. 육체. 委形(위형):빌려 받은 형체. 眞境(진경):실재계(實在界). 萬物皆吾一體(만물개오일체):天地와 나는 조금도 다름없이 생겨났으며, 萬物과 나는 하나이다. 看得破(간득파):간파(看破)하다. 認得眞(인득진):진상(眞相)을 깨달아 앎. 韁鎖(강쇄):본래 '고삐와 쇠사슬'의 뜻이나 轉하여 속박, 구속을 뜻함. 韁은 고삐.

【뜻 풀이】 허상(虛像)으로 나타나는 현상계(現象界)의 입장에서 보면 사

람들이 그처럼 갈망(渴望)하는 부귀공명(富貴功名)뿐 아니라 내 몸까지도 잠깐 빌려 가진 형체에 불과하다. 또 자연의 실재계(實在界)에서 바라본다면 부모 형제는 물론 세상 모든 것이 다 나와 한 몸이다.

그러므로 사람이 능히 이 현상계와 실재계의 진리를 깨달아 알아야 비로소 천하의 만민(萬民)을 제도(濟度)할 큰 중책을 맡을 수도 있고 세속적(世俗的)인 욕망의 굴레에서 벗어나 자연과 더불어 유유자적(悠悠自適)할 수도 있는 것이다.

104

> 爽口之味 皆爛腸腐骨之藥. 五分便無殃. 快心之事
> 상 구 지 미 개 난 장 부 골 지 약 오 분 변 무 앙 쾌 심 지 사
> 悉敗身喪德之媒. 五分便無悔.
> 실 패 신 상 덕 지 매 오 분 변 무 회

입에 좋은 음식은 모두 장(腸)을 문드러지게 하고 뼈를 썩게 하는 독약이니 반쯤에서 그쳐야 재앙이 없고

마음에 유쾌한 일은 모두 몸을 망치고 덕(德)을 잃게 하는 매개물(媒介物)이니 반쯤에서 그쳐야 후회가 없다.

【글자 뜻】 爽:시원할 상. 爛:문드러질 난. 腐:썩을 부. 殃:재앙 앙. 悉:다 실. 媒 :중매 매.

【말의 뜻】 爽口之味(상구지미):입에 좋은 음식. 爛腸腐骨(난장부골):장(腸)을 문드러지게 하고 뼈를 썩게 함. '爛' 은 썩어 문드러지게 하다. 快心之事(쾌심지사):마음에 유쾌한 일. 媒(매):매개물(媒介物). 五

分(오분):십 분의 5. 절반.

【뜻 풀이】 맛있는 음식은 과식하기 쉽다. 따라서 위장에 반쯤 찼을 때에 식욕을 억제하고 숟가락을 놓지 않으면 독약이 되고 만다. 이와 마찬가지로 유쾌한 일은 적당히 즐겨야지 이에 빠져버리면 몸과 마음을 망치는 독약이 되는 것이다.

105

不責人小過 不發人陰私 不念人舊惡. 三者 可以養德
불책인소과 불발인음사 불념인구악 삼자 가이양덕
亦可以遠害.
역가이원해

다른 사람의 작은 잘못을 꾸짖지 말고, 다른 사람의 개인적인 비밀을 폭로하지 말며, 다른 사람의 과거의 잘못을 마음에 간직하지 말라. 이 세 가지를 실행하면 자신의 덕(德)을 기를 수 있으며 또한 해(害)를 멀리할 수 있다.

【글자 뜻】 責:꾸짖을 책. 陰:응달 음. 舊:예 구. 遠:멀 원. 害:해칠 해.
【말의 뜻】 陰私(음사):개인적인 비밀. 不念人舊惡(불념인구악):다른 사람의 과거의 잘못을 오래도록 마음에 간직하지 않음.

【뜻 풀이】 다른 사람의 사소한 잘못을 책망하지 말 것, 남의 개인적인 비밀을 다른 사람에게 발설(發說)하지 말 것, 그리고 다른 사람의 지난

날 잘못을 오래도록 마음에 간직해 두지 말 것, 이 세 가지를 실천해 나가는 것이 자기의 인격을 닦고 재앙을 멀리하는 길이다.

106

士君子 持身不可輕 輕則物能撓我 而無悠閒鎭定之
사군자 지신불가경 경칙물능요아 이무유한진정지
趣. 用意不可重 重則我爲物泥 而無瀟洒活潑之機.
취 용의불가중 중칙아위물니 이무소쇄활발지기

군자는 몸가짐을 가벼이 해서는 안 되나니, 가벼이 하면 사물(事物)이 나를 혼란시켜 유유자적(修修自適)하고 안정된 맛이 없어진다.

또 마음 쓰기를 무겁게 해서는 안 되나니, 무겁게 하면 내가 사물에 얽매여 맑고 깨끗하고 활발한 기상(氣象)이 없어진다.

【글자 뜻】 持:가질 지. 撓:어지러울 요. 鎭:진압할 진. 趣:풍취 취. 瀟:강 이름 소, 맑을 소. 洒:시원할 쇄. 潑:뿌릴 발. 機:틀 기.

【말의 뜻】 撓我(요아):나를 구부림. '撓'는 구부러지게 하다, 어지럽히다. 悠閒鎭定(유한진정):유유자적(悠悠自適)하고 안정됨. 用意(용의):마음을 씀. 정신을 차림. 泥(니):얽매임. 집착함. 瀟洒(소쇄):맑고 깨끗함. '瀟'는 맑다. '洒'는 시원하다, 깨끗하다.

【뜻 풀이】 몸가짐은 무거울수록 좋고 마음을 씀은 가벼울수록 좋다. 몸가짐을 자중(自重)하지 않고 경거망동(輕擧妄動)한다면 외부의 사물에 뒤흔들려 유유자적(悠悠自適)하는 침착성을 지니지 못할 것이요, 또

사물에 대하여 마음을 가벼이 쓰지 않고 이에 집착한다면 내가 사물에 얽매여 스스로 쇄락(洒落)하고 활동성을 잃고 말 것이다.

107

天地有萬古 此身不再得. 人生只百年 此日最易過.
천 지 유 만 고 차 신 불 재 득 인 생 지 백 년 차 일 최 이 과

幸生其間者 不可不知有生之樂 亦不可不懷虛生之憂.
행 생 기 간 자 불 가 부 지 유 생 지 락 역 불 가 불 회 허 생 지 우

천지(天地)는 만고(萬古)에 있으나 이 몸은 두 번 얻지 못하고, 인생은 단지 백 년에 지나지 않으며 그 날들도 몹시 빨리 지나가버린다.

그러므로 다행히도 그 사이에 태어난 사람으로서 삶의 즐거움을 알지 못해서는 안 되며, 또한 헛되이 일생을 보내지나 않을까 하는 근심을 품지 않아서는 안 된다.

【글자 뜻】 最:가장 최. 亦:또 역. 懷:품을 회. 憂:근심할 우.

【말의 뜻】 萬古(만고):영원. 有生之樂(유생지락):이 세상에 태어난 즐거움. 虛生之憂(허생지우):헛되이 일생을 보내지 않을까 하는 근심. 일생을 뜻있게 살려는 근심.

【뜻 풀이】 천지와 자연은 시작도 없고 끝도 없이 영원하다. 이 영원한 시간 속에서 우리는 고작 백 년의 삶을 누리려 이 세상에 태어난 것이다. 더구나 인생은 단 한 번뿐이요, 시간은 너무나 빨리 지나가버린다. 이 귀중한 인생을 삶의 즐거움도 모르고 헛되이 보내어 취생몽사

(醉生夢死)해서야 되겠는가!

108

怨因德彰. 故使人德我 不若德怨之兩忘. 仇因恩立.
원 인 덕 창 고 사 인 덕 아 불 약 덕 원 지 양 망 구 인 은 립
故使人知恩 不若恩仇之俱泯.
고 사 인 지 은 불 약 은 구 지 구 민

원망은 덕(德)으로 인해 생겨난다. 그러므로 다른 사람으로 하여금 나를 덕이 있다고 여기게 하기보다는 차라리 덕과 원망을 다 잊게 하는 편이 낫다. 또 원한은 은혜(恩惠)로 인해 생겨난다. 그러므로 다른 사람으로 하여금 나의 은혜를 알게 하기보다는 차라리 은혜와 원한을 모두 없애는 편이 낫다.

【글자 뜻】 彰:드러날 창. 我:나 아. 兩:두 양. 因:인할 인. 恩:은혜 은.
【말의 뜻】 因德彰(인덕창):덕(德)으로 인해 나타남. 여기서의 덕(德)은 은혜(恩惠), 선의(善意). 仇(구):원수. 원한. 立(립):생겨나다. 俱泯(구민):모두 없앰. 泯은 亡의 뜻.

【뜻 풀이】 덕이나 은혜를 한 사람에게만 베풀면 반드시 다른 사람으로부터는 원망과 원한을 받게 마련이다. 그리되면 차라리 덕과 은혜를 베풀지 않음만도 못한 결과를 가져온다. 여기에서는 덕과 은혜를 베풀 줄 모르는 냉혈동물(冷血動物)이 되라는 말이 아니라 공평무사(公平無私)하게 베풀어야 함을 강조한 것이다.

109

老來疾病 都是壯時招的. 衰後罪孼 都是盛時作的.
노래질병 도시장시초적 쇠후죄얼 도시성시작적
故持盈履滿 君子尤兢兢焉.
고지영이만 군자우긍긍언

늙어서 일어나는 병(病)은 모두 혈기가 왕성하던 때에 불러들인 것이며, 쇠퇴(衰退)한 뒤의 재앙은 모두 번성하던 때에 지은 죄로 인한 것이다. 그러므로 군자는 번성하고 가득 찼을 때에 더욱 조심한다.

【글자 뜻】疾:병 질. 病:병 병. 招:부를 초. 衰:쇠할 쇠. 孼:재앙 얼. 盈:찰 영. 兢:삼갈 긍. 焉:어찌 언.

【말의 뜻】都(도):모두. 壯時(장시):혈기가 왕성할 때. 《禮記》에 의하면 壯은 삼십 세를 가리킨다. 的(적):것. 罪孼(죄얼):화(禍). 재앙. 孼은 재앙. 持盈履滿(지영이만):번성한 것을 유지해 나감. 盈도 滿의 뜻. 尤(우):더욱. 兢兢(긍긍):두려워 조심함. 전전긍긍(戰戰兢兢).

【뜻 풀이】젊어서 혈기가 왕성할 때에 몸을 마구 혹사(酷使)하고 섭생(攝生)을 취하지 않는다면 늙은 뒤에 반드시 병으로 나타난다. 이와 마찬가지로 부귀할 때에 지은 죄는 쇠퇴했을 때에 앙갚음을 당하기 마련이다. 그러므로 높은 지위에 있거나 많은 재산을 누릴 때에 인심을 잃지 않도록 더욱 조심해야 하는 것이다.

110

市私恩 不如扶公議. 結新知 不如敦舊好. 立榮名 不如種隱德. 尙奇節 不如謹庸行.
시사은 불여부공의 결신지 불여돈구호 입영명 불여종은덕 상기절 불여근용행

사사로운 은혜(恩惠)를 파는 것은 공정(公正)한 의논(議論)을 따르는 것만 못하고

새로운 친구와 교제를 맺는 것은 옛 친구와의 정을 두텁게 하는 것만 못하며

영화로운 이름을 세우는 것은 숨은 은덕(恩德)을 심는 것만 못하고

기이한 절행(節行)을 숭상하는 것은 평소의 행실을 삼가는 것만 못하다.

【글자 뜻】 扶:도울 부. 議:의논할 의. 結:맺을 결. 敦:도타울 돈. 舊:예 구. 隱:숨길 은. 尙:오히려 상, 숭상할 상. 謹:삼갈 근.

【말의 뜻】 市(시):팔다. 私恩(사은):사사로운 정에 이끌려 베푸는 은혜. 公議(공의):공명정대(公明正大)한 의논(議論). 공론(公論). 結新知(결신지):새로운 친구와 교제를 맺음. 舊好(구호):옛 친구. 榮名(영명):영화로운 이름. 훌륭한 명예. 隱德(은덕):숨은 은덕(恩德). 음덕(陰德). 奇節(기절):기이한 절행(節行). 庸行(용행):평소의 행실. 庸은 평소, 평상.

【뜻 풀이】 사사로이 은혜를 팔아 그 보답을 기대하기보다는 당당히 공명정대(公明正大)한 논의를 잃지 않음이 몸을 보전하는 길이요, 새로운

친구를 사귀기보다는 오래 사귄 친구를 버리지 말고 우정을 돈독(敦篤)히 하는 것이 벗을 사귀는 올바른 길이며, 꽃다운 이름을 세상에 날리려 애쓰기보다는 사람들의 눈에 띄지 않게 은덕을 심어 놓는 것이 자손을 위하는 길이요, 기발한 절개를 세우려고 애쓰기보다는 일상생활의 행실에 잘못이 없도록 삼가는 것이 덕행(德行)을 쌓는 길인 것이다.

111

公平正論 不可犯手. 一犯則貽羞萬世. 權門私竇 不可著脚. 一著則點汚終身.
공평정론 불가범수 일범칙이수만세 권문사두 불가착각 일착칙점오종신

공평(公平)하고 올바른 의논(議論)에는 반대하지 말라. 한번 반대하면 부끄러움을 만세(萬世)에 남기게 된다.

권세(權勢) 있는 집안과 사리사욕(私利私欲)을 추구하는 자들의 소굴에는 발을 들여놓지 말라. 한번 발을 들여놓으면 더러움을 평생 물들이게 된다.

【글자 뜻】 犯: 범할 범. 貽: 끼칠 이, 남길 이. 羞: 부끄러울 수. 竇: 구멍 두. 脚: 다리 각. 點: 점 점. 汚: 더러울 오.

【말의 뜻】 公平(공평): 공평무사(公平無私). 犯手(범수): 손을 대다. 반대하다. 貽羞(이수): 부끄러움을 남김. 貽는 殘의 뜻. 羞는 불명예, 수치스러운 이름. 權門(권문): 권세 있는 집안. 私竇(사두): 사리사욕을

추구하는 자들의 소굴. 竇는 소굴, 움. 著脚(착각):발을 들여놓음. 點汚(점오):더러움에 물듦.

【뜻 풀이】 공평무사(公平無私)한 다른 사람들의 의견이 올바른 줄 알면서도 자기의 이권(利權)을 생각하여 반대하는 과오를 범한다면 그 부끄러운 이름을 영원히 씻지 못할 것이요, 권력 있는 집안과 사리사욕(私利私慾)에 눈이 어두운 집안에 드나든다면 평생토록 더러운 이름의 낙인(烙印)이 찍힐 것이다.

112

曲意而使人喜 不若直躬而使人忌. 無善而致人譽 不若無惡而致人毁.
곡의이사인희 불약직궁이사인기 무선이치인예 불약무악이치인훼

뜻을 굽혀 다른 사람을 기쁘게 해 주는 것은 자신을 곧게 하여 사람들로부터 미움을 받느니만 못하며

선(善)을 행하지도 않고 사람들로부터 칭찬을 받는 것은 악(惡)을 행하지도 않고 사람들로부터 헐뜯음을 받느니만 못하다.

【글자 뜻】 意:뜻 의. 若:같을 약. 躬:몸 궁. 致:이를 치. 譽:기릴 예. 毁:헐 훼.

【말의 뜻】 曲意(곡의):자기의 뜻을 굽힘. 直躬(직궁):자기의 행실을 곧게 함. '躬'은 자기 자신, 몸소. 致人譽(치인예):사람들로부터 칭찬

을 받음. 致人毁(치인훼):사람들로부터 비방을 받음.

【뜻 풀이】 자기의 정당한 의견까지 굽혀 가면서 남의 환심을 사기 위하여 아첨하기보다는 차라리 올바르게 행동하고 남의 미움을 사는 편이 낫고, 좋은 일은 하지도 않고서 헛되이 사람들의 칭찬을 받기보다는 차라리 악한 일을 하지 않고서도 남들의 비방(誹謗)을 받는 편이 낫다.

113

處父兄骨肉之變 宜從容 不宜激烈. 遇朋友交遊之失
처 부 형 골 육 지 변 의 종 용 불 의 격 렬 우 붕 우 교 유 지 실
宜剴切 不宜優游.
의 개 절 불 의 우 유

부모 형제나 육친(肉親) 관계에 있는 사람의 변(變)을 당해서는 마땅히 침착할 일이니 감정이 격(激)해서는 안 되며, 친구나 매우 친한 사람의 잘못을 보면 마땅히 충고할 일이니 주저해서는 안 된다.

【글자 뜻】 骨:뼈 골. 變:변할 변, 변고 변. 朋:벗 붕. 遊:놀 유. 剴:알맞을 개. 優:넉넉할 우.

【말의 뜻】 骨肉(골육):부모 형제와 같은 육친(肉親) 관계. 뼈와 살의 관계처럼 떨어질 수 없는 관계. 從容(종용):조용한 모양. 매우 침착함. 激烈(격렬):여기서는 감정이 격(激)해짐을 의미함. 交遊(교유):교제하고 있는 친한 사람. 失(실):과실(過失). 剴切(개절):매우 적절함. 여기서는 '적절하게 충고함'의 뜻. 優游(우유):망설이다. 주저하다.

우유부단(優柔不斷).

【뜻 풀이】 부모나 형제의 변고를 당하면 누구나 감정이 격해져 이성을 잃기 쉽다. 그러나 침착하게 자제(自制)하여 일을 그르침이 없게 하는 것이 자식이나 형제 된 도리이다.

다정한 벗의 잘못을 보고도 상대에게 귀에 거슬리는 충고 하기를 꺼려 어물어물 눈감아 넘기기 일쑤이다. 그러나 간곡히 충고하여 그 잘못을 바로잡아 주는 것이 친구로서의 도리인 것이다.

114

小處不滲漏 暗中不欺隱 末路不怠荒. 纔是個眞正英雄.
소 처 불 삼 루 암 중 불 기 은 말 로 불 태 황 재 시 개 진 정 영 웅

작은 일에도 물샐 틈이 없고, 어두운 곳에서도 속이거나 숨기지 않으며, 실의(失意)의 때에도 자포자기(自暴自棄)하지 않는다면, 이야말로 진정한 영웅이다.

【글자 뜻】 滲:스며들 삼. 漏:샐 루. 隱:숨길 은. 怠:게으를 태, 지칠 태. 荒:거칠 황. 纔:겨우 재. 個:낱 개. 雄:수컷 웅.

【말의 뜻】 小處(소처):작은 일. 滲漏(삼루):물이 새고 스며듦. 허술한 것을 의미함. 欺隱(기은):속이고 숨김. 末路(말로):본래 만년(晩年)을 뜻하나 여기서는 실의(失意)의 때, 혹은 내리막길에 들어선 것을 가리킴. 怠荒(태황):자포자기(自暴自棄)함.

【뜻 풀이】 아무리 사소한 일이라도 소홀히 다루지 않고 큰일처럼 세심한 관심을 기울이며, 남이 보지 않는 일이라도 마치 여러 이목(耳目) 가운데서와 같이 조금도 속이거나 숨기는 일이 없고, 실의(失意)의 경우를 당해도 조금도 자포자기하지 않고 권토중래(捲土重來)하여 더욱 분발한다면, 이야말로 대장부라 할 만하다.

115

千金難結一時之歡 一飯竟致終身之感. 蓋愛重反爲仇
천 금 난 결 일 시 지 환 일 반 경 치 종 신 지 감 개 애 중 반 위 구
薄極翻成喜也.
박 극 번 성 희 야

천 금(千金)으로도 한때의 환심(歡心)조차 얻기 어렵고, 한 끼의 식사 대접으로도 평생의 감은(感恩)을 이룰 수 있다.

대개 사랑이 무거우면 도리어 원한이 되고, 사랑이 지극히 박(薄)하면 도리어 기쁨이 된다.

【글자 뜻】 難:어려울 난. 結:맺을 결. 歡:기뻐할 환. 蓋:덮을 개, 대개 개. 極:다할 극. 翻:날 번. 喜:기쁠 희.

【말의 뜻】 一時之歡(일시지환):한때의 환심. 당장의 환심. 一飯(일반):한 끼의 식사를 대접함. 작은 은혜를 베푸는 것을 말함. 竟(경):마침내. 뜻밖에도. 蓋(개):대개. 薄極(박극):사랑이 극히 박함. 翻(번):도리어. 反의 뜻.

【뜻 풀이】 거액의 돈을 아낌없이 주면서도 때로는 당장의 환심조차도 얻지 못하는 수가 있는가 하면, 대단찮은 은혜를 베풀고도 상대방이 평생토록 그 은혜를 잊지 못하고 고맙게 여기는 수도 있다.

이것은 생각컨대 필요하지 않은 사람에게 지나친 은혜를 베풀면 고마움을 모를 뿐 아니라 도리어 부족을 느껴 드디어는 원한을 사게 되며, 이와 반대로 대단찮은 은혜도 때에 적중한 것이라면 상대방이 크게 감동되어 평생토록 그 고마움을 잊지 못하기 때문인 것이다. 그러므로 남에게 은혜를 베풀 때에는 때와 처지를 잘 헤아려야 한다.

116

藏巧於拙 用晦而明 寓淸于濁 以屈爲伸. 眞涉世之一壺 藏身之三窟也.
장교어졸 용회이명 우청우탁 이굴위신 진섭세지일호 장신지삼굴야

교묘한 재주를 졸렬(拙劣)함에 감추고, 지혜를 감추고서도 명찰(明察)함을 잃지 않고, 청렴결백(淸廉潔白)함을 지키면서도 혼탁(混濁)함에 몸을 맡기고, 굽힘으로써 몸을 펴는 것, 이것이야말로 세상을 살아가는 안전한 길이요 몸을 보호하는 안전한 방법이다.

【글자 뜻】 藏:감출 장. 拙:서툴 졸. 晦:그믐 회, 어리석을 회. 涉:건널 섭. 壺:병 호. 窟:굴 굴.

【말의 뜻】 藏巧於拙(장교어졸):교묘함을 졸렬(拙劣)함에 감춤. 교묘한 재주를 안에 감추고 서툰 체함. 用晦而明(용회이명):지혜를 감추고

서도 명찰(明察)함을 잃지 않음. 寓淸于濁(우청우탁):청렴결백함을 지키면서도 세속(世俗)의 오탁(汚濁)에 몸을 맡김. 寓는 맡기다, 의탁하다. 淸은 청렴결백(淸廉潔白). 濁은 오탁(汚濁). 以屈爲伸(이굴위신):몸을 굽힘으로써 폄. 伸은 신전(伸展), 발전(發展). 涉世(섭세):세상을 건넘. 一壺(일호):위급함을 구해 주는 도구. 壺는 항아리, 병. 三窟(삼굴):안전한 은신처. '교토삼굴(狡兎三窟)'에서 나온 말.

【뜻 풀이】 자기에게 아무리 뛰어난 재주가 있을지라도 겉으로는 서툰 체하고, 또 자기 지혜를 남들 앞에 드러내어 자랑할 것이 아니라 저절로 세상에 알려지도록 때를 기다려야 하며, 자기가 아무리 청렴결백한 지조(志操)를 지니고 있을지라도 홀로 고고(高孤)한 체할 것이 아니라 혼탁한 세속에 몸을 붙이고 세상 사람들 틈에서 어울려 살아야 하며, 어리석은 체 고개 숙임으로써 발전할 기회를 기다리도록 하라. 이것이야말로 어지러운 세상에서도 몸을 보존하고 출세할 수 있는 처세술이라 하겠다.

117

衰颯的景象 就在盛滿中 發生的機緘 卽在零落內. 故
쇠 삽 적 경 상 취 재 성 만 중 발 생 적 기 함 즉 재 영 락 내 고
君子居安 宜操一心以慮患 處變 當堅百忍以圖成.
군 자 거 안 의 조 일 심 이 려 환 처 변 당 견 백 인 이 도 성

쇠퇴하여 쓸쓸한 모습은 곧 번성한 속에 있고 생장(生長)의 움직임은 곧 시들어버린 속에 있다.

그러므로 군자(君子)는 편안한 때에는 마음을 굳게 지킴으로써 후환(後患)을 염려해야 하고, 어려움을 당해서는 마땅히 굳게 백 번을 참음으로써 성공을 도모해야 한다.

【글자 뜻】 衰:쇠할 쇠. 颯:바람 소리 삽. 就:나아갈 취. 緘:봉할 함. 患:근심 환. 當:당할 당. 堅:굳을 견. 圖:그림 도, 꾀할 도.

【말의 뜻】 衰颯(쇠삽):쇠퇴하여 쓸쓸함. 颯도 衰의 뜻. 景象(경상):모습. 모양. 就(취):곧. 盛滿(성만):풍성함. 계절에 있어서는 봄, 여름을 가리키고 인생에 있어서는 부귀영달(富貴榮達)의 때를 가리킴. 發生(발생):자라남. 발달 생장(發達生長). 機緘(기함):움직임. 활동. 零落(영락):시들어 버림. 곤궁함. 操一心(조일심):자기의 마음을 굳게 지킴. 慮患(여환):후환(後患)을 염려하여 미리 막음. 處變(처변):어려운 처지에 놓임. 堅百忍(견백인):굳게 백 번 참음. 인내력을 굳게 함. '百'은 앞의 '一心'의 '一'에 대응시킨 표현.

【뜻 풀이】 꽃과 잎이 풍성한 계절에 이미 조락(凋落)의 싹이 움트고 있고, 눈서리 덮인 깊은 겨울에 이미 마른 가지나 시든 풀뿌리에서는 줄기찬 생명력(生命力)이 새 봄을 마련하고 있다. 인생도 이와 마찬가지로 부귀영화(富貴榮華)를 누리는 때에 이미 비운(悲運)의 씨앗이 뿌려지고 영락(零落)한 역경 속에 이미 성공의 싹은 움트게 마련이다.

그러므로 지각 있는 사람이라면 마땅히 평안 무사(平安無事)할 때에 방자(放恣)하지 말고 마음을 바르게 지켜 후환이 없도록 미리 단속할 것이요, 설사 어려운 일이 닥쳐 역경에 처할지라도 조금도 실망하지 말고 끝까지 참고 견디면서 굳은 신념을 가지고 앞날의 성공의 씨앗을 뿌려야 하는 것이다.

118

驚奇喜異者 無遠大之識 苦節獨行者 非恒久之操.
경 기 희 이 자 무 원 대 지 식 고 절 독 행 자 비 항 구 지 조

진기(珍奇)한 것을 보고 경탄하고 기이한 것을 보고 기뻐함은 원대(遠大)한 식견(識見)이 없는 것이며, 도(度)를 지나쳐 절의(節義)를 세워 홀로 가는 것은 항구적(恒久的)인 지조(志操)가 아니다.

【글자 뜻】 驚:놀랄 경. 喜:기쁠 희. 異:다를 이. 識:알 식. 恒:항상 항.
【말의 뜻】 驚奇(경기):진기(珍奇)한 것을 보고 탄복함. 識(식):식견(識見). 苦節(고절):도(度)를 지나쳐 절의(節義)를 세움. 獨行(독행):세상을 등지고 홀로 걸어감. 恒久之操(항구지조):영원 불변의 지조.

【뜻 풀이】 평범(平凡)에서 벗어난 진리(眞理)는 없고 대중(大衆)을 떠난 지조(志操)는 없다. 그러기에 세상에 흔치 않은 기이(奇異)한 것을 좋아한다는 것은 천박(淺薄)하고 경솔한 행동으로 원대한 식견이 없는 까닭이요, 세상 사람들을 등지고 지나친 절의를 지켜 홀로 걸어가는 태도는 진정한 영원 불변(永遠不變)의 지조가 못 되는 것이다.

119

當怒火慾水正騰沸處 明明知得 又明明犯著. 知的是
당노화욕수정등비처 명명지득 우명명범착 지적시
誰 犯的又是誰 此處能猛然轉念 邪魔便爲眞君矣.
수 범적우시수 차처능맹연전념 사마변위진군의

분노(憤怒)의 불길과 욕망(慾望)의 물결이 바야흐로 끓어오르려 하는 때를 당하여 분명히 이를 알고 있으며, 또 알고 있으면서도 범(犯)하고 만다. 아는 것은 누구이며 범(犯)하는 것은 또 누구인가? 이때를 당하여 맹렬히 생각을 돌리면 악마는 문득 변하여 참 주인이 된다.

【글자 뜻】 怒:성낼 노. 騰:오를 등. 誰:누구 수. 轉:바꿀 전. 魔:마귀 마.

【말의 뜻】 怒火慾水(노화욕수):분노의 불길과 욕망의 물결. 騰沸(등비):끓어오름. 비등(沸騰). 明明(명명):분명하게. 知得(지득):알다. 깨닫다. 得도 知의 뜻. 犯著(범착):범(犯)해 버리다. 著은 동사(動詞) 밑에 붙는 조동사(助動詞). 的(적):것. 者의 뜻. 猛然(맹연):기세가 사나운 모양. 轉念(전념):마음을 돌림. 반성함. 邪魔(사마):악마. 여기서는 노화욕수(怒火慾水)를 가리킴. 眞君(진군):주재자(主宰者). 진재(眞宰). 참 주인. 양심(良心). 마음의 본체(本體). 전집(前集) 101의 【말의 뜻】 참조.

【뜻 풀이】 마음속에서 분노가 불길처럼 치솟고 욕심이 홍수처럼 밀어닥칠 때 누구나 그것을 분명히 깨닫고 억제하려는 그 무엇이 작용하고 있음을 알 수 있다. 그러면 그 분노와 욕심을 깨닫고, 또 그것들을 억

제하려는 것은 무엇인가? 그것은 바로 양심(良心)인 것이다. 그러므로 이러한 때 맹렬히 반성하여 마음을 돌리면 분노와 욕심 같은 악마는 그 가면을 벗고 마음의 본체가 되는 것이다.

120

毋偏信而爲奸所欺 毋自任而爲氣所使. 毋以己之長而形人之短 毋因己之拙而忌人之能.
무편신이위간소기 무자임이위기소사 무이기지장이 형인지단 무인기지졸이기인지능

한쪽만을 믿어 간사한 사람에게 속지 말고, 지나치게 자기 자신을 믿어 객기(客氣)의 부림을 받지 말라.

자기의 장점으로써 남의 단점을 드러내지 말고, 자기의 졸렬(拙劣)함으로 인해 남의 능(能)함을 시기하지 말라.

【글자 뜻】 偏:치우칠 편. 奸:간사할 간. 短:짧을 단.

【말의 뜻】 毋(무):~하지 말라. 偏信(편신):한쪽만을 믿음. 奸(간):간사한 사람. 악인(惡人). 自任(자임):자만하다. 자부하다. 氣(기):객기(客氣). 形人之短(형인지단):남의 단점을 드러냄.

【뜻 풀이】 사실의 진상(眞相)을 알아보지 않고 한쪽 말만을 믿어 악한 사람에게 속는 일이 없도록 하라. 자기의 능력을 지나치게 믿고 힘에 겨운 만용(蠻勇)을 부리지 말라. 자기의 장점을 남에게 인정 받기 위하여 남의 단점을 들추어내지 말라. 자기의 재능이 남만 못하다고 하여

상대방의 유능함을 시기하지 말라. 이상의 네 항목은 처세함에 있어 특히 스스로 경계해야 할 말들이다.

121

人之短處 要曲爲彌縫. 如暴而揚之 是以短攻短. 人
인 지 단 처 요 곡 위 미 봉 여 폭 이 양 지 시 이 단 공 단 인
有頑的 要善爲化誨. 如忿而疾之 是以頑濟頑.
유 완 적 요 선 위 화 회 여 분 이 질 지 시 이 완 제 완

남의 단점은 마음을 다하여 덮어 주어야 한다. 만일 그것을 들추어 다른 사람들에게 알린다면 이는 단점으로써 단점을 공격하는 것이다.

사람이 완고함이 있으면 잘 타일러 깨우쳐 주어야 한다. 만일 그것을 성내고 미워한다면 이는 완고함으로써 완고함을 조장(助長)하는 것이다.

【글자 뜻】 彌:두루 미, 꿰맬 미. 暴:사나울 폭, 드러낼 폭. 揚:오를 양, 밝힐 양. 頑:완고할 완. 誨:가르칠 회. 忿:성낼 분. 疾:병 질, 미워할 질. 濟:건널 제.

【말의 뜻】 短處(단처):단점(短點). 曲(곡):간곡히. 힘껏. 彌縫(미봉):꿰맴. 해진 데를 기움. 彌는 수선하다. 暴而揚之(폭이양지):폭로하여 남들에게 알림. 頑的(완적):완고함. 사리를 깨닫지 못함. 化誨(화회):가르쳐 깨우쳐 줌. 誨는 가르치다. 교화훈회(敎化訓誨)의 略語. 忿而疾之(분이질지):성내고 미워함. 疾은 嫉의 뜻. 以頑濟頑(이완제완):완고함으로써 완고함을 조장(助長)함. 濟는 증가시키다.

【뜻 풀이】 사람에게는 누구나 단점이 있다. 그러므로 남의 단점은 마음을 다하여 덮어 주려는 아량(雅量)이 있어야 한다. 만일 이것을 들추어내어 사람들에게 알게 한다면 이는 이미 자기의 단점으로써 남의 단점을 공격하는 셈이다.

또 완고하여 사리에 어두운 사람이라면 모름지기 좋은 말로 타일러 일깨워 주어야 한다. 만일 성을 내고 그를 미워한다면 이는 이미 자기도 완고한 주제에 남의 완고함을 깨우치려는 격이다.

122

遇沈沈不語之士 且莫輸心. 見悻悻自好之人 應須防口.
우 침 침 불 어 지 사 차 막 수 심 견 행 행 자 호 지 인 응 수 방 구

음흉하여 말하지 않는 사람을 만나거든 아직 마음을 털어놓지 말고 화를 잘 내고 잘난 체하는 사람을 보거든 응당 모름지기 입을 다물라.

【글자 뜻】 沈:잠길 침. 莫:없을 막, 말 막. 輸:나를 수. 悻:성낼 행. 應:응할 응, 응당 응.

【말의 뜻】 沈沈不語(침침불어):음흉스럽게 아무 말도 하지 않고 가만히 있음. 且(차):잠시. 아직. 輸心(수심):마음을 털어놓음. 본심(本心)을 말함. 悻悻(행행):발끈 화를 내는 모양. 성질이 나쁜 것을 의미함. 自好之人(자호지인):스스로 잘난 체하는 사람. 防口(방구):입을 다물음.

【뜻 풀이】 우물쭈물 말하지 않고 있는 사람은 속이 음흉한 사람이다. 경솔하게 흉금을 터놓고 상의할 상대가 아니다. 또 화를 잘 내고 잘난 체하는 사람에게는 아예 입을 다무는 것이 상책이다. 선불리 말하다가 마음에도 없는 칭찬을 해 주지 않는다면 비위를 거슬러 욕을 당하기 쉽다.

123

念頭昏散處 要知提醒. 念頭喫緊時 要知放下. 不然
염두혼산처 요지제성 염두끽긴시 요지방하 불연
恐去昏昏之病 又來憧憧之擾矣.
공거혼혼지병 우래동동지요의

마음이 혼미(昏迷)하고 산란할 때에는 본심(本心)을 불러일으킬 줄 알아야 하고 마음이 긴장할 때에는 풀어 놓을 줄 알아야 한다. 그렇지 않으면 마음이 혼미한 병을 고칠지라도 곧 마음이 안정되지 않은 혼란이 다시 찾아들 것이다.

【글자 뜻】 昏:어두울 혼. 醒:깰 성. 喫:마실 끽. 緊:굳을 긴. 憧:그리워할 동. 擾:어지러울 요.

【말의 뜻】 念頭(염두):마음. 생각. 昏散(혼산):마음이 혼미하고 산란함. 提醒(제성):끌어올려 깨우침. 각성시킴. 주의를 환기시킴. 喫緊(끽긴):긴장함. 放下(방하):풀어 놓음. 恐(공):아마도. 昏昏之病(혼혼지병):마음이 혼미한 병. 우울증. 憧憧(동동):마음이 안정되어 있지 않은 모양. 擾(요):괴로움. 혼란.

【뜻 풀이】 마음이 흩어져 혼미하고 산란할 때에는 마음을 거두어들이고 집중시켜 어둠에서 깨어나게 할 줄 알아야 하고, 이와 반대로 지나치게 긴장되어 있을 때에는 마음을 풀어 놓아 늦출 줄 알아야 한다. 만일 이런 마음의 조종법(操縱法)을 터득하지 못한다면 가까스로 정신이 혼미한 병에서 벗어나기가 무섭게 곧 초조감에 사로잡히는 굴레에서 벗어나지 못할 것이다.

124

霽日青天 倏變爲迅雷震電 疾風怒雨 倏變爲朗月晴
제 일 청 천 숙 변 위 신 뢰 진 전 질 풍 노 우 숙 변 위 낭 월 청
空. 氣機何常. 一毫凝滯. 太虛何常. 一毫障塞. 人心
공 기 기 하 상 일 호 응 체 태 허 하 상 일 호 장 색 인 심
之體 亦當如是.
지 체 역 당 여 시

활짝 갠 푸른 하늘도 갑자기 변하여 심한 우레와 번개를 치고, 사나운 비바람도 갑자기 변하여 밝은 달과 맑은 하늘을 이루거늘, 천지(天地)의 작용이 어찌 한결같으랴. 그것은 털끝만한 막힘 때문이다.

하늘의 모습이 어찌 한결같으랴. 그것은 털끝만한 막힘 때문이다.

사람의 마음의 본체(本體)도 또한 이와 같다.

【글자 뜻】 霽:갤 제. 倏:갑자기 숙. 迅:빠를 신. 雷:우레 뢰. 震:벼락 진. 電:번개 전. 凝:엉길 응. 滯:막힐 체. 塞:막힐 색.

【말의 뜻】 霽日(제일):활짝 갠 날. 霽는 비나 눈이 그쳐 맑게 갬. 倏(숙):갑자기. 홀연. 본래 '눈 깜짝할 사이'의 뜻. 迅雷震電(신뢰진

전):심한 우레와 번개. 迅은 맹렬한, 심한. 疾風怒雨(질풍노우):사나운 비바람. 氣機(기기):천지(天地)의 작용. 대자연(大自然)의 작용. 一毫(일호):몹시 작은. 毫는 터럭. 凝滯(응체):막힘. 고장. 太虛(태허):하늘. 障塞(장색):막힘. 人心之體(인심지체):사람 마음의 본체.

【뜻 풀이】 이제까지 맑게 개었던 청천백일(靑天白日)이 금세 먹장구름에 뒤덮여 우레와 번개가 천지를 진동하는가 하면, 폭풍우 휘몰아치던 사나운 날씨도 금세 푸른 하늘과 밝은 달의 청명한 날씨가 되기도 한다. 이러한 변동은 모두 조그마한 막힘 때문에 일어나는 일시적인 현상이다. 막힘이 뚫려 우레와 번개, 폭풍과 비가 지나가면 자연의 본래 모습인 푸른 하늘이 나타나는 것이다.

사람의 마음 본바탕도 털끝만한 막힘으로 희로애락(喜怒哀樂)의 일시적인 기상(氣象)이 오락가락하지만 그것이 지나고 나면 언제나 비 개인 뒤의 푸른 하늘처럼 깨끗한 마음의 본바탕으로 되돌아와야 하는 것이다.

125

勝私制欲之功 有曰識不早力不易者. 有曰識得破忍不過者. 蓋識是一顆照魔的明珠 力是一把斬魔的慧劍. 兩不可少也.

승사제욕지공 유왈식부조역불이자 유왈식득파인불과자 개식시일과조마적명주 역시일파참마적혜검 양불가소야

사욕(私欲)을 억제하는 일에 대해 '빨리 알지 않으면 억제하는 힘을

기르기가 쉽지 않다' 고 말하는 사람도 있고 '비록 깨달았다 할지라도 그것만으로는 참아낼 수 없다' 고 말하는 사람도 있다.

앎은 악마의 정체를 밝히는 한 알의 밝은 구슬이요, 억제하는 힘은 악마를 베는 한 자루 지혜의 칼이니 이 두 가지는 없어서는 안 되는 것이다.

【글자 뜻】 勝:이길 승. 制:억제할 제. 早:이를 조. 蓋:덮을 개. 顆:낟알 과. 照:비출 조. 魔:마귀 마. 斬:벨 참. 慧:슬기로울 혜.

【말의 뜻】 勝私制欲(승사제욕):사욕(私欲)을 억제함. 功(공):일. 力不易(역불이):힘을 기르기가 쉽지 않음. 여기서 힘이란 사욕(私欲)을 억제하는 힘을 말함. 識得破(식득파):간파할 수 있음. 破는 간파(看破). 忍不過(인불과):참아낼 수 없다. 一顆(일과):한 알. 顆는 낟알. 照魔的明珠(조마적명주):악마의 정체를 밝히는 밝은 구슬. 여기서 악마는 사욕(私欲)을 가리킴. 一把(일파):한 자루. 斬魔(참마):악마를 벰. 慧劍(혜검):번뇌를 제거하는 지혜의 칼. 不可小(불가소):없어서는 안 됨. 小는 缺의 뜻.

【뜻 풀이】 사욕(私欲)을 억제하는 길은 무엇인가? 이에 대해서 사욕이 무엇인지를 빨리 알아야 한다는 주지론자(主知論者)와 억제하는 힘을 길러야 한다는 주의론자(主意論者)가 있다. 그런데 그것을 아는 것은 사욕이라는 악마를 비춰 보는 밝은 구슬이요, 억제하는 힘은 그 악마를 베어 죽이는 칼이니 두 가지가 다 불가결의 요소인 것이다.

126

覺人之詐 不形於言. 受人之侮 不動於色. 此中有無
각 인 지 사 불 형 어 언 수 인 지 모 부 동 어 색 차 중 유 무
窮意味 亦有無窮受用.
궁 의 미 역 유 무 궁 수 용

남이 나를 속임을 깨닫고도 말로 나타내지 않고 다른 사람으로부터 모욕을 받고서도 낯빛에 나타내지 않는다면, 그 가운데 무한한 뜻이 있으며 또한 무한한 활동이 있다.

【글자 뜻】 覺:깨달을 각. 詐:속일 사. 侮:업신여길 모. 窮:다할 궁.

【말의 뜻】 覺人之詐(각인지사):다른 사람의 속임을 깨달음. 남이 나를 속이는 것을 앎. 不形於言(불형어언):말로써 나타내지 않음. 受人之侮(수인지모):남으로부터 경멸을 받음. 不動於色(부동어색):낯빛에 나타내지 않음. 無窮(무궁):무한(無限)한. 헤아릴 수 없는. 受用(수용):작용, 활동.

【뜻 풀이】 남이 나를 속이고 있는 줄 알면서도 말하지 않고 남에게 업신여김을 당해도 낯빛을 바꾸지 않기란 썩 어려운 일이다. 그러나 이것을 실천하는 사람이라면 무한한 인격의 여유를 가진 사람으로, 능히 무한한 활동을 할 수 있는 사람이다.

127

橫逆困窮 是煅煉豪傑的一副鑪錘. 能受其煅煉 則身心交益. 不受其煅煉 則身心交損.
횡역곤궁 시단련호걸적일부로추 능수기단련 칙신심교익 불수기단련 칙신심교손

역경(逆境)과 곤궁(困窮)은 호걸(豪傑)을 단련하는 한 개의 도가니와 망치이다. 능히 그 단련을 받으면 몸과 마음이 유익함을 받고, 그 단련을 받지 않으면 몸과 마음이 손해를 받는다.

【글자 뜻】 橫:가로 횡. 逆:거스를 역. 煅:불릴 단. 煉:불릴 련. 豪:호걸 호. 傑:뛰어날 걸. 鑪:화로 로. 錘:저울 추. 益:더할 익. 損:덜 손.

【말의 뜻】 橫逆(횡역):역경(逆境). 재난. 煅煉(단련):단련(鍛鍊). 一副(일부):한 개. 副는 組의 뜻. 鑪錘(노추):鑪는 爐와 同字. 錘는 槌(망치)의 뜻. 쇠를 녹이는 도가니와 쇠를 두들겨 단련하는 쇠망치. 交(교):받다. 受의 뜻.

【뜻 풀이】 역경과 곤궁은 사람의 인격을 단련해 주는 연모와 같다. 그러므로 역경과 곤궁으로 단련된 사람은 심신(心身)이 아울러 강철 같아져 유능한 인물이 될 것이요, 이와 반대로 역경과 곤궁의 단련을 받지 않은 사람은 심신이 아울러 약하여 큰일을 하지 못할 것이다.

128

> 吾身一小天地也. 使喜怒不愆 好惡有則 便是燮理的
> 오 신 일 소 천 지 야 사 희 노 불 건 호 오 유 칙 변 시 섭 리 적
> 功夫. 天地一大父母也. 使民無怨咨 物無氛疹 亦是敦
> 공 부 천 지 일 대 부 모 야 사 민 무 원 자 물 무 분 진 역 시 돈
> 睦的氣象.
> 목 적 기 상

나의 몸은 하나의 작은 천지(天地)이다. 그러므로 기뻐함과 성냄을 그릇됨이 없게 하고 좋아함과 싫어함을 법칙이 있게 하면, 이것이 곧 조화 있게 다스리는 방법이다.

천지(天地)는 하나의 큰 부모이다. 그러므로 백성으로 하여금 원망이 없게 하고 만물(萬物)로 하여금 병이 없게 하면, 또한 이것이 화목을 이루는 기상(氣象)이다.

【글자 뜻】 愆:허물 건. 便:문득 변. 咨:물을 자. 氛:기운 분. 疹:홍역 진. 睦:화목할 목.

【말의 뜻】 不愆(불건):그릇됨이 없음. 愆은 허물, 과실(過失). 好惡(호오):좋아하고 싫어함. 有則(유칙):법칙이 있음. 燮理(섭리):조화(調和) 있게 다스림. 燮은 燮의 俗字로 조화(調和)하다의 뜻. 功夫(공부):방법. 수단. 天地一大父母也(천지일대부모야):천지(天地)는 하나의 큰 부모. '일대부모(一大父母)'는 위의 '일소천지(一小天地)'에 대응되는 표현. 怨咨(원자):원망함. 咨는 한탄하다. 氛疹(분진):나쁜 병(病). 氛은 사기(邪氣). 疹은 본래 홍역을 뜻함. 敦睦(돈목):화목함. 화합(和合).

【뜻 풀이】 우리들의 몸은 하나의 작은 천지, 즉 소우주(小宇宙)이다. 천지자연에는 춘하추동(春夏秋冬) 계절의 운행(運行)과 풍우한서(風雨寒暑)의 오고 감이 다 일정한 법칙 밑에서 어긋남 없이 이루어져 만물(萬物)을 자라나게 한다. 그러므로 사람도 희로(喜怒)와 호오(好惡)를 법칙에 따라 어긋남이 없게 하는 것이 곧 자신을 조화(調和) 있게 다스리는 방법이 된다.

소우주인 우리 모두를 품안에 안고 길러 주는 대우주(大宇宙), 즉 천지(天地)는 우리의 위대한 부모이다. 그러므로 우리가 천지자연의 마음을 본받아 사람들에게 원망이 없게 하고 만물에게 병이나 괴로움이 없게 하는 것이 화합을 이루는 기상인 것이다.

129

害人之心不可有 防人之心不可無. 此戒疎於慮也. 寧受人之欺 毋逆人之詐. 此警傷於察也. 二語竝存 精明而渾厚矣.

해인지심불가유 방인지심불가무 차계소어려야 영수인지기 무역인지사 차경상어찰야 이어병존 정명이혼후의

'남을 해치려는 마음이 있어서는 안 되지만 남이 해치려는 것을 막으려는 마음이 없어서도 안 된다.' 고 하거니와, 이는 생각이 소홀함을 경계한 말이다.

'차라리 남에게 속임을 당할지언정 남이 속일 것을 미루어 추측하지 말라.' 고 하거니와, 이는 지나치게 살피는 것을 경계한 말이다. 이 두 가지 말을 아울러 지닌다면 생각이 밝아지고 덕(德)이 두터워질 것이

니라.

【글자 뜻】 防:막을 방. 戒:경계할 계. 疎:성길 소. 警:경계할 경. 傷:애태울 상. 察:살필 찰. 渾:흐릴 혼. 厚:두터울 후.

【말의 뜻】 防人之心(방인지심):남이 나를 해치려는 것을 막는 마음. 다른 사람으로부터 해침을 당하는 것을 막는 마음. 疎於慮(소어려):생각이 소홀함. 寧~毋(영~무):차라리 ~할지언정 ~하지 말라. 逆人之詐(역인지사):남이 나를 속일 것을 미리 추측함. 逆은 미리 헤아리다, 추측하다. 傷於察(상어찰):지나치게 살펴 실패함. 精明(정명):생각이 면밀하고 밝음. 渾厚(혼후):덕이 원만하여 두터움.

【뜻 풀이】 남을 해치려는 마음이 있어서는 물론 안 되지만 너무 소홀하여 사람들이 나를 해치려 해도 멍청히 있다면 세상을 살아가기 어려울 것이다. 그렇다고 하여 지나치게 경계하는 눈으로 바라본다면 세상 사람이 다 도둑으로 보일 것이다.

죄 없는 사람을 의심하기보다는 차라리 작게 한 번쯤 그 사람에게 속는 편이 낫지 않은가? 지나치게 소홀하면 내가 해를 많이 입고, 지나치게 조심하면 자신의 덕을 해치게 된다. 그러기에 중용(中庸)은 어려운 것이다.

130

毋因群疑而阻獨見. 毋任己意而廢人言. 毋私小惠而傷大體. 毋借公論以快私情.
무인군의이조독견 무임기의이폐인언 무사소혜이 상대체 무차공론이쾌사정

많은 사람들이 의심한다 하여 자신의 견해를 굽히지 말고, 자기의 의견만을 믿어 남들의 말을 물리치지 말라.

작은 은혜에 이끌려 대국(大局)을 손상시키지 말고, 여론(與論)을 이용하여 사사로운 감정을 풀지 말라.

【글자 뜻】 群:무리 군. 疑:의심할 의. 廢:폐할 폐. 傷:다칠 상. 快:쾌할 쾌.

【말의 뜻】 群疑(군의):많은 사람들이 의심함. 阻(조):굽히다. 막다. 獨見(독견):자기가 옳다고 확신하고 있는 의견. 廢人言(폐인언):다른 사람의 옳은 말을 물리침. 私(사):사사로운 정에 얽매임. 大體(대체):대국(大局). 以(이):而와 같음. 快(쾌):만족시킴. 풀음.

【뜻 풀이】 세상에는 부화뇌동(附和雷同)하여 남의 의견에만 따르는 사람이 있는가 하면 이와 반대로 자기 견해만을 옳다고 생각하여 남의 의견은 숫제 들으려고도 하지 않는 고집불통이 있다.

그러나 사람은 확고한 신념이 있을 때에는 모든 사람들이 다 그르다 해도 조금도 굽히지 않는 독자적(獨自的)인 주견(主見)이 있어야 하며, 또 아무리 자기 의견에 맞지 않을지라도 일단은 남의 말도 도리에 맞는지 들어 볼 아량(雅量)이 있어야 한다.

또 작은 이익이나 정분에 사로잡혀 국가나 민족을 손상시키는 일을 하지 말아야 하며, 여론을 빙자해서 자기의 사사로운 감정을 풀어서는 안 된다.

131

善人未能急親 不宜預揚. 恐來讒譖之奸. 惡人未能輕去 不宜先發. 恐招媒孽之禍.
선인미능급친 불의예양 공래참참지간 악인미능경거 불의선발 공초매얼지화

선인(善人)이라 할지라도 그 사람과 급히 친해질 수 없을 때에는 미리 칭찬하지 말라. 헐뜯는 간사한 사람이 올까 두렵다. 악인(惡人)이라 할지라도 쉽게 물리칠 수 없을 때에는 미리 발설(發說)하지 말라. 모해(謀害)의 화(禍)를 부를까 두렵다.

【글자 뜻】 急:급할 급. 宜:마땅할 의. 預:미리 예. 讒:참소할 참. 譖:참소할 참. 媒:중매 매. 孽:빚을 얼.

【말의 뜻】 預揚(예양):미리 칭찬하다. 揚은 칭찬하다, 찬양하다. 讒譖(참참):헐뜯음. 참소(讒訴). '讒' 과 '譖' 모두 '헐뜯다' 의 뜻. 奸(간):간사한 사람. 악인(惡人). 去(거):물리치다. 멀리하다. 先發(선발):미리 입 밖에 냄. 미리 발설(發說)함. 媒孽(매얼):본래 효모(酵母)와 누룩으로 술을 빚는 것을 뜻하지만, 轉하여 '죄를 만들어 모해(謀害)하다, 죄에 빠뜨리다' 의 뜻. 媒는 효모(酵母). 孽은 누룩[麴].

【뜻 풀이】 착한 사람을 만났을지라도 아직 친숙해지기 전에는 그의 칭찬을 남들에게 해서는 안 된다. 간사한 사람이 질투하여 두 사람 사이를 이간시킬까 두렵기 때문이다. 또 악한 사람인데도 빨리 헤어질 수 없을 때에는 미리 남들에게 그 일을 발설하지 말아야 한다. 그가 버려질 것을 안다면 일을 꾸며 재앙을 씌울까 두렵기 때문이다.

132

青天白日的節義 自暗室屋漏中培來. 旋乾轉坤的經綸
청 천 백 일 적 절 의 자 암 실 옥 루 중 배 래 선 건 전 곤 적 경 륜
自臨深履薄處操出.
자 임 심 이 박 처 조 출

청천백일(青天白日)처럼 빛나는 절개는 어두운 방 한구석에서 배양(培養)된 것이요, 천지(天地)를 뒤흔드는 뛰어난 경륜(經綸)은 깊은 연못가에 서고 살얼음을 밟듯이 매우 조심스러운 생각에서 나온 것이다.

【글자 뜻】 室:집 실. 屋:집 옥. 漏:샐 루. 旋:돌 선. 綸:벼리 륜. 臨:임할 림. 深:깊을 심. 履:밟을 리. 薄:엷을 박.

【말의 뜻】 青天白日的節義(청천백일적절의):청천백일처럼 세상 사람 모두에게 알려져 있는 빛나는 절의(節義). 暗室(암실):사람들에게 보이지 않는 어두운 곳. 屋漏(옥루):방(房)의 서북(西北)쪽 모퉁이, 즉 집안에서 가장 깊숙하고 어두운 곳을 가리킴. 漏는 방(房)의 서북(西北)쪽 모퉁이. 培(배):배양(培養). 旋乾轉坤(선건전곤):천지(天地:乾坤)를 뒤흔들다. 천지를 마음대로 움직이다. 經綸(경륜):天下를 다스

림. 臨深履薄(임심이박):깊은 연못가에 서고 살얼음을 밟듯이 매우 조심스러움. 操出(조출):끌어냄.

【뜻 풀이】 이 충무공(李忠武公)이나 안중근(安重根) 의사(義士)와 같은 청사(靑史)에 길이 빛날 드높은 절개는 일조일석(一朝一夕)에 이루어진 것이 아니다. 사람들이 보지 않는 어두운 곳에서도 항상 마음을 바로하고 행동을 삼가 오랜 세월 동안 닦고 쌓음으로써 길러 낸 것이다.

위대한 정치가들의 탁월한 경륜이나 대기업가의 큰 성공 등도 무작정 이루어진 것이 아니다. 거기에는 반드시 남다른 노력과 아울러 주도면밀(周到綿密)한 계획성이 뒷받침하고 있는 것이다.

133

父慈子孝 兄友弟恭 縱做到極處 俱是合當如此 著不
부자자효 형우제공 종주도극처 구시합당여차 착부
得一毫感激的念頭. 如施者任德 受者懷恩 便是路人
득일호감격적염두 여시자임덕 수자회은 변시로인
便成市道矣.
변성시도의

부모는 자식을 사랑하고, 자식은 부모에게 효도하고, 형은 동생과 우애(友愛) 있고, 동생은 형을 공경하여 설사 극진한 경지에까지 이르렀다 할지라도 그것은 모두 마땅히 그래야 하는 것으로, 털끝만큼도 감격스러운 마음을 가져서는 안 된다.

만일 베푸는 쪽에서 은혜를 베푼 것으로 생각하고 받는 쪽에서 은혜를 입은 것으로 생각한다면 이는 곧 길에서 만난 사람이니 곧 장사꾼의 관계이다.

【글자 뜻】 慈:사랑할 자. 做:지을 주. 到:이를 도. 施:베풀 시. 懷:품을 회.

【말의 뜻】 父慈子孝, 兄友弟恭(부자자효, 형우제공):부모는 자애(慈愛)롭고, 자식은 효도하고, 형은 동생과 우애(友愛) 있고, 동생은 형을 공경함. 友는 동생에 대한 우애(友愛). 縱(종):가령. 설사. 做到(주도):도달하다. 做는 作의 뜻. 極處(극처):지극한 경지. 俱(구):모두. 다. 著不得~念頭(착부득~염두):~한 생각을 가져서는 안 된다. 著은 着과 同字. 念頭는 생각, 마음. 任德(임덕):은혜를 베푼 것으로 생각함. 路人(노인):길에서 오다가다 만난 사람. 남. 市道(시도):장사꾼의 도리. 이해관계(利害關係)에 의해 성립되는 관계.

【뜻 풀이】 혈연관계(血緣關係)의 의당성을 강조한 말이다. 부모가 자식을 사랑하고, 자식이 부모에게 효도하며, 형제간에 우애 있게 지내는 것은 모두가 인륜(人倫)이다. 그러므로 이런 것이 극치(極致)를 이루었다 할지라도 조금도 놀라울 것은 없다. 그렇게 하는 것이 당연하기 때문이다.

만일 부자나 형제간에 이해(利害)와 타산(打算)을 따진다면 물건을 팔고 사는 장사꾼의 관계로 전락(轉落)해 버리고 말 것이니 우연히 길가에서 만나는 사람과 무엇이 다르랴!

134

有姸 必有醜爲之對. 我不誇姸 誰能醜我. 有潔 必有
유연 필유추위지대 아부과연 수능추아 유결 필유
汚爲之仇. 我不好潔 誰能汚我.
오위지구 아불호결 수능오아

아름다움이 있으면 반드시 추(醜)함이 있어 대(對)를 이루는 법이니, 나 자신이 아름다움을 자랑하지 않는다면 누가 나를 추하다 할 수 있겠는가!

깨끗함이 있으면 반드시 더러움이 있어 대(對)를 이루는 법이니, 나 자신이 깨끗함을 좋아하지 않는다면 누가 나를 더럽다 할 수 있겠는가!

【글자 뜻】 姸:고울 연. 醜:추할 추. 誇:자랑할 과. 潔:깨끗할 결.

【말의 뜻】 姸(연):아름다움. 고움. 誇姸(과연):아름다움을 자랑함. 仇(구):본래 '원수'의 뜻이나 여기서는 '對'의 뜻.

【뜻 풀이】 이 세상은 모든 것이 상대적(相對的)으로 이루어져 있다. 아름다움이 있으면 추함이 있고, 깨끗함이 있으면 더러움이 있고, 참됨이 있으면 거짓이 있으며, 착함이 있으면 악함이 있게 마련이다.

그리고 이들은 각각 상대가 있음으로써 돋보이고 존재 가치(存在價値)가 있는 것이다. 이리하여 사람들은 그 좋은 편[진(眞)·선(善)·미(美)·결(潔) 등]을 좋아하고 그 나쁜 편[위(僞)·악(惡)·추(醜)·오(汚) 등]을 싫어한다.

그러나 만일 사람이 자기의 아름다움[長點]을 자랑하려 하지 않는다면 누가 굳이 그의 추함[短點]을 들추어내려 하며, 자기의 깨끗함[청렴결백(淸廉潔白)]을 내세우려 하지 않는다면 누가 굳이 그의 더러움[부정불의(不正不義)]을 들추어내랴.

135

炎凉之態 富貴更甚於貧賤 妬忌之心 骨肉尤很於外人.
염 량 지 태 부 귀 갱 심 어 빈 천 투 기 지 심 골 육 우 흔 어 외 인
此處若不當以冷腸 御以平氣 鮮不日坐煩惱障中矣.
차 처 약 부 당 이 냉 장 어 이 평 기 선 불 일 좌 번 뇌 장 중 의

더웠다 식었다 하는 상태는 부귀(富貴)한 사람이 빈천(貧賤)한 사람보다 더 심하고, 질투와 시기하는 마음은 육친이 남보다 더 심하다.

이러한 가운데 만일 냉정한 마음으로써 당하지 않고 평정(平靜)한 기운으로써 억제하지 않는다면 번뇌(煩惱) 속에 있지 않은 날은 거의 없을 것이다.

【글자 뜻】 炎:불탈 염. 態:모양 태. 更:다시 갱. 甚:심할 심. 貧:가난할 빈. 賤:천할 천. 冷:찰 랭. 御:다스릴 어. 鮮:드물 선. 煩:괴로워할 번. 惱:괴로워할 뇌. 障:막을 장.

【말의 뜻】 炎凉之態(염량지태):더위나 추위의 상태. 인정(人情)이 따뜻했다 싸늘했다 함의 비유. 인정(人情)의 변화를 가리킴. 態는 상태, 모습. 妬忌(투기):질투하고 시기함. 骨肉(골육):육친(肉親). 尤很(우흔):더욱 심함. 很은 본래 悖, 즉 어그러지다의 뜻. 狠과 통용. 外人(외인):타인(他人). 冷腸(냉장):냉정한 마음. 御(어):억제하다.

平氣(평기):평정(平靜)한 기운. 鮮(선):적다. 드물다. 煩惱障(번뇌장):번뇌. 열반(涅槃)에 들어가는 데에 번뇌가 장애(障碍)가 되기 때문에 번뇌장(煩惱障)이라고 한 것임.

【뜻 풀이】 인정의 변화는 부귀한 사람이 빈천한 사람보다 더욱 변덕스럽고, 시기와 질투는 골육지친(骨肉之親)이 남보다 더욱 심한 법이다. 그러므로 이러한 처지에서는 냉정한 마음으로 대하고 평정(平靜)한 기운으로 억제해야 한다. 그렇지 않으면 단 하루도 번뇌(煩惱)라는 장애물에서 벗어날 날이 없을 것이다.

136

功過不容少混. 混則人懷惰墮之心. 恩仇不可太明.
공 과 불 용 소 혼 　혼 칙 인 회 타 타 지 심 　은 구 불 가 태 명
明則人起携貳之志.
명 칙 인 기 휴 이 지 지

공로(功勞)와 과실(過失)을 조금도 혼동하지 말라. 이를 혼동하면 사람들이 게으른 마음을 품을 것이다.

은혜와 원한을 지나치게 분명히 하지 말라. 이를 분명하게 하면 사람들이 떠날 생각을 할 것이다.

【글자 뜻】 混:섞을 혼. 惰:게으를 타. 携:끌 휴. 貳:두 이.

【말의 뜻】 功過(공과):공로(功勞)와 과실(過失). 不容(불용):불가(不可). 容은 '허용(許容)'으로 可의 뜻. 惰墮之心(타타지심):게으른 마음.

惰, 墮 모두 '게으르다' 의 뜻. 恩仇(은구):은혜와 원한. 携貳(휴이): 의심을 품고 떠남. 사이가 나빠짐. 携는 攜의 俗字로 '떨어지다, 떠나다', 貳는 '의심하다'.

【뜻 풀이】 공로가 있으면 상을 주고 과실이 있으면 벌을 주어야 한다. 소위 신상필벌(信賞必罰)의 원칙이다. 만일 공로를 세우고도 인정 받지 못한다면 노력할 의욕을 상실할 것이며, 과실을 범했는데도 버려 둔다면 누구나 과실을 다반사(茶飯事)처럼 범할 것이다.

그렇더라도 은혜와 원한은 지나치게 캐내어 밝히지 말고 다 후대하는 것이 좋다. 만일 이를 지나치게 밝혀 은혜 있는 사람에게만 후대하고 원한 있는 사람을 냉대한다면 그는 의심을 품고 등을 돌리려 할 것이다.

137

爵位不宜太盛. 太盛則危. 能事不宜盡畢. 盡畢則衰.
작위불의태성 태성칙위 능사불의진필 진필칙쇠
行誼不宜過高. 過高則謗興而毁來.
행의불의과고 과고칙방흥이훼래

벼슬의 지위는 지나치게 성(盛)하지 말아야 하나니, 지나치게 성(盛)하면 위태롭다.

특별한 재능은 다하지 말아야 하나니, 다하면 쇠(衰)할 것이다.

품행(品行)은 너무 고상하지 말아야 하나니, 너무 고상하면 비난이 일어나고 헐뜯음이 닥친다.

【글자 뜻】 爵:벼슬 작. 盡:다할 진. 畢:마칠 필. 衰:쇠할 쇠. 誼:옳을 의. 毁:헐 훼.

【말의 뜻】 能事(능사):특히 뛰어난 재능. 盡畢(진필):다하다. 모두 발휘하다. 行誼(행의):품행. 도리에 맞는 행위. 過高(과고):지나치게 고상함. 謗興(방흥):비방(誹謗)이 일어남. 毁來(훼래):헐뜯음이 닥쳐옴.

【뜻 풀이】 지위는 너무 높이 올라가지 않는 것이 좋다. 높이 올라갈수록 그만큼 떨어질 위험이 크기 때문이다.

자기가 해낼 수 있는 일은 힘을 다 기울이지 말고 여력(餘力)을 좀 비축(備蓄)해 두는 것이 좋다. 실력을 다 발휘하여 한계점에 도달하고 나면 남은 길은 쇠퇴(衰退)뿐이다.

또 일상(日常)의 행동은 너무 고상한 것이 좋지 않다. 자기 혼자만 너무 고상한 체하면 사람들의 질투와 헐뜯음을 당하게 마련이다.

138

惡忌陰 善忌陽. 故惡之顯者禍淺 而隱者禍深. 善之顯者功小 而隱者功大.
악기음 선기양 고악지현자화천 이은자화심 선지현자공소 이은자공대

악(惡)은 그늘에 숨어 있기를 싫어하고, 선(善)은 겉에 드러나기를 싫어한다.

그러므로 드러난 악(惡)은 재앙이 얕고 숨은 악(惡)은 재앙이 깊으며, 드러난 선(善)은 공(功)이 작고 숨은 선(善)은 공(功)이 크다.

【글자 뜻】 陰:응달 음. 顯:나타날 현. 淺:얕을 천. 隱:숨길 은. 深:깊을 심.

【말의 뜻】 忌陰(기음):사람들의 눈에 띄지 않는 어두운 곳을 싫어함. 드러나기 쉬움을 뜻함. 陽(양):사람들의 눈에 띄는 곳.

【뜻 풀이】 사람들은 남의 이목(耳目)을 피하여 악(惡)을 저지르지만 악 그 자체는 숨어 있기를 싫어하여 언젠가는 드러나게 마련이다. 그러므로 자기가 저지른 잘못도 솔직히 후회하고 이를 시인(是認)하면 죄가 적지만, 그 잘못을 숨기고 감쌀수록 죄는 더 깊어지게 마련이다.

또 사람들은 흔히 자기의 잘한 점을 남들에게 드러내어 자랑하기를 좋아하지만, 선(善) 그 자체는 그늘에 숨어 있기를 좋아한다. 그러므로 자기의 선행(善行)을 남에게 드러낼수록 공은 작아지고, 남몰래 숨길수록 그 공은 커지게 마련이다.

139

德者才之主 才者德之奴. 有才無德 如家無主而奴用
덕 자 재 지 주 재 자 덕 지 노 유 재 무 덕 여 가 무 주 이 노 용
事矣. 幾何不魍魎而猖狂.
사 의 기 하 불 망 량 이 창 광

덕(德)은 재능(才能)의 주인이요, 재능은 덕의 종이다. 그러므로 재능은 있으되 덕이 없는 것은 마치 집에 주인이 없고 종이 좌지우지하는 것과 같으니, 어찌 도깨비가 마구 날뛰지 않겠는가!

【글자 뜻】 幾:몇 기. 魍:도깨비 망. 魎:도깨비 량. 猖:미쳐 날뛸 창.
【말의 뜻】 用事(용사):일을 처리하다. 지배하다. 좌지우지하다. 幾何不(기하불):어찌 ~하지 않겠는가. 魍魎(망량):도깨비. 요괴(妖怪). 두 字 모두 '도깨비'의 뜻. 猖狂(창광):미쳐 날뜀. 마구 날뜀. 猖은 '미쳐 날뛰다'의 뜻.

【뜻 풀이】 덕(德)은 주인이요, 재능(才能)은 종이다. 그러므로 마땅히 재능은 덕의 명령에 따라 활동해야 한다. 만일 덕이 없고 재능만 있다면 주인 없는 집안일을 종이 마음대로 휘두름과 같으니 어찌 도깨비가 마구 날뛰는 것만큼 엉망이 되지 않을 수 있으랴!

그러므로 사람이란 재덕(才德)을 겸비(兼備)하면 더 말할 나위도 없겠지만, 재승박덕(才勝薄德)하기보다는 차라리 유덕무재(有德無才)한 편이 좋은 것이다.

140

鋤奸杜倖 要放他一條去路. 若使之一無所容 譬如塞
서간두행 요방타일조거로 약사지일무소용 비여색
鼠穴者. 一切去路都塞盡 則一切好物俱校破矣.
서혈자 일절거로도색진 칙일절호물구교파의

간악(奸惡)한 무리를 제거하고 아첨하는 무리를 막으려면 그들에게 도망갈 길 하나를 터 주어야 한다.

만일 그들로 하여금 조금도 용납할 곳이 없게 한다면, 비유컨대 그것은 쥐구멍을 틀어막는 것과 같아서 도망갈 길이 모두 막혀버리면 소중한 세간을 모두 물어뜯어버릴 것이다.

【글자 뜻】 鋤:호미 서. 倖:요행 행. 條:가지 조. 譬:비유할 비. 塞:막힐 색. 鼠:쥐 서. 穴:구멍 혈.

【말의 뜻】 鋤奸(서간):간악한 사람을 제거함. 鋤는 본래 호미로 잡초를 뽑아버리는 것을 의미하나, 轉하여 제거하다, 없애버리다의 뜻. 杜倖(두행):아첨하는 사람을 막음. 杜는 틀어막다. 倖은 아첨하는 사람. 他(타):그들. 條(조):줄기. 가닥. 去路(거로):도망갈 길. 都(도):모두. 好物(호물):좋은 세간. 중요한 것. 咬破(교파):물어뜯어 못 쓰게 함. 咬는 물어뜯다.

【뜻 풀이】 길이 막히면 쥐가 고양이를 물려고 덤비고, 좀도둑이 강도로 돌변하는 법이다. 그러므로 악한 무리를 몰아낼 때에는 반드시 달아날 구멍을 터놓아야 한다. 도망칠 길조차 막아버리면 그들은 틀림없이 최후의 발악(發惡)을 감행(敢行)할 것이기 때문이다.

141

當與人同過 不當與人同功. 同功則相忌. 可與人共患
당 여 인 동 과 부 당 여 인 동 공 동 공 칙 상 기 가 여 인 공 환

難 不可與人共安樂. 安樂則相仇.
난 불 가 여 인 공 안 락 안 락 칙 상 구

허물은 마땅히 남과 함께 해야 하지만 공(功)은 마땅히 남과 함께 하지 말아야 한다. 공(功)을 남과 함께 하면 서로 시기(猜忌)하게 된다.

환난(患難)은 남과 함께 해야 하지만 안락(安樂)은 남과 함께 하지 말아야 한다. 안락을 함께 하면 서로 원수가 된다.

【글자 뜻】 患:근심 환. 難:어려울 난. 仇:원수 구.

【말의 뜻】 同過(동과):허물을 함께 함. 과실(過失)의 책임을 함께 짐. 過는 과실(過失). 同功(동공):공(功)을 함께 함. 功은 過에 대응되는 말. 相忌(상기):서로 시기함. 相仇(상구):서로 원수가 됨. 서로 원망함.

【뜻 풀이】 세상 사람들이란 잘못의 책임은 남에게 미루고 공적(功績)은 자기가 차지하려 한다. 그러므로 잘못의 책임은 내가 더 지고 공적은 상대에게 더 돌리려 해야 한다. 내가 공적을 더 차지하려 한다면 반드시 시기와 질투로 사이가 벌어질 것이다.

고난(苦難)을 싫어하고 안락(安樂)을 탐내는 것이 인지상정(人之常情)이다. 그러므로 고난의 짐은 내가 더 지고 안락은 상대에게 더 주는 것이 좋다. 내가 더 안락하려 하면 반드시 서로 원수가 되고 말 것이다.

142

士君子貧不能濟物者 遇人痴迷處 出一言提醒之 遇人急難處 出一言解救之. 亦是無量功德.
사군자빈불능제물자 우인치미처 출일언제성지 우인 급난처 출일언해구지 역시무량공덕

군자(君子)로서 가난하여 물질적으로 남을 구제하지 못하는 사람은 어리석어 미혹(迷惑)에 빠져 있는 사람을 만났을 때 한마디 말로써 이끌어 깨우쳐 주고, 위급함에 처해 있는 사람을 만났을 때 한마디 말로써 풀어 구원해 줄 수 있는 법이니, 이 또한 무한한 공덕(功德)이다.

【글자 뜻】 痴:어리석을 치. 迷:미혹할 미. 醒:깰 성. 解:풀 해. 救:건질 구.

【말의 뜻】 濟物(제물):물질을 주어 구제함. 痴迷(치미):어리석어 미혹(迷惑)에 빠짐. 提醒(제성):이끌어 깨우쳐 줌. 功德(공덕):남을 위한 선행(善行).

【뜻 풀이】 학덕(學德)이 높은 선비라면 비록 가난하여 물질적으로 남을 도와주지는 못할지라도 무지몽매(無知蒙昧)한 사람이 사리(事理)의 판단을 못해 괴로워할 때 한마디 말로 이를 일깨워 줄 수도 있고, 위급한 처지에 빠진 사람을 한마디의 말로써 구원해 줄 수도 있는 것이다.

이것도 물질적인 도움 이상으로 무한한 공덕(功德)이니 뜻있는 사람이라면 이와 같이 정신적으로 남을 구제하는 길을 찾아야 할 것이다.

143

饑則附 飽則颺 燠則趨 寒則棄. 人情通患也.
기 칙 부 포 칙 양 욱 칙 추 한 칙 기 인 정 통 환 야

배고프면 달라붙고 배부르면 떠나가며, 따뜻하면 모여들고 추우면

버리는 것, 이것이 세상 사람들의 공통된 마음의 병이다.

【글자 뜻】 饑:주릴 기. 飽:배부를 포. 颺:날릴 양. 燠:따뜻할 욱. 趨:달릴 추.

【말의 뜻】 附(부):음식이 풍부한 사람에게 달라붙음. 颺(양):날아가다. 떠나가다. 燠(욱):暖의 뜻으로 '따뜻함'. 여기서는 부귀함을 의미함. 趨(추):달려오다. 모여들다. 寒(한):여기서는 궁핍함을 의미함. 通患(통환):공통된 병폐. 공통된 마음의 병.

【뜻 풀이】 세상 사람들이란 굶주려 배고프면 염치불구하고 부유한 사람에게 달라붙어 온갖 간사와 아첨을 다 떨지만, 일단 먹을 것을 장만하여 배가 불러지면 콧대를 세우고 떠나버린다.

또 그 집이 부유하여 따뜻할 때에는 마치 음식 냄새를 맡고 몰려드는 파리나 개미 떼처럼 몰려들지만, 그 집이 가난해지면 언제 가버린줄도 모르게 다 흩어져, 찾아오기는 고사하고 길에서 만나도 외면하고 피한다. 이것이 바로 동서고금(東西古今)을 통해 인정의 커다란 병폐인 것이다.

144

君子宜淨拭冷眼. 愼勿輕動剛腸.
군 자 의 정 식 냉 안 　 신 물 경 동 강 장

군자(君子)는 마땅히 냉철(冷徹)한 눈을 깨끗이 닦아야 하며, 삼가 굳은 신념(信念)을 가벼이 움직이지 말아야 한다.

【글자 뜻】 淨:깨끗할 정. 拭:닦을 식. 眼:눈 안. 愼:삼갈 신.

【말의 뜻】 淨拭(정식):깨끗하게 닦음. 冷眼(냉안):냉철하고 이지적(理知的)인 눈. 剛膓(강장):굳은 마음. 굽히지 않는 확고한 신념. 膓은 腸의 俗字로 '마음'.

【뜻 풀이】 감정적(感情的)인 눈으로 세상일을 바라보면 시비(是非)와 선악(善惡)의 판단이 그릇되기 쉽다. 그러므로 눈을 깨끗이 씻고 냉철하고 이지적(理知的)인 안목으로 사물을 관찰해야 하는 것이다.

또 사람은 강철 같은 확고한 신념을 가지고 있어야 한다. 그러나 그 신념을 마구 드러내 놓고 경거망동(輕擧妄動)할 것이 아니라 언제나 태도를 신중히 하여 마음의 여유를 지니고 살아야 하는 것이다.

145

德隨量進 量由識長. 故欲厚其德 不可不弘其量. 欲弘其量 不可不大其識.
덕수량진 양유식장 고욕후기덕 불가불홍기량 욕홍기량 불가불대기식

덕(德)은 도량(度量)을 따라 향상(向上)하고, 도량은 식견(識見)으로 말미암아 자라난다. 그러므로 자기의 덕을 두터이 하려면 도량을 넓혀야 하며, 자기의 도량을 넓히려면 식견을 키워야 한다.

【글자 뜻】 隨:따를 수. 量:헤아릴 량. 由:말미암을 유.

【말의 뜻】 量(량):도량(度量). 본래 용기(容器), 그릇을 의미함. 進(진): 향상(向上). 識(식):식견(識見).

【뜻 풀이】 사람은 누구나 덕(德)이 많기를 바란다. 그러나 덕이 많이 담기려면 그 그릇이 커야 한다. 이것이 도량(度量)이요 인격이다. 그릇을 키우는 데에는 길이 있다. 그것은 지식과 견문(見聞)을 넓혀 인간을 풍부하게 하는 것이다. 이것이 곧 교양(敎養)이다. 그러므로 사람은 우선 식견을 넓혀 도량을 키워야 한다. 도량이 크면 덕은 절로 많이 담기게 마련이다.

146

一燈螢然 萬籟無聲. 此吾人初入宴寂時也. 曉夢初醒
일 등 형 연 만 뢰 무 성 차 오 인 초 입 연 적 시 야 효 몽 초 성
群動未起. 此吾人初出混沌處也. 乘此而一念廻光 烱
군 동 미 기 차 오 인 초 출 혼 돈 처 야 승 차 이 일 념 회 광 형
然返照 始知耳目口鼻皆桎梏 而情欲嗜好悉機械矣.
연 반 조 시 지 이 목 구 비 개 질 곡 이 정 욕 기 호 실 기 계 의

외로운 등불 가물거리고 삼라만상(森羅萬象)이 소리 없으니, 이는 우리가 비로소 편안한 잠에 들 때요, 새벽 꿈 막 깨어나 만휘군상(萬彙群象)의 움직임 아직 일지 않았으니, 이는 우리가 비로소 혼돈(混沌) 속에서 나올 때이다.

이때를 타고서 한 마음 빛을 돌려 환히 돌이켜 비춰 보면 비로소 이목구비(耳目口鼻)가 다 몸을 묶는 수갑이요, 정욕(情慾)과 기호(嗜好)

가 다 마음을 타락시키는 기계임을 알 수 있으리라.

【글자 뜻】 螢:반딧불 형. 籟:세 구멍 통소 뢰. 宴:편안할 연. 曉:새벽 효. 醒:깰 성. 混:섞을 혼. 乘:탈 승. 廻:돌 회. 返:돌아올 반. 照:비출 조. 鼻:코 비. 皆:다 개. 桎:차꼬 질. 梏:쇠고랑 곡. 悉:다 실.

【말의 뜻】 螢然(형연):반딧불처럼 불빛이 희미함. 萬籟(만뢰):만물(萬物)의 소리. 籟는 본래 '구멍이 셋 있는 퉁소'의 뜻으로, 轉하여 바람이 구멍을 통해 나오는 모든 음향을 의미한다. 宴寂(연적):편안하게 잠들음. 宴은 '편안한, 안락한.' 寂은 '잠들다'. '연적(宴寂)'은 본래 불교의 용어로 '입적(入寂)'과 함께 성자(聖者)의 죽음을 가리킨다. 群動(군동):만물(萬物)의 갖가지 운동. 混沌(혼돈):천지(天地)가 아직 구분되지 않아 만물(萬物)의 구별이 분명하지 않은 상태. 여기서는 정신이 몽롱한 상태를 말함. 一念(일념):자기의 본심(本心). 廻光(회광):지혜의 빛을 자기의 내부로 돌림. 자기의 본심을 돌이켜봄. 烱然(형연):밝게 빛나는 모양. 烱은 炯과 同字. 桎梏(질곡):몸을 구속하는 연모. 桎은 발을 묶는 차꼬. 梏은 손을 묶는 수갑. 機械(기계):마음을 타락시키는 기계의 뜻.

【뜻 풀이】 밤도 이미 깊어져 사람들 모두 잠들어 머리맡의 외로운 등불만이 희미하게 깜박거리고, 조수(鳥獸)와 풀벌레와 초목(草木)마저도 깊은 잠에 떨어져 사방이 괴괴하고 천지 적막하여 마치 태초(太初)를 연상케 하는 때야말로 비로소 편안히 잠자리로 들 때이다.

또 첫새벽 깊은 잠에서 깨어나 아직 삼라만상(森羅萬象)이 눈뜨고 활동을 개시하기 직전의 정적(靜寂)이야말로 하늘과 땅의 구분이 없고 만물이 태어나기 전의 혼돈 세계(混沌世界)에서 바야흐로 빠져나오는 기분이다.

이러한 때를 놓치지 말고 마음의 본체(本體)의 섬광(閃光)을 안으로 돌려 자신의 마음을 비춰 반성해 보라. 비로소 이목구비(耳目口鼻)의 감관(感官)의 욕구(慾求)는 다 자신의 몸을 속박하는 오랏줄이요, 정욕(情慾)과 기호(嗜好)는 다 마음을 타락케 하는 장애물임을 확실히 깨닫게 될 것이다.

147

反己者 觸事皆成藥石. 尤人者 動念卽是戈矛. 一以闢衆善之路 一以濬諸惡之源 相去霄壤矣.
반기자 촉사개성약석 우인자 동념즉시과모 일이 벽중선지로 일이준제악지원 상거소양의

자기를 반성하는 사람은 부딪치는 일마다 다 약이 되고, 남을 원망하는 사람은 움직이는 생각마다 다 창(槍)이 된다.

하나는 모든 선(善)의 길을 열고 다른 하나는 모든 악(惡)의 근원을 파거니와, 그 거리는 하늘과 땅 사이이다.

【글자 뜻】 觸:닿을 촉. 闢:열 벽. 濬:깊게 할 준. 諸:모든 제. 霄:하늘 소. 壤:흙 양.

【말의 뜻】 反己(반기):자기 자신을 반성함. 觸事(촉사):일에 부딪침. 藥石(약석):약. 尤人(우인):남을 원망함. 尤는 탓하다, 비난하다. 動念(동념):생각을 움직임. 마음속으로 무언가를 생각함. 戈矛(과

모):창. 두 자 모두 '창(槍)'의 뜻으로 戈는 한 가닥 또는 두 가닥의 가지가 달린 창. 矛는 가지가 없는 긴 창. 闢(벽):열다. 衆善(중선):여러 가지 선행(善行). 濬(준):깊이 파냄. 霄壤(소양):하늘과 땅. 霄는 하늘. 壤은 땅. 하늘과 땅의 차이처럼 매우 큰 차이가 있음을 가리킴.

【뜻 풀이】 항상 자기 자신을 반성하여 자기의 언행(言行)이 도리에서 벗어나지 않게 조심하는 사람은 모든 일에 접촉할 때마다 마음을 기르고 행실을 바로잡는 약이 된다. 그러나 자기의 잘못을 반성하지 않고 남을 탓하기만 하는 사람은 생각을 일으킬 때마다 그것이 다 자신을 해치는 창이 될 것이다.

그러므로 자신을 반성하는 것은 선(善)을 넓히는 방법이요, 남을 탓하는 것은 악(惡)의 샘을 파는 길이다. 이렇게 보면 같은 마음에서 벌어지는 차이는 소양지판(霄壤之判)의 결과를 초래하게 된다. 남을 탓하지 않고 스스로를 반성하는 일이야말로 인간 수양(人間修養)의 근본적인 요건이라 하겠다.

148

事業文章隨身銷毁 而精神萬古如新. 功名富貴逐世轉移 而氣節千載一日 君子信不當以彼易此也.
사업문장수신소훼 이정신만고여신 공명부귀축세전이 이기절천재일일 군자신부당이피역차야

사업(事業)과 학문은 몸을 따라 사라지지만 정신은 만고(萬古)에 변

함없이 새롭고, 공명(功名)과 부귀(富貴)는 세상을 좇아 바뀌지만 의기(意氣)와 절조(節操)는 천 년이 하루 같다. 그러므로 군자(君子)는 진정 저것으로써 이것을 바꾸지 말아야 한다.

【글자 뜻】 隨:따를 수. 銷:녹일 소. 逐:쫓을 축.

【말의 뜻】 文章(문장):학문. 銷毁(소훼):삭고 허물어짐. 소실(消失)됨. 逐世(축세):세상을 따라감. 逐은 뒤쫓아가다. 氣節(기절):의기(意氣)와 절조(節操). 千載一日(천재일일):천 년의 긴 기간도 하루와 같다. 언제까지나 변함이 없다는 뜻. 載는 해, 년(年). 信(신):실로. 참으로. 彼(피):사업 문장(事業文章)과 공명부귀(功名富貴), 즉 일시적인 것을 가리킴. 此(차):정신(精神)과 기절(氣節), 즉 영구적인 것을 가리킴.

【뜻 풀이】 사업과 문장이란 일시적인 것이어서 사람과 함께 죽어가지만 위대한 정신만은 영원불변(永遠不變)이어서 언제나 새롭다.(사업이나 문장도 위대한 정신이 깃들어 있으면 영원불변임은 물론이다.) 또 부귀와 공명은 세태(世態)와 더불어 변천되지만 오직 높은 지조(志操)와 절개만은 천 년이 지나도 하루같이 새롭다.

그러므로 군자는 모름지기 저 일시적인 사업, 문장이나 부귀공명 따위에 매혹되어 이 영원히 위대한 정신과 절개를 바꾸지 말아야 한다.

149

魚網之設 鴻則罹其中. 蟷螂之貪 雀又乘其後. 機裡
어 망 지 설 홍 즉 이 기 중 당 랑 지 탐 작 우 승 기 후 기 리
藏機變外生變. 智巧何足恃哉.
장 기 변 외 생 변 지 교 하 족 시 재

물고기 잡는 그물을 쳐 놓은 곳에 큰 기러기가 걸리고, 사마귀가 매미를 탐내자 참새가 또 그 뒤에서 엿보는 법이다.

계략 속에 계략이 숨겨져 있고, 생각지도 않은 이변(異變) 외에 또 이변(異變)이 생기거늘 지혜와 기교(技巧)를 어찌 족히 믿어 의뢰할 수 있으랴!

【글자 뜻】 網:그물 망. 設:베풀 설. 鴻:큰 기러기 홍. 罹:걸릴 이. 蟷:사마귀 당. 螂:사마귀 랑. 貪:탐할 탐. 雀:참새 작.

【말의 뜻】 魚網之設 鴻則罹其中(어망지설 홍즉이기중):물고기를 잡기 위해 쳐 놓은 그물에 생각지도 않은 큰 기러기가 걸린다는 뜻으로, 뜻밖의 결과가 생김을 의미함. 鴻은 큰 기러기. 罹는 걸리다. 蟷螂之貪 雀又乘其後(당랑지탐 작우승기후):사마귀가 매미를 탐내자 참새가 또 그 뒤에서 매미를 엿본다는 뜻. 蟷螂은 사마귀, 버마재비. 乘은 엿보다. 機裡藏機(기리장기):계략 속에 계략이 숨겨져 있음. 變外生變(변외생변):뜻밖의 이변(異變) 외에 또 뜻밖의 이변(異變)이 생김. 智巧(지교):지혜와 기교. 恃(시):믿어 의뢰하다.

【뜻 풀이】 물에 내려앉았던 기러기가 물고기를 잡으려고 쳐 놓은 그물에 걸리는 수도 있다. 이것은 전혀 뜻밖에 일어난 일이다. 또 여름날 느

릅나무 위에서 매미가 간드러지게 울고 있었다. 목이 타서 나뭇잎의 이슬을 마셨다. 등 뒤에서 사마귀란 놈이 이 먹이가 탐이 나서 낫같이 생긴 날카로운 앞발을 들고 엿보는 줄은 모르고서……. 그러나 바로 뒤의 나뭇가지에서는 또 참새란 놈이 이 사마귀가 탐나서 기회를 엿보고 있었던 것이다. 기는 놈 위에는 나는 놈이 있게 마련인 것이다.

이 세상의 모든 일은 이와 같이 계략 속에 계략이 숨어 있고, 전혀 예기(豫期)치 못했던 이변(異變)이 일어나는가 하면, 다시 그 이상의 의외의 이변이 일어나기도 한다. 정말 신묘(神妙) 불가사의(不可思議)한 것이 세상일이다. 그러니 인간의 작은 지혜와 기교(技巧) 따위를 어찌 믿을 수 있으랴! 오직 믿을 수 있는 것은 자기의 올바른 마음뿐인 것이다.

150

作人 無點眞懇念頭 便成個花子 事事皆虛. 涉世 無段圓活機趣 便是個木人 處處有碍.
작인 무점진간염두 변성개화자 사사개허 섭세 무단원활기취 변시개목인 처처유애

사람됨에 한 점의 참다운 마음이 없다면 이는 곧 한 개의 허수아비이니 일마다 다 헛될 것이요, 세상을 건넘에 한 조각 원활한 활동이 없다면 이는 곧 장승이니 이르는 곳마다 다 막힐 것이다.

【글자 뜻】 點:점 점. 懇:간절할 간. 涉:건널 섭. 段:구분 단. 碍:거리낄 애.

【말의 뜻】 眞懇(진간) : 참다운. 진실간절(眞實懇切). 念頭(염두) : 마음. 個(개) : 한 개. 花子(화자) : 걸인(乞人). 거지. 여기서는 '허수아비'로 해석했다. 段(단) : 一段. 조각. 圓活機趣(원활기취) : 원활한 활동. 木人(목인) : 장승. 목인형(木人形). 碍(애) : 장애. 막힘.

【뜻 풀이】 사람으로서 참다운 마음이 없다면 속이 빈 허수아비나 무엇이 다르랴! 하는 일마다 다 헛것임을 면치 못할 것이다. 세상을 살아감에 있어 원활한 활동이 없다면 이는 세워 놓은 장승과 같다. 나아가는 곳마다 길이 막힐 것이다.

151

水不波則自定 鑑不翳則自明. 故心無可淸 去其混之
수 불 파 칙 자 정 감 불 예 칙 자 명 고 심 무 가 청 거 기 혼 지
者 而淸自現. 樂不必尋 去其苦之者 而樂自存.
자 이 청 자 현 낙 불 필 심 거 기 고 지 자 이 락 자 존

물결이 일지 않으면 물은 절로 고요하고, 먼지가 끼지 않으면 거울은 절로 밝은 법이네.

그러므로 마음은 굳이 맑게 할 것이 없네, 혼탁(混濁)함을 버리면 맑음이 절로 나타나리니.

즐거움은 굳이 찾을 것이 없네, 괴로움을 버리면 즐거움은 절로 있으리니.

【글자 뜻】 鑑 : 거울 감. 翳 : 깃일산 예, 흐릴 예. 混 : 섞을 혼. 尋 : 찾을 심.

【말의 뜻】 鑑(감) : 거울. 鏡. 翳(예) : 흐려짐. 먼지가 낌. 混(혼) : 혼탁(混濁).

【뜻 풀이】 물은 원래 고요한 것이다. 바람이 불기 때문에 물결이 어지러워진다. 거울은 본래 밝은 것이다. 먼지가 앉기 때문에 흐려진다. 사람의 마음도 이와 마찬가지이다. 애써 마음을 깨끗이 하려고 애쓸 것이 없다. 혼탁(混濁)한 마음만 제거하면 마음은 절로 깨끗해질 것이다. 즐거움도 애써 찾아 헤맬 것 없다. 괴로움만 버리면 절로 즐거워질 것이다.

152

有一念而犯鬼神之禁 一言而傷天地之和 一事而釀子
유 일 념 이 범 귀 신 지 금 일 언 이 상 천 지 지 화 일 사 이 양 자
孫之禍者. 最宜切戒.
손 지 화 자 최 의 절 계

한 번 생각으로 신명(神明)의 금계(禁戒)를 범하고, 한 마디 말로 천지(天地)의 조화(調和)를 깨뜨리며, 한 가지 일로 자손의 재앙을 빚는 수가 있으니 마땅히 깊이 경계해야 한다.

【글자 뜻】 禁 : 금할 금. 傷 : 다칠 상. 釀 : 빚을 양. 最 : 가장 최. 宜 : 마땅할 의.

【말의 뜻】 一念(일념) : 하나의 사념(邪念). 鬼神(귀신) : 천지신명(天地神明). 禁(금) : 막음. 금계(禁戒). 釀(양) : 빚음. 만들어냄. 切(절) : 간절

히. 깊이.

【뜻 풀이】 순간적으로 저지른 사소한 잘못이 큰 화근이 되어 중대한 결과를 초래(招來)하는 수가 허다하다. 한 번의 그릇된 생각이 천지신명(天地神明)의 뜻을 거역하는 수도 있고, 한 마디 잘못한 말이 천지자연(天地自然)의 조화를 깨뜨리는 수도 있으며, 한 번 저지른 그릇된 일이 자손만대(子孫萬代)의 재앙의 뿌리가 되는 수도 있다. 어찌 한 생각, 한 마디 말, 한 가지 일인들 경솔히 할 수 있으랴! 신중에 신중을 기해야 할 것이다.

153

事有急之不白者 寬之或自明 毋躁急以速其忿. 人有操之不從者 縱之或自化 毋操切以益其頑.
사유급지불백자 관지혹자명 무조급이속기분 인유조지부종자 종지혹자화 무조절이익기완

일은 급히 서둘면 명백하지 않되 너그러이 늦추면 혹 절로 밝혀지는 수가 있으니 조급하게 서둘러 그 분노를 불러들이지 말라. 사람은 부리면 순종하지 않되 놓아두면 혹 감화(感化)되는 수가 있으니 심하게 부려 그 완고(頑固)함을 더하지 말라.

【글자 뜻】 急:급할 급. 寬:너그러울 관. 或:혹 혹. 毋:말 무.
【말의 뜻】 不白(불백):명백하지 않음. 速其忿(속기분):남의 분노를 불러들임. 速은 초래하다의 뜻. 操(조):부리다. 縱(종):놓아두다. 풀어주

다. 化(화):감화(感化). 操切(조절):심하게 부림. 頑(완):완고함. 고집 셈.

【뜻 풀이】 일은 급히 서둘러야 할 것도 있지만 그렇지 않을 때가 더 많다. 특히 잘잘못을 가려내는 일은 더욱 그렇다. 관대하게 놓아두면 절로 명백해질 것을 너무 급히 서둘면 오히려 범인이 두려워 나타나지 않을 뿐 아니라 그의 원한까지도 사게 된다. 더구나 무죄한 사람까지 의심과 시달림을 받게 마련이다.

또 사람을 부림에 있어 심하게 다룬다면 반감을 유발(誘發)하여 마음으로부터 복종하지 않는 법이다. 오히려 지나친 간섭을 하지 않는 편이 인격에 감동되어 자발적으로 일하기 때문에 일에 싫증도 없고 능률도 오르게 된다.

154

節義傲靑雲 文章高白雪 若不以德性陶鎔之 終爲血氣之私技能之末.
절의오청운 문장고백설 약불이덕성도용지 종위혈기지사기능지말

절의(節義)가 고위고관(高位高官)을 능가하고, 문장(文章)이 백설곡(白雪曲)보다 고상할지라도 만일 덕성(德性)으로써 단련(鍛鍊)하지 않는다면 마침내는 혈기(血氣)의 사행(私行)과 재주의 말단(末端)이 되고 만다.

【글자 뜻】 義:옳을 의. 傲:거만할 오. 霄:눈 설. 陶:질그릇 도. 鎔:녹일 용.

【말의 뜻】 節義(절의):절개. 傲(오):능가하다. 내려다보다. 깔보다. 靑雲(청운):靑雲에는 대체로 다음의 세 가지 뜻이 있다. ① 학덕(學德)이 높아 성현(聖賢)의 경지에 이름. ② 고위고관(高位高官)이 됨. ③ 속세를 떠나 초연함. 여기서는 ②의 뜻. 白雪(백설):백설곡(白雪曲). 거문고의 곡(曲) 이름. 매우 고상하고 아름다운 노래. 陶鎔(도용):단련. 수양. 도야(陶冶). 血氣之私(혈기지사):일시적인 혈기에 의한 사행(私行). 앞의 절의(節義)에 대한 말. 技能之末(기능지말):재주의 말단(末端). 앞의 文章에 대한 말. 技能은 기술(技術)과 예능(藝能). 末은 잔재주, 잔꾀.

【뜻 풀이】 그 사람의 기개(氣槪)가 능히 고위고관(高位高官)을 눈 아래로 내려다볼 정도로 고결(高潔)하다고 해도, 또 그 문장의 재질(才質)이 옛날의 저 유명한 백설곡(白雪曲)보다도 고상하고 아름답다 하더라도, 덕성(德性)으로써 닦고 단련 수양(鍛鍊修養)된 것이 아니라면 결국 그 기개는 한낱 혈기로 치솟는 만용(蠻勇)과 오기(傲氣)에 불과하고 그 문장은 한낱 재간의 희롱에 그치고 말아 아무런 권위도 가치도 없게 되는 것이다.

155

謝事 當謝於正盛之時. 居身 宜居於獨後之地.
사사 당사어정성지시 거신 의거어독후지지

일에서 물러남에 있어서는 마땅히 전성기(全盛期)에 물러나야 하며, 몸을 둠에 있어서는 마땅히 홀로 뒤진 자리에 두어야 한다.

【글자 뜻】 謝:물러날 사. 當:마땅 당. 居:있을 거. 後:뒤 후.

【말의 뜻】 謝事(사사):일을 그만두고 물러남. 謝는 사퇴(辭退)하다의 뜻. 正盛之時(정성지시):전성시(全盛時). 居身(거신):몸을 둠. 지위를 차지함. 獨後之地(독후지지):홀로 뒤떨어져 있는 지위(地位). 남들과 다툼이 없는 자리.

【뜻 풀이】 이 진퇴(進退) 문제는 여간 중요한 것이 아니다. 대부분의 세상 사람들은 높은 자리에 앉기를 좋아하고 일단 자리에 앉으면 끝장이 날 때까지 붙잡고 늘어지려 한다. 나무도 높은 곳에 있으면 바람을 더 타는 법이다. 저 뒷자리 작은 의자에 앉아 성실히 일해 보라. 시기하는 사람이 없으니 마음이 편하고, 시간이 흐를수록 사람들의 존경도 받게 될 것이다.

자리에서 물러날 때는 전성기(全盛期)가 제일이다. 일을 이루어 놓고 떠나니 나 자신도 유쾌하고, 사람들도 내가 떠나는 것을 아쉬워하니 떠난 뒤에 욕을 당하는 일도 없을 것이다.

156

謹德 須謹於至微之事. 施恩 務施於不報之人.
근덕 수근어지미지사 시은 무시어불보지인

덕행(德行)을 삼감에 있어서는 모름지기 아주 작은 일에 삼가고, 은혜를 베풂에 있어서는 받은 은혜에 대해 보답할 수 없는 사람에게 은혜를 베풀도록 힘쓰라.

【글자 뜻】 謹:삼갈 근. 須:모름지기 수. 微:작을 미. 施:베풀 시. 務:힘쓸 무.

【말의 뜻】 謹德(근덕):덕행(德行)을 삼감. 至微之事(지미지사):몹시 사소한 일. 不報之人(불보지인):은혜에 대해 보답할 수 없는 사람.

【뜻 풀이】 중대한 일에는 누구나 신중을 기하지만 사소한 일은 소홀히 하기 쉬운 것이니, 작은 일에까지 틀림이 없어야 진정한 덕행가(德行家)이다. 또 보답 받을 것을 예상하고 베푸는 타산적(打算的)인 은혜는 장사꾼의 행위이다. 보답을 바라지 않고 베푸는 은혜라야 진정한 은혜라 하겠다.

157

交市人 不如友山翁. 謁朱門 不如親白屋. 聽街談巷語 不如聞樵歌牧詠. 談今人失德過擧 不如述古人嘉言懿行.
교시인 불여우산옹 알주문 불여친백옥 청가담항어 불여문초가목영 담금인실덕과거 불여술고인가언의행

시중(市中) 사람을 사귐은 산골 늙은이를 벗함만 못하고
고위고관(高位高官)의 집에 허리 굽힘은 오막살이를 친함만 못하며
거리에 떠도는 말을 들음은 나무꾼과 목동의 노래를 들음만 못하고
지금 사람의 덕(德) 없음과 그릇된 행실을 말함은
옛사람의 아름다운 언행(言行)을 이야기함만 못하다.

【글자 뜻】 翁: 늙은이 옹. 謁: 뵐 알. 聽: 들을 청. 街: 거리 가. 樵: 나무꾼 초. 牧: 칠 목. 嘉: 아름다울 가. 懿: 아름다울 의.

【말의 뜻】 市人(시인): 시중(市中) 사람. 상인. 山翁(산옹): 산골에 사는 늙은이. 謁(알): 절하고 뵘. 굽실거림. 朱門(주문): 고관(高官)의 집. 옛날 고위고관(高位高官)의 집 대문은 붉은 색으로 칠했음. 白屋(백옥): 오막살이. 흰 띠[白茅]로 지붕을 이은 서민이 사는 초라한 집. 轉하여 서민을 의미하기도 한다. 街談巷語(가담항어): 거리에 떠도는 소문. 樵歌牧詠(초가목영): 나무꾼과 목동의 노랫소리. 過擧(과거): 그릇된 행실. 擧는 거동(擧動), 즉 행실. 嘉言懿行(가언의행): 아름다운 언행(言行). 懿는 아름다운, 즉 美의 뜻.

【뜻 풀이】 잇속에 밝은 시중(市中) 사람을 사귀기보다는 순박(淳朴)한 산

골 늙은이를 사귀는 편이 낫고, 작은 벼슬자리나 쥐꼬리만한 이권(利權)을 얻기 위하여 권세 명문(權勢名門)에 드나들며 아첨하고 굽실거리기보다는 오막살이 야인(野人)과 친하게 지내는 편이 낫고, 거리의 뜬소문에 귀를 기울이기보다는 초부 목동(樵夫牧童)의 때 묻지 않은 노래를 듣는 편이 낫고, 지금 세상 사람들의 부덕(不德)한 일, 그릇된 행실 따위를 지껄여대는 것을 일삼기보다는 옛 성현(聖賢)들의 어진 말씀, 아름다운 행실을 토론하는 편이 얼마나 유익한가!

158

德者事業之基. 未有基不固 而棟宇堅久者.
덕 자 사 업 지 기 미 유 기 불 고 이 동 우 견 구 자

덕(德)은 사업의 토대이다. 토대가 튼튼하지 않고서도 그 집이 오래 간 일은 이제까지 없었다.

【글자 뜻】 業:업 업. 基:터 기. 棟:용마루 동. 堅:굳을 견.
【말의 뜻】 基(기):기초. 토대. 棟宇(동우):집. 棟은 용마루대. 宇는 처마, 추녀. 堅久(견구):견고하여 오래감.

【뜻 풀이】 사상누각(砂上樓閣)이라는 말이 있다. 모래 위에 세운 누각이 얼마나 오래가랴! 덕행(德行)은 모든 사업의 토대(土臺)이다. 그러므로 덕을 닦아 튼튼한 기초 위에 사업이라는 고층 건물을 세워야 오래 가는 법이다.

159

心者後裔之根. 未有根不植 而枝葉榮茂者.
심 자 후 예 지 근 미 유 근 불 식 이 지 엽 영 무 자

마음은 자손(子孫)의 뿌리이다. 뿌리가 튼튼하게 심어지지 않고서도 그 가지와 잎이 무성한 일은 이제까지 없었다.

【글자 뜻】 裔:후손 예. 葉:잎 엽. 榮:영화 영. 茂:우거질 무.
【말의 뜻】 後裔(후예):자손. 후손. 榮茂(영무):무성함. 번창함.

【뜻 풀이】《서경(書經)》微子之明篇에 '공(功)이 날로 더하여 덕(德)이 후손에게 미쳤다.(功加于時 德垂後裔)' 라고 했으며, 또 용비어천가(龍飛御天歌)에도 '뿌리 깊은 나무는 바람에 아니 움직일 새 꽃 좋고 열매 많나니' 라고 했다. 뿌리가 없으면 나무가 자라지 못한다. 우리의 마음은 곧 후세 자손을 위한 뿌리이다.

그러니 자손의 번영을 바란다면 모름지기 마음을 바르게 지녀 덕(德)을 쌓고 인(仁)을 행하기에 힘써야 할 것이다. 적선지가(積善之家)에 필유여경(必有餘慶)이라 하겠다.

160

前人云 抛却自家無盡藏 沿門持鉢效貧兒. 又云 暴富
전인운 포각자가무진장 연문지발효빈아 우운 폭부
貧兒休說夢 誰家竈裡火無烟. 一箴自昧所有 一箴自
빈아휴설몽 수가조리화무연 일잠자매소유 일잠자
誇所有. 可爲學問切戒.
과소유 가위학문절계

옛사람이 이르기를 '자기가 가지고 있는 무한한 재보(財寶)는 버려두고 밥그릇을 들고 남의 집 대문을 찾아다니며 거지 흉내를 낸다.' 라고 했다. 또 이르기를 '벼락부자가 된 가난뱅이여, 꿈 이야기를 그만두라! 뉘 집 부엌인들 불 때면 연기 안 나랴!' 라고 했다.

전자(前者)는 자신이 가지고 있는 것을 알지 못함을 경계한 것이요, 후자(後者)는 자신이 가지고 있는 것을 자랑함을 경계한 것이니, 이 양자(兩者)를 수양(修養)의 간절한 훈계로 삼아야 할 것이다.

【글자 뜻】 抛:던질 포. 却:물리칠 각. 沿:따를 연. 鉢:바리때 발. 暴:사나울 폭, 갑자기 폭. 竈:부엌 조. 箴:경계 잠. 誇:자랑할 과.

【말의 뜻】 前人(전인):고인(古人). 明나라의 왕양명(王陽明: 1472~1528)을 가리킨다. 抛却自家…鉢效貧兒(포각자가…발효빈아): '抛却' 은 내버리다, 버려두다. '自家' 는 자기 자신. '무진장(無盡藏)' 은 아무리 써도 다함이 없는 재보로, 여기서는 왕양명(王陽明)이 말하는 양지(良知:경험이나 교육에 의하지 아니하고도 알며 또한 행할 수 있는 타고난 지능)를 가리킨다. '沿門' 은 남의 집 대문을 찾아다님. '鉢' 은 밥그릇. '效' 는 흉내냄. '貧兒' 는 거지. 暴富(폭부):벼락부자. 竈裡(조리):부엌 속. 箴(잠):경계함. 昧(매):어두움. 알지 못함. 所有

(소유):소유물. 앞의 소유(所有)는 양지(良知)를 가리키고, 뒤의 소유(所有)는 부(富)를 가리킨다. 切戒(절계):간절한 경계.

【뜻 풀이】'아흔 아홉 섬 가진 사람이 한 섬 가진 사람에게 달라고 한다.'는 속담이 있다. 백 섬을 채우기 위하여 가난한 사람의 한 섬을 탐내는 것이다. 이것이 바로 앞의 경우로, 자기 재산 쌓아 놓고 구걸하는 식이다. 또 가난하던 사람이 부자가 되면 단단히 부자 행세를 하려 한다. 보는 사람마다 붙들고 이 꿈 같은 이야기를 자랑한다.

하지만 누구네 굴뚝에서는 연기 안 나랴! 부자라고 하루에 밥을 열 끼 먹지는 않는다. 먹고 남는 것은 차라리 배고픈 사람에게라도 나누어 준다면 적선(積善)도 되고 즐거움도 더하련만 사람들은 어찌하여 이 일석이조(一石二鳥)의 값진 이득에 눈이 어두운지 모르겠다.

161

道是一重公衆物事 當隨人而接引. 學是一個尋常家飯
도 시 일 중 공 중 물 사 당 수 인 이 접 인 학 시 일 개 심 상 가 반
當隨事而警惕.
당 수 사 이 경 척

도덕(道德)은 하나의 공공물(公共物)이니 마땅히 사람마다 이끌어 이를 행하게 해야 한다.

학문(學問)은 일종의 날마다 먹는 끼니이니 마땅히 일마다 경계하여 삼가야 한다.

【글자 뜻】 隨:따를 수. 接:이을 접. 飯:밥 반. 警:경계할 경. 惕:두려워할 척.

【말의 뜻】 一重(일중):일종(一種)의. 하나의. 公衆物事(공중물사):공공물(公共物). 만인(萬人)이 공유하는 것으로 한 개인의 사유물(私有物)이 아니라는 뜻. 隨人(수인):사람마다. 接引(접인):끌어당김. 尋常家飯(심상가반):날마다 집에서 먹는 세 끼의 식사. 특별한 것이 아니라 없어서는 안 되는 것을 뜻함. 警惕(경척):경계하여 삼가다. 惕은 삼가다, 조심하다.

【뜻 풀이】 도덕(道德)은 성현군자(聖賢君子)만이 걷는 길이 아니다. 사람이면 누구나 마땅히 걸어가야 할 공로(共路)이다. 그러므로 이 길에서 벗어나는 사람을 보면 마땅히 설득하고 이끌어 올바른 길을 함께 가도록 해야 한다.

또 학문(學問)이란 상아탑(象牙塔) 속에서 고매(高邁)한 이론을 탐구(探求)하기 위한 것이 아니다. 마치 날마다 집에서 먹는 끼니와 마찬가지로 생활에 꼭 필요한 것이다. 모름지기 일상생활에서 일어나는 모든 일에 응용(應用)하여 일에 그르침이 없도록 신중을 기해야 할 것이다.

162

信人者 人未必盡誠 己則獨誠矣. 疑人者 人未必皆詐
신 인 자 인 미 필 진 성 기 칙 독 성 의 의 인 자 인 미 필 개 사
己則先詐矣.
기 칙 선 사 의

남을 믿는 것은 남들이 모두 진실하기 때문이 아니라 자기가 홀로 진실하기 때문이요, 남을 의심하는 것은 남들이 모두 속이기 때문이 아니라 자기가 먼저 속이기 때문이다.

【글자 뜻】 未:아닐 미. 盡:다할 진. 誠:정성 성. 疑:의심할 의. 詐:속일 사.

【말의 뜻】 未必(미필):반드시 ~한 것은 아님. 誠(성):참됨. 거짓이 없음. 詐(사):속이다.

【뜻 풀이】 이 세상에는 성실(誠實)한 사람도 있고 불성실(不誠實)한 사람도 있다. 그리고 불성실한 사람이 많아질수록 불신(不信)의 풍조(風潮)가 더욱 만연(蔓延)되어 가고 있는 것이다. 이처럼 불성실한 사람들이 많은데도 남을 잘 믿는 사람이 있다. 이는 곧 그 자신이 성실하기 때문이다.

이와 반대로 세상에는 성실한 사람들이 있는데도 남을 잘 의심하는 사람이 있다. 이런 사람은 자기가 성실하지 못하기 때문인 것이다. 성실! 성실이야말로 인간의 가장 귀한 보배인 것이다.

163

念頭寬厚的 如春風煦育 萬物遭之而生. 念頭忌刻的
염 두 관 후 적 　여 춘 풍 후 육 　만 물 조 지 이 생 　염 두 기 각 적

如朔雪陰凝 萬物遭之而死.
여 삭 설 음 응 　만 물 조 지 이 사

마음이 너그러운 사람은 마치 봄바람이 따뜻하게 하여 길러주는 것과 같아서 만물(萬物)이 이를 만나면 성장하고, 마음이 각박한 사람은 마치 북풍한설(北風寒雪)이 음산한 기운으로 얼어붙게 하는 것과 같아서 만물이 이를 만나면 죽고 만다.

【글자 뜻】 頭:머리 두. 寬:너그러울 관. 煦:따뜻하게 할 후. 遭:만날 조. 朔:초하루 삭, 북녘 삭. 陰:응달 음. 凝:엉길 응.

【말의 뜻】 念頭(염두):마음. 寬厚(관후):너그럽고 후함. 的(적):사람. 煦育(후육):따뜻하게 하여 길러줌. 忌刻(기각):시기하고 각박함. 朔雪(삭설):북쪽의 눈. 朔은 북방. 陰凝(음응):음산한 기운으로 얼어붙게 함. 앞에 나온 '후육(煦育)'에 대응되는 말.

【뜻 풀이】 마음이 너그럽고 따뜻한 사람은 마치 봄바람이 초목(草木)을 자라나게 하는 것처럼 그를 만나는 사람과 사물은 다 살아나고 자라난다. 그러나 의심 많고 쌀쌀한 사람은 마치 겨울철의 눈과 얼음이 초목을 얼어붙게 하는 것처럼 그를 만나는 사람이나 모든 사물들이 성하게 살아남지 못하는 것이다.

164

爲善不見其益 如草裡東瓜 自應暗長. 爲惡不見其損
위 선 불 견 기 익　여 초 리 동 과　자 응 암 장　위 악 불 견 기 손
如庭前春雪 當必潛消.
여 정 전 춘 설　당 필 잠 소

착한 일을 하는데도 그 이익됨이 보이지 않더라도 마치 수풀 속의 동아[冬瓜]같아서 모르는 사이에 절로 자라나고, 악한 일을 하는데도 그 손해됨이 보이지 않더라도 마치 뜰 앞의 봄 눈 같아서 반드시 모르는 사이에 사라져 버린다.

【글자 뜻】 瓜:오이 과. 應:응할 응. 暗:어두울 암. 損:덜 손. 潛:잠길 잠. 消:사라질 소.

【말의 뜻】 草裡東瓜(초리동과):수풀 속의 동과(冬瓜). 冬瓜는 박과(科)에 속하는 1년생 덩굴식물로서 수박 비슷한 맛있는 열매를 맺음. 동아라고도 한다. 暗長(암장):모르는 사이에 자라남. 春雪(춘설):봄 눈. 사라져 버리기 쉬운 것을 뜻함. 潛消(잠소):모르는 사이에 사라져 버림.

【뜻 풀이】 사람들은 흔히 '악한 사람이 더 잘된다.'는 말을 한다. 그러나 어림도 없는 이야기다. 그것은 착한 일을 해도 곧 선보(善報)가 나타나지 않고, 악한 일을 해도 곧 악보(惡報)가 나타나지 않기 때문에 하는 말이다.

선행(善行)의 결과는 봄 동산의 풀과 같다. 그 자라남이 눈에 보이지 않을 뿐, 날마다 커 간다. 악행(惡行)은 칼로 숫돌을 가는 것과 같

다. 세월이 갈수록 숫돌이 닳듯 날이 갈수록 복이 줄어드는 법이다.

165

遇故舊之交 意氣要愈新. 處隱微之事 心迹宜愈顯.
우 고 구 지 교 의 기 요 유 신 처 은 미 지 사 심 적 의 유 현
待衰朽之人 恩禮當愈隆.
대 쇠 후 지 인 은 례 당 유 융

옛 친구를 만났을 때에는 마음가짐을 더욱 새롭게 해야 하고

비밀스러운 일을 당했을 때에는 마음자리를 더욱 나타내야 하며

쇠퇴(衰退)한 사람을 만났을 때에는 은혜와 예우(禮遇)를 더욱 융성하게 해야 한다.

【글자 뜻】 遇:만날 우. 舊:예 구. 愈:나을 유. 隱:숨길 은. 顯:나타날 현. 衰:쇠할 쇠. 朽:썩을 후. 隆:높을 융.

【말의 뜻】 故舊之交(고구지교):옛 친구. 意氣(의기):마음. 愈(유):더욱. 隱微之事(은미지사):은밀한 일. 비밀스러운 일. 心迹(심적):마음자리. 衰朽之人(쇠후지인):운수가 쇠퇴한 사람. 恩禮(은례):은혜를 베풀어 예우(禮遇)함.

【뜻 풀이】 정든 옛 친구를 만나거든 더욱 새로운 우정(友情)으로 대하라. 조금이라도 소홀하게 대하면 우정에 금이 간다. 비밀스러운 일을 당하거든 자신의 태도를 분명히 하라. 어물어물하다가는 오해만 받는다. 또 운수가 쇠퇴(衰退)하여 불우한 처지에 놓인 사람을 대하거든

더욱 정중하게 대하라. 이것이 상대의 인격을 존중해 주고 내 덕을 높이는 길이다.

166

勤者敏於德義 而世人借勤以濟其貧. 儉者淡於貨利
근 자 민 어 덕 의　이 세 인 차 근 이 제 기 빈　검 자 담 어 화 리
而世人假儉以飾其吝. 君子持身之符 反爲小人營私之
이 세 인 가 검 이 식 기 인　군 자 지 신 지 부　반 위 소 인 영 사 지
具矣. 惜哉.
구 의　석 재

근면(勤勉)이란 덕의(德義)에 민첩함이거늘 세상 사람들은 근면을 빌어 자기의 가난을 구제하고, 검소(儉素)란 재물과 이익에 냉담(冷淡)함이거늘 세상 사람들은 검소를 빌어 자기의 인색(吝嗇)함을 꾸민다. 이와 같이 군자의 몸을 지키는 방법이 오히려 소인들의 사리사욕(私利私慾)을 도모하는 도구가 되고 있으니, 애석한 일이로다!

【글자 뜻】 敏:재빠를 민. 借:빌 차. 貨:재화 화. 假:거짓 가. 吝:아낄 인. 持:가질 지, 지킬 지.

【말의 뜻】 勤(근):근면(勤勉). 敏(민):민첩. 민활. 借勤(차근):근면을 빌음. 근면을 악용함. 儉(검):검소. 검약(儉約). 淡(담):냉담. 담박. 貨利(화리):재물과 이익. 假(가):借의 뜻. 吝(인):인색(吝嗇). 持身(지신):몸을 지킴. 符(부):부적. 방법. 신조(信條). 營私(영사):사리사욕(私利私慾)을 도모함.

【뜻 풀이】 근면(勤勉)이란 본래 도덕(道德)과 의리(義理)를 지키기에 부지런한 것이요, 검약(儉約)이란 본래 재물이나 이권(利權)을 보고도 탐내지 않는 것인데, 세상 사람들은 가난에서 벗어나 재산 모으는 것을 근면이라 하고 자기 재물에 대하여 인색함을 검약이라 하니 통탄할 일이다.

167

憑意興作爲者 隨作則隨止. 豈是不退之輪. 從情識解
빙 의 흥 작 위 자 수 작 즉 수 지 기 시 불 퇴 지 륜 종 정 식 해

悟者 有悟則有迷. 終非常明之燈.
오 자 유 오 즉 유 미 종 비 상 명 지 등

즉흥적(卽興的)인 생각에 의해 하는 일은 시작하자마자 곧 멈추게 되거니와, 이 어찌 쉼 없이 앞으로 굴러가는 수레바퀴일 수 있으랴!

감정으로 얻은 일시적인 지식에 따라 깨닫는 것은 깨닫는가 하면 곧 흐려지거니와, 결국 영원히 빛나는 밝은 지혜가 되지 못한다.

【글자 뜻】 憑:기댈 빙. 興:일 흥. 隨:따를 수. 退:물러날 퇴. 輪:바퀴 륜. 識:알 식. 解:풀 해.

【말의 뜻】 憑(빙):의지하다. 의거하다. 意興(의흥):일시적인 생각. 作爲(작위):일을 함. 행동함. 豈(기):어찌. 不退之輪(불퇴지륜):물러나는 일 없이 쉬지 않고 앞으로 굴러가는 수레바퀴. 情識(정식):감정으로 얻은 일시적인 지식. 解悟(해오):도(道)를 깨달음. 迷(미):미혹(迷惑). 常明之燈(상명지등):영원히 빛나는 밝은 지혜.

【뜻 풀이】 무슨 일이나 오랜 동안 충분히 생각하고 주도면밀(周到綿密)한 계획을 세운 다음에 착수해야 쉬지 않고 굴러가는 수레바퀴처럼 일취월장(日就月將)할 수 있다. 일시적인 생각에 사로잡혀 착수하는 일은 오래가지 못하는 법이다.

순간적인 감정(感情)으로 붙잡는 지혜는 진정한 지혜가 아니다. 깨닫는 듯하다가는 곧 미망(迷妄)에 빠지고 만다. 깊은 공부와 꾸준한 수양(修養)으로 터득한 지혜라야 변함없이 마음을 환하게 비춰 주는 등불이 되는 것이다.

168

人之過誤宜恕 而在己則不可恕. 己之困辱當忍 而在人則不可忍.
인지과오의서 이재기칙불가서 기지곤욕당인 이재인칙불가인

남의 과오(過誤)는 마땅히 용서해 주어야 하되 자기의 과오는 용서해 주어서는 안 되며, 자기의 곤욕(困辱)은 마땅히 참아야 하되 남의 곤궁은 참아서는 안 된다.

【글자 뜻】 誤:그르칠 오. 恕:용서할 서. 困:괴로울 곤. 辱:욕되게 할 욕.

【말의 뜻】 困辱(곤욕):곤궁(困窮)과 굴욕(屈辱). 不可忍(불가인):참아서는 안 됨. 방관해 버려두어서는 안 됨.

【뜻 풀이】 남의 잘못은 너그럽게 용서하여 감동을 주는 것이 좋다. 그러나 자신의 잘못이라면 엄정(嚴正)히 반성하여 다시는 그 잘못을 되풀이하지 않도록 해야 한다.

또 자기의 역경은 백절불굴(百折不屈)의 의지로써 참고 극복해야 약이 된다. 그러나 다른 사람의 어려움이라면 곧 구원의 손길을 뻗어 구제해야지 수수방관(袖手傍觀)만 하는 냉혈동물(冷血動物)이 되어서는 안 된다.

169

能脫俗便是奇 作意尚奇者 不爲奇而爲異. 不合汚便
능 탈 속 변 시 기 작 의 상 기 자 불 위 기 이 위 이 불 합 오 변
是淸 絕俗求淸者 不爲淸而爲激.
시 청 절 속 구 청 자 불 위 청 이 위 격

능히 세속(世俗)을 벗어나면 이것이 곧 기인(奇人)이니, 뜻을 지어 기행(奇行)을 숭상하는 자는 기인이 되지 못하고 괴이한 사람이 된다.

더러움에 섞이지 않으면 이것이 곧 청렴결백(淸廉潔白)한 사람이니, 세속과 인연을 끊고 청백(淸白)함을 구하는 자는 청렴결백한 사람이 되지 못하고 과격(過激)한 사람이 된다.

【글자 뜻】 脫:벗을 탈. 俗:풍속 속. 絕:끊을 절.

【말의 뜻】 脫俗(탈속):세속을 벗어남. 奇(기):기인(奇人). 作意(작의):뜻을 지어. 일부러. 異(이):괴이(怪異)한 사람. 合汚(합오):세속의 혼탁(混濁)과 어울림. 淸(청):청렴결백한 사람. 激(격):과격(過激).

【뜻 풀이】 명리(名利)를 추구하는 세속의 경계를 벗어날 수 있다면 이야말로 보기 드문 기인(奇人)이다. 기행(奇行)을 숭상하고 기인인 체하는 사람은 괴짜에 불과하다.

또 몸은 혼탁(混濁)한 세속 가운데서 생활하지만 마음이 더러움에 물들지 않는다면 진정한 청렴결백(淸廉潔白)이다. 세속과 인연을 끊고 고고(高孤)한 체하는 것은 과격한 행동이지 청렴결백이라고 할 수는 없다.

170

恩宜自淡而濃. 先濃後淡者 人忘其惠. 威宜自嚴而寬. 先寬後嚴者 人怨其酷.
은의자담이농 선농후담자 인망기혜 위의자엄이관 선관후엄자 인원기혹

은혜(恩惠)는 마땅히 엷음으로부터 짙어져야 하는데, 만일 먼저 짙고 나중에 엷으면 사람들이 그 은혜를 잊는다.

위엄(威嚴)은 마땅히 엄(嚴)함으로부터 너그러워져야 하는데, 만일 먼저 너그럽고 나중에 엄하면 사람들이 그 혹독함을 원망한다.

【글자 뜻】 恩:은혜 은. 濃:짙을 농. 威:위엄 위. 嚴:엄할 엄. 酷:심할 혹.

【말의 뜻】 淡(담):엷음. 박함 濃(농):짙음. 후함. 威(위):위엄. 酷(혹):냉혹함. 혹독함.

【뜻 풀이】 남에게 은혜를 베풀 때에는 처음에는 박하다가 믿음이 생기거든 차차 후하게 해야 한다. 만일 처음에 후하고 나중에 박하면 후하던 은혜마저 잊어버린다.

또 남에게 위엄을 보일 때에는 처음에는 엄격하다가 친밀해지거든 차차 관대해야 한다. 만일 처음에 관대하다가 후에 엄격하면 사람들은 그를 가혹하다고 원망하게 되는 것이다.

171

心虛則性現. 不息心而求見性 如撥波覓月. 意淨則心
심 허 칙 성 현 　 불 식 심 이 구 견 성 　 여 발 파 멱 월 　 의 정 칙 심
淸. 不了意而求明心 如索鏡增塵.
청 　 불 요 의 이 구 명 심 　 여 색 경 증 진

마음이 비면 본성(本性)이 나타나나니, 마음을 쉬지 않고 본성 보기를 구하는 것은 마치 물결을 헤치고 달을 찾음과 같다.

뜻이 깨끗하면 마음이 맑아지나니, 뜻을 밝게 하지 않고 마음 밝기를 구하는 것은 마치 거울의 밝은 빛을 구하면서도 오히려 먼지를 더함과 같다.

【글자 뜻】 虛:빌 허. 求:구할 구. 撥:다스릴 발. 波:물결 파. 索:찾을 색. 鏡:거울 경. 增:더할 증. 塵:티끌 진.

【말의 뜻】 性(성):본성(本性). 마음의 본체. 息心(식심):마음을 쉼. 撥波覓月(발파멱월):물결을 헤치고 달을 찾음. 자기에게 있는 것을 알지 못하고 밖에서 찾음. 撥은 '벌리다, 헤치다'. 覓은 覓의 俗字로 '찾

다'. 了意(요의):뜻을 밝게 함. 索鏡增塵(색경증진):거울을 찾으면서도 먼지를 더함. 거울의 맑은 빛을 구하면서도 오히려 먼지를 더함.

【뜻 풀이】 인간의 본성(本性)은 곧 천지자연(天地自然)의 본성이다. 견성성불(見性成佛)이란 말이 있다. 자신에게서 이 본성을 깨닫지 못하면 영원한 진리(眞理)는 깨닫지 못한다.

이 본성을 보려면 우선 자기 마음을 텅 비워야 한다. 즉 세속(世俗)의 모든 명리(名利)에서 벗어나 무념무상(無念無想)의 상태에 이르면 본성은 절로 나타나게 되는 것이다.

그런데 마음은 여전히 세속의 명리를 추구(追求)하면서 본성을 보려 하는 것은 마치 달을 더 똑똑히 보려고 물결을 헤치다가 달의 모습조차 잃는 것처럼 어리석은 짓이다.

또 마음이 깨끗하기를 바라거든 우선 생각부터 깨끗이 해야 한다. 생각이 깨끗하면 마음은 절로 깨끗해지는 법이다.

그런데 생각은 여전히 세속의 부귀공명(富貴功名)을 추구하느라 어지러우면서 마음이 깨끗하기를 바라는 것은 마치 깨끗한 거울을 보려 하면서 먼지를 일으키는 것과 같은 짓이다.

172

我貴而人奉之(아귀이인봉지) 奉此峨冠大帶也(봉차아관대대야). 我賤而人侮之(아천이인모지) 侮此布衣草履也(모차포의초리야). 然則原非奉我(연칙원비봉아). 我胡爲喜(아호위희). 原非侮我(원비모아) 我胡爲怒(아호위노).

내가 귀(貴)하여 남들이 나를 받들어 줌은 이 높은 관(冠)과 큰 띠[帶]를 받드는 것이요, 내가 천(賤)하여 남들이 나를 업신여김은 이 베옷과 짚신을 업신여기는 것이다.

그런즉 원래 나를 받드는 것이 아니니 내 어찌 기뻐할 것이며, 원래 나를 업신여기는 것이 아니니 내 어찌 성낼 것인가!

【글자 뜻】 峨:높을 아. 帶:띠 대. 賤:천할 천. 侮:업신여길 모. 布:베 포. 履:신 리. 喜:기쁠 희. 怒:성낼 노.

【말의 뜻】 峨冠大帶(아관대대):높은 관(冠)과 큰 띠[帶]. 모두 고위고관(高位高官)의 예복(禮服). 峨는 본래 산이 높은 것을 뜻함. 侮(모):업신여김. 모욕함. 布衣草履(포의초리):베옷과 짚신. 모두 비천(卑賤)한 사람의 복장. 履는 신발. 原(원):원래. 胡(호):어찌. 何의 뜻.

【뜻 풀이】 세상 사람들은 흔히 부귀(富貴)한 사람은 존경하고 빈천(貧賤)한 사람은 업신여긴다. 그러나 이는 그 부귀를 존경하고 빈천을 업신여기는 것이지 결코 그의 인격과 덕망(德望)을 존경하거나 업신여기는 것이 아닌데, 내 어찌 존경을 받는다고 기뻐하고 업신여김을 당한다고 성낼 것이 있으랴!

《논어(論語)》에서도 '남이 나를 알아주지 않아도 성내지 않는다면 이 또한 군자가 아니겠는가!(人不知而不慍不亦君子乎)' 라고 말하고 있다.

173

爲鼠常留飯 憐蛾不點燈. 古人此等念頭 是吾人一點
위 서 상 류 반 연 아 불 점 등 고 인 차 등 염 두 시 오 인 일 점
生生之機. 無此便所謂土木形骸而已.
생 생 지 기 무 차 변 소 위 토 목 형 해 이 이

'쥐를 위해 항상 밥을 남겨 두고, 부나비를 가엾이 여겨 등불을 켜지 않는다.' 하였으니, 옛사람의 이런 마음은 우리 인간의 나고 자라게 하는 한 가지 작용이다. 이런 마음이 없다면 곧 이른바 흙이나 나무와 같은 형체일 따름이다.

【글자 뜻】 鼠:쥐 서. 飯:밥 반. 憐:불쌍히 여길 련. 蛾:나방 아. 便:문득 변. 謂:이를 위.

【말의 뜻】 憐蛾(연아):나방을 불쌍히 여김. 古人(고인):소동파(蘇東坡)를 가리킴. 앞의 구절은 소동파의 '次韻定慧欽長老見寄'라는 詩의 한 구절. 此等念頭(차등염두):이런 마음. 여기서는 자비심 깊은 마음을 뜻함. 生生之機(생생지기):나고 자라게 하는 작용. 便(변):문득. 곧. 土木形骸(토목형해):흙이나 나무와 같이 정(情)이 없고 형체뿐인 것.

【뜻 풀이】 인간은 냉혈동물(冷血動物)이 아니다. 소동파(蘇東坡)는 '쥐를 위하여 항상 밥을 남겨 두고, 부나비가 타 죽는 것을 불쌍히 여겨 불을 켜지 않는다.'라고 노래했다. 이와 같이 미물(微物)에게까지 베푸는 따뜻한 인정, 이것이야말로 만물(萬物)을 생겨나고 자라나게 하는 작용이다. 인간에게 이와 같은 따뜻한 마음이 없다면 흙이나 나무와 같은 무감각(無感覺)한 존재와 무엇이 다르랴!

174

心體便是天體. 一念之喜 景星慶雲. 一念之怒 震雷暴雨. 一念之慈 和風甘露. 一念之嚴 烈日秋霜 何者少得. 只要隨起隨滅 廓然無碍. 便與太虛同體.
심체변시천체 일념지희 경성경운 일념지노 진뢰폭우 일념지자 화풍감로 일념지엄 열일추상 하자소득 지요수기수멸 확연무애 변여태허동체

마음의 본체(本體)는 곧 하늘의 본체이다. 그러므로 기쁨의 한 생각은 빛나는 별, 상서로운 구름이요, 분노의 한 생각은 진동하는 우레, 사나운 비요, 인자한 한 생각은 따뜻한 바람, 단 이슬이요, 엄격한 한 생각은 뜨거운 여름 햇볕, 가을의 찬 서리이니 어느 것인들 없을 수 있겠는가!

다만 일어났다가는 사라져 텅 비어 막힘이 없어야 하거니와 이것이 곧 한없이 넓은 하늘과 한 몸이 되는 길이다.

【글자 뜻】 星:별 성. 慶:경사 경. 震:벼락 진. 雷:우레 뢰. 暴:사나울 폭. 滅:멸망할 멸. 廓:클 확. 碍:거리낄 애.

【말의 뜻】 心體(심체):마음의 본체. 天體(천체):하늘의 본체. 景星(경성):빛나는 별. 상서로운 별. 慶雲(경운):상서로운 구름. 和風(화풍):따뜻한 바람. 甘露(감로):단 이슬. '천주(天酒)' 라고도 하며 태평성대(太平盛代)에 내린다고 함. 烈日(열일):여름의 뜨거운 햇볕. 少(소):빠짐. 缺의 뜻. 廓然(확연):텅 빈 모양. 마음이 넓고 허심탄회함. '廓' 은 넓은 것, 큰 것을 가리킴. 太虛(태허):한없이 넓은 하늘.

【뜻 풀이】 사람의 본 마음은 천체(天體)와 같다. 사람이 기뻐함은 천체의

빛나는 별이나 흰 구름과 같고, 사람의 성냄은 천체의 우레와 비바람 같고, 사람의 인자한 생각은 만물을 자라나게 하는 천체의 봄바람이나 단 이슬 같고, 사람의 엄격한 생각은 만물을 시들게 하는 여름 햇볕이나 가을 서리와 같은 것이다. 이 기쁨 · 성냄 · 인자함 · 엄격함의 네 생각은 천체의 그것과 같이 인간 생활에서 필요불가결(必要不可缺)한 것들이다.

그런데 오직 필요한 것은 그 생각들을 때에 따라 일으키고 때가 지나면 사라지게 하고, 마음이 텅 비어 하나도 걸리는 것이 없게 하여 마음의 본체(本體)로 돌아오는 것이다. 이것이 우주 자연(宇宙自然)과 일체(一體)가 되는 길이다.

175

無事時 心易昏冥. 宜寂寂而照以惺惺. 有事時 心易奔逸. 宜惺惺而主以寂寂.
무사시 심이혼명 의적적이조이성성 유사시 심이분일 의성성이주이적적

일이 없을 때에는 마음이 어두워지기 쉬운 법이니 마땅히 고요한 가운데 마음의 밝은 지혜로써 비춰야 하고, 일이 있을 때에는 마음이 달아나기 쉬운 법이니 마땅히 밝은 지혜 가운데 고요함으로써 중심 삼아야 한다.

【글자 뜻】 昏:어두울 혼. 冥:어두울 명. 寂:고요할 적. 惺:깨달을 성. 奔:달릴 분. 逸:달아날 일.

【말의 뜻】 無事時(무사시) : 신변에 아무 일도 없을 때. 昏冥(혼명) : 어두움. 寂寂(적적) : 침착하여 고요함. 惺惺(성성) : 마음이 밝은 모양. 奔逸(분일) : 달아나 흩어짐.

【뜻 풀이】 아무 일이 없고 한가할 때에는 긴장이 풀려 마음이 어두워지기 쉽다. 그러므로 침착하고 고요함 속에 마음의 밝은 지혜로써 사물을 비춰 보도록 해야 한다.

이와 반대로 일이 많아 바쁠 때에는 내 정신이 아니어서 마음이 흐트러지기 쉽다. 그러므로 이런 때에는 마음의 밝은 지혜를 지니면서 조용히 침착하도록 하는 데에 주안(主眼)을 두어야 한다.

176

議事者 身在事外 宜悉利害之情. 任事者 身居事中 當忘利害之慮.
의사자 신재사외 의실이해지정 임사자 신거사중 당망이해지려

일을 논의하는 사람은 몸을 그 일 밖에 두어 마땅히 이해(利害)의 사정(事情)을 모두 살펴야 하고, 일을 실행하는 사람은 몸을 일 안에 두어 마땅히 이해(利害)의 생각을 잊어야 한다.

【글자 뜻】 議 : 의논할 의. 身 : 몸 신. 害 : 해할 해. 慮 : 생각할 려.

【말의 뜻】 議事(의사) : 일을 의논함. 悉(실) : 모두 살핌. 情(정) : 사정. 任事(임사) : 일을 맡음. 일을 진행함.

【뜻 풀이】 어떤 일을 계획할 때에는 자기 자신이 그 일에서 한 걸음 물러나 제3자의 입장에서 냉철(冷徹)히 검토해야 한다. 그러나 일단 그 일을 실천에 옮기기로 작정한 이상 그 일 속으로 뛰어들어 성패(成敗)에 대한 생각을 몰아내고 오로지 그 일에만 열중해야 한다.

177

士君子 處權門要路 操履要嚴明 心氣要和易. 毋少隨
사 군 자 처 권 문 요 로 조 리 요 엄 명 심 기 요 화 이 무 소 수
而近腥羶之黨 亦毋過激而犯蜂蠆之毒.
이 근 성 전 지 당 역 무 과 격 이 범 봉 채 지 독

군자(君子)는 권세(權勢) 있는 자리와 중요한 지위에 처하게 되면 몸가짐을 엄정공명(嚴正公明)하게 하고 마음을 화평(和平)하게 하며, 조금이라도 소홀하여 사리사욕(私利私慾)을 채우는 무리와 가까이하지 말아야 하고, 과격(過激)하여 소인(小人)의 독침(毒針)을 건드리지 말아야 한다.

【글자 뜻】 權:권세 권. 路:길 로. 操:잡을 조. 嚴:엄할 엄. 易:쉬울 이. 腥:비릴 성. 羶:누린내 전. 黨:무리 당. 蠆:전갈 채.

【말의 뜻】 士君子(사군자):학문과 덕행(德行)이 높은 사람. 權門要路(권문요로):권세 있는 자리와 중요한 지위. 操履(조리):행실. 품행. 嚴明(엄명):엄정공명(嚴正公明). 和易(화이):온화(溫和)하고 평이(平易)함. 隨(수):기분에 따름. 방종(放縱). 腥羶(성전):비린내. 腥은 물고기의 비린내. 羶은 짐승의 비린내. 轉하여 '더러운' 혹은 '사

리사욕(私利私慾)에 힘쓰다'의 뜻. 여기서 말하는 腥羶之黨은 권세(權勢)를 이용하여 사리사욕(私利私慾)을 채우는 추악한 사람들을 가리킴. 蜂蠆之毒(봉채지독):벌과 전갈의 독. 벌과 전갈은 작은 벌레이면서도 독(毒)이 있으므로 여기서는 소인(小人)의 해독(害毒)에 비유하고 있다.

【뜻 풀이】 학문과 덕행이 뛰어난 선비라면 설사 고관고위(高官高位)에 있을지라도 마땅히 행실을 공명정대(公明正大)하게 하고 마음을 온화평이(溫和平易)하게 하여 누구에게나 친근감(親近感)을 주어야 한다.

조금이라도 마음을 허술히 함으로써 권력에 아부하여 사리사욕(私利私慾)을 채우려는 흉물을 가까이해서는 안 되며, 또 과격하게 소인배(小人輩)를 공격함으로써 그들의 독침(毒針)을 건드리지 말아야 한다. 이것이 자리를 지키고 몸을 보전하는 길인 것이다.

178

標節義者 必以節義受謗 榜道學者 常因道學招尤. 故君
표절의자 필이절의수방 방도학자 상인도학초우 고군
子不近惡事 亦不立善名. 只渾然和氣 纔是居身之珍.
자불근악사 역불립선명 지혼연화기 재시거신지진

절개와 의리를 표방(標榜)하는 사람은 반드시 절개와 의리 때문에 헐뜯음을 당하며, 도덕과 학문을 표방하는 사람은 항상 도덕과 학문 때문에 원망을 불러들인다.

그러므로 군자(君子)는 악한 일에도 가까이하지 않고 좋은 이름을 세우지도 않거니와, 오직 혼연(渾然)한 화기(和氣)만이 몸을 두는 보배인 것이다.

【글자 뜻】 標:표할 표. 謗:헐뜯을 방. 常:항상 상. 招:부를 초. 尤:더욱 우, 원망 우. 只:다만 지. 渾:흐릴 혼. 纔:겨우 재. 珍:보배 진.

【말의 뜻】 標(표):내세우다. 표방(標榜)하다. 節義(절의):절개와 의리. 謗(방):헐뜯음. 비방(誹謗). 榜(방):내세우다. 표방(標榜)하다. 道學(도학):도학은 본래 宋代의 유학자(儒學者)인 정자(程子)·주자(朱子) 등이 주창한 학설이지만 여기서는 도덕과 학문의 뜻. 招尤(초우):원망을 불러들임. 尤는 허물, 원망. 善名(선명):좋은 평판. 명예. 渾然(혼연):잘 뒤섞인 모양. 원만함. 珍(진):보배.

【뜻 풀이】 곡식은 익을수록 고개를 숙이는 법이다. 의리가 있는 체하는 사람은 의리가 없는 사람이요, 아는 체하는 사람은 알지 못하는 사람이다. 그들의 불의(不義)와 무지(無知)는 곧 폭로되어 그로 인해 사람들의 비방(誹謗)과 원망을 사게 된다.

그러므로 군자는 악한 일에는 애당초 가까이 가지 않지만 자기의 명예(名譽)를 세우려 하지도 않는다. 그들은 원만하고 온화(溫和)한 기운으로써 몸을 보전하는 보배로 삼고 있는 것이다.

179

遇欺詐的人 以誠心感動之 遇暴戾的人 以和氣薰蒸之
우 기 사 적 인 이 성 심 감 동 지 우 폭 려 적 인 이 화 기 훈 증 지
遇傾邪私曲的人 以名義氣節激礪之. 天下 無不入我
우 경 사 사 곡 적 인 이 명 의 기 절 격 려 지 천 하 무 불 입 아
陶冶中矣.
도 야 중 의

속이는 사람을 만나면 성심(誠心)으로 감동시키고, 포악한 사람을 만나면 온화(溫和)한 기운으로 감화(感化)시키고, 마음이 바르지 못하고 사욕(私慾)에 어두운 사람을 만나면 정의(正義)와 절개로 격려하고 인도해 주라. 이렇게 하면 천하에 나의 도야(陶冶) 속에 들어오지 않는 이가 없으리라.

【글자 뜻】 暴:사나울 폭. 戾:어그러질 려, 사나울 려. 薰:향풀 훈. 蒸:찔 증. 傾:기울 경. 礪:숫돌 려. 冶:불릴 야.

【말의 뜻】 暴戾(폭려):포악하여 도리에 어긋남. 薰蒸(훈증):향을 피워 악취를 사라지게 한다는 뜻으로 감화(感化)시키는 것을 의미함. 傾邪私曲(경사사곡):마음이 바르지 아니하여 사리사욕만을 탐함. 傾邪는 마음이 바르지 아니함. 名義氣節(명의기절):명예(名譽)·의리(義理)·기개(氣槪)·절조(節操). 激礪(격려):격려하여 갈고 닦아 줌. 격려하여 인도해 줌. 激은 격려(激勵). 礪는 숫돌 혹은 연마하다의 뜻. 陶冶(도야):도공(陶工)이 질그릇을 만들고 야공(冶工)이 쇠그릇을 만들듯이 인재를 양성하고 심신을 단련함. 陶는 질그릇을 만드는 일. 冶는 쇠그릇을 만드는 일.

【뜻 풀이】 악한 사람을 바로잡는 데에는 길이 있으니, 강경한 방법보다는 유화 작전(柔和作戰)이 좋다. 속이기 잘하는 사람에게는 성실(誠實)한 마음을 보여 감동케 하고, 포악한 사람에게는 온화한 기운으로 대하여 향내가 악취를 제거하듯이 감화(感化)시키고, 마음이 비뚤어지고 사리사욕(私利私慾)에 눈이 어두운 사람에게는 정의(正義)와 의리를 고취(鼓吹)시켜 스스로 잘못을 깨닫고 몸과 마음을 올바로 수양하도록 이끌어 주는 것이 좋다. 이렇게 한다면 아무리 악한 사람이라도 다 감화시켜 올바른 길을 가게 할 수 있는 것이다.

180

一念慈祥 可以醞釀兩間和氣 寸心潔白 可以昭垂百代
일 념 자 상 가 이 온 양 양 간 화 기 촌 심 결 백 가 이 소 수 백 대
清芬.
청 분

한 생각의 자비(慈悲)는 가히 천지(天地) 사이의 온화한 기운을 빚어낼 것이요, 한 마음의 결백(潔白)은 가히 아름다운 이름을 백세(百世)에 전할 것이다.

【글자 뜻】 祥:상서로울 상. 醞:빚을 온. 釀:빚을 양. 昭:밝을 소. 垂:드리울 수.

【말의 뜻】 慈祥(자상):자선(慈善). 자비(慈悲). 醞釀(온양):본래 술을 빚는다는 뜻이나, 轉하여 만들어 내다, 양성하다. 두 자 모두 '술을 빚다'의 뜻. 兩間(양간):천지간(天地間). 兩은 하늘과 땅. 寸心(촌

심):마음. 寸은 방촌(方寸), 즉 넓이 한 치의 뜻으로 마음이 차지하고 있는 곳의 크기를 가리킨다. 昭垂(소수):밝게 드리움. 후세에 밝게 전함. 百代(백대):백세(百世). 唐시대 당시의 황제 태종(太宗)의 휘(諱:태종의 이름인 世民)를 피하여 '世' 대신 '代'를 사용한 것이다. 淸芬(청분):맑은 향기. 아름다운 이름. 芬은 본래 '향기'의 뜻이나, 轉하여 명예, 이름.

【뜻 풀이】 한 사람의 인자(仁慈)한 마음은 널리 번지고 번져 온 누리에 화기를 가득 채울 수 있고, 청렴결백(淸廉潔白)한 절개는 길이 백 대(百代) 뒤에까지 아름다운 이름을 전해 주는 것이다.

181

陰謀怪習 異行奇能 俱是涉世的禍胎. 只一個庸德庸行 便可以完混沌而召和平.
음모괴습 이행기능 구시섭세적화태 지일개용덕용행 변가이완혼돈이소화평

음흉한 계략(計略), 괴이한 습관, 이상한 행실, 기이(奇異)한 재주는 다 세상을 건너는 데 재앙의 씨앗이 되는 법이니, 오직 하나의 평범한 덕행(德行)만이 인간이 타고난 본래의 덕(德)을 온전히 하여 화평(和平)을 부를 수 있다.

【글자 뜻】 陰:응달 음. 謀:꾀할 모. 怪:괴이할 괴. 胎:아이 밸 태. 庸:범상할 용. 混:섞을 혼. 沌:어두울 돈.

【말의 뜻】 怪習(괴습) : 괴이한 습관. 異行(이행) : 기이한 행실. 奇能(기능) : 불가사의한 능력. 이상한 재주. 涉世(섭세) : 세상을 건넘. 세상을 살아감. 禍胎(화태) : 재앙의 근원. 화(禍)의 씨앗. 庸德庸行(용덕용행) : 평범한 덕행(德行). 보통의 덕행. 完混沌(완혼돈) : 자연 그대로의 모습을 보전함. 完은 '완전하게 하다.' 혼돈(混沌)은 본래 천지(天地)가 열리기 전의 상태를 말하지만 여기서는 인간이 타고난 소박한 덕(德)을 가리킴.

【뜻 풀이】 뛰어난 권모술수(權謀術數), 괴이한 습관, 기이한 행동, 기묘한 재능, 이런 것들은 모두가 일시적으로는 사람들을 경탄케도 한다. 그러나 마침내는 그것들이 자기 몸을 망치는 원인이 되는 것이다.

그러므로 오직 평범한 덕과 평범한 행동만이 자기의 마음과 몸을 보전하여 평화롭게 세상을 살 수 있게 하는 것이다.

182

語云 登山耐側路 踏雪耐危橋. 一耐字 極有意味. 如傾險之人情 坎可之世道 若不得一耐字 撐持過去 幾何不墮入榛莽坑塹哉.

어운 등산내측로 답설내위교 일내자 극유의미 여경험지인정 감가지세도 약부득일내자 탱지과거 기하불타입진망갱참재

옛 말에 이르기를 '산에 오를 때에는 비탈진 험한 길을 참고 견디고, 눈을 밟을 때에는 위험한 다리를 참고 견뎌라.' 라고 했으니, 이 '견딜 내(耐)' 한 글자는 극히 깊은 뜻을 지니고 있다.

만일 이 험악한 인정과 험난한 세상 길에서 '내(耐)' 한 글자를 얻어 의지하여 지나가지 않는다면 어찌 가시덤불과 구렁텅이에 빠지지 않을 수 있겠는가!

【글자 뜻】 耐:견딜 내. 側:곁 측, 치우칠 측. 踏:밟을 답. 極:다할 극. 險:험할 험. 坎:구덩이 감, 험난할 감. 撑:버팀목 탱. 墮:떨어질 타. 榛:개암나무 진. 坑:구덩이 갱. 塹:구덩이 참.

【말의 뜻】 側路(측로):비탈. 험한 길. 極(극):지극히. 傾險(경험):험악한. 음험한. 坎坷(감가):길이 험하여 가기 힘듦. 坎은 구덩이, 움푹 패인 곳. 坷는 길이 험함. 撑持(탱지):의지함. 撑은 버팀목. 過去(과거):지나가다. 榛莽(진망):가시덤불. 榛은 가시나무, 덤불. 莽은 잡초. 抗塹(갱참):구덩이와 도랑. 抗은 구덩이. 塹은 본래 해자(垓字).

【뜻 풀이】 인생을 가는 길은 정신적으로나 물질적으로나 반드시 순탄하지만은 않다. 때로는 험한 고갯길을 올라야 하고 또 때로는 눈 덮인 외나무다리도 건너야 하는 것이다. '참을 인(忍) 자 셋이면 살인도 면한다.' 라는 속담이 있거니와 인생살이에 있어 '참음' 보다 더 귀중한 것이 있을까!

인생은 모름지기 참고 견디어야 하는 것이다. 그러하거늘 '참음' 의 수양을 쌓지 않은 사람이 각박하고 인정 험한 인생길에서 어찌 가시덤불, 구렁텅이로 빠지지 않을 수 있으랴!

183

誇逞功業 炫燿文章 皆是靠外物做人. 不知心體瑩然
과령공업 현요문장 개시고외물주인 부지심체형연
本來不失 卽無寸功隻字 亦自有堂堂正正做人處.
본래부실 즉무촌공척자 역자유당당정정주인처

공적(功績)을 뽐내고 학문을 자랑하는 사람들은 다 외부 사물에 의해 훌륭해진 사람으로, 이들은 마음의 본체(本體)가 찬란하게 빛나 본래의 모습을 잃지 않는다면 비록 한 치의 공적(功績)도 없고 한 글자의 학문도 없을지라도 저절로 훌륭한 사람이 되는 것임을 알지 못하도다.

【글자 뜻】 誇:자랑할 과. 逞:다할 령. 燿:빛날 요. 靠:기댈 고. 做:지을 주. 瑩:밝을 영. 隻:새 한 마리 척.

【말의 뜻】 誇逞(과령):자랑함. 뽐냄. 逞은 극진하다, 다하다. 功業(공업):공적(功績). 炫燿(현요):빛남. 자랑함. 炫은 본래 '빛나다'의 뜻이지만, 轉하여 자랑하다. 靠(고):기대다. 의지하다. 做人(주인):훌륭한 사람이 됨. 做는 作과 같은 뜻. 瑩然(형연):구슬이 찬란하게 빛나는 모양. 本來(본래):본래의 모습. 寸功(촌공):아주 작은 공적(功績). 隻字(척자):적은 지식. 隻은 단 하나[單一]의 뜻. 堂堂正正(당당정정):훌륭한 모양.

【뜻 풀이】 세상 사람들은 자기가 이룬 공적(功績)이나 자기가 지은 문장(文章)을 남들에게 자랑하고 뽐내려 한다. 그러나 이들은 다 자기 이외의 것으로 이름을 얻은 것이니 진정 가치 있는 사람이라고 할 수는 없다.

인간의 진정한 가치는 마음에 있는 것이다. 마음의 바탕이 찬란히 빛나 언제나 제 모습을 잃지 않는다면 설사 그가 세운 공적이 없고 아는 지식이 변변찮다 할지라도 이야말로 진정으로 훌륭한 사람이다. 그런데 공적과 문장을 뽐내는 사람들은 이 사실을 모르고 있다.

184

忙裡要偸閒 須先向閒時 討個欛柄. 鬧中要取靜 須先
망 리 요 투 한 수 선 향 한 시 토 개 파 병 요 중 요 취 정 수 선
從靜處 立個主宰. 不然 未有不因境而遷 隨事而靡者.
종 정 처 입 개 주 재 불 연 미 유 불 인 경 이 천 수 사 이 미 자

바쁜 속에서 한가함을 얻으려거든 모름지기 먼저 한가한 때에 마음의 자루를 찾아 두고, 시끄러운 가운데서 고요함을 취하려거든 모름지기 먼저 고요한 때에 마음의 주인을 세워 두라. 그렇지 않으면 마음은 경우를 따라 변하고 일을 따라 흔들리지 않을 수 없게 된다.

【글자 뜻】 要:구할 요. 偸:훔칠 투. 閒:틈 한. 鬧:시끄러울 뇨. 遷:옮길 천. 靡:쓰러질 미.

【말의 뜻】 忙裡(망리):바쁜 속. 偸閒(투한):바쁜 가운데 한가한 틈을 냄. 偸는 훔치다. 閒은 한가한 틈. 겨를. 向(향):마주하다. 직면(直面)하다. 討(토):더듬어 찾음. 欛柄(파병):칼자루. '欛' 도 '柄' 도 칼자루의 뜻. 鬧中(요중):시끄러운 가운데. 鬧는 閙의 와자(譌字)로 '시끄러운, 소란한.' 主宰(주재):마음의 주인. 因境而遷(인경이천):경우에 따라 바뀜. 靡(미):쓰러지다. 쏠리다. 흔들리다.

【뜻 풀이】 일에 바쁘고 시끄러운 속에서는 마음을 돌볼 겨를이 없다. 그러므로 한가한 때에 미리 마음의 자루를 꽉 잡아 두고, 고요한 때에 마음의 주인을 확고하게 세워 두어야 한다. 그렇지 않으면 바쁜 때와 시끄러운 때를 당하여 경우에 따라 수시로 마음이 동요되고 바뀌게 마련이니, 어찌 망중한(忙中閒)과 동중정(動中靜)을 얻을 수 있으랴!

185

不昧己心 不盡人情 不竭物力. 三者 可以爲天地立心
불 매 기 심　부 진 인 정　불 갈 물 력　삼 자　가 이 위 천 지 입 심

爲生民立命 爲子孫造福.
위 생 민 입 명　위 자 손 조 복

내 마음을 어둡게 하지 말고, 인정에 가혹(苛酷)하지 말며, 물력(物力)을 다 쓰지 말라.

이 세 가지는 하늘을 위해서는 그 마음을 세우고, 백성을 위해서는 그 목숨을 세우며, 자손을 위해서는 복(福)을 만드는 길이다.

【글자 뜻】 盡:다할 진. 竭:다할 갈. 造:지을 조. 福:복 복.

【말의 뜻】 昧己心(매기심):물욕(物欲)으로 마음을 어둡게 함. 盡人情(진인정):남에게 박정(薄情)을 다함. 竭物力(갈물력):물질의 능력을 다 써 버림. 爲天地立心(위천지입심):천지(天地)를 위해 그 마음을 세움. 生民(생민):만민(萬民). 立命(입명):생활을 안정시킴. 편안하게 살아가게 함.

【뜻 풀이】 물욕(物慾) 때문에 마음을 어지럽히지 말라. 이것이 내 마음을 하늘의 마음처럼 올바로 세우는 길이다. 가혹한 인정을 발휘하여 남을 괴롭히지 말라. 이것이 모든 사람을 안락하게 살게 하는 길이다. 재력(財力)을 낭비하지 말라. 이것이 자손의 복을 만드는 길이다.

186

居官有二語. 曰 惟公則生明 惟廉則生威. 居家有二語. 曰 惟恕則情平 惟儉則用足.
거관유이어 왈 유공즉생명 유렴즉생위 거가유이어 왈 유서즉정평 유검즉용족

관직(官職)에 있음에 두 말이 있으니, 이르기를 '오직 공평(公平)하면 밝은 지혜가 생기고, 오직 청렴(淸廉)하면 위엄이 생긴다.' 했으며, 집에 있음에 두 말이 있으니, 이르기를 '오직 용서하면 불평이 없고, 오직 검소하면 살림이 넉넉해진다.' 고 했다.

【글자 뜻】 居:있을 거. 惟:생각할 유, 오직 유. 廉:청렴할 렴. 威:위엄 위. 恕:용서할 서.

【말의 뜻】 惟公(유공):오로지 공평(公平)함. 公은 공평무사(公平無私). 明(명):밝은 지혜. 공명정대(公明正大)한 판단. 廉(렴):청렴(淸廉). 威(위):위엄. 恕(서):용서함. 너그러움. 情平(정평):정(情)이 고름. 불평불만이 없음. 用足(용족):살림이 넉넉함. 用은 비용, 살림.

【뜻 풀이】 관직에 앉아 공무(公務)를 집행(執行)할 때 지켜야 할 두 마디

의 전해오는 훈계가 있다. 오직 공평무사(公平無私)하고 청렴결백(淸廉潔白)하라. 공평무사하면 일이 절로 밝게 처리되고 청렴결백하면 권위(權威)가 절로 서게 된다.

집에 있을 때 지켜야 할 두 마디의 전해오는 말이 있다. 오직 관대(寬大)하고 검소(儉素)하라. 관대하게 대하면 아무도 불평불만이 없고 검소하게 생활하면 살림이 넉넉해진다.

187

處富貴之地 要知貧賤的痛癢. 當少壯之時 須念衰老的辛酸.
처부귀지지 요지빈천적통양 당소장지시 수념쇠로적신산

부귀(富貴)한 처지에 있을 때에 마땅히 빈천(貧賤)한 처지의 고통을 알아야 하며, 젊고 혈기가 왕성한 때에는 모름지기 노쇠(老衰)한 때의 괴로움을 생각해야 한다.

【글자 뜻】貴:귀할 귀. 貧:가난할 빈. 痛:아플 통. 癢:가려울 양. 酸:실 산.

【말의 뜻】痛癢(통양):고통. 癢은 痒과 同字로, '가려움'. 少壯之時(소장지시):젊고 혈기가 왕성한 때. 少와 壯에 대해서는 전집(前集) 109의 장시(壯時)에 대한【말의 뜻】참조. 辛酸(신산):본래 맵고 시다는 뜻이나, 轉하여 괴로움과 쓰라림, 고생의 뜻.

【뜻 풀이】 부귀(富貴)와 빈천(貧賤)은 돌고 돌며, 어제의 홍안 소년(紅顔少年)이 어느덧 귀밑에 서리가 흩날리는 법이다. 그러므로 부귀한 때에 자중(自重)하여 빈천한 사람의 괴로움을 알아야 하며, 젊었을 때에 혈기(血氣)로 인해 무절제한 생활을 하면 체력이 쇠약해진 노년에는 고통을 당하게 됨을 생각하여 늙은 뒤에 후회함이 없도록 자중(自重)하지 않으면 안 된다.

188

持身 不可太皎潔. 一切汚辱垢穢 要茹納得. 與人 不
지신 불가태교결 일체오욕구예 요여납득 여인 불
可太分明. 一切善惡賢愚 要包容得.
가태분명 일체선악현우 요포용득

몸가짐은 지나치게 맑고 깨끗하지 말아야 하나니 모든 욕됨과 더러움을 받아들일 수 있어야 하고, 남들과 교제함에 있어서는 지나치게 분명하지 말아야 하나니 모든 선악(善惡)과 현우(賢愚)를 포용(包容)할 수 있어야 한다.

【글자 뜻】 皎:밝을 교. 潔:깨끗할 결. 辱:욕될 욕. 垢:때 구. 茹:먹을 여. 納:들일 납. 容:얼굴 용.

【말의 뜻】 不可(불가):옳지 않다. ~해서는 안 된다. 太(태):너무. 지나치게. 皎潔(교결):맑고 깨끗함. 결백(潔白). 皎는 희다, 깨끗하다. 汚辱(오욕):더러움과 욕됨. 오명 치욕(汚名恥辱). 垢穢(구예):때가 묻어 더러움. 茹納(여납):받아들이다. 茹는 받다, 삼키다. 與人(여

인):남들과 교제함.

【뜻 풀이】 몸가짐은 지나치게 고결(高潔)하게 하지 말라. 물도 지나치게 맑으면 물고기가 깃들지 않는 법이다. 차라리 모든 욕됨과 더러움을 다 받아들일 아량(雅量)을 지녀야 한다. 또 남과 사귐에는 지나치게 선악(善惡)을 구분하여 사귀지 말라. 대양(大洋)은 크고 작은 모든 흐름을 다 받아들이지 않는가!

차라리 착한 자나 악한 자나 현명한 자나 어리석은 자나 다 받아들여, 나보다 나은 자에게서는 배우고 나만 못한 자는 이끌어 주는 너그러움이 있어야 하는 것이다.

189

休與小人仇讐 小人自有對頭. 休向君子諂媚 君子原無私惠.
휴여소인구수 소인자유대두. 휴향군자첨미 군자원무사혜.

소인(小人)과 원수(怨讐)를 맺지 말라. 소인은 스스로 상대가 있다. 군자(君子)에게 아첨하지 말라. 군자는 원래 사사로운 은혜를 베풀지 않는다.

【글자 뜻】 休:쉴 휴. 讐:원수 수. 諂:아첨할 첨. 媚:아첨할 미. 原:근원 원.

【말의 뜻】 休(휴):그치다. ~하지 말라. 仇讐(구수):원수(怨讐). 對頭

(대두):대적(對敵). 상대. 諂媚(첨미):아첨하다. 알랑거리다. 두 글자 모두 '아첨하다'의 뜻. 原(원):원래. 私惠(사혜):사사로운 정에 이끌려 베푸는 불공평(不公平)한 은혜.

【뜻 풀이】 덕이 없는 소인을 상대로 원한 관계를 맺는다면 똑같은 소인이 되어버린다. 너그럽게 그를 용납하라. 소인에게는 같은 상대의 소인이 있게 마련이다.

또 덕이 높은 군자에게 아첨하지 말라. 군자는 공평무사(公平無私)하기 때문에 아첨을 한다 하더라도 특혜(特惠)가 없을 뿐 아니라 부끄러움을 당하리라.

190

縱欲之病可醫 而執理之病難醫. 事物之障可除 而義理之障難除.
종욕지병가의 이집리지병난의 사물지장가제 이의리지장난제

사욕(私欲)에 날뛰는 병은 고칠 수 있으나 이론(理論)에 집착하는 병은 고치기 어렵고, 사물의 장애(障碍)는 없앨 수 있으나 도리상(道理上)의 장애는 없애기 어렵다.

【글자 뜻】 縱:놓을 종. 醫:의원 의. 難:어려울 난. 障:가로막을 장. 除:덜 제.

【말의 뜻】 縱欲(종욕):사욕(私欲)을 누르지 않고 방종함. 醫(의):병을 고

치다. 執理(집리):이론(理論)에 집착함. 義理之障(의리지장):도리(道理)에 얽매인 장애(障碍).

【뜻 풀이】 주색(酒色)에 빠지는 병은 고칠 수도 있지만 자기 견해만이 옳다고 주장하는 고집불통은 고치기 어렵다. 또 물질(物質)에 얽매인 마음의 장애물(障碍物)은 제거할 수도 있지만 정신적인 의리(義理)에 얽매인 장애물은 제거하기가 더욱 어렵다.

191

磨礪當如百煉之金. 急就者非邃養. 施爲宜似千鈞之弩. 輕發者無宏功.
마려당여백련지금 급취자비수양 시위의사천균지노 경발자무굉공

마음의 수양(修養)은 마땅히 쇠를 백 번 단련(鍛鍊)하듯이 해야 하며, 급히 이룬 것은 깊은 수양(修養)이 아니다.

일의 실행은 마땅히 천 균(鈞)의 활을 쏘듯이 해야 하며 가벼이 쏘면 큰 공(功)이 없다.

【글자 뜻】 磨:갈 마. 礪:숫돌 려. 鍊:불릴 련. 就:이룰 취. 邃:깊을 수. 似:같을 사. 鈞:서른 근 균. 宏:클 굉.

【말의 뜻】 磨礪(마려):갈고 닦음. 마음을 수양(修養)함. 百煉之金(백련지금):백 번 단련(鍛鍊)한 쇠. 여기서는 쇠를 백 번 단련하듯이 꾸준히 끈기 있게 마음을 단련하는 것을 의미함. 煉은 鍊과 同字로, 불에

달구다. 急就(급취):급히 이룸. 속성(速成). 邃養(수양):깊은 수양(修養). 邃는 깊은. 施爲(시위):일을 실행함. 千鈞之弩(천균지노):千鈞의 무거운 화살을 쏘는 강한 활. 轉하여 큰 뜻을 가진 사람의 뜻으로도 사용된다. 一鈞은 무게 삼십 근(斤). 弩는 여러 개의 화살이나 돌을 잇따라 쏠 수 있는 큰 활. 輕發(경발):경솔하게 활을 쏨. 宏功(굉공):큰 공(功).

【뜻 풀이】 '지어 먹은 마음은 사흘을 못 간다.(作心三日)' 는 속담이 있다. 인격의 수양은 하루 이틀 사이에 이루어지는 것이 아니다. 마치 제련공(製鍊工)이 백 번 단련(鍛鍊)하여 불순물을 제거하고 순금(純金)을 얻듯이 꾸준한 노력이 필요하다.

사업을 실행할 때에는 마치 궁수(弓手)가 충분한 실력을 길러 신중히 천 균(千鈞)의 활을 쏘듯이 충분한 능력을 쌓고 치밀한 계획을 세운 뒤에라야 큰 성과를 거둘 수 있다. 경솔히 쏘아대는 화살이 어찌 과녁을 꿰뚫을 수 있으랴.

192

寧爲小人所忌毁 毋爲小人所媚悅. 寧爲君子所責修
영위소인소기훼 무위소인소미열 영위군자소책수
毋爲君子所包容.
무위군자소포용

차라리 소인(小人)의 꺼리고 헐뜯는 바가 될지언정 소인(小人)의 아첨하고 기뻐하는 바가 되지 말라.

차라리 군자(君子)의 꾸짖고 깨우치는 바가 될지언정 군자(君子)의 감싸고 용서받는 바가 되지 말라.

【글자 뜻】 寧:편안할 녕. 所:바 소. 毁:헐 훼. 媚:아첨할 미. 悅:기쁠 열. 修:닦을 수. 包:쌀 포.

【말의 뜻】 寧(녕):차라리. 忌毁(기훼):꺼리고 헐뜯음. 媚悅(미열):아첨하고 기뻐함. 責修(책수):꾸짖고 바로잡음. 包容(포용):감싸주고 용서함.

【뜻 풀이】 올바른 사람은 으레 소인들의 시기(猜忌)와 비방(誹謗)을 받게 마련이다. 그러므로 소인들의 알랑거림과 간사한 웃음을 받아들여 그들에게 환영을 받는 사람이라면 얼마나 녹록(碌碌)한 인물이겠는가!

또 학문과 덕행이 뛰어난 군자에게서 꾸지람과 충고를 받는다면 인격 수양(人格修養)에 크게 도움이 될 것이니 다행한 일이다. 만일 군자가 그의 잘못을 보고도 눈감아주고 못 본 체한다면 얼마나 안된 소인이랴!

193

好利者 逸出於道義之外 其害顯而淺. 好名者 竄入於道義之中 其害隱而深.
호리자 일출어도의지외 기해현이천 호명자 찬입어 도의지중 기해은이심

이욕(利欲)을 좋아하는 자는 도의(道義)의 밖으로 벗어나는지라 그

해독(害毒)이 나타나나 얕고

명예(名譽)를 좋아하는 자는 도의(道義)의 안으로 숨는지라 그 해독(害毒)이 보이지 않으나 깊다.

【글자 뜻】 好:좋을 호. 害:해칠 해. 顯:나타날 현. 竄:숨을 찬. 深:깊을 심.

【말의 뜻】 逸出(일출):벗어남. 道義(도의):인의 도덕(仁義道德). 竄入(찬입):속으로 숨음. 竄은 숨다, 달아나다. 隱(은):숨겨짐. 나타나지 않음.

【뜻 풀이】 재물을 탐내어 날뛰는 소인은 애당초 인의도덕(仁義道德) 밖에 벗어나 있기 때문에 그가 끼치는 해독이 곧 사람들 눈에 띄지만, 그 해독은 기껏해야 물질(物質)에 그치는 것이니 얕고 작은 것이다.

그러나 명예(名譽)를 탐내는 사이비(似而非) 군자는 인의도덕 속에 파고들어 겉으로 의젓한 체하기 때문에 사람들의 눈에는 잘 뜨이지 않지만, 그가 정신면에 끼치는 해독은 깊고 큰 것이다.

194

受人之恩 雖深不報 怨則淺亦報之. 聞人之惡 雖隱不疑善則顯亦疑之. 此刻之極 薄之尤也 宜切戒之.

수인지은 수심불보 원즉천역보지 문인지악 수은불의선즉현역의지 차각지극 박지우야 의절계지

남의 은혜를 받음에 있어서는 비록 깊어도 갚지 않으나 원망은 얕아

도 갚으며, 남의 악함을 들음에 있어서는 비록 확실하지 않아도 의심하지 않으나 착함은 뚜렷해도 의심한다. 이야말로 각박(刻薄)함의 극단이요 경박(輕薄)함의 극단이니 마땅히 간절히 경계해야 한다.

【글자 뜻】 雖:비록 수. 報:갚을 보. 疑:의심할 의. 刻:새길 각. 薄:엷을 박.

【말의 뜻】 隱(은):분명하지 않음. 顯(현):확실함. 뚜렷함. 刻之極(각지극):각박(刻薄)함의 극단. 刻은 각박함. 냉혹함. 薄之尤(박지우):경박(輕薄)함의 극심함. 尤는 가장 심함. 극단.

【뜻 풀이】 은혜는 쉽게 잊어버리지만 원망은 뼈에 새겨 두고, 남의 악행(惡行)은 맹목적으로 시인하면서 선행(善行)에 대하여는 의심하고 시기하는 것이 세상인심이다. 이야말로 각박한 마음의 극단이요 경박한 행동의 지극함이다. 우리는 마땅히 이와 같은 과오가 없도록 삼가고 경계할 일이다.

195

讒夫毁士 如寸雲蔽日 不久自明. 媚子阿人 似隙風侵肌 不覺其損.
(참부훼사 여촌운폐일 불구자명. 미자아인 사극풍침기 불각기손.)

참소(讒訴)하고 헐뜯는 사람은 마치 조각구름이 해를 가림과 같은지라 오래지 않아 스스로 밝아진다. 그러나 아양 떨고 아첨하는 사람은 마치 틈 바람이 살갗에 스며듦과 같은지라 그 해로움을 깨닫지 못한다.

【글자 뜻】 讒:참소할 참. 毁:훨 훼. 蔽:덮을 폐. 阿:언덕 아. 隙:틈 극. 侵:범할 침. 肌:살 기. 損:덜 손.

【말의 뜻】 讒夫(참부):참소(讒訴)하는 사람. 남을 헐뜯는 사람. 毁士(훼사):험담하는 사람. 헐뜯는 사람. 寸雲(촌운):조각구름. 媚子(미자):아양 떠는 사람. 아첨하는 사람. 阿人(아인):아첨하는 사람. 隙風(극풍):틈으로 스며드는 바람. 侵肌(침기):살갗에 스며듦. 肌는 살가죽, 피부. 損(손):해로움. 여기서는 덕성(德性)을 해치는 것을 가리킴.

【뜻 풀이】 다른 사람에게 가서 나를 고자질하고 헐뜯는 무리는 그다지 경계할 것이 못 된다. 나에게 잘못이 없는 바에야 그들의 소행은 마치 조각구름이 밝은 해를 가리는 것과 같아서 머지않아 진상(眞相)이 절로 밝혀질 것이다.

그런데 같은 소인이라도 앞에 와서 알랑거리고 아부하는 무리는 조심해야 한다. 그들의 웃는 낯, 듣기 좋은 말은 마치 창틈으로 스며드는 찬바람 같아서 알지 못하는 사이에 뿌리 깊은 해독을 심어 놓는다.

196

山之高峻處無木 而谿谷廻環 則草木叢生. 水之端急
산 지 고 준 처 무 목 이 계 곡 회 환 즉 초 목 총 생 수 지 단 급
處無魚 而淵潭停蓄 則魚鼈聚集. 此高絕之行 褊急之
처 무 어 이 연 담 정 축 즉 어 별 취 집 차 고 절 지 행 편 급 지
衷 君子重有戒焉.
충 군 자 중 유 계 언

산이 높고 험준한 곳에는 나무가 없으나 골짜기가 굽이굽이 감도는 곳에는 초목(草木)이 무성하며, 물살이 세고 급한 곳에는 물고기가 없으나 연못이 깊고 고요하면 물고기와 자라들이 모여드는 법이다.

이처럼 지나치게 고상(高尙)한 행동과 좁고 급한 마음은 군자(君子)가 깊이 경계해야 하는 것이다.

【글자 뜻】 峻:높을 준. 谿:시내 계. 廻:돌 회. 環:고리 환. 叢:모일 총. 湍:여울 단. 淵:못 연. 潭:못 담. 蓄:쌓을 축. 鼈:자라 별. 集:모일 집. 褊:좁을 편. 衷:속마음 충. 戒:경계할 계.

【말 풀이】 高峻(고준):높고 험준함. 谿谷(계곡):골짜기. 谿는 溪와 同字. 廻環(회환):굽이굽이 감돎. 叢生(총생):무성하게 자람. 湍急(단급):물살이 세고 급함. 湍은 물살이 빠른 곳. 여울. 淵潭(연담):연못. 停蓄(정축):머물러 쌓임, 즉 고요하고 깊음. 魚鼈(어별):물고기와 자라. 聚集(취집):모여듦. 高絕(고절):지나치게 고상(高尙)함. 褊急(편급):소견(所見)이 좁고 성미가 급함. 褊은 도량이 좁음. 衷(충):마음. 정신.

【뜻 풀이】 산이 지나치게 높고 험준하면 나무가 자라지 못한다. 골짜기가

굽이굽이 감도는 평평하고 기름진 곳이라야 초목(草木)들이 무성하게 자란다. 또 물살이 세고 급한 흐름에는 물고기가 깃들 수 없다. 소(沼)와 연못이 되어 물이 깊고 먹이가 많으면 물고기들은 절로 모여든다.

사람도 행실이 너무 고고(高孤)하고 마음이 과격하면 사람들이 따르지 않아 고립무원(孤立無援)의 처지에 빠지고 말 것이다.

197

建功立業者 多虛圓之士. 僨事失機者 必執拗之人.
건 공 입 업 자 다 허 원 지 사 분 사 실 기 자 필 집 요 지 인

공(功)을 세우고 사업(事業)을 이룬 사람은 대개 허심탄회(虛心坦懷)하고 원만(圓滿)한 사람이요, 일을 실패하고 기회를 놓친 사람은 반드시 집착(執着)하고 고집이 센 사람이다.

【글자 뜻】建:세울 건. 僨:넘어질 분. 機:틀 기. 拗:꺽을 요.

【말의 뜻】虛圓之士(허원지사):마음이 허심탄회하고 행동이 원만한 사람. 僨事(분사):일에 실패함. 僨은 본래 '넘어지다, 그르치다'의 뜻. 執拗之人(집요지인):욕심에 매달리고 고집이 센 사람. 拗는 본래 '마음이 비뚤음'의 뜻.

【뜻 풀이】위대한 일을 이루어 내는 사람은 대개 욕심이 없이 마음이 텅 비어 있고 행동이 원만하여 자유자재이다. 그러므로 욕심에 얽매여

마음이 어두워지고 행동이 고집스러우면 반드시 기회를 놓치고 사업에 실패할 것이다.

198

處世 不宜與俗同 亦不宜與俗異. 作事 不宜令人厭 亦不宜令人喜.
처세 불의여속동 역불의여속이 작사 불의영인염 역불의영인희

세상을 살아감에는 마땅히 세속(世俗)과 같게 하지도 말고, 또한 세속과 다르게 하지도 말라.

일을 행함에는 마땅히 남이 싫어하게 하지도 말고, 또한 남을 기쁘게 하지도 말라.

【글자 뜻】 亦:또 역. 俗:풍속 속. 厭:싫을 염. 喜:기쁠 희.

【말의 뜻】 作事(작사):일을 함. 令人厭(영인염):남으로 하여금 싫어하게 함.

【뜻 풀이】 인간은 역시 사람들 사이에서 살게 마련이다. 세속에서 너무 고고(高孤)하게 초연(超然)하면 따돌림을 당한다. 그렇다고 세속에 완전히 물들 수도 없는 노릇이다. 세속 가운데 살면서 세속에 초연한 맛을 잃지 말아야 하는 것이다.

또 일을 해내자면 모든 사람의 비위를 다 맞출 수는 없는 노릇이다. 사람들이 지나치게 싫어하지도 않고 지나치게 기뻐하지도 않는 방법

으로 중용(中庸)을 취해 나아가는 것이 중요하다.

199

日既暮而猶烟霞絢爛. 歲將晚而更橙橘芳馨. 故末路晚年 君子更宜精神百倍.
일기모이유연하현란 세장만이갱등귤방형 고말로만년 군자갱의정신백배

하루해 이미 저물었으되 오히려 노을 아름답고, 한 해가 저물려 하되 오히려 귤 향기 꽃답다. 그러므로 군자는 말로(末路) 만년(晚年)에 다시금 정신을 백 배 떨쳐야 한다.

【글자 뜻】 既:이미 기. 暮:저물 모. 猶:오히려 유. 烟:연기 연. 霞:노을 하. 絢:무늬 현. 爛:빛날 란. 晚:저물 만. 橘:귤나무 귤. 馨:향기 형. 倍:곱 배.

【말의 뜻】 烟霞(연하):노을. 연기와 노을. 烟은 煙과 同字. 絢爛(현란):아름답게 빛남. 橙橘(등귤):귤. 등자와 귤. 芳馨(방형):좋은 향기. 꽃다운 향기.

【뜻 풀이】 하루해가 저물면 장엄한 낙조(落照)가 하루의 마지막을 장식하고, 한 해가 저물 무렵에는 귤이 익어 그윽한 향기를 내뿜는다.

사람도 일생에서 늘그막이 가장 중요한 시기이니 어찌 비탄(悲歎)에 빠지거나 헛되이 날을 보낼 수 있으랴! 마땅히 백 배나 더 정신을 가다듬어 분발해야 할 것이다.

200

鷹立如睡 虎行似病. 正是他攫人噬人手段處. 故君子
응립여수 호행사병 정시타확인서인수단처 고군자
要聰明不露 才華不逞. 纔有肩鴻任鉅的力量.
요총명불로 재화불영 재유견홍임거적역량

매는 조는 것같이 서 있고 범은 병든 것같이 걷거니와, 이것이 바로 그들이 사람을 움켜잡고 사람을 무는 수단이다.

그러므로 군자는 총명함을 드러내지 말고 재능을 나타내지 말아야 하나니, 이것이 두 어깨에 큰 임무를 짊어질 역량(力量)이다.

【글자 뜻】 鷹:매 응. 睡:잘 수. 攫:움킬 확. 噬:씹을 서. 段:구분 단. 華:빛날 화. 逞:굳셀 령. 纔:겨우 재. 肩:어깨 견. 鴻:큰 기러기 홍.

【말의 뜻】 鷹(응):매. 他(타):매와 범을 가리킴. 攫(확):움키다. 붙잡다. 噬(서):깨물다. 才華(재화):뛰어난 재능. 不逞(불영):속에 품고 나타내지 않음. 肩鴻任鉅(견홍임거):큰 임무를 두 어깨에 짊어짐. 鴻과 鉅는 '大'의 뜻.

【뜻 풀이】 매가 앉은 모습은 조는 것 같고 범이 걸어가는 모습은 병든 것 같다. 그러나 매는 백 발짝 밖의 작은 먹이도 빠짐없이 살피고 있으며 범은 십 리 밖의 먹이를 단숨에 달려가 물어뜯을 용맹을 지니고 있다. 그러므로 사람도 큰일을 해내려면 자기의 총명한 지혜와 뛰어난 재능을 함부로 드러내지 말아야 하는 것이다.

201

儉美德也. 過則爲慳吝 爲鄙嗇 反傷雅道. 讓懿行也.
검 미 덕 야 과 즉 위 간 린 위 비 색 반 상 아 도 양 의 행 야
過則爲足恭 爲曲謹 多出機心.
과 즉 위 족 공 위 곡 근 다 출 기 심

검약(儉約)은 미덕(美德)이지만 지나치면 인색(吝嗇)하고 잔달아져 도리어 정도(正道)를 손상시키고, 겸양(謙讓)은 미행(美行)이지만 지나치면 아첨과 비굴이 되어 마음을 꾸밈이 많아진다.

【글자 뜻】 慳:아낄 간. 吝:아낄 린. 鄙:더러울 비. 嗇:아낄 색. 懿:아름다울 의. 曲:굽을 곡.

【말의 뜻】 慳吝(간린):인색함. 慳은 '아끼다, 인색하다'의 뜻. 鄙嗇(비색):더럽고 잔달음. 雅道(아도):정도(正道). 懿行(의행):아름다운 행실. 미행(美行). 懿는 '아름다운, 훌륭한'의 뜻. 足恭(족공):지나치게 공손함. 아첨. 足은 '지나치다'의 뜻. 曲謹(곡근):지나치게 조심함. 비굴. 機心(기심):꾸민 마음.

【뜻 풀이】 검소(儉素)와 절약(節約)은 더 말할 나위 없는 미덕(美德)이다. 그러나 이것이 지나치면 인색하고 잔달아져서 도리어 올바른 도리를 해치고 만다. 또 남에게 겸손(謙遜)하고 사양함은 바람직한 미행(美行)이다. 그러나 이것이 지나치면 아첨과 비굴(卑屈)이 되어 자기의 본마음을 거짓으로 꾸미는 결과가 되고 만다.

검약과 겸양도 지나치거나 모자람이 없도록 중용(中庸)의 길을 걸어야 미덕 미행(美德美行)이 되는 것이다.

202

毋憂拂意 毋喜快心. 毋恃久安 毋憚初難.
무 우 불 의 무 희 쾌 심 무 시 구 안 무 탄 초 난

뜻대로 안 됨을 근심하지 말고 뜻대로 됨을 기뻐하지 말라.

언제까지나 무사평안(無事平安)하기를 믿지 말고 처음의 어려움을 두려워하지 말라.

【글자 뜻】 憂:근심할 우. 拂:떨칠 불. 快:쾌할 쾌. 憚:꺼릴 탄. 初:처음 초.

【말의 뜻】 拂意(불의):뜻에 거슬림. 일이 뜻대로 되지 않음. 快心(쾌심):일이 뜻대로 됨. 마음에 유쾌함. 恃(시):믿어 의뢰함. 久安(구안):언제까지나 무사평안(無事平安)함. 憚(탄):꺼리다. 두려워하다.

【뜻 풀이】 일이 뜻대로 안 된다고 실망할 것은 못 된다. 힘을 좀더 기울이면 성공할 것이다. 이와 반대로 일이 순조롭게 뜻대로 된다고 해서 기뻐해서는 안 된다. 기쁨에 도취하면 불의(不意)의 실패를 맛보게 된다.

오랫동안 무사했다고 마음 놓아서는 안 된다. 언제 불운(不運)이 닥쳐올지 모르니 항상 조심해야 한다. 이와 반대로 처음 당하는 난관(難關)을 두려워할 것은 없다. 그 난관을 뚫고 나가면 탄탄대로가 나서게 마련이다.

203

飮宴之樂多 不是個好人家. 聲華之習勝 不是個好士
음 연 지 락 다 불 시 개 호 인 가 성 화 지 습 승 불 시 개 호 사
子. 名位之念重 不是個好臣士.
자 명 위 지 념 중 불 시 개 호 신 사

술 잔치의 즐거움이 많으면 훌륭한 가정이 아니요,
명성(名聲) 떨치기를 탐내면 훌륭한 선비가 아니요,
높은 벼슬에 생각이 많으면 훌륭한 신하가 아니다.

【글자 뜻】 宴:잔치 연. 聲:소리 성. 習:익힐 습. 勝:이길 승. 位:자리 위.

【말의 뜻】 飮宴(음연):주연(酒宴). 연회(宴會). 好人家(호인가):훌륭한 가정. 聲華(성화):명성(名聲). 좋은 평판. 習(습):습관. 여기서는 좋은 평판만을 생각하는 습관을 가리킴. 勝(승):심함. 好士子(호사자):훌륭한 선비. 名位(명위):높은 벼슬자리. 명예로운 지위(地位). 好臣士(호신사):훌륭한 신하.

【뜻 풀이】 밤낮 주연(酒宴)이나 베풀어 흥청대는 가정은 부정(不正)의 소굴이거나 보잘 것 없는 집안이요, 명성(名聲) 떨치기에 급급한 사람은 인격이 모자라는 하잘 것 없는 선비요, 높은 벼슬자리에만 눈독을 들이는 신하가 어찌 국가에 충성할 수 있으랴.

204

世人以心肯處爲樂 却被樂心引在苦處. 達士以心拂處
세 인 이 심 긍 처 위 락 각 피 낙 심 인 재 고 처 달 사 이 심 불 처
爲樂 終爲苦心換得樂來.
위 락 종 위 고 심 환 득 락 래

세상 사람들은 마음에 맞는 것으로 즐거움을 삼는지라 도리어 즐거움을 쫓는 마음에 이끌려 괴로운 곳에 있게 되고, 달인(達人)은 마음에 어긋나는 것으로 즐거움을 삼는지라 마침내 괴로운 마음이 바뀌어 즐거움이 온다.

【글자 뜻】 肯:옳이 여길 긍. 却:물리칠 각. 被:입을 피. 換:바꿀 환.

【말의 뜻】 心肯(심긍):마음에 만족함. 却(각):도리어. 문득. 樂心(낙심):즐거움을 구하는 마음. 達士(달사):도(道)에 통달한 사람. 달인(達人). 心拂(심불):마음에 어긋남. 終(종):마침내.

【뜻 풀이】 세상 사람들은 부귀공명(富貴功名)에 대한 욕망을 만족시키는 것으로 즐거움을 삼기 때문에 도리어 즐거움을 찾아 헤매는 괴로움 속에서 산다.

그러나 인생을 달관(達觀)한 선비는 이와 반대로 욕망을 억제하는 것을 즐거움으로 삼기 때문에 아무리 빈천한 속에서도 괴로운 마음이 사라지고 즐거움 속에서 살게 되는 것이다.

205

居盈滿者 如水之將溢未溢 切忌再加一滴. 處危急者
거 영 만 자 여 수 지 장 일 미 일 절 기 재 가 일 적 처 위 급 자
如木之將折未折 切忌再加一搦.
여 목 지 장 절 미 절 절 기 재 가 일 닉

가득 찬 곳에 있는 사람은 마치 물이 넘칠 듯 말 듯함 같아서 다시 한 방울을 더함도 몹시 꺼리고, 위급(危急)한 자리에 있는 사람은 마치 나무가 꺾일 듯 말 듯함 같아서 다시 조금 더 누름도 몹시 꺼리게 된다.

【글자 뜻】 盈:찰 영. 溢:넘칠 일. 再:두 재. 滴:물방울 적. 搦:억누를 닉.

【말의 뜻】 盈滿(영만):가득 참. 부귀영화(富貴榮華)가 극진함. 將溢未溢(장일미일):넘치려 하되 아직 넘치지 않음. 넘칠 듯 말 듯 가득 찬 모양. 切(절):몹시. 將折未折(장절미절):꺾일 듯 말 듯한 모양. 一搦(일닉):조금 누름. 搦은 본래 '손에 쥐다, 잡다' 의 뜻.

【뜻 풀이】 부귀영화(富貴榮華)가 극진한 자리에 있는 사람은 마치 그릇에 물이 가득 참과 같아서 한 방울만 거기에 더해도 넘쳐버린다. 또 위급한 자리에 있는 사람은 마치 바람에 꺾이려는 나무 같아서 조금만 손대도 꺾이고 만다. 그러므로 군자는 이런 곳에는 가까이 가지 말아야 하는 것이다.

206

冷眼觀人 冷耳聽語 冷情當感 冷心思理.
냉 안 관 인 냉 이 청 어 냉 정 당 감 냉 심 사 리

냉정한 눈으로 사람을 보고, 냉정한 귀로 말을 들으며, 냉정한 정(情)으로 사물을 대하고, 냉정한 마음으로 도리를 생각할 것이다.

【글자 뜻】 冷:찰 랭. 眼:눈 안. 聽:들을 청. 語:말씀 어. 感:느낄 감.

【말의 뜻】 冷眼(냉안):냉정한 눈. 當感(당감):사물을 대하여 느낌. 思理(사리):도리를 생각함.

【뜻 풀이】 사람은 조금만 욕심에 얽매이거나 흥분해도 냉정(冷靜)을 잃어 일을 그르치게 마련이다. 편견(偏見)과 독단(獨斷)에 빠지기 때문이다.

냉정한 눈으로 사람을 관찰해야 올바로 사람을 볼 수 있고, 냉정한 귀로 남의 말을 들어야 시비선악(是非善惡)이 분간되고, 냉정한 감정으로 일을 대해야 판단이 올바르고, 냉정한 마음으로 도리를 생각해야 진리(眞理)를 깨달을 수 있는 것이다.

207

仁人心地寬舒 便福厚而慶長 事事成個寬舒氣象. 鄙
인 인 심 지 관 서 변 복 후 이 경 장 사 사 성 개 관 서 기 상 비
夫念頭迫促 便祿薄而澤短 事事得個迫促規模.
부 염 두 박 촉 변 록 박 이 택 단 사 사 득 개 박 촉 규 모

어진 사람은 마음이 너그럽고 느릿느릿한지라 문득 복이 두텁고 경사가 오래도록 계속되고 일마다 너그럽고 느릿한 기상(氣象)을 이루며, 천한 사람은 마음이 좁고 급한지라 문득 복(福)이 박하고 은택(恩澤)이 짧고 일마다 좁고 급한 모양을 이룬다.

【글자 뜻】 寬:너그러울 관. 舒:펼 서, 느릴 서. 慶:경사 경. 鄙:더러울 비. 促:재촉할 촉. 祿:복 록. 短:짧을 단. 規:법 규. 模:본뜰 모.

【말의 뜻】 心地(심지):마음. 寬舒(관서):너그럽고 느릿느릿함. 鄙夫(비부):마음이 천한 사람. 念頭(염두):마음. 迫促(박촉):좁고 급함. 祿(록):복록(福祿). 행복. 澤(택):은택(恩澤). 자손들이 누리는 복. 規模(규모):생김새. 모양.

【뜻 풀이】 인후(仁厚)한 사람은 마음이 너그럽고 느릿하여 자신이 받는 복도 많고 자손이 누리는 경사도 오래며 일마다 너그럽고 유장(悠長)한 기상(氣象)을 띠고 발전하게 마련이다.

그러나 마음이 천한 사람의 생각은 좁고 급하니 어찌 그가 많은 복을 받을 수 있으며 자손들도 오랜 은택을 누릴 수 있겠는가! 그가 하는 일은 모두가 그의 마음과 같이 비좁고 급한 모양을 이루어 점점 오그라들 뿐이다.

208

聞惡不可就惡 恐爲讒夫洩怒. 聞善不可急親 恐引奸人進身.
문악불가취오 공위참부설노 문선불가급친 공인간인진신

악함을 듣더라도 곧 미워하지 말라. 참소한 사람의 분풀이가 될까 두렵다.

착함을 듣더라도 급히 사귀지 말라. 간사한 사람의 출세를 끌어 줄까 두렵다.

【글자 뜻】 聞:들을 문. 就:이룰 취. 惡:미워할 오. 讒:참소할 참. 洩:샐 설. 奸:간사할 간. 進:나아갈 진.

【말의 뜻】 就惡(취오):곧 미워함. 就는 '곧, 즉시'의 뜻. 讒夫(참부):참소하는 사람. 洩怒(설노):화풀이. 분을 풂. 進身(진신):입신출세(立身出世).

【뜻 풀이】 남의 악한 일을 듣더라도 곧 그를 나쁜 사람이라고 속단(速斷)하여 미워하지 말아야 한다. 그를 헐뜯는 사람의 분풀이인 경우가 허다하다.

또 남의 착한 일을 듣더라도 곧 그를 어진 사람으로 알고 급히 사귀어도 안 된다. 간사한 사람이 자기 이득을 꾀하기 위해 거짓으로 추켜세우는 경우가 허다하다.

209

性燥心粗者 一事無成 心和氣平者 百福自集.
성 조 심 조 자 일 사 무 성 심 화 기 평 자 백 복 자 집

성질이 조급하고 마음이 거친 사람은 한 가지 일도 이룸이 없으며, 마음이 부드럽고 기상(氣象)이 평온한 사람에게는 백 가지 복(福)이 절로 모인다.

【글자 뜻】 性:성품 성. 燥:마를 조. 粗:거칠 조. 集:모일 집.

【말의 뜻】 性燥(성조):성질이 조급함. 心粗(심조):마음이 거칠고 치밀하지 못함. 百福(백복):백 가지 복(福). 많은 복(福).

【뜻 풀이】 성질이 조급하여 침착하지 못하고 마음이 거칠어 치밀하지 못한 사람은 한 가지 일도 제대로 이루어 놓지 못한다.

이와 반대로 마음이 부드럽고 찬찬하며 기질(氣質)이 평온한 사람은 결코 서둘거나 당황하는 일 없이 침착하게 생각하고 치밀한 계획 아래 일을 진행시키므로 무슨 일에나 성공하여 모든 행복이 절로 모여들게 마련이다.

210

用人不宜刻 刻則思效者去. 交友不宜濫 濫則貢諛者來.
용인불의각 각칙사효자거 교우불의람 람칙공유자래

사람을 부릴 때는 마땅히 각박하지 말아야 한다. 각박하게 굴면 온 힘을 다하려고 생각하는 사람도 떠나게 된다.

친구를 사귐에는 마땅히 마구 하지 말아야 한다. 마구 사귀면 아첨하는 자가 오게 된다.

【글자 뜻】 用:쓸 용. 刻:새길 각. 效:본받을 효. 去:갈 거. 濫:퍼질 람. 貢:바칠 공. 諛:아첨할 유.

【말의 뜻】 用人(용인):사람을 부림. 刻(각):각박함. 가혹함. 思效者(사효자):온 힘을 다하려고 생각하는 사람. 效는 '힘쓰다'의 뜻. 濫(람):마구 넘침. 여기서는 친구를 가리지 않고 마구 사귀는 것. 貢諛(공유):아첨을 바침.

【뜻 풀이】 사람을 혹사(酷使)하는 것은 도의적(道義的)인 문제이기에 앞서 자기 자신에게도 큰 손해를 가져온다. 사람을 부림에 있어 지나치게 가혹하면 자기의 온 힘을 기울여 일하려던 성실하고 유능한 인재(人材)들이 다 도망가버린다.

또 사람을 사귐에는 그 사람의 시비선악(是非善惡)을 가려서 사귀어야 한다. 선악을 가리지 않고 마구 사귀면 참된 친구는 떠나버리고 알랑거리는 소인배들이 주위에 모여들 것이다.

211

風斜雨急處 要立得脚定. 花濃柳艶處 要著得眼高.
풍 사 우 급 처　요 입 득 각 정　화 농 유 염 처　요 착 득 안 고
路危徑險處 要回得頭早.
노 위 경 험 처 요 회 득 두 조

바람 거세고 빗발 급한 곳에서는 다리를 꿋꿋이 서야 하며, 꽃 무르녹고 버들 고운 곳에서는 눈을 들어 높이 보아야 하며, 길이 위태롭고 험한 곳에서는 빨리 생각을 고쳐 돌아와야 한다.

【글자 뜻】 風:바람 풍. 斜:비낄 사. 脚:다리 각. 濃:짙을 농. 艶:고울 염. 著:붙을 착. 險:험할 험. 頭:머리 두.

【말의 뜻】 風斜雨急(풍사우급):비바람이 거세게 몰아침. 어지러운 세상을 비유한 말. 花濃柳艶(화농유염):꽃이 아름답고 버들잎이 고움. 마음을 유혹하는 오락과 주색(酒色)을 비유한 말. 路危徑險(노위경험):길이 위태롭고 험함. 역경(逆境)을 뜻함. 回得頭早(회득두조):빨리 생각을 고쳐 되돌아옴.

【뜻 풀이】 비바람이 거센 날에는 두 다리에 힘을 주어 버티고 서야 하듯이 어지러운 처지를 당하면 정신을 가다듬어 침착해야 한다. 꽃이 아름답고 버들이 요염한 곳에서는 마음이 반하기 쉬우니 주색(酒色)과 천한 오락(娛樂) 따위에는 애당초 눈길을 돌리는 것이 상책이다. 험하고 위태한 길이 나서거든 곧 발길을 돌려야 한다. 어물어물하다 보면 어려움에 깊이 빠지게 되니 빨리 돌아서는 것이 상책이다.

212

節義之人 濟以和衷 纔不啓忿爭之路. 功名之士 承以
절의지인 제이화충 재불계분쟁지로 공명지사 승이
謙德 方不開嫉妬之門.
겸덕 방불개질투지문

절의(節義) 있는 사람은 온화한 마음을 길러야 비로소 분쟁(忿爭)의 길을 열지 않을 것이요,

공명(功名) 있는 사람은 겸양(謙讓)의 덕을 체득(體得)해야 바야흐로 질투의 운을 열지 않을 것이다.

【글자 뜻】 濟:건널 제. 和:화할 화. 纔:겨우 재. 啓:열 계. 路:길 로. 承:받들 승. 謙:겸손할 겸. 嫉:미워할 질. 妬:샘낼 투.

【말의 뜻】 濟(제):구제함. 단점을 보충한다는 뜻. 和衷(화충):온화한 마음. 忿爭(분쟁):성내어 다툼. 承(승):받아들임. 체득함. 謙德(겸덕):겸양(謙讓)의 德. 方(방):바야흐로.

【뜻 풀이】 절의(節義)가 높은 사람은 고집도 그만큼 세어 남과 충돌하기가 쉽다. 이 결점을 보충하기 위해서는 온화한 마음을 기르기에 힘써야 한다.

또 공명(功名)은 누구나 탐내고 부러워하는 바이다. 그러므로 공명을 세운 사람이 겸양(謙讓)의 덕을 베풀지 않고 그 공명을 혼자 독차지하려 한다면 남들의 질투를 면치 못할 것이다.

213

士大夫 居官 不可竿牘無節. 要使人難見 以杜倖端.
사대부 거관 불가간독무절 요사인난견 이두행단
居鄕 不可崖岸太高. 要使人易見 以敦舊好.
거향 불가애안태고 요사인이견 이돈구호

사대부(士大夫)가 벼슬에 있을 때에는 편지 한 장이라도 절도가 있어야 한다. 사람들로 하여금 마음을 보기 어렵게 하여 소인의 요행의 실마리를 막아야 하기 때문이다.

고향에 있을 때에는 몸가짐을 너무 높게 하지 말아야 한다. 사람들로 하여금 마음을 보기 쉽게 하여 옛 정을 두터이 해야 하기 때문이다.

【글자 뜻】 竿:장대 간. 牘:서찰 독. 端:끝 단. 崖:벼랑 애. 岸:언덕 안. 敦:도타울 돈. 舊:예 구.

【말의 뜻】 士大夫(사대부):고등문관(高等文官)의 등용 시험에 합격하여 천자(天子) 또는 제후(諸侯)를 섬기는 벼슬아치. 竿牘(간독):편지. 竿은 본래 대나무의 장대, 牘은 본래 글자를 쓰는 나무 조각의 뜻이나, 轉하여 편지를 의미함. 節(절):절도(節度). 杜(두):막음. 倖端(행단):요행(僥倖)의 실마리. 소인들이 요행을 바라고 모여드는 실마리. 崖岸(애안):본래 벼랑의 뜻이나 여기서는 위엄을 뜻함. 崖岸太高는 지나치게 위엄이 있어 접근하기 어려움을 가리킴. 敦(돈):두텁게 함.

【뜻 풀이】 벼슬자리에 있을 때에는 편지 한 장이라도 소홀히 써 남들에게 조그마한 마음의 틈이라도 보여서는 안 된다. 요행을 바라는 소인들이

이 틈을 타고 모여들기 때문이다.

그러나 일단 벼슬에서 물러나 고향에 돌아와 살 때에는 너무 위엄 있는 체하지 말고 마음을 탁 풀어헤쳐 누구나 볼 수 있게 해야 사람들이 모여들어 옛 정이 더욱 두터워지게 되는 것이다.

214

大人不可不畏. 畏大人則無放逸之心. 小民亦不可不畏. 畏小民則無豪橫之名.
대인불가불외 외대인즉무방일지심 소민역불가불외 외소민즉무호횡지명

대인(大人)을 두려워하라. 대인을 두려워하면 방종(放縱)한 마음이 없어지리라.

소인(小人)도 또한 두려워하라. 소인을 두려워하면 거만하고 횡포(橫暴)하다는 이름이 없으리라.

【글자 뜻】 畏:두려워할 외. 逸:편안할 일. 豪:호걸 호. 橫 :가로 횡.

【말의 뜻】 大人(대인):학문과 덕(德)이 높은 사람. 대덕지인(大德之人). 放逸(방일):방종(放縱). 방탕. 小民(소민):미천한 사람. 소인(小人). 豪橫(호횡):거만하고 횡포함. 호만횡포(豪慢橫暴).

【뜻 풀이】 덕이 높은 사람을 존경해야 한다. 그를 존경하면 자연히 감화(感化)를 받아 자신을 단속하기 때문에 방종(放縱)한 마음이 일어나지 않게 된다.

그리고 덕이 모자라는 일반 대중들도 경멸하지 말고 그 인격을 존중해야 한다. 그러면 그들과의 사이에 친근감이 생겨 거만하다거나 횡포(橫暴)하다는 악평을 듣지 않게 된다.

215

事稍拂逆 便思不如我的人 則怨尤自消. 心稍怠荒 便
사초불역 변사불여아적인 즉원우자소 심초태황 변
思勝似我的人 則精神自奮.
사승사아적인 즉정신자분

일이 조금이라도 뜻대로 되지 않거든 곧 나만 못한 사람을 생각하라. 그러면 원망이 절로 사라지리라.

마음이 조금이라도 나태해지고 거칠어지면 곧 나보다 나은 사람을 생각하라. 그러면 정신이 절로 분발(奮發)하리라.

【글자 뜻】 稍:끝 초. 逆:거스를 역. 消:사라질 소. 怠:게으를 태. 荒:거칠 황. 奮:떨칠 분.

【말의 뜻】 稍(초):조금. 조금이라도. 拂逆(불역):뜻대로 안 됨. 마음에 어긋남. 怨尤(원우):원망하고 탓함. 怠荒(태황):나태하고 거칠어짐. 似(사):~보다. 於의 뜻.

【뜻 풀이】 사람의 마음이란 일이 조금만 뜻대로 되지 않아도 실의(失意)에 빠지기 쉽고 일을 조금만 성취해도 안일(安逸)에 빠지기 쉽다.

역경(逆境)에 처했을 때에는 나보다 더 불행한 사람의 처지를 생각하라. 위안도 되고 새로운 용기가 솟아날 것이다. 또 마음이 조금이라도 안일에 빠지거든 곧 나보다 훌륭하게 이룬 사람을 생각하라. 마음에 자극이 되어 더욱 정진(精進)하게 될 것이다.

216

不可乘喜而輕諾. 不可因醉而生嗔. 不可乘快而多事.
불 가 승 희 이 경 낙　불 가 인 취 이 생 진　불 가 승 쾌 이 다 사
不可因倦而鮮終.
불 가 인 권 이 선 종

기쁨에 들떠 가벼이 승낙하지 말고 술 취한 기분에 성내지 말라.

유쾌함에 들떠 일을 많이 벌이지 말고 싫증난다 하여 끝내기 전에 그치지 말라.

【글자 뜻】 乘:탈 승. 輕:가벼울 경. 諾:허락할 낙. 醉:취할 취. 嗔:성낼 진. 倦:게으를 권. 鮮:고울 선, 드물 선. 終:끝날 종.

【말의 뜻】 諾(낙):받아들임. 승낙. 生嗔(생진):성을 냄. 鮮終(선종):유종(有終)의 미(美)를 거두지 않음.

【뜻 풀이】 마음이 기쁠 때에는 판단에 앞서 경솔히 승낙하기 쉽고 술 취했을 때에는 남을 욕하고 성내기 쉽다.

또 일이 순조로울 때에는 이것저것 일을 많이 벌이고 싶어지지만 일의 진도가 늦어지면 하던 일도 중단하고 싶어진다. 언제나 이성(理性)을 잃지 말고 삼가야 할 일들이다.

217

善讀書者 要讀到手舞足蹈處 方不落筌蹄. 善觀物者
선독서자 요독도수무족도처 방불락전제 선관물자
要觀到心融神洽時 方不泥迹象.
요관도심융신흡시 방불니적상

독서(讀書)를 잘하는 사람은 책을 읽어 손발이 저절로 춤추는 경지에까지 이르러야 한다. 그래야 비로소 형식(形式)에 떨어지지 않는다. 사물을 잘 보는 사람은 마음과 정신이 녹아 사물과 하나가 되는 때까지 이르러야 한다. 그래야 비로소 외형(外形)에 구애되지 않는다.

【글자 뜻】讀:읽을 독. 到:이를 도. 舞:춤출 무. 蹈:밟을 도. 蹄:굽 제, 올무 제. 融:화할 융. 洽:부합할 흡. 泥:진흙 니. 迹:자취 적.

【말의 뜻】手舞足蹈(수무족도):너무도 기뻐 절로 춤이 나오는 모양. 方(방):비로소. 筌蹄(전제):筌은 물고기를 잡는 소쿠리, 蹄는 토끼를 잡는 덫을 가리키는 것으로, 轉하여 수단이나 도구의 뜻이나 여기서는 형식(形式)의 뜻으로, 문자(文字)와 문장을 가리킴. 心融神洽(심융신흡):心神이 융합됨. 즉 보는 사람의 마음과 보는 물건이 융합하여 하나가 됨. 泥(니):구애됨. 迹象(적상):사물의 외형(外形).

【뜻 풀이】독서의 참 경지에 이르려면 그 글을 철저히 정독(精讀)하여 자신도 모르는 사이에 목청이 돋우어지고 어깨춤이 나오는 데까지 이르러야 한다. 그래야만 비로소 글자나 문장에 얽매이지 않고 그 속에 담겨 있는 참뜻을 알 수 있는 것이다.

또 사물을 관찰함에는 마음과 정신 전체를 거기에 쏟아 물아일체

(物我一體)의 경지에까지 이르러야 비로소 외형(外形)에 구애되지 않고 그 참모습을 깨달을 수 있는 것이다.

218

天賢一人以誨衆人之愚 而世反逞所長 以形人之短.
천현일인이회중인지우 이세반영소장 이형인지단
天富一人以濟衆人之困 而世反挾所有 以凌人之貧.
천부일인이제중인지곤 이세반협소유 이능인지빈
眞天之戮民哉.
진천지육민재

하늘은 한 사람을 현명하게 하여 모든 사람의 어리석음을 가르치게 했으나 세상은 도리어 제 장점을 휘둘러 남의 단점을 나타낸다.

하늘은 한 사람을 부(富)하게 하여 모든 사람의 곤궁을 구제하게 했으나 세상은 도리어 제 가진 것을 의지하여 남의 가난함을 능멸하고 있다. 이야말로 진정 천벌(天罰)을 받을 죄인이로다.

【글자 뜻】 誨:가르칠 회. 衆:무리 중. 逞:펼 령. 富:가멸 부. 困:곤할 곤. 挾:의지할 협. 凌:업신여길 능. 戮:죽일 육(륙). 哉:어조사 재.
【말의 뜻】 誨(회):가르치다. 깨우치다. 逞所長(영소장):자기의 장점을 휘두름. 挾(협):믿고 의지함. 뽐냄. 凌(능):능멸하다. 괴롭히다. 天之戮民(천지육민):천벌을 받을 죄인. 戮은 罪.

【뜻 풀이】 하늘이 현명한 사람을 낸 것은 어리석은 대중(大衆)을 가르치게 함이다. 그런데 세상의 현명한 자들은 자기의 이 사명(使命)을 망

각(忘却)하고 도리어 뛰어난 학식과 재능을 휘둘러 어리석은 사람들을 농락(籠絡)하고 있다.

또 하늘이 부자를 만들어 준 것은 가난한 사람들을 구제하게 함이다. 그런데 세상의 부자들은 자기의 이 사명을 망각하고 도리어 부(富)를 기화로 가난한 사람들을 착취(搾取)하여 그들을 더욱 괴롭히고 있다. 이런 자들이야말로 천벌을 받아야 할 악인들이다.

219

至人何思何慮. 愚人不識不知. 可與論學 亦可與建
지인하사하려 우인불식부지 가여론학 역가여건
功. 唯中才的人 多一番思慮知識 便多一番億度猜疑
공 유중재적인 다일번사려지식 변다일번억탁시의
事事難與下手.
사사난여하수

지인(至人)이 무엇을 생각하고 무엇을 걱정하랴. 어리석은 사람은 아는 것도 없고 생각도 없는지라 더불어 학문을 논할 수 있고 더불어 공(功)도 세울 수 있다. 그러나 중간치 사람만은 한편 지식과 생각이 많고 한편 억측과 시의(猜疑)가 많은지라 일마다 더불어 하기가 어렵다.

【글자 뜻】 至:이를 지. 思:생각할 사. 慮:생각할 려. 識:알 식. 論:논할 론. 建:세울 건. 唯:오직 유. 番:차례 번. 億:추측할 억. 度:헤아릴 탁.

【말의 뜻】 至人(지인):도(道)의 극치에 이른 사람. 中才的人(중재적인):

지인(至人)과 우인(愚人)의 중간 사람. 億度(억탁):추측. 억측. 猜疑(시의):시기하고 의심함. 下手(하수):함께 일함.

【뜻 풀이】 지극한 현자(賢者)와 지극한 우인(愚人)은 지혜나 덕으로 볼 때에는 두 극단(極端)을 이루고 있으나 무아무심(無我無心), 마음이 텅 비어 있기는 마찬가지이다. 그러므로 이들은 서로 손잡고 학문도 논할 수 있고 더불어 일도 도모할 수 있을 것이다.

그러나 이 중간에 끼어 있는 인간들의 경우에는 그렇지 못하다. 그들은 생각도 있고 지식도 있으므로 억측도 하고 시기와 의심도 많다. 그러므로 그들과 손을 잡고 일을 하면 언제나 말썽이 생기게 마련이다.

220

口乃心之門. 守口不密 洩盡眞機. 意乃心之足. 防意不嚴 走盡邪蹊.
구내심지문 수구불밀 설진진기 의내심지족 방의 불엄 주진사혜

입은 곧 마음의 문이다. 입 지키기를 엄밀히 하지 않으면 진정한 기밀(機密)이 다 새어 나가리라.

뜻은 곧 마음의 발이다. 뜻 막기를 엄격히 하지 않으면 비뚠 길로 달아나 버리리라.

【글자 뜻】 乃:이에 내. 守:지킬 수. 密:빽빽할 밀. 洩:샐 설. 防:막을

방. 蹊:좁은길 혜.

【말의 뜻】 洩盡(설진):모두 누설되어 버림. 眞機(진기):진정(眞正)한 기밀(機密). 마음속의 비밀. 邪蹊(사혜):비뚠 길. 蹊는 소로(小路).

【뜻 풀이】 마음속 생각은 무엇이나 입을 통하여 밖으로 나오므로 입은 마음의 문호(門戶)에 해당된다. 그러므로 말을 삼가 입을 굳게 단속하지 않으면 마음속 기밀이 다 새어나오고 만다.

또 마음속 생각은 뜻을 세움으로써 실행의 제일보가 되는 것이니 뜻은 마음의 발에 해당된다. 그러므로 뜻의 활동을 엄격히 단속하지 않는다면 비뚠 길로 내닫기 쉬운 것이다.

221

責人者 原無過於有過之中 則情平. 責己者 求有過於無過之內 則德進.
책인자 원무과어유과지중 즉정평 책기자 구유과어무과지내 즉덕진

남을 꾸짖을 때에는 허물 있는 가운데서 허물없음을 찾아내라. 그리하면 감정이 평온하리라.

자기를 꾸짖을 때에는 허물없는 가운데서 허물 있음을 찾아내라. 그리하면 덕(德)이 자라날 것이다.

【글자 뜻】 責:꾸짖을 책. 過:지날 과, 허물 과. 進:나아갈 진.

【말의 뜻】 責人(책인):남의 허물을 꾸짖음. 原(원):찾아냄. 無過(무과):

허물이 없음. 情平(정평):감정이 평온함. 아무런 불평불만도 일어나지 않음.

【뜻 풀이】 세상 사람들은 흔히 남의 잘못은 엄하게 다스리고 자신의 잘못에는 관대하다. 그러나 남의 잘못을 다스릴 때에는 잘못 중에서도 무죄한 부분을 애써 찾아 관대히 타이르면 감동되어 잘못을 고치게 되고 불평불만도 싹트지 않는다.

한편 자기를 반성할 때에는 잘한 것 가운데에도 잘못은 없었는가를 스스로 엄격히 따져 냉혹(冷酷)하게 채찍질해야 덕행이 향상되는 법이다.

222

子弟者大人之胚胎. 秀才者士夫之胚胎. 此時 若火力
자 제 자 대 인 지 배 태 　 수 재 자 사 부 지 배 태 　 차 시 　 약 화 력

不到 陶鑄不純 他日 涉世立朝 終難成個令器.
부 도 　 도 주 불 순 　 타 일 　 섭 세 입 조 　 종 난 성 개 영 기

어린이는 어른의 씨앗이요, 수재(秀才)는 사대부(士大夫)의 씨앗이다. 만일 이때에 화력(火力)이 모자라 단련(鍛錬)이 완전하지 못하면 후일에 세상을 건너 조정(朝廷)에 설 때 마침내 훌륭한 그릇을 이루기 어렵다.

【글자 뜻】 弟:아우 제. 胚:아이 밸 배. 胎:아이 밸 태. 鑄:불릴 주. 純:순수할 순. 他:다를 타. 涉:건널 섭.

【말의 뜻】 子弟(자제):어린아이. 胚胎(배태):태아(胎兒). 알. 두 字 모두

새끼를 밴다는 뜻이나, 轉하여 사물의 원인이 되는 것을 뜻함. 秀才(수재):재주가 뛰어난 사람. 과거(科擧)에 급제한 사람. 士夫(사부):사대부(士大夫). 火力不到(화력부도):화력이 충분하지 않음. 陶鑄(도주):단련(鍛鍊)함. 陶는 질그릇을 굽는 일. 鑄는 쇠를 녹여 기물(器物)을 만드는 일. 不純(불순):완전하지 못함. 부전(不全). 令器(영기):훌륭한 그릇. 뛰어난 인물.

【뜻 풀이】 '될성부른 나무는 떡잎부터 다르다.' 는 말이 있다. 어린이는 어른의 떡잎이요, 고등고시(高等考試)에 합격한 신임 공무원은 장차 국정(國政)을 다스릴 고관(高官)의 떡잎이다.

교육과 훈련은 이 시기에 충분히 쌓아야 한다. 그렇지 못하다면 이 어린이가 자라 장차 세상에 나아가도 보잘 것 없는 사람이 될 것이요, 공무원이 장차 국정에 참여할지라도 훌륭한 인물이 되지 못할 것이다.

223

君子處患難而不憂 當宴遊而惕慮. 遇權豪而不懼 對惸獨而驚心.
군 자 처 환 난 이 불 우 당 연 유 이 척 려 우 권 호 이 불 구 대 경 독 이 경 심

군자(君子)는 환난(患難)에 처하여 근심하지 않고 즐거운 때를 당하여 근심하며, 권세 있는 사람을 만나 두려워하지 않고 외로운 사람을 대하여 마음 아파한다.

【글자 뜻】 患:근심 환. 憂:근심할 우. 宴:잔치 연. 惕:두려워할 척. 豪:호걸 호. 懼:두려워할 구. 惸:근심할 경. 驚:놀랄 경.

【말의 뜻】 宴遊(연유):주연(酒宴)을 베풀어 놂. 즐거운 때를 가리킴. 惕慮(척려):두려워하고 근심함. 權豪(권호):권문부호(權門富豪). 惸獨(경독):외로운 사람. 몸을 의지할 곳 없는 사람. 본래 惸은 형제가 없는 사람, 獨은 아들이 없는 사람을 가리킴. 驚心(경심):마음을 놀램. 동정(同情)함. 마음 아파함.

【뜻 풀이】 군자는 어려움 속에서는 근심 없이 태연자약(泰然自若)하지만 안일(安逸)과 쾌락 속에서는 마음이 해이(解弛)해지고 방탕해질까 두려워하고 근심하며, 권세가(權勢家) 앞에서는 조금도 두려워하지 않지만 불우(不遇)한 사람을 대하면 마음이 크게 움직여 동정하게 된다.

224

桃李雖艶 何如松蒼栢翠之堅貞. 梨杏雖甘 何如橙黃橘綠之馨冽. 信乎 濃夭不及淡久 早秀不如晩成也.
도리수염 하여송창백취지견정 이행수감 하여등황귤록지형례 신호 농요불급담구 조수불여만성야

복숭아꽃, 오얏꽃이 비록 곱지만 어찌 저 푸른 송백(松柏)의 굳은 절개만 하랴.

배와 살구가 비록 달지만 어찌 노란 유자(柚子)와 푸른 귤의 맑은 향기만 하랴!

진실로 알겠도다! 곱고 일찍 시드는 것은 담박(淡泊)하고 오래감만

못하며, 일찍 빼어남은 늦게 이룸만 못함을.

【글자 뜻】 桃:복숭아 도. 雖:비록 수. 艶:고울 염. 翠:푸를 취. 貞:곧을 정. 梨:배나무 이. 黄:누를 황. 橘:귤나무 귤. 馨:향기 형. 早:이를 조. 晩:늦을 만.

【말의 뜻】 松蒼柏翠(송창백취):푸르른 소나무와 잣나무. 소나무와 잣나무는 항상 푸르러 절개의 비유로 즐겨 사용된다. 堅貞(견정):굳은 정절(貞節). 橙黄橘綠(등황귤록):누런 유자(柚子)와 푸른 귤. 만성(晩成)을 의미한다. 馨冽(형례):맑은 향기. 馨은 향기로움. 冽는 맑고 깨끗함. 信乎(신호):진실로 알겠도다. 濃夭(농요):곱고 일찍 죽음. 淡久(담구):담박(淡泊)하고 오래 지속됨. 早秀(조수):일찍 뛰어남. 조숙(早熟). 晩成(만성):대기만성(大器晩成).

【뜻 풀이】 복숭아꽃, 오얏꽃이 비록 아름다우나 어찌 사철 변함없이 푸르른 소나무, 잣나무의 절개를 따를 수 있으며, 일찍 익는 배나 살구의 맛이 비록 달지만 한겨울에 익는 유자와 귤의 맑은 향기를 따를 수 있으랴!

역시 한때 성하다 바로 쇠퇴하느니보다 담담하게 오래 지속됨이 낫고, 일찍 두각(頭角)을 나타내는 것보다 노자(老子)의 말처럼 대기만성(大器晩成)함이 나음을 알겠도다.

225

風恬浪靜中 見人生之眞境. 味淡聲希處 識心體之本然.
풍 염 랑 정 중 견 인 생 지 진 경 미 담 성 희 처 식 심 체 지 본 연

바람 잠잠하고 물결 고요한 가운데 인생의 참된 경지를 볼 수 있고 맛 담담하고 소리 드문 곳에서 마음의 본 모습을 알 수 있다.

【글자 뜻】 恬:생각할 념. 靜:고요할 정. 境:지경 경. 希:바랄 희. 識:알 식.

【말의 뜻】 風恬(풍염):바람이 잠잠함. 恬은 조용하다, 평온하다. 眞境(진경):참된 경지. 希(희):드묾. 조용함. 稀의 뜻. 心體(심체):마음의 본체. 本然(본연):본래의 모습.

【뜻 풀이】 바람 거세고 물결 드높은 시끄러운 생활 속에서는 결코 인생의 진미(眞味)를 맛볼 수 없다. 평온무사한 때라야 마음도 평정(平靜)을 얻어 비로소 인생의 참 경지를 맛볼 수 있는 것이다.

또 맛있는 요리, 아름다운 음악 소리 가운데서는 마음의 본 모습을 볼 수 없다. 소박한 생활을 하며 세속의 소리가 멀어졌을 때 비로소 마음도 가라앉아 자기 마음의 본 모습을 알 수 있는 것이다.

채근담 후집

(菜根譚 後集)

인생의 행복과 불행은 다 마음이 만들어 내는 것이다. 그러므로 석가가 말하기를 '욕심의 불길이 치솟으면 그것이 곧 불구덩이의 세상이 되고, 물질에 얽매여 탐내고 아끼면 세상이 곧 고해(苦海)가 된다. 그러나 마음이 깨끗하고 고요하면 욕망의 불길이 꺼져 잔잔한 연못처럼 되고, 마음이 번쩍 미망(迷妄)에서 눈뜨면 이제까지 인생의 고해에서 방황하던 사람도 문득 그 배에서 내려 대오철저(大悟徹底)한 피안(彼岸)의 세계에 오르게 된다.' 고 했다.

이처럼 생각을 조금만 돌리면 그 경지(境地)가 판이하게 바뀌는 것이니 깊이 삼가지 않을 수 있으랴.

1

談山林之樂者 未必眞得山林之趣. 厭名利之談者 未必盡忘名利之情.
담산림지락자 미필진득산림지취 염명리지담자 미필진망명리지정

산림(山林)의 즐거움을 이야기하는 사람은 아직 산림(山林)의 맛을 진정 깨닫지 못한 것이요, 명리(名利)의 이야기를 싫어하는 사람은 아직 명리(名利)의 정(情)을 다 잊지 못한 것이다.

【글자 뜻】 談:말씀 담. 趣:달릴 취. 厭:싫을 염.

【말의 뜻】 山林(산림):자연. 전원생활(田園生活). 관직을 물러나 한거(閑居)하는 것을 말함. 名利(명리):명예와 이욕(利欲).

【뜻 풀이】 자연에 묻혀 사는 즐거움을 아는 체 떠드는 사람은 자연의 참맛을 모르는 사람이다. 자연의 참맛을 깨달은 사람은 자연의 즐거움을 함부로 입 밖에 내기를 꺼리는 법이며, 또 그 참맛이란 말로 쉽게 표현할 수도 없는 것이다.

그리고 명리(名利)에 대한 이야기를 꺼리는 사람은 진정으로 명리에 대한 욕망에서 벗어난 사람이 아니다. 진정 명예나 이익을 잊은 사람이라면 완전히 이를 초월(超越)하여 좋아하고 싫어할 여지도 없는 것이다.

2

釣水逸事也 尙持生殺之柄. 奕棋淸戲也 且動戰爭之
조 수 일 사 야　상 지 생 살 지 병　혁 기 청 희 야　차 동 전 쟁 지
心. 可見 喜事不如省事之爲適 多能不若無能之全眞.
심　가 견　희 사 불 여 생 사 지 위 적　다 능 불 약 무 능 지 전 진

낚시는 속세를 초월한 일이면서 오히려 살리고 죽이는 권리를 쥐고 있으며, 바둑과 장기는 고상한 놀이지만 또한 승패(勝敗)를 다투는 마음을 일으킨다. 가히 알리로다, 일을 좋아함은 일을 덜어 한가히 지냄만 못하고, 재능이 많음은 무능(無能)하여 본마음을 보전함만 못하다는 것을.

【글자 뜻】 釣:낚시 조. 柄:자루 병. 奕:클 혁. 戱:놀 희. 適:갈 적.

【말의 뜻】 釣水(조수):낚시. 逸事(일사):속세를 초월한 뛰어난 일. 逸은 '뛰어난, 즐거운'. 尙(상):오히려. 生殺之柄(생살지병):살리고 죽이는 권한. 柄은 '권세, 권력'. 奕棋(혁기):바둑과 장기. 奕은 弈과 통용됨. 淸戱(청희):고상한 놀이. 戰爭之心(전쟁지심):승패(勝敗)를 다투는 마음. 省事(생사):일을 덜음. 適(적):한가로움. 유유자적(悠悠自適). 全眞(전진):본연의 마음을 보전함.

【뜻 풀이】 낚시는 속세를 떠난 한가한 일이기는 하다. 그러나 거기에는 아직도 물고기를 잡으려는 속세의 마음이 남아 있다. 그리고 바둑과 장기는 고상한 놀음이기는 하다. 그러나 거기에는 아직도 승부(勝負)를 다투는 전쟁심이 작용하고 있다.

그러므로 일하기를 좋아함은 일을 줄여 일 없이 유유자적(悠悠自

適)함만 못하고, 다재다능(多才多能)함은 무재무능(無才無能)하여 자기의 타고난 본마음을 끝내 온전히 지킴만 못한 것이다.

3

鶯花茂而山濃谷艶 總是乾坤之幻境. 水木落而石瘦崖枯 纔見天地之眞吾.
앵화무이산농곡염 총시건곤지환경 수목락이석수애고 재견천지지진오

꾀꼬리 울어대고 꽃 다투어 피어 산이 풍성하고 골짜기의 아름다움은 모두 천지(天地)의 거짓 모습이요, 물 마르고 나뭇잎 떨어져 앙상한 바위, 황량한 언덕 드러나야 비로소 천지(天地)의 참 모습을 볼 수 있다.

【글자 뜻】 鶯:꾀꼬리 앵. 濃:짙을 농. 艶:고울 염. 總:거느릴 총. 瘦:파리할 수. 崖:벼랑 애. 纔:겨우 재. 吾:나 오.

【말의 뜻】 鶯花茂(앵화무):꾀꼬리가 울어대고 꽃이 만발함. 乾坤(건곤):천지(天地). 幻境(환경):거짓 모습. 水木落(수목락):물이 마르고 낙엽이 짐. 石瘦(석수):돌이 앙상함. 瘦는 '파리함, 야윔'. 崖枯(애고):초목(草木)이 시들어 메마른 언덕. 眞吾(진오):참 모습.

【뜻 풀이】 봄날의 꽃, 여름의 녹음, 가을의 단풍은 모두가 천지자연(天地自然)이 외물(外物)을 빌어 아름답고 풍성하게 꾸민 거짓 모습이다. 물기 마르고 낙엽 진 앙상한 언덕, 이것이 천지자연의 본래의 모습인

것이다.

이와 마찬가지로 부귀(富貴)와 영화(榮華)는 인생을 외물(外物)로 꾸민 거짓 모습에 불과하다. 이 온갖 허식(虛飾)을 다 벗어버릴 때 인생의 참 모습은 나타나는 것이다.

4

歲月本長 而忙者自促. 天地本寬 而鄙者自隘. 風花雪月本閒 而勞攘者自冗.
세월본장 이망자자촉 천지본관 이비자자애 풍화설월본한 이노양자자용

세월은 본래 길건마는 바쁜 자는 스스로 줄이고
천지(天地)는 본래 넓건마는 천한 자는 스스로 좁히며
바람과 꽃과 눈과 달은 본래 한가하건마는 악착같은 자는 스스로 분주하다.

【글자 뜻】 歲:해 세. 促:재촉할 촉. 鄙:더러울 비. 隘:좁을 애. 閒:한가할 한. 攘:물리칠 양. 冗:쓸데없을 용.

【말의 뜻】 促(촉):재촉함. 줄임. 寬(관):광대(廣大)함. 鄙者(비자):마음이 천한 사람. 隘(애):좁음. 風花雪月(풍화설월):춘화(春花), 하풍(夏風), 추월(秋月), 동설(冬雪). 勞攘者(노양자):악착같은 사람. 攘은 '쫓다, 훔치다'의 뜻. 冗(용):번거로움. 바쁨.

【뜻 풀이】 세월은 원래 끝남이 없지만 부질없이 바쁜 사람은 이를 짧게

줄이며, 천지는 원래 광대무변(廣大無邊)이지만 죄 지은 사람 숨을 곳은 없고, 봄 꽃 · 여름 바람 · 가을 달 · 겨울 눈은 언제나 철 따라 볼 수 있건만 세속 명리(名利)에 악착같은 사람은 이 아름다운 경치를 바라볼 줄 모르는 것이다.

5

得趣不在多. 盆池拳石間 煙霞具足. 會景不在遠. 蓬窓竹屋下 風月自賒
득취부재다 분지권석간 연하구족 회경부재원 봉창죽옥하 풍월자사

풍취(風趣)를 얻음은 많음에 있는 것이 아니다. 동이만한 작은 연못과 주먹만한 작은 돌 사이에도 산수(山水)의 경치가 모두 갖추어져 있다.

훌륭한 경치는 먼 데 있는 것이 아니다. 쑥대 우거진 초가집 아래에도 맑은 바람, 밝은 달은 스스로 뛰어난 법이다.

【글자 뜻】 趣:달릴 취. 盆:동이 분. 拳:주먹 권. 煙:연기 연. 霞:노을 하. 會:모일 회. 蓬:쑥 봉. 窓:창 창. 屋:집 옥. 賒:외상으로 살 사, 느릴 사.

【말의 뜻】 盆池(분지):동이만한 작은 연못. 拳石(권석):주먹만한 작은 돌. 煙霞(연하):본래 연기와 노을을 뜻하나 여기서는 轉하여 산수(山水)의 풍경을 의미함. 具足(구족):충분히 갖추어져 있음. 會景(회경):훌륭한 경치. 蓬窓竹屋(봉창죽옥):蓬窓은 쑥이 무성한 창, 竹屋

은 '대나무로 이은 집'의 뜻으로, 천한 자가 사는 집을 가리킴. 風月(풍월):청풍명월(淸風明月). 자연의 경치를 가리킴. 賒(사):한가함. 뛰어남.

【뜻 풀이】 아담한 정취(情趣)란 어마어마하게 크고 많이 늘어놓아야 얻을 수 있는 것은 아니다. 동이만한 작은 연못 하나와 주먹만한 돌 한 개만 있어도 자연의 멋을 다 맛볼 수가 있는 것이다.

또 훌륭한 경치란 반드시 멀리 명산대천(名山大川)을 탐방(探訪)해야만 볼 수 있는 것은 아니다. 청풍명월(淸風明月)은 오막살이 초가집에도 똑같이 찾아들거니와 자연의 한가한 참 경치야 어디엔들 없으랴. 사람들이 그것을 깨닫지 못할 뿐이다.

6

聽靜夜之鍾聲 喚醒夢中之夢 觀澄潭之月影 窺見身外之身.
청정야지종성 환성몽중지몽 관징담지월영 규견신외지신

고요한 밤에 종소리를 들으매 꿈속의 꿈을 불러 깨우고
맑은 연못의 달그림자를 보매 몸 밖의 몸을 엿보노라.

【글자 뜻】 聽:들을 청. 靜:고요할 정. 聲:소리 성. 喚:부를 환. 醒:깰 성. 觀:볼 관. 潭:못 담, 깊을 담. 窺:엿볼 규.

【말의 뜻】 喚醒(환성):불러 깨움. 夢中之夢(몽중지몽):꿈속에서 꾸는

꿈. 인생은 꿈이며 그 꿈의 세계에서 꾸는 꿈을 가리킴. 澄潭(징담): 맑은 연못. 窺見(규견): 엿봄. 身外之身(신외지신): 나의 육신(肉身) 이외의 몸, 즉 우주의 본체와 통일체인 몸.

【뜻 풀이】 밤 깊어 고요한 때 갑자기 '광—' 하고 길게 여운(餘韻)을 끌며 들려오는 절의 종소리는 '인생은 무상(無常)하다!', '꿈속의 꿈에서 깨어라!' 하고 들려오는 듯하다.

또 맑은 연못 속에 비친 또 하나의 달을 바라보면 누구나 내 몸도 이 육신 이외에 우주의 본체(本體)와 한 몸인 또 하나의 내가 있음을 깨닫게 될 것이다.

7

鳥語蟲聲 總是傳心之訣. 花英草色 無非見道之文.
조어충성 총시전심지결 화영초색 무비현도지문

學者要天機淸徹 胸次玲瓏 觸物皆有會心處.
학자요천기청철 흉차영롱 촉물개유회심처

새의 지저귐도 벌레 소리도 모두 이심전심(以心傳心)의 비결이요, 꽃잎도 풀빛도 진리를 나타내는 글 아님이 없다. 그러므로 배우는 이는 마땅히 마음을 맑게 하고 가슴속을 영롱하게 하여 듣고 보는 것마다 다 마음에 깨닫는 바가 있어야 한다.

【글자 뜻】 鳥: 새 조. 蟲: 벌레 충. 總: 거느릴 총. 傳: 전할 전. 徹: 통할 철. 胸: 가슴 흉. 玲: 옥소리 영. 瓏: 옥소리 롱. 觸: 닿을 촉.

【말의 뜻】 傳心之訣(전심지결):이심전심(以心傳心)의 비결. 마음에서 마음으로 직접 전해지는 심오한 이치. 見道之文(현도지문):우주의 진리를 나타내는 글. 天機(천기):천연적인 마음의 작용. 본심(本心)의 활동. 胸次(흉차):가슴속. 次는 中, 즉 '속'의 뜻. 玲瓏(영롱):찬란히 빛남. 會心(회심):마음에 깨달음.

【뜻 풀이】 새나 벌레의 울음소리 하나도 유심히 듣고 보면 우주 자연의 진리를 말해 주지 않음이 없고 들판의 꽃 한 송이, 풀 한 포기도 유심히 바라보면 모두가 우주 자연의 진리를 나타낸 글이다.

그러므로 이 진리를 알려는 사람은 마땅히 마음을 맑게 하고 가슴을 영롱하게 하여 듣는 소리, 보는 것마다에서 우주 자연이 보여 주는 진리를 깨달아야 한다.

8

人解讀有字書 不解讀無字書. 知彈有絃琴 不知彈無
인 해 독 유 자 서　부 해 독 무 자 서　지 탄 유 현 금　불 지 탄 무

絃琴. 以跡用 不以神用 何以得琴書之趣.
현 금　이 적 용　불 이 신 용　하 이 득 금 서 지 취

사람들은 글자 있는 책은 읽을 줄 알되 글자 없는 책은 읽을 줄 모르며, 현(絃) 있는 거문고는 탈 줄 알되 현 없는 거문고는 탈 줄 모른다.

형체 있는 것만 사용할 줄 알고 정신을 쓸 줄 모른다면 거문고와 책의 참맛을 어찌 깨달을 수 있으랴!

【글자 뜻】 解:풀 해. 讀:읽을 독. 彈:탄알 탄, 탈 탄. 絃:악기줄 현. 琴:거문고 금. 跡:자취 적.

【말의 뜻】 有字書(유자서):문자(文字)로 씌어진 책. 無字書(무자서):문자로 씌어지지 않은 책. 우주의 삼라만상(森羅萬象)을 가리킴. 우주의 삼라만상은 우주의 진리를 나타내는 글자 없는 책이라고도 할 수 있다. 無絃琴(무현금):현(絃)이 없는 거문고. 천지자연의 모든 소리를 가리킴. 跡用(적용):사물의 외형·형체를 이용함. 즉 사물의 외형·형체에 구애됨. 神(신):정신.

【뜻 풀이】 세상 사람들은 책에서 진리(眞理)를 찾으려 할 뿐, 우주의 대진리가 담겨 있는 삼라만상(森羅萬象)은 깨닫지 못하고 있다. 또 거문고 소리를 음악으로 즐기려 할 뿐 우주의 대음악인 자연의 소리를 즐길 줄 모른다.

이는 모두 형체 있는 것에만 얽매여 정신을 쓸 줄 모르기 때문이니 이러고서야 어찌 글의 진리나 거문고의 멋을 깨달을 수 있으랴.

9

心無物欲 卽是秋空霽海 坐有琴書 便成石室丹丘.
심 무 물 욕 즉 시 추 공 제 해 좌 유 금 서 변 성 석 실 단 구

마음에 물욕(物欲)이 없으면 이것이 곧 가을 하늘, 갠 바다요,
자리에 거문고와 책이 있으면 이것이 곧 신선(神仙)이 사는 곳이다.

【글자 뜻】物:만물 물. 慾:욕심 욕. 霽:갤 제. 室:집 실. 丘:언덕 구.
【말의 뜻】霽海(제해):맑게 갠 잔잔한 바다. 霽는 '맑게 개다'의 뜻. 琴書(금서):거문고와 한두 권의 책. 石室(석실):석굴(石窟). 신선이 사는 곳. 丹丘(단구):밤이나 낮이나 항상 밝으며 신선이 산다는 언덕. 선향(仙鄕).

【뜻 풀이】사람은 마음에 욕심이 있으면 가슴속에 번뇌(煩惱)와 망상(妄想)이 끊일 사이가 없다. 그러므로 마음에 욕심이 없는 사람은 마치 구름 한 점 없는 가을 하늘이나 끝없이 잔잔한 대양(大洋)과 같이 넓고 깨끗한 마음을 지니게 되는 것이다.

그리고 옆에 항상 거문고와 책을 놓고 여유 있게 생활하는 사람은 언제나 마음이 즐겁고 깨끗하여 신선의 세계에서 살게 되는 것이다.

10

賓朋雲集 劇飮淋漓樂矣. 俄而漏盡燭殘 香銷茗冷 不覺反成嘔咽 令人索然無彌. 天下事率類此. 人奈何不早回頭也.

빈붕운집 극음임리락의 아이루진촉잔 향소명랭 불각반성구열 영인삭연무미 천하사솔유차 인내하부조회두야

손님과 벗들이 구름처럼 모여들어 진탕 술을 마시며 즐기다가 이윽고 시간이 다하여 촛불이 가물거리고 향불이 꺼지며 차[茶]도 식어버리고 나면, 모르는 사이에 흐느낌이 되어 사람으로 하여금 한없이 쓸쓸하게 한다.

세상 모든 일이 다 이와 같거늘 사람들은 어찌하여 빨리 생각을 돌리지 않는 것일까?

【글자 뜻】 賓:손 빈. 集:모일 집. 飮:마실 음. 漓:스며들 리. 漏:샐 루. 殘:해칠 잔, 없앨 잔. 銷:녹일 소, 사라질 소. 咽:목멜 열. 率:거느릴 솔. 類:무리 유.

【말의 뜻】 賓朋(빈붕):손님과 벗. 劇飮(극음):술을 몹시 마심. 淋漓(임리):줄줄 흐르는 모양. 淋은 물방울이 떨어지는 모양. 漓는 물이 배어 들어가는 모양. 여기서는 오래도록 술을 진탕 마시는 것을 뜻함. 俄而(아이):이윽고. 갑자기. 漏(루):물시계. 燭殘(촉잔):초가 다하여 촛불이 가물거림. 殘은 '쇠약해지다'의 뜻. 銷(소):꺼지다. 사라지다. 茗(명):차[茶]. 嘔咽(구열):흐느끼다. 咽은 '목구멍'의 뜻일 때에는 '인'으로, '목이 메다'의 뜻일 때에는 '열'로 읽음. 索然(삭연):쓸쓸함. 흥이 깨진 모양. 率(솔):모두. 回頭(회두):생각을 고침.

【뜻 풀이】 즐거운 놀이도 아쉬움을 남긴 채 끝내는 것이 좋다. 다정한 벗들이 많이 모여 마음껏 술을 마시면서 노래하고 춤출 때는 즐겁다. 그러나 밤도 이슥하여 화로의 불도 꺼지고 차도 식고 촛불마저 가물거릴 때쯤이면 즐거움은 온데간데없고 흐느껴 울고 싶을 정도로 처량해진다.

세상의 부귀공명(富貴功名)도 이와 같이 극단까지 몰고 가면 반드시 후회하게 되는 법이다. 한 걸음 빨리 생각을 돌려 반성하고 적당한 때에 그쳐야 하는 것이다.

11

會得個中趣 五湖之煙月 盡入寸裡. 破得眼前機 千古之英雄 盡歸掌握.
회득개중취 오호지연월 진입촌리 파득안전기 천고지영웅 진귀장악

사물 속에 깃든 참맛을 깨닫는다면 천하(天下)의 아름다운 경치도 다 마음속에 들어올 것이요,

눈앞에서 일어나는 자연의 묘한 작용을 깨닫는다면 천고(千古)의 뛰어난 영웅들도 다 손아귀에 들어올 것이다.

【글자 뜻】 個:낱 개. 煙:연기 연. 盡:다될 진. 破:깨뜨릴 파. 雄:수컷 웅. 歸:돌아갈 귀. 掌:손바닥 장. 握:쥘 악.

【말의 뜻】 會得(회득):깨달음. 五湖(오호):중국 고대의 경치가 아름다운 다섯 개의 호수로 요주(饒州)의 파양호(鄱陽湖), 윤주(潤州)의 단양호(丹陽湖), 악주(岳州)의 청초호(青草湖), 악주(鄂州)의 동정호(洞庭湖), 소주(蘇州)의 태호(太湖). 煙月(연월):풍경. 경치. 연하풍월(煙霞風月). 寸裡(촌리):마음속. 眼前機(안전기):눈앞에서 일어나는 천지자연의 묘한 작용. 掌握(장악):손아귀에 들어옴. 마음대로 함.

【뜻 풀이】 하나하나의 자연 속에 깃들어 있는 참맛을 깨닫는다면 구태여 돌아다니지 않아도 천하 명승지(名勝地)의 뛰어난 경치들이 절로 마음속으로 흘러 들어오고, 눈앞에서 이루어지는 사물의 변화하는 작용을 깨닫는다면 저 천고(千古)의 영웅호걸(英雄豪傑)들도 다 손안에 넣고 희롱할 수가 있는 것이다.

12

山河大地 已屬微塵 而況塵中之塵. 血肉身軀 且歸泡
산하대지 이속미진 이황진중지진 혈육신구 차귀포
影 而況影外之影. 非上上智 無了了心.
영 이황영외지영 비상상지 무요료심

산하(山河)와 대지(大地)도 이미 하나의 작은 티끌이거늘 하물며 티끌 속의 티끌에 있어서랴!

우리의 육체도 물거품과 그림자에 지나지 않거늘 하물며 그림자 밖의 그림자에 있어서랴!

최상의 지혜가 아니면 환히 깨닫는 밝은 마음도 없을 것이다.

【글자 뜻】 屬:엮을 속. 塵:티끌 진. 軀:몸 구. 泡:거품 포. 影:그림자 영. 況:하물며 황.

【말의 뜻】 況(황):하물며. 더욱 더. 塵中之塵(진중지진):작은 티끌 중의 티끌. 모든 생물을 가리킴. 血肉身軀(혈육신구):피와 살과 몸뚱이. 우리의 육체를 가리킴. 泡影(포영):물거품과 그림자. 무상(無常)함을 비유한 말. 影外之影(영외지영):그림자 밖의 그림자. 부귀공명(富貴功名)을 가리킴. 上上智(상상지):최상의 지혜. 了了心(요료심):환히 깨닫는 밝은 마음.

【뜻 풀이】 우주(宇宙) 안의 모든 사물은 무엇 하나 영원히 존재할 수 있는 것이 없는 법이다. 이 지구도 언젠가는 한 줌의 먼지가 될 것이다. 그러니 이 먼지 속에서 사는 먼지에 불과한 우리 인간이야 어떠하겠는가?

인간의 육체는 머지않아 물거품이나 그림자처럼 사라져버린다. 그러니 그림자 밖의 그림자와 같은 부귀공명(富貴功名) 따위야 어떻겠는가? 그렇지만 이런 진리를 깨닫는 밝은 지혜를 가진 사람만이 일체의 집착에서 벗어나 밝은 마음을 지닐 수 있는 것이다.

13

石火光中 爭長競短 幾何光陰. 蝸牛角上 較雌論雄 許大世界.
석화광중 쟁장경단 기하광음 와우각상 교자논웅 허대세계

석화(石火)의 빛 속에서 길고 짧음을 다툰들 그 세월이 얼마나 길랴!
달팽이 뿔 위에서 자웅(雌雄)을 겨룬들 그 세계가 얼마나 크랴!

【글자 뜻】 爭:다툴 쟁. 競:겨룰 경. 蝸:달팽이 와. 雌:암컷 자. 雄:수컷 웅. 許:허락할 허.

【말의 뜻】 石火光(석화광):돌과 돌이 부딪쳐 번쩍 하고 일어나는 불. 극히 짧은 시간을 비유한 말. 許大(허대):얼마나 크랴.

【뜻 풀이】 인생은 마치 돌이 한 번 부딪쳐 번쩍 하는 순간에 불과하다. 사람들이 그 속에서 길고 짧음을 다투어 이긴들 얼마나 오래이겠는가.

세상은 마치 달팽이 뿔 위만큼이나 작은 것에 불과하다. 사람들이 그 위에서 자웅(雌雄)을 다투어 이긴들 차지하는 땅이 얼마나 크겠는

가. 모름지기 눈을 크게 떠 인생의 시야(視野)를 넓힐 일이다.

14

寒燈無焰 敝裘無溫 總是播弄光景. 身如槁木 心似死
한등무염 폐구무온 총시파롱광경 신여고목 심사사
灰 不免墮在頑空.
회 불면타재완공

불 꺼진 등잔에 불꽃이 없고, 해진 털가죽 옷에 따스함이 없음은 다 외면적인 광경만을 농락함이요, 육체가 말라 죽은 나무 같고 마음이 싸늘한 재 같음은 완공(頑空)에 떨어짐을 면치 못한다.

【글자 뜻】 寒:찰 한. 燈:등잔 등. 敝:해칠 폐. 溫:따뜻할 온. 播:뿌릴 파. 弄:희롱할 롱. 槁:마를 고. 免:면할 면. 墮:떨어질 타.

【말의 뜻】 寒燈(한등):불 꺼진 등잔. 敝裘(폐구):떨어진 털가죽 옷. 播弄(파롱):마구 조롱함. 희롱함. 光景(광경):외면적인 모습. 槁木(고목):말라죽은 나무. 고목(枯木). 死灰(사회):불이 꺼져 싸늘한 재. 頑空(완공):그릇된 견해를 고집함. 사람의 몸도 마음도 공적(空寂)이라고 하는 소승불교(小乘佛敎)의 설(說)을 말한다.

【뜻 풀이】 등불이 기름이 없어 꺼져가며 가물거리고 털가죽 옷이 다 해져 차갑다면 이는 검소(儉素)를 지난 살풍경(殺風景)이요, 몸은 죽은 나무 같고 마음은 싸늘하게 식은 재 같다면 이는 오도(悟道)를 지나 허무(虛無)로 타락한 것이니 이런 것이 어찌 유익함이 있으랴.

15

人肯當下休 便當下了. 若要尋個歇處 則婚嫁雖完 事
인 긍 당 하 휴 변 당 하 료 약 요 심 개 헐 처 칙 혼 가 수 완 사

亦不少. 僧道雖好 心亦不了. 前人云 如今休去便休
역 불 소 승 도 수 호 심 역 불 료 전 인 운 여 금 휴 거 변 휴

去 若覓了時無了時. 見之卓矣.
거 약 멱 료 시 무 료 시 견 지 탁 의

사람이 굳이 즉시 그 자리에서 쉬면 곧 그곳에서 깨달을 수 있으나 만일 따로 쉴 때를 찾는다면 아들 장가들이고 딸 시집보낸 뒤에도 여전히 일이 많은 법이다.

승려와 도사(道士)가 좋다 하나 마음은 역시 깨닫지 못하리라.

옛사람이 이르기를 '당장 쉬면 쉴 수 있으나 만일 끝날 때를 찾는다면 끝날 때가 없으리라.' 했거니와 진실로 탁견(卓見)이로다.

【글자 뜻】 肯:옳이 여길 긍. 尋:찾을 심. 歇:쉴 헐. 婚:혼인할 혼. 嫁:시집갈 가. 僧:중 승. 卓:높을 탁.

【말의 뜻】 肯(긍):즐겨. 굳이. 當下(당하):즉시. 休(휴):멈춤. 은퇴함. 了(료):깨닫다. 歇處(헐처):쉴 곳. 歇은 쉬다, 그치다. 婚嫁(혼가):아들을 장가들이고 딸을 시집보냄. 完(완):완료(完了). 僧道(승도):승려와 도사(道士). 前人(전인):고인(古人). 覓(멱):찾다. 卓(탁):탁견(卓見).

【뜻 풀이】 사람은 누구나 생각났을 그 당장에 세속(世俗)의 욕심을 끊고 도(道)를 구하면 진리를 깨달을 수 있는 것이다. 하지만 세속 일을 다 정리해 놓고 도를 닦으려 한다면 죽을 때까지 진리는 깨닫지 못할 것

이다.

속세를 떠난 승려나 도사(道士)도 마음에 세속 일이 오락가락하면 진리는 깨닫지 못하는 법이다. 그러기에 쉬고 싶은 때 곧 쉬어야지, 쉴 날을 찾는다면 일은 영원히 끝나지 않을 것이다.

16

從冷視熱 然後知熱處之奔走無益. 從冗入閒 然後覺
종냉시열 연후지열처지분주무익 종용입한 연후각
閒中之滋味最長.
한중지자미최장

냉정한 마음으로 열광(熱狂)했을 때를 바라본 뒤에라야 열광할 때의 분주함이 무익(無益)함을 알게 되고
번거로움에서 한가함에 들어간 뒤에라야 한가한 가운데의 재미가 가장 길다는 것을 깨닫게 된다.

【글자 뜻】 從:좇을 종. 熱:더울 열. 覺:깨달을 각. 滋:불을 자. 味:맛 미.

【말의 뜻】 從(종):~로부터. '自'의 뜻. 冷(냉):냉정(冷靜). 熱(열):열광(熱狂). 冗(용):번거로움. 분주함.

【뜻 풀이】 일에 광분(狂奔)했을 때에는 판단이 서지 않는다. 열이 식은 뒤에 생각해 보아야 비로소 그 어리석었음을 깨닫게 된다. 또 바쁜 속에서는 한가한 맛을 모른다. 시끄러운 가운데 있다가 한가한 곳에 나

아가야 비로소 한가한 재미가 얼마나 유장(悠長)한가를 깨달을 수 있는 것이다.

17

有浮雲富貴之風 而不必巖棲穴處. 無膏肓泉石之癖
유 부 운 부 귀 지 풍　이 불 필 암 서 혈 처　무 고 황 천 석 지 벽
而常自醉酒耽詩.
이 상 자 취 주 탐 시

부귀(富貴)를 뜬구름처럼 여기는 기풍(氣風)이 있을지라도 반드시 바위굴에서 살아야 하는 것은 아니며, 자연(自然)을 좋아하는 버릇은 없을지라도 항상 스스로 술에 취하고 시(詩)를 읊어야 할 것이다.

【글자 뜻】 浮:뜰 부. 巖:바위 암. 棲:살 서. 膏:살찔 고. 肓:명치끝 황. 癖:적취 벽. 醉:취할 취. 耽:즐길 탐.

【말의 뜻】 浮雲富貴(부운부귀):부귀(富貴)를 뜬구름같이 여김. 巖棲穴處(암서혈처):속세를 떠나 심산유곡(深山幽谷)에서 생활함. 膏肓泉石(고황천석):산수(山水)를 너무도 좋아하여 불치의 병이 됨. 膏는 심장의 아랫부분, 肓은 횡격막의 윗부분. 따라서 膏肓은 심장과 횡격막 사이 부분을 가리키는 것으로 이 부분은 어떤 약의 힘도 미치지 못하고 어떤 명의(名醫)도 고칠 수 없는 곳, 轉하여 불치의 병을 의미한다. 泉石은 산수(山水), 자연. 耽詩(탐시):시(詩)를 탐영(耽詠)함.

【뜻 풀이】 부귀공명(富貴功名)을 뜬구름처럼 가벼이 안다고 하여 속세

(俗世)를 등질 필요까지는 없다. 세속(世俗) 가운데 살면서 그런 기풍을 지녀야 하는 것이다.

또 아름다운 산수(山水)를 찾아다니지는 않더라도 세속에 때가 묻어서는 안 된다. 홍진(紅塵)에 묻혀 지내면서도 항상 시주(詩酒), 즉 자연을 벗하는 마음이 필요한 것이다.

18

競逐聽人 而不嫌盡醉. 恬淡適己 而不誇獨醒. 此釋
경 축 청 인 이 불 혐 진 취 염 담 적 기 이 불 과 독 성 차 석
氏所謂 不爲法纏 不爲空纏 身心兩自在者.
씨 소 위 불 위 법 전 불 위 공 전 신 심 양 자 재 자

명리(名利)의 다툼은 남들에게 맡겨 모두가 명리에 취해 있어도 미워하지 말고, 고요하고 담박(淡泊)함은 내가 즐겨하되 나 홀로 깨어 있음을 자랑하지 말라. 이런 사람이야말로 불교에서 말하는 바와 같이 '법(法)에도 매이지 않고 공(空)에도 매이지 않아' 몸과 마음이 다 자유로운 사람이다.

【글자 뜻】 逐:쫓을 축. 嫌:싫어할 혐. 誇:자랑할 과. 釋:풀 석. 謂:이를 위. 纏:얽힐 전. 兩:두 양.

【말의 뜻】 競逐(경축):명리(名利)를 다툼. 聽人(청인):남에게 맡김. 醉(취):명리 다툼에 취해 있음. 恬淡(염담):명리를 탐내는 마음이 없어 담박(淡泊)함. 恬은 마음이 평정(平靜)함. 適己(적기):내가 즐김. 獨醒(독성):다른 사람들이 명리에 취해 있는데 나 혼자 깨어 있음. 釋

氏(석씨):석가(釋迦). 불교. 法纏(법전):법(法)에 얽매임. 法은 불교에서 말하는 일체의 제법(諸法)으로, 만물(萬物)을 가리킴. 纏은 속박하다, 얽매이다. 空(공):공적(空寂). 自在(자재):자유로움. 자유자재(自由自在).

【뜻 풀이】 사람들이 서로 다투는 부귀공명(富貴功名)은 남들에게 내맡기고, 나는 사람들이 거들떠보지 않는 고요함과 맑음이나 차지하리라. 그리하여 세상 사람들이 부귀공명을 좇느라고 취해 있어도 미워하지 않고 나 홀로 맑은 정신임을 자랑하지도 않으리라.

이것이 바로 불교에서 말하는 '만물에도 얽매이지 않고 허무에도 얽매이지 않아' 몸과 마음을 자유자재로 지니는 길인 것이다.

19

延促由於一念 寬窄係之寸心. 故機閒者 一日遙於千古 意廣者 斗室寬若兩間.
연촉유어일념 관착계지촌심 고기한자 일일요어천고 의광자 두실관약양간

세월의 길고 짧음은 한 생각에 달려 있고, 공간의 넓고 좁음은 마음에 달려 있다.

그러므로 마음의 활동이 한가로운 사람에게는 하루가 천 년보다 길고, 뜻이 넓은 사람에게는 한 간 방도 하늘과 땅 사이만큼 넓다.

【글자 뜻】 延:끌 연. 寬:너그러울 관. 窄:좁을 착. 係:걸릴 계. 廣:넓

을 광.

【말의 뜻】 延促(연촉):시간의 길고 짧음. 寬窄(관착):공간의 넓고 좁음. 係(계):매어 있음. 달려 있음. 寸心(촌심):마음. 寸은 方寸. 機閒(기한):마음의 활동이 한가로움. 遙(요):멀다. 아득하다. 斗室(두실):말[斗] 정도 크기의 방. 몹시 작은 방. 兩間(양간):하늘과 땅 사이.

【뜻 풀이】 세월의 길고 짧음도 생각하기에 달려 있고, 세상의 넓고 좁음도 마음먹기에 달려 있다. 마음이 유한(愁閒)한 사람에게는 하루가 천년처럼 길고, 뜻이 넓은 사람에게는 오막살이도 우주 공간(宇宙空間)처럼 넓은 것이다.

20

損之又損 栽花種竹 儘交還烏有先生. 忘無可忘 焚香
손 지 우 손　재 화 종 죽　진 교 환 오 유 선 생　망 무 가 망　분 향
煮茗 總不問白衣童子.
자 명　총 불 문 백 의 동 자

욕심을 덜고 덜어 꽃 가꾸고 대[竹] 심으니, 오유 선생(烏有先生)이 되었도다.

세상일 모두 잊고 향 피우고 차 끓이니 백의동자(白衣童子)가 무엇에 필요하리.

【글자 뜻】 損:덜 손. 栽:심을 재. 儘:다할 진. 還:돌아올 환. 烏:까마귀 오. 焚:불사를 분. 童:아이 동.

【말의 뜻】 損之又損(손지우손):욕심을 줄이고 또 줄임. 儘(진):다하다. 盡과 同字. 交還(교환):반환(返還). 烏有先生(오유 선생):사마상여(司馬相如)의 자허부(子虛賦)에 나오는 우화적(寓話的) 인물로, 烏有란 '어찌 있으랴?', 즉 無의 뜻. 忘無可忘(망무가망):아무것도 잊어버릴 것이 없을 때까지 잊음. 무아(無我)의 상태를 가리킴. 茗(명):차[茶]. 白衣童子(백의동자):도연명(陶淵明)의 고사(故事)에서 나온 말. 여기서 童子는 앞에 나온 烏有先生에 대해 비하(卑下)하여 사용한 말. '不問白衣童子'는 술을 가지고 오는 사람도 필요치 않다는 뜻.

【뜻 풀이】 물욕(物慾)을 다 버리고 꽃과 대나무를 심어 풍류(風流)를 즐기니 이 몸이 그대로 곧 무(無)요, 세상일을 다 잊고 향 피워 놓고 차를 달여 마시니 술이 없어도 곧 무아(無我)의 경지로다.

21

都來眼前事 知足者仙境 不知足者凡境. 總出世上因
도래안전사 지족자선경 부지족자범경 총출세상인

善用者生機 不善用者殺機.
선용자생기 불선용자살기

눈앞에 닥쳐오는 모든 일은 족한 줄 알면 선경(仙境)이나 족한 줄 모르면 속경(俗境)이요, 세상에 나타나는 모든 인연은 잘 쓰면 살리는는 작용을 하지만 잘못 쓰면 죽이는 작용을 하게 된다.

【글자 뜻】 都:도읍 도, 모두 도. 境:지경 경. 殺:죽일 살.

【말의 뜻】 都來眼前事(도래안전사) : 눈앞에 닥쳐오는 모든 일. 의(衣) · 식(食) · 주(住)를 비롯한 모든 일. 仙境(선경) : 세속의 물욕을 떠난 선인(仙人)의 경지. 凡境(범경) : 범인(凡人)의 경지. 속경(俗境). 出世上因(출세상인) : 세상에 나타나는 모든 인연. 生機(생기) : 살리는 작용.

【뜻 풀이】 의(衣) · 식(食) · 주(住)를 비롯한 모든 것에 대하여 만족할 줄 아는 사람에게는 이 세상이 선경(仙境)이지만 만족을 모르는 사람에게는 괴로운 속경(俗境)이다.

또 시시각각(時時刻刻)으로 일어나는 모든 일의 인연은 그것을 선용(善用)하면 인간과 만물을 살리는 작용을 하지만 이것을 악용(惡用)하면 죽이는 작용을 하는 것이다.

22

趨炎附勢之禍 甚慘亦甚速. 棲恬守逸之味 最淡亦最長.
추 염 부 세 지 화 심 참 역 심 속 서 염 수 일 지 미 최 담 역 최 장

권력에 달라붙고 세력에 달라붙는 재앙은 몹시 참혹하고 몹시 빠르며, 고요함에 살고 편안함을 지키는 맛은 가장 맑고 가장 오래간다.

【글자 뜻】 趨 : 달릴 추, 붙좇을 추. 附 : 붙을 부. 勢 : 기세 세. 甚 : 심할 심. 慘 : 참혹할 참. 棲 : 살 서.

【말의 뜻】 趨炎(추염) : 권력이 강한 자에게 달라붙음. 趨는 '~을 향해 달려가다'. 炎은 '권력이 강함' 附勢(부세) : 권세에 달라붙음. 棲恬守

逸(서염수일):고요함에 살고 편안함을 지킴. 恬은 '명리(名利)를 탐내는 마음이 없어 평정(平靜)함'

【뜻 풀이】 권세 있는 사람에게 붙좇아 사는 사람은 그 권세가 하루아침에 실각(失脚)하면 따라서 재앙을 당하기 때문에 그 재앙이 빠르고도 비참하다. 이와 반대로 욕심 없이 고요한 경지에서 편안히 사는 즐거움은 담박(淡泊)하고 끝남이 없는 것이다.

23

松澗邊 携杖獨行 立處 雲生破衲. 竹窓下 枕書高臥 覺時 月侵寒氈.
송간변 휴장독행 입처 운생파납 죽창하 침서고와 각시 월침한전

소나무 우거진 산골짜기의 시냇가에 지팡이 끌고 홀로 가다가 문득 서니 흰 구름이 해어진 옷에서 일어나고, 대나무 창(窓) 아래 책을 베고 누워 편안하게 잠을 자다가 문득 깨어 보니 밝은 달빛이 낡은 담요에 스미어 있네.

【글자 뜻】 松:소나무 송. 邊:가 변. 携:끌 휴. 破:깨뜨릴 파. 衲:기울 납. 枕:베개 침. 侵:침노할 침. 氈:모전 전.

【말의 뜻】 松澗(송간):소나우 우거진 산골짜기의 시냇물. 澗은 산골짜기의 물. 破衲(파납):해어진 누더기 옷. 衲은 승려가 입는 옷. 高臥(고와):본래 세속의 번거로움을 버리고 뜻을 높이 하여 고요하게 살아가

는 것을 의미하지만 여기서는 편안하게 잠을 자는 것을 뜻함. 寒氈(한전):낡은 담요. 氈은 본래 솜털로 만든 모직물을 뜻함.

【뜻 풀이】 소나무 울창한 맑은 냇가를 지팡이를 끌면서 유유히 걷노라면 골짜기에서 일어나는 흰 구름은 마치 자기의 헌 옷자락에서 피어나는 것같이 느껴진다. 또 대나무 우거진 창가에 한가히 누워 책을 읽다 잠이 들어 문득 깨어 보니 어느덧 밝은 달이 창문을 뚫고 들어와 낡은 담요를 환히 비추고 있다.

가난한 삶 속에도 마음만 먹으면 이처럼 속세를 떠난 선경(仙境)이 있는 것이다.

24

色慾火熾 而一念及病時 便興似寒灰. 名利飴甘 而一想到死地 便味如嚼蠟. 故人常憂死慮病 亦可消幻業而長道心.
색욕화치 이일념급병시 변흥사한회 명리이감 이일상도사지 변미여작랍 고인상우사려병 역가소환업이장도심

색욕(色慾)이 불길처럼 타오를지라도 한 생각이 병든 때에 미치면 문득 흥(興)이 식은 재 같아지고, 명리(名利)가 엿처럼 달지라도 한 생각이 죽는 처지에 이르면 문득 맛이 밀랍(密蠟)을 씹는 것 같아진다.

그러므로 사람이 항상 죽음을 근심하고 병을 걱정한다면 가히 헛된 짓을 버리고 참마음을 기를 수 있을 것이다.

【글자 뜻】 熾:성할 치. 灰:재 회. 飴:엿 이. 嚼:씹을 작. 蠟:밀 납. 消:사라질 소. 業:업 업.

【말의 뜻】 火熾(화치):불길처럼 타오름. 寒灰(한회):불이 꺼져 싸늘한 재. 飴甘(이감):엿처럼 닮. 飴는 엿. 死地(사지):죽는 처지. 임종(臨終). 嚼蠟(작랍):밀랍(蜜蠟)을 씹음. 아무 맛도 없음을 의미함. 嚼은 씹다. 맛보다. 幻業(환업):헛된 짓. 색욕(色慾)과 명리(名利) 등 세속적인 일을 가리킴. 業은 소행, 짓. 道心(도심):참마음. 불교에서 말하는 보리심(菩提心).

【뜻 풀이】 색욕(色慾)이 불처럼 치솟다가도 병들게 되었을 때를 생각한다면 금세 흥취가 식은 재처럼 꺼져 버린다. 또 명리(名利)의 맛이 엿처럼 달다가도 생각이 죽음에 미치면 금세 초를 씹는 맛으로 변해버린다.

그러므로 사람은 항상 병들고 죽을 때를 생각하면 색욕과 명리를 삼가고 참마음을 기르게 될 것이다.

25

爭先的徑路窄 退後一步 自寬平一步. 濃艶的滋味短
쟁 선 적 경 로 착 퇴 후 일 보 자 관 평 일 보 농 염 적 자 미 단
清淡一分 自悠長一分.
청 담 일 분 자 유 장 일 분

앞을 다투는 길은 좁으니 한 걸음 뒤로 물러나면 절로 한 걸음만큼 넓고 평평해지며, 짙고 고운 맛은 짧으니 일 푼[分]만 맑고 옅게 하면

절로 일 푼만큼 길어질 것이다.

【글자 뜻】 爭:다툴 쟁. 徑:지름길 경. 寬:너그러울 관. 濃:짙을 농. 味:맛 미. 淡:묽을 담. 悠:멀 유.

【말의 뜻】 徑路(경로):소로(小路). 窄(착):좁음. 狹과 같은 뜻. 寬平(관평):넓고 평평함. 濃艶(농염):짙고 아름다움. 농후염려(濃厚艶麗). 淸淡(청담):맑고 엷음. 청아담백(淸雅淡白). 悠長(유장):오랫동안 계속됨. 悠는 멂. 오래감.

【뜻 풀이】 부귀공명은 누구나 다투기 때문에 그 길은 좁고 험하다. 이런 데서는 한 걸음 뒤처져 가는 것이 안전하다. 또 부귀공명의 맛은 고기처럼 맛있다. 그러나 맛있는 음식은 곧 싫증나며 맛이 담담한 밥이나 된장국은 언제 먹어도 싫증나지 않는다. 인생의 맛도 이런 담박(淡泊)한 것이라야 오래가는 법이다.

26

忙處不亂性 須閒處心神養得淸. 死時不動心 須生時事物看得破.
망처불란성 수한처심신양득청 사시부동심 수생시 사물간득파

바쁜 때에 본성(本性)을 어지럽히지 않으려면 모름지기 한가한 때에 정신을 맑게 길러야 하고

죽을 때에 마음을 움직이지 않게 하려면 모름지기 살아 있을 때에

사물의 참모습을 간파(看破)해야 한다.

【글자 뜻】忙:바쁠 망. 亂:어지러울 난. 養:기를 양. 看:볼 간.

【말의 뜻】忙處(망처):바쁜 때. 不亂性(불란성):본성을 어지럽히지 않음. 須(수):모름지기. 閒處(한처):한가한 때. 閒은 閑과 同字. 心神(심신):마음. 정신. 養得淸(양득청):맑게 기름. 잘 단련(鍛鍊)해 둠. 事物看得破(사물간득파):사물의 참모습을 간파함. 사물의 이치를 간파함. 생사(生死)의 이치를 깨닫는 것으로 볼 수도 있다.

【뜻 풀이】아무리 다급한 때를 당할지라도 본성(本性)을 잃지 않으려면 평소에 수양(修養)을 쌓아 청렴결백(淸廉潔白)을 이루어 놓아야 한다. 또 임종(臨終)을 당하여 마음 편히 죽음을 맞이하려면 살아생전에 생사(生死)의 진리를 철저히 깨달아 안심입명(安心立命)해 두어야 하는 것이다.

27

隱逸林中無榮辱 道義路上無炎凉.
은 일 림 중 무 영 욕 도 의 로 상 무 염 량

세속(世俗)을 떠난 숲속에는 영예(榮譽)와 오욕(汚辱)이 없고
도의(道義)의 길 위에는 인정(人情)의 변화가 없다.

【글자 뜻】隱:숨길 은. 逸:달아날 일. 榮:꽃 영. 辱:욕되게 할 욕. 凉:

서늘할 량.

【말의 뜻】 隱逸(은일):세속을 떠나 은거(隱居)함. 榮辱(영욕):영예(榮譽)와 오욕(汚辱). 道義路上(도의로상):도의(道義)로써 사귀는 교제. '路上'은 앞의 '林中'에 대응되는 말. 炎凉(염량):더위와 추위. 인정(人情)의 변화를 의미함.

【뜻 풀이】 속세를 떠나 자연 속에서 사는 사람의 마음에는 영화나 욕됨이 있을 수 없다. 또 도의(道義)로 사귀는 사람들에게는 부귀(富貴)한 사람과 빈천(貧賤)한 사람을 구분하는 인정의 변덕이 있을 수 없다.

28

熱不必除 而除此熱惱 身常在淸凉臺上. 窮不可遣 而遣此窮愁 心常居安樂窩中.
열불필제 이제차열뇌 신상재청량대상 궁불가견 이견차궁수 심상거안락와중

더위를 없앨 수는 없다. 그렇지만 더위를 괴로워하는 마음을 없애면 몸은 항상 서늘한 대(臺) 위에 있으리라.

가난을 쫓을 수는 없다. 그렇지만 가난을 근심하는 마음을 쫓으면 마음은 항상 안락한 집 속에 있으리라.

【글자 뜻】 熱:더울 열. 除:덜 제. 惱:괴로워할 뇌. 臺:대 대. 窮:다할 궁. 遣:보낼 견, 내쫓을 견. 愁:시름 수. 窩:움집 와.

【말의 뜻】 熱惱(열뇌):더위를 괴로워하는 마음. 窮(궁):궁핍(窮乏). 遣

(견):보냄. 쫓음.　窮愁(궁수):궁핍을 근심하는 마음.　安樂窩(안락와):안락한 집. 窩는 굴(窟), 집.

【뜻 풀이】 무더운 날씨야 어쩌랴. 그러나 마음으로 더위를 이겨내면 몸은 한결 서늘해진다. 찾아오는 가난이야 어쩌랴. 그러나 가난을 근심하는 마음만 없애면 마음은 절로 즐거워지는 것이다.

29

進步處(진보처) 便思退步(변사퇴보) 庶免觸藩之禍(서면촉번지화). 著手時(착수시) 先圖放手(선도방수) 纔脫騎虎之危(재탈기호지위).

한 걸음 나아갈 때에 문득 한 걸음 물러날 것을 생각한다면 촉번지화(觸藩之禍)를 면할 것이요, 손을 댈 때에 먼저 손을 뗄 것을 도모한다면 기호지위(騎虎之危)를 벗어나리라.

【글자 뜻】 進:나아갈 진.　退:물러날 퇴.　免:면할 면.　觸:닿을 촉.　藩:울타리 번.　圖:꾀할 도.　纔:겨우 재.　脫:벗을 탈.　騎:말 탈 기.　危:위태할 위.

【말의 뜻】 庶(서):거의. 많음.　觸藩之禍(촉번지화):숫양이 마구 내달리다가 뿔이 울타리에 처박혀 오도 가도 못하게 되는 것을 말함. 藩은 울타리.　纔(재):겨우. 가까스로.　騎虎之危(기호지위):호랑이 등에 올라타 내릴 수도 없고 그냥 있을 수도 없는 처지. 내리면 호랑이에게

잡아먹히기 때문이다.

【뜻 풀이】 한 걸음 나아갈 때에는 만일의 경우 한 걸음 물러날 각오가 있어야 한다. 한 걸음 물러설 줄 모르는 사람은 마치 뿔이 울타리에 걸려도 앞으로만 뚫고 나아가려는 양처럼 마침내는 꼼짝도 할 수 없는 재앙에 떨어지고 말 것이다.

일을 착수할 때에는 만일의 경우에 손을 뗄 계획까지 미리 세워야 한다. 그렇지 않다면 마치 호랑이를 탄 사람처럼 꼼짝 못하고 재앙을 당하는 처지에 놓일 것이다.

30

貪得者 分金恨不得玉 封公怨不受侯 權豪自甘乞丐.
탐 득 자 분 금 한 부 득 옥 봉 공 원 불 수 후 권 호 자 감 걸 개

知足者 黎羹旨於膏粱 布袍煖於狐狢 編民不讓王公.
지 족 자 여 갱 지 어 고 량 포 포 난 어 호 학 편 민 불 양 왕 공

얻기를 탐내는 자는 금(金)을 나누어 주면 옥(玉) 얻지 못함을 한(恨)하고 공작(公爵)을 봉해 주면 제후(諸候) 받지 못함을 원망하여 권세 있고 부유하면서도 스스로 거지 노릇을 달게 여긴다.

그러나 족함을 아는 사람은 명아주국도 고기보다 맛있게 여기고 베두루마기도 여우나 담비 털옷보다 따뜻하게 여겨 서민(庶民)이면서도 왕공(王公) 못지않다.

【글자 뜻】 封:봉할 봉. 權:권세 권. 豪:호걸 호. 藜:명아주 여. 羹:국

갱. 旨:맛있을 지. 膏:살찔 고. 貉:오소리 학. 讓:사양할 양.

【말의 뜻】 貪得者(탐득자):얻기를 탐내는 사람. 욕심이 많은 사람. 公(공):公·侯·伯·子·男의 오등작(五等爵)의 가장 높은 작위(爵位). 공작(公爵)은 작위(爵位)뿐으로, 영토를 갖고 있지 않다. 侯(후):오등작(五等爵)의 후(侯)가 아니라 제후(諸侯)를 가리킴. 제후에게는 영토가 주어짐. 權豪(권호):권문 부호(權門富豪). 乞丐(걸개):거지. 丐는 거지, 비렁뱅이. 藜羹(여갱):명아주국. 거친 음식을 의미함. 羹은 羹의 俗字로, '국'의 뜻. 膏粱(고량):살진 고기와 좋은 곡식. 훌륭한 음식을 의미함. 粱은 본래 조[粟]를 의미하지만 옛날 중국에서는 조를 귀하게 여겼으므로, 轉하여 '좋은 곡식' 혹은 '좋은 쌀'의 뜻으로 쓰임. 布袍(포포):베 도포. 베 두루마기. 거친 옷을 의미함. 狐貉(호학):여우와 담비의 모피(毛皮)로 만든 옷. 좋은 옷을 의미함. 編民(편민):서민(庶民). 본래 '호적에 편입(編入)되어 있는 백성'의 뜻. 不讓(불양):~보다 못하지 않다. ~보다 낫다.

【뜻 풀이】 욕심이 많은 사람은 금을 주면 더 값진 옥(玉)을 받고 싶어하고 공작(公爵)의 벼슬을 주면 제후(諸侯)가 못 된 것을 서운히 여기므로 몸은 권문 부호(權門富豪)이면서도 마음은 거지와 똑같다.

이와 반대로 만족을 아는 사람은 나물국도 산해진미(山海珍味)보다 맛있게 알고 베옷도 비단옷보다 따뜻하게 여겨 아무 부족을 모르고 즐겁게 살므로 몸은 천한 일반 서민(庶民)이면서도 마음은 왕공(王公) 못지않은 기품(氣品)과 풍격(風格)을 지니고 있는 것이다.

31

矜名 不若逃名趣. 練事 何如省事閒.
궁명 불약도명취 연사 하여생사한

이름을 자랑함은 명예에서 도망치는 취미만 못하다. 일에 익숙함이 어찌 일을 덜어 한가함만 하랴.

【글자 뜻】 矜:자랑할 긍. 若:같을 약. 趣:달릴 취. 練:익힐 연. 省:덜 생. 閒:한가할 한.

【말의 뜻】 矜名(긍명):이름을 자랑함. 逃名(도명):명예에서 도망치다. 자기의 명예가 세상 사람들에게 알려지지 않게 함. 練事(연사):일에 익숙함. 省事(생사):일을 덜음.

【뜻 풀이】 자기의 명예를 뽐냄이 어찌 명예에서 도망치는 멋을 따를 수 있으랴! 또 재능을 많이 쌓아 이것저것 일을 벌여 놓는 것이 어찌 일을 덜어 한가로이 인생을 즐김만 할 수 있으랴.

32

嗜寂者 觀白雲幽石而通玄 趨榮者 見淸歌妙舞而忘倦. 唯自得之士 無喧寂 無榮枯 無往非自適之天.
기적자 관백운유석이통현 추영자 견청가묘무이망권 유자득지사 무훤적 무영고 무왕비자적지천 고요함을 좋아하는 사람은 흰 구름과 그윽한 바위를 보고 도(道)를 깨닫고, 영화(榮華)를 좇는 사람은 맑은 노래와 정묘한 춤을 보며 피곤함을 잊거니와, 오직 스스로 깨달은 사람만이 시끄러움과 고요함이 없고 번영과 쇠퇴함이 없어 가는 곳마다 마음에 맞는 즐거운 세상 아닌 곳이 없다.

【글자 뜻】 嗜:즐길 기. 觀:볼 관. 幽:그윽할 유. 歌:노래 가. 妙:묘할 묘. 舞:춤출 무. 喧:시끄러울 훤. 往:갈 왕.

【말의 뜻】 嗜寂者(기적자):고요함을 좋아하는 사람. 幽石(유석):그윽한 멋을 풍기는 바위. 通玄(통현):깊고 오묘한 진리, 즉 도(道)의 본체(本體)를 깨달음. 趨榮者(추영자):부귀영화를 좇는 사람. 趨는 '~을 향해 달려가다'의 뜻. 淸歌妙舞(청가묘무):맑은 노래와 정묘한 춤. 미인의 노래와 춤을 가리킴. 自得之士(자득지사):스스로 도(道)를 깨달은 사람. 喧寂(훤적):시끄러움과 고요함. 榮枯(영고):번영과 쇠퇴. 영고성쇠(榮枯盛衰). 自適之天(자적지천):자기 마음에 맞는 즐거운 세상. 天은 천지(天地).

【뜻 풀이】 속세의 시끄러움을 싫어하는 가람은 산중에 은둔(隱遁)하여 자연을 즐기며, 명리(名利)를 좇는 사람은 속세에서 노래와 춤을 보고 즐거워한다. 이는 두 극단(極端)이다. 오직 마음속에 진리를 깨달은 사람만이 어디에 있든 유유자적(悠悠自適)할 수 있는 것이다.

33

孤雲出岫 去留一無所係. 朗鏡懸空 靜躁兩不相干.
고 운 출 수 거 류 일 무 소 계 낭 경 현 공 정 조 양 불 상 간

한 조각의 구름이 산의 암혈(岩穴)에서 피어오르지만
가고 머무름에 조금도 매임이 없고
밝은 달이 하늘에 걸려 있지만
고요하고 시끄러움에 다 같이 비추네.

【글자 뜻】孤:외로울 고. 岫:산굴 수. 留:머무를 류. 係:걸릴 계. 懸:매달 현. 躁:시끄러울 조. 干:방패 간.

【말의 뜻】孤雲出岫(고운출수):한 조각의 구름이 산의 암혈(岩穴)로부터 피어남. 세속(世俗)의 속박으로부터 벗어남을 상징함. 岫는 산에 있는 굴(窟). 係(계):얽매임. 朗鏡(낭경):밝은 달. 靜躁(정조):고요함과 시끄러움. 不相干(불상간):서로 관계하지 않음. 干은 '간섭(干涉)'의 뜻.

【뜻 풀이】외로운 구름이야 제 마음대로 가고 머무르며, 밝은 달이야 시끄러운 속세이거나 고요한 자연이거나 관계하지 않고 고루 비춘다. 사람도 저 구름이나 달과 같이 인생을 달관(達觀)하여 유유자적(悠悠自適)하면 좋지 않겠는가!

34

悠長之趣 不得於醲釅 而得於啜菽飮水. 惆悵之懷
유장지취 부득어농엄 이득어철숙음수 추창지회
不生於枯寂 而生於品竹調絲. 固知 濃處味常短 淡中
불생어고적 이생어품죽조사 고지 농처미상단 담중
趣獨眞也.
취독진야

오랫동안 지속되는 맛은 진하고 맛좋은 술에서 얻는 것이 아니라 콩 먹고 물 마시는 데에서 얻으며

정취(情趣)는 메마른 적막에서 생기는 것이 아니라 피리 불고 거문고 뜯음에서 생기나니

진한 맛은 항상 짧으며 담박(淡泊)한 맛이야말로 참된 것임을 알겠도다.

【글자 뜻】 悠:멀 유. 醲:진한 술 농. 釅:술 엄. 啜:먹을 철. 飮:마실 음. 惆:실심할 추. 懷:품을 회. 調:고를 조. 短:짧을 단.

【말의 뜻】 醲釅(농엄):진하고 맛좋은 술. 부유한 생활을 뜻함. 醲은 맛이 진한 술. 釅은 차[茶]나 술이 진함. 啜菽飮水(철숙음수):콩을 먹고 물을 마심. 啜은 먹다, 마시다. 菽은 콩. 가난한 생활을 뜻함. 惆悵之懷(추창지회):본래 탄식하며 슬퍼하는 마음을 의미하나 여기서는 정취를 느끼는 것을 가리킨다. 惆는 실심(失心)하여 슬퍼함. 悵은 실의(失意)하여 한탄함. 枯寂(고적):메마르고 적막함. 品竹調絲(품죽조사):피리를 불고 거문고를 탐. 소박한 음색(音色)을 가리킨다. 竹은 피리.

【뜻 풀이】 오랫동안 지속되는 유유자적(悠悠自適)의 맛은 진하고 맛좋은 술을 마시는 부귀함에서 얻을 수 있는 것이 아니라 콩을 씹고 물을 마시는 가난한 생활에서 얻어지는 것이다. 또 정다운 생각은 너무 무취미한 고담적막(枯淡寂寞)에서 우러나는 것이 아니라 피리라도 불고 거문고를 뜯는 부드러운 평화 속에서 우러나는 것이다.

그러고 보면 농후(濃厚)한 맛은 쉬 끊어지고 담박(淡泊)한 취미야말로 언제까지나 지속되는 참 취미임을 알 수 있다.

35

禪宗日 餓來喫飯倦來眠. 詩旨日 眼前景致口頭語.
선 종 왈 아 래 끽 반 권 래 면 시 지 왈 안 전 경 치 구 두 어
蓋極高寓於極平 至難出於至易 有意者反遠 無心者自
개 극 고 우 어 극 평 지 난 출 어 지 이 유 의 자 반 원 무 심 자 자
近也.
근 야

선종(禪宗)에 이르기를 '배고프면 밥을 먹고 고단하면 잠을 잔다.' 라고 했으며, 시지(詩旨)에 이르기를 '눈앞의 경치요, 보통의 말이로다.' 라고 했다.

대개 지극한 고상함은 지극한 평범함에 있고 지극한 어려움은 지극한 평이(平易)함에서 나오는 것이니, 뜻이 있으면 오히려 멀어지고 마음이 없으면 절로 가까워진다.

【글자 뜻】 禪:선 선. 餓:주릴 아. 喫:먹을 끽. 飯:밥 반. 眠:잠잘 면. 蓋:덮을 개. 極:다할 극. 易:쉬울 이.

【말의 뜻】 禪宗(선종):다음에 나오는 '詩旨'에 대응되는 말로서, 선(禪)이 으뜸으로 삼는 바, 즉 선(禪)의 종지(宗旨). 詩旨(시지):시(詩)의 묘지(妙旨). 口頭語(구두어):보통의 말. 寓(우):본래 남에게 의지하여 사는 것을 뜻하나 여기서는 '~에 있다'의 뜻. 有意者(유의자):일부러 기교(技巧)를 부림.

【뜻 풀이】 선종(禪宗)에서 일컫는 말에 '배고프면 밥 먹고 졸리면 잠잔다.'라 했거니와 얼마나 자연스러운 표현인가! 또 시지에서 일컫는 말에 '눈앞에 있는 경치를 그려 내되 보통 일상용어(日常用語)로 표현하면 된다.'고 했거니와 지당한 말이다.

이와 같이 지극히 높은 진리는 지극히 평범함 속에 깃들어 있고 몹시 어려운 일은 몹시 쉬운 데서부터 풀리는 것이다. 그러므로 일부러 뜻을 두면 자연의 진리에서 멀어지고, 아무 마음 없이 허심탄회(虛心坦懷)하면 절로 자연의 진리에 가까워지는 것이다.

36

水流而境無聲 得處喧見寂之趣. 山高而雲不碍 悟出有入無之機.
수류이경무성 득처훤견적지취 산고이운불애 오출유입무지기

물이 흘러도 주위에 소리가 없나니 시끄러운 곳에서 고요함을 보는 맛을 얻어야 하고, 산이 높아도 구름은 걸리지 않나니 유(有)에서 나와 무(無)로 들어가는 기밀(機密)을 깨달아야 한다.

【글자 뜻】 流:흐를 류. 聲:소리 성. 碍:거리낄 애.

【말의 뜻】 境(경):지경(地境). 주위. 후집(後集) 63 참조. 喧(훤):시끄러움. 不碍(불애):장애가 되지 않음. 出有入無(출유입무):유심(有心)의 경지를 초월하여 초연한 무심(無心)의 경지에 들어감.

【뜻 풀이】 큰 강물은 밤낮으로 흐르건만 곁에 있어도 소리가 없다. 사람도 마음을 조용히 지니면 시끄러운 속세에서도 고요한 맛을 즐길 수 있다. 또 산이 아무리 높아도 구름은 거리낌 없이 유유히 떠다닌다. 이를 알면 사람도 명리(名利)에 집착하는 유심(有心)의 경지에서 벗어나 초연(超然)한 무심(無心)의 경지에 이르는 기밀을 깨달을 수 있다.

37

山林是勝地 一營戀 便成市朝. 書畫是雅事 一貪癡 便
산림시승지 일영련 변성시조 서화시아사 일탐치 변
成商賈. 蓋心無染著 欲界是仙都. 心有係戀 樂境成
성상고 개심무염착 욕계시선도 심유계련 낙경성
苦海矣.
고해의

산과 숲은 뛰어난 곳이나 일단 인위적(人爲的)인 시설을 하고 집착하면 곧 시장 바닥이 되며, 글과 그림은 고상한 일이나 일단 탐내어 빠지면 곧 장사치가 된다.

대저 마음에 물듦이 없으면 속세(俗世)도 곧 선경(仙境)이요, 마음에 집착함이 있으면 선경도 곧 고해(苦海)인 것이다.

【글자 뜻】 是:이 시. 戀:사모할 련. 書:글 서. 畫:그림 화. 雅:고상할 아. 癡:어리석을 치. 賈:장사 고. 欲:하고자 할 욕.

【말의 뜻】 勝地(승지):뛰어난 곳. 營戀(영련):여러 가지 인위적(人爲的)인 시설을 하여 집착함. 市朝(시조):시가(市街)와 조정(朝廷). 사람들이 많이 모이는 곳으로 속세를 뜻함. 貪癡(탐치):탐내어 열중함. 癡는 미치다, 열중하다. 商賈(상고):상인. 賈는 사거나 판다는 뜻일 때에는 '가', 상인(商人)의 뜻일 때에는 '고'로 읽는다. 商은 이리저리 다니며 장사하는 행상(行商)을 의미하며 賈는 한곳에서 장사하는 좌상(坐商)을 의미한다. 染著(염착):더러움에 물듦. 집착함. 欲界(욕계):불교에서 말하는 삼계(三界:欲界·色界·無色界)의 하나로 인간계(人間界)를 가리킴. 仙都(선도):신선(神仙)이 사는 곳. 係戀(계련):집착하여 그리워함.

【뜻 풀이】 속세에서 떨어진 산과 숲은 신선한 곳이지만 사람들이 욕심내어 여기에 시설을 하고 모여들면 속세가 되어버린다. 서화(書畵)를 좋아함은 운치 있는 일이지만 그것에 빠져 몰두하면 장사꾼이나 마찬가지이다. 즉 사람이란 마음에 집착이 없으면 속세도 선경(仙境)이지만, 마음에 집착이 있으면 부처님 앞에 앉아 있어도 고해(苦海)에서 헤매게 된다.

38

時當喧雜 則平日所記憶者 皆漫然忘去. 境在淸寧 則
시 당 훤 잡 즉 평 일 소 기 억 자 개 만 연 망 거 경 재 청 녕 즉
夙昔所遺忘者 又恍爾現前. 可見 靜躁稍分 昏明頓異
숙 석 소 유 망 자 우 황 이 현 전 가 견 정 조 초 분 혼 명 돈 이
也.
야

시끄럽고 혼잡한 때를 당하면 평소에 기억하던 것도 멍하니 다 잊어버리고, 맑고 편안한 경지에 있으면 옛날에 잊어버린 것도 눈앞에 뚜렷이 나타난다. 가히 알리로다, 고요함과 시끄러움이 조금만 갈려도 마음의 어둡고 밝음이 뚜렷이 달라짐을.

【글자 뜻】 當:당할 당. 喧:시끄러울 훤. 雜:섞일 잡. 憶:생각할 억. 皆:다 개. 漫:질펀할 만. 夙:일찍 숙. 遺:끼칠 유. 恍:황홀할 황. 爾:너 이. 靜:고요할 정. 昏:어두울 혼. 頓:조아릴 돈.

【말의 뜻】 喧雜(훤잡):시끄럽고 혼잡함. 漫然(만연):이렇다 할 특별한 이유 없이. 멍하니. 淸寧(청녕):맑고 편안함. 夙昔(숙석):일찍이. 옛날. 夙은 일찍. 遺忘(유망):잊음. 망각(忘却). 遺, 忘 모두 '잊다'의 뜻. 恍爾(황이):뚜렷한 모양. 爾는 然의 뜻. 靜躁(정조):고요함과 시끄러움. 躁는 마음이 안정되지 아니함. 頓異(돈이):뚜렷이 달라짐.

【뜻 풀이】 마음이 혼잡하면 평소에 알던 것도 잊어버리게 되며 마음이 깨끗이 가라앉으면 오랜 옛일까지도 뚜렷이 떠오른다. 즉 사람의 마음이란 고요하면 밝아지고 시끄러우면 어두워지는 법이니 어찌 고요하고 편안히 지키지 않을 수 있으랴!

39

蘆花被下 臥雪眠雲 保全得一窩夜氣. 竹葉杯中 吟風
노 화 피 하 와 설 면 운 보 전 득 일 와 야 기 죽 엽 배 중 음 풍
弄月 躱離了萬丈紅塵.
농 월 타 리 료 만 장 홍 진

갈대꽃 이불 아래 눈에 눕고 구름 속에 잠들면 한 방(房)의 밤의 맑은 기운을 다 누릴 수 있고

술잔을 기울이며 청풍(淸風)에 시를 읊고 밝은 달을 희롱하면 이 세상의 더러움 모두 떨칠 수 있도다.

【글자 뜻】 蘆:갈대 노. 被:이불 피. 臥:누울 와. 保:지킬 보. 窩:움집 와. 葉:잎 엽. 吟:읊을 음. 弄:희롱할 농. 躱:감출 타. 離:떠날 리. 紅:붉을 홍. 塵:티끌 진.

【말의 뜻】 蘆花被(노화피):솜 대신에 갈대꽃을 넣어 만든 얇은 이불. 被는 이불. 臥雪眠雲(와설면운):눈 위에 눕고 구름 속에 잠듦. 산속 초가집에 기거함을 뜻함. 窩(와):본래 굴혈(窟穴) 혹은 별장을 뜻하나 여기서는 室의 뜻. 夜氣(야기):밤에 생장(生長)하는 맑은 기운. 만물이 잠들어 있는 고요한 밤에 사념(邪念)이 없어지고 정신은 저절로 맑아지는것. 竹葉杯(죽엽배):술잔. 竹葉은 술의 異名으로 술의 빛깔이 푸른 대나무 잎과 흡사하다는 데서 나온 말. 吟風弄月(음풍농월):맑은 바람에 시를 읊고 밝은 달을 희롱함. 세속(世俗)을 벗어난 상태를 의미함. 躱離(타리):몸을 피하여 떠남. 躱는 몸을 피하다. 萬丈紅塵(만장홍진):이 세상의 더러움. 속세.

【뜻 풀이】 생활이 가난하여 갈대꽃 이불을 덮고 눈과 구름이 뜰 안까지 드나드는 오막살이에서 살지라도 마음만 고요하면 한 방 가득히 맑은 밤기운을 지닐 수 있다. 더구나 가끔 홀로 술잔 기울이며 청풍(淸風)에 시를 읊고 명월(明月)을 벗 삼으면 이것이 곧 속세를 떨친 선경(仙境)인 것이다.

40

袞冕行中 著一藜杖的山人 便增一段高風. 漁樵路上
곤 면 행 중 착 일 여 장 적 산 인 변 증 일 단 고 풍 어 초 로 상
著一袞衣的朝士 轉添許多俗氣. 固知 濃不勝淡 俗不
착 일 곤 의 적 조 사 전 첨 허 다 속 기 고 지 농 불 승 담 속 불
如雅也.
여 아 야

높은 벼슬아치 일행 가운데 명아주 지팡이를 짚은 한 은사(隱士)가 섞여 있으면 한층 고상한 풍취를 더하고, 어부와 나무꾼이 다니는 길 위에 예복(禮服)을 입은 한 고위고관(高位高官)이 있으면 한층 많은 속된 기운을 더한다.

이로써 보건대 짙은 것은 담박(淡泊)한 것만 못하고 속된 것은 고상한 것만 못함을 알겠도다.

【글자 뜻】 袞:곤룡포 곤. 冕:면류관 면. 增:불을 증. 段:구분 단. 樵:땔나무 초. 添:더할 첨. 勝:이길 승.

【말의 뜻】 袞冕(곤면):고위고관(高位高官)의 예복(禮服)과 예관(禮冠). 轉하여 고위고관을 의미하기도 한다. 袞은 곤룡포(袞龍袍). 冕은 면

류관(冕旒冠). 行(행):일행. 행렬. 著(착):着의 뜻. 藜杖的山人(여장적산인):명아주 지팡이를 짚은 은사(隱士). 高風(고풍):고상한 풍취. 漁樵路上(어초로상):어부와 나무꾼[樵夫]이 다니는 길 위. 袞衣的朝士(곤의적조사):예복(禮服)을 입은 고위고관(高位高官). 朝는 조정(朝廷). 轉(전):더욱. 한층 더. 許多俗氣(허다속기):허다한 속된 기운.

【뜻 풀이】 화려한 고관들의 행렬 속에 청려장(青藜杖)을 짚은 탈속(脫俗)한 은사(隱士)가 한 사람 끼어 있다면 얼마나 고상한 풍취(風趣)가 더해지랴. 그러나 낚시를 멘 어부나 지게를 진 나무꾼들 사이에 관복 차림의 고관이 하나 끼어 있다면 얼마나 속세의 기운이 감돌 것인가.

역시 농후(濃厚-富貴)함은 담박(淡泊)만 못하며 속기(俗氣)는 고아(高雅)를 따를 수 없는 것이다.

41

出世之道 卽在涉世中 不必絕人以逃世. 了心之功 卽在盡心內 不必絕慾以灰心.
출세지도 즉재섭세중 불필절인이도세 요심지공 즉재진심내 불필절욕이회심

세속(世俗)을 벗어나는 길은 곧 세상을 건너는 가운데 있나니 반드시 세상 사람들과 교제를 끊고 세상에서 도망쳐야 하는 것은 아니다.

마음을 깨닫는 공부는 곧 마음을 철저하게 연구하는 가운데 있나니 반드시 욕심을 끊어 마음을 싸늘한 재처럼 해야 하는 것은 아니다.

【글자 뜻】 涉:건널 섭. 絕:끊을 절. 逃:달아날 도. 慾:욕심 욕. 灰:재 회.

【말의 뜻】 出世(출세):세속을 벗어남. 絕人(절인):세상 사람들과 교제를 끊음. 了心(요심):자기의 마음을 깨달음. 盡心(진심):자기의 마음을 철저하게 연구하는 것. 灰心(회심):마음을 싸늘한 재와 같이 함.

【뜻 풀이】 사람들과 교제를 끊고 세상에서 도망치는 것이 속세를 벗어나는 길은 아니다. 몸은 속세에서 살아도 마음이 명리(名利)에서 벗어나야 하는 것이다. 또 욕심을 다 끊고 마음을 식은 재로 만드는 것이 마음의 공부가 아니다. 알맞은 정열을 가지고 마음을 다하여 자기의 심성(心性)을 들여다보지 않고서는 마음은 깨달을 수 없는 것이다.

42

此身常放在閒處 榮辱得失 誰能差遣我. 此心常安在
차신상방재한처 영욕득실 수능차견아 차심상안재
靜中 是非利害 誰能瞞昧我.
정중 시비이해 수능만매아

이 몸을 항상 한가한 곳에 놓아둔다면 영욕(榮辱)과 득실(得失)이 어찌 나를 그릇되게 할 수 있으랴!

이 마음을 항상 고요한 가운데 편히 있게 한다면 시비(是非)와 이해(利害)가 어찌 나를 어둡게 할 수 있으랴!

【글자 뜻】 此:이 차. 榮:꽃 영. 辱:욕되게 할 욕. 失:잃을 실. 差:어긋

날 차. 遣:보낼 견. 瞞:속일 만. 昧:새벽 매.

【말의 뜻】放在(방재):자유롭게 풀어 놓다. 榮辱(영욕):영예와 치욕. 得失(득실):이해(利害). 差遣(차견):그릇됨. 遣은 접미어. 瞞昧(만매):속이고 우매(愚昧)하게 함.

【뜻 풀이】몸을 망침도 자기가 망치는 것이요, 마음을 잃어버림도 자기가 잃는 것이다. 만일 자기 몸을 항상 한가한 곳에 두어 유유자적(悠悠自適)한다면 부귀(富貴)나 공명(功名)이 어찌 능히 몸을 끌어다가 구렁텅이에 몰아넣으랴! 또 자기 마음을 항상 고요함 속에 있게 한다면 외부의 유혹이 어찌 능히 내 마음을 어둡게 만들 수 있으랴!

43

竹籬下 忽聞犬吠鷄鳴 恍似雲中世界. 芸窓中 雅聽蟬吟鴉噪 方知靜裡乾坤.
죽리하 홀문견폐계명 황사운중세계 운창중 아청선음아조 방지정리건곤

대나무 울타리 아래 홀연히 개 짖고 닭 우는 소리 들으면 황홀하여 구름 속의 세계 같고, 서재(書齋) 가운데서 매미 노래와 까마귀 울음소리를 들으면 비로소 고요 속의 별천지(別天地)임을 알게 된다.

【글자 뜻】籬:울타리 리. 吠:짖을 폐. 鷄:닭 계. 鳴:울 명. 聽:들을 청. 蟬:매미 선. 鴉:갈까마귀 아.

【말의 뜻】竹籬(죽리):대나무 울타리. 犬吠鷄鳴(견폐계명):개가 짖고 닭

이 욺. 雲中世界(운중세계):선경(仙境)을 가리킴. 芸窓(운창):서재(書齋). 芸은 본래 향초(香草)의 하나로 그 잎을 책 속에 넣으면 좀이 먹지 않는다고 함. 轉하여 장서(藏書)하는 곳을 운대(芸臺) 또는 운각(芸閣)이라고 한다. 蟬吟(선음):매미의 울음. 鴉噪(아조):까마귀의 울음소리. 噪는 떠들썩하고 시끄러운 모양. 譟와 同字. 方(방):바야흐로. 비로소. 靜裡乾坤(정리건곤):고요 속의 별천지(別天地).

【뜻 풀이】 인심이 소박한 산골 집 울타리 밑에서 한가로이 개 짖고 닭이 우는 소리 들려오면 마치 구름 속의 선경(仙境)에 와 있는 것 같고, 서재에 누워 조용히 책 읽을 때 매미 울음, 까마귀 지저귐 들려오면 마음은 더욱 유한(悠閒)하여 마치 고요 속의 별천지(別天地)처럼 느껴지는 것이다.

44

我不希榮 何憂乎利祿之香餌. 我不競進 何畏乎仕官之危機.
(아불희영 하우호이록지향이 아불경진 하외호사관지위기)

내 영화(榮華)를 바라지 않거늘 어찌 이익(利益)과 봉록(俸祿)의 달콤한 미끼를 근심하며, 내 승진(昇進)을 다투지 않거늘 어찌 벼슬살이의 위기(危機)를 두려워하랴!

【글자 뜻】 希:바랄 희. 憂:근심할 우. 香:향기 향. 餌:먹이 이. 畏:두

려워할 외. 機:틀 기.

【말의 뜻】 榮(영):영화(榮華). 利祿(이록):이익. 봉록(俸祿). 香餌(향이):달콤한 미끼. 유혹의 미끼. 餌는 먹이, 미끼. 큰 이익과 후한 봉록을 가리 킴. 進(진):승진(昇進). 영진(榮進).

【뜻 풀이】 내가 물욕(物慾)을 내지 않는다면 어찌 거리대록(巨利大祿)의 유혹에 걸려들 까닭이 있으며, 내가 자리다툼을 하지 않는다면 어찌 벼슬자리에서 떨어질 위험이 있으랴.

45

徜徉於山林泉石之間 而塵心漸息 夷猶於詩書圖畫之
상 양 어 산 림 천 석 지 간 이 진 심 점 식 이 유 어 시 서 도 화 지
內 而俗氣潛消. 故君子 雖不玩物喪志 亦常借境調心.
내 이 속 기 잠 소 고 군 자 수 불 완 물 상 지 역 상 차 경 조 심

산과 숲의 샘과 바위 사이를 거닐면 더럽혀진 마음이 차차 없어지고, 시서(詩書)와 그림 속에 노닐면 속된 기운이 절로 사라진다.

그러므로 군자는 물건에 빠져 본심(本心)을 잃는 일이 없으며, 또한 항상 아름다운 경지를 빌어 마음을 바로잡는다.

【글자 뜻】 徜:노닐 상. 徉:노닐 양. 泉:샘 천. 塵:티끌 진. 漸:점점 점. 息:숨쉴 식. 夷:오랑캐 이. 圖:그림 도. 玩:희롱할 완. 借:빌 차.

【말의 뜻】 徜徉(상양):노닒. 배회함. 두 字 모두 한가하게 이리저리 거니는 것을 뜻함. 塵心(진심):세속에 더럽혀진 마음. 夷猶(이유):천

천히 거님. 夷는 평온하다. 猶는 움직이다의 뜻. 詩書(시서):《시경(詩經)》과 《서경(書經)》. 轉하여 책을 의미함. 玩物喪志(완물상지): 진기(珍奇)한 물건을 너무도 사랑하여 본심(本心)을 잃음. 借境(차경):풍아(風雅)한 경지의 취미를 빌림. 調心(조심):마음을 고름. 비속(卑俗)으로 흐르기 쉬운 마음을 바로잡음.

【뜻 풀이】 그윽하고 고요한 자연 속을 거닐면 마음에 앉은 세속의 먼지가 절로 씻기고, 고상한 글과 그림에 마음을 두면 절로 정화(淨化)되어 속된 기운이 사라진다. 그러므로 군자는 자연이나 서화(書畵)에 지나치게 몰두하여 본심(本心)을 잃는 일이 없이 알맞게 그 풍아(風雅)한 멋을 빌어 자칫하면 속되기 쉬운 마음의 조화(調和)를 이루어야 하는 것이다.

46

春日氣象繁華 令人心神駘蕩 不若秋日雲白風淸 蘭芳
춘 일 기 상 번 화 영 인 심 신 태 탕 불 약 추 일 운 백 풍 청 난 방

桂馥 水天一色 上下空明 使人神骨俱淸也.
계 복 수 천 일 색 상 하 공 명 사 인 신 골 구 청 야

봄날은 경색(景色)이 아름다워 사람으로 하여금 마음을 화창하게 하지만, 가을날의 구름 희고 바람 맑으며 난초 꽃답고 계수나무 향기로우며 물과 하늘이 한빛이고 천지에 달이 밝아, 사람으로 하여금 정신과 육체를 아울러 맑게 하는 것만 못하다.

【글자 뜻】 繁:많을 번. 華:꽃 화. 駘:둔마 태. 蕩:방탕할 탕. 蘭:난초 난. 桂:계수나무 계. 馥:향기 복. 神:귀신 신. 俱:함께 구.

【말의 뜻】 氣象繁華(기상번화):경색(景色)이 풍요롭고 아름다움. 氣象은 대기(大氣)의 모습. 駘蕩(태탕):봄의 화창한 모양. 馥(복):향기로움. 水天一色(수천일색):물빛과 하늘빛이 융합하여 하나가 됨. 上下空明(상하공명):上은 하늘[天], 下는 땅[水]을 가리킨다. 空明은 달이 물속에 잠긴 것. 달빛이 하늘과 동시에 물속에도 있음을 가리키는 것으로 가을날의 천지(天地)가 맑고 맑음을 형용하고 있다. 神骨(신골):정신과 육체, 즉 심신(心身).

【뜻 풀이】 꽃피고 새 우는 화창한 봄날은 사람의 마음을 들뜨고 방탕에 흐르게 한다. 그러나 가을이 되면 바람 맑고 흰 구름 한가히 날며, 난초와 계수나무 향기롭고, 물과 하늘이 한빛으로 푸르러 하늘에 걸린 달이 물속에도 잠겨 있다. 이런 때야말로 마음뿐 아니라 뼛속까지 맑고 상쾌해지나니 어찌 봄날이 가을만 할 수 있으랴.

47

一字不識 而有詩意者 得詩家眞趣. 一偈不參 而有禪味者 悟禪敎玄機.
일자불식 이유시의자 득시가진취 일게불참 이유선미자 오선교현기

글자 하나 모를지라도 시정(詩情)을 지닌 사람은 시인(詩人)의 참맛을 터득하며, 한 게(偈)를 듣지 않았을지라도 선(禪)의 맛을 지닌 사람

은 선교(神敎)의 현묘(玄妙)한 작용을 깨닫는다.

【글자 뜻】 識:알 식. 偈:쉴 게. 參:간여할 참. 禪:선 선. 悟:깨달을 오.

【말의 뜻】 詩意(시의):시적(詩的) 감정. 시적 마음. 意는 정취(情趣). 詩家(시가):시인(詩人). 偈(게):불교의 덕(德)을 찬양하거나 선(禪)의 묘지(妙旨)를 설명한 사구일운(四句一韻)의 시(詩). 게송(偈頌). 參(참):가르침을 받고 스스로 연구함. 禪味(선미):선(禪)의 오묘한 맛. 禪敎(선교):선종(禪宗)의 교리(敎理). 玄機(현기):현묘(玄妙)한 작용.

【뜻 풀이】 시(詩)는 글자에 있는 것이 아니라 마음에 있다. 그러므로 낫 놓고 기역 자를 몰라도 시심(詩心)이 있으면 시의 참맛을 안다. 게송(偈頌)을 읊어야 선(禪)이 아니다. 선의 맛을 알아야 그 그윽한 진리를 깨달을 수 있는 것이다.

48

機動的 弓影疑爲蛇蝎 寢石視爲伏虎 此中渾是殺氣.
기동적 궁영의위사갈 침석시위복호 차중혼시살기

念息的 石虎可作海鷗 蛙聲可當鼓吹 觸處俱見眞機.
염식적 석호가작해구 와성가당고취 촉처구견진기

마음이 흔들리면 활 그림자도 뱀으로 의심하고, 쓰러져 있는 돌도 엎드린 호랑이로 보이나니 이런 가운데서는 모든 것이 죽이는 기운이다.

마음이 고요하면 석호(石虎)와 같은 흉포한 사람도 갈매기처럼 온순하게 만들고, 개구리 울음소리도 아름다운 음악으로 들리나니 이르는 곳마다 참된 작용을 보리라.

【글자 뜻】 機:틀 기. 影:그림자 영. 疑:의심할 의. 蛇:뱀 사. 蝎:나무좀 갈. 寢:잠잘 침. 渾:흐릴 혼. 鷗:갈매기 구. 蛙:개구리 와.

【말의 뜻】 機動(기동):마음이 동요(動搖)됨. 마음이 흔들림. 弓影疑爲蛇蝎(궁영의위사갈):벽에 걸린 활의 그림자가 술잔에 비친 것을 보고 뱀이라고 생각함. 蛇蝎은 뱀. 蝎은 본래 蠍과 同字로, 전갈(全蠍). 寢石視爲伏虎(침석시위복호):풀 속에 쓰러져 있는 돌을 보고 엎드려 있는 호랑이라고 생각함. 殺氣(살기):사물을 해치는 기운. 念息(염식):마음이 고요함. 石虎可作海鷗(석호가작해구):석호(石虎)와 같은 흉포한 사람도 바다 갈매기와 같이 온순하게 만들 수 있음. 蛙聲可當鼓吹(와성가당고취):개구리 울음소리도 아름다운 음악으로 들림. 蛙는 개구리. 鼓吹는 북과 피리, 즉 음악. 眞機(진기):참된 작용. 앞의 '殺氣'에 대응되는 말로 '생기(生氣)'의 뜻.

【뜻 풀이】 마음이 혼란하면 벽에 걸린 활의 그림자도 뱀처럼 느껴지고 바위도 호랑이로 보여 모든 것이 자기를 해치는 살기를 지닌 것처럼 생각된다.

그러나 마음이 평정(平靜)하면 사나운 사람도 갈매기처럼 길들고 시끄러운 개구리의 울음도 아름다운 음악으로 들려 눈에 보이는 것, 귀에 들리는 것마다 생기(生氣)를 지닌 것처럼 생각된다.

49

身如不繫之舟 一任流行坎止. 心似旣灰之木 何妨刀割香塗.
신여불계지주 일임유행감지 심사기회지목 하방도할향도

몸은 매여 있지 않은 배와 같으니 흘러가고 멈춤에 내맡길 일이요, 마음은 마른 나무와 같으니 칼로 쪼개고 향을 칠함이 무슨 관계있으랴!

【글자 뜻】 繫:맬 계. 坎:구덩이 감. 旣:이미 기. 割:나눌 할. 塗:진흙 도.

【말의 뜻】 不繫之舟(불계지주):매어 있지 않은 배. 繫는 잡아매다. 流行(유행):흘러감. 坎止(감지):멈춤. 坎은 본래 '구덩이'의 뜻으로 여기서는 역경(逆境)에 빠지는 것을 의미함. 旣灰之木(기회지목):이미 재가 된 것처럼 생기(生氣)가 없어진 나무. 刀割香塗(도할향도):칼로 쪼개어 그릇을 만들어 향을 바름. 나무가 쪼개지는 고통도 향이 칠해지는 기쁨도 느끼지 못함을 뜻함.

【뜻 풀이】 풍파(風波)가 거센 이 세상을 살아감에는 자연과 환경에 순응(順應)하는 것이 제일 안전한 길이다. 몸은 매이지 않은 배처럼 내맡겨 바람이 불면 흘러가고 바람이 그치면 멈추며, 마음은 죽은 나무처럼 내맡겨 도끼로 쪼개어 장작이 되거나 그릇을 만들어 향을 칠하거나 천운(天運)에 맡기고 천명(天命)을 즐기면서 자연 그대로 살아가는 것이 상책이다.

50

人情 聽鶯啼則喜 聞蛙鳴則厭 見花則思培之 遇草則
인정 청앵제즉희 문와명즉염 견화즉사배지 우초즉
欲去之. 但是以形氣用事. 若以性天視之 何者非自鳴
욕거지 단시이형기용사 약이성천시지 하자비자명
其天機 非自暢其生意也.
기천기 비자창기생의야

사람의 정(情)이란 꾀꼬리 울음을 들으면 기뻐하고 개구리 울음을 들으면 싫어하며 꽃을 보면 가꾸려 하고 풀을 보면 뽑아버리려 하거니와, 이는 오직 형체와 기질을 가지고 일을 구분하려 하기 때문이다.

만일 본래의 바탕을 가지고 본다면 어느 것인들 하늘의 작용을 울림이 아니며 스스로 자라나는 뜻을 펴는 것이 아니랴!

【글자 뜻】 聽:들을 청. 鶯:꾀꼬리 앵. 啼:울 제. 鳴:울 명. 厭:싫을 염. 欲:하고자 할 욕. 但:다만 단. 暢:펼 창.

【말의 뜻】 鶯(앵):꾀꼬리. 蛙(와):개구리. 形氣(형기):형체와 기질. 외면적인 것. 用事(용사):사물을 구분함. 性天(성천):천성(天性). 본래의 바탕, 내면적인 것. 天機(천기):하늘의 작용. 暢(창):펴다. 신장(伸張)하다. 生意(생의):생생발육(生生發育)의 뜻.

【뜻 풀이】 꾀꼬리 울음소리는 듣기 좋아하지만 개구리 울음은 듣기 싫어하고 꽃은 보면 가꾸려 하지만 잡초를 보면 뽑아버리려 하는 것이 인지상정(人之常情)이다. 그러나 이는 오직 꾀꼬리 울음은 아름답고 개구리 울음은 시끄럽다는 그 기질의 차이와 꽃은 아름답고 잡초는 보기 싫다는 그 형태를 가지고 구분하기 때문이다.

만일 그들의 본성(本性)을 가지고 본다면 꾀꼬리나 개구리나 다 같이 천지자연(天地自然)의 작용으로 우는 것이며 꽃이나 잡초나 다 같이 천지자연의 생생발전(生生發展)의 뜻으로 자라고 있는 것이다.

51

髮落齒疎 任幻形之彫謝 鳥吟花咲 識自性之眞如.
발락치소 임환형지조사 조음화소 식자성지진여

머리 빠지고 이 성기어짐은 거짓 형체의 노쇠(老衰)에 맡기고, 새 노래하고 꽃 웃음에는 자연 본성(本性)의 영원히 변치 않는 절대적 진리(眞理)가 있음을 볼 것이다.

【글자 뜻】 髮:터럭 발. 齒:이 치. 疎:트일 소. 彫:새길 조. 謝:사례할 사. 咲:웃을 소.

【말의 뜻】 髮落齒疎(발락치소):머리털이 빠지고 이가 빠져 성기어짐. 늙음. 幻形(환형):거짓 형체. 彫謝(조사):노쇠하고 시들어감. 彫는 凋의 뜻. 謝는 시들다의 뜻. 咲(소):笑의 古字. 自性(자성):자연 본성(本性). 眞如(진여):불교의 용어로 불변 · 평등 · 절대의 진리. 영원히 변치 않는 절대적인 만유(萬有)의 본성. 불성(佛性).

【뜻 풀이】 형체란 모두가 거짓된 것이다. 머리가 백발 되고 이가 다 빠져 합죽이가 될지라도 조금도 슬퍼할 것은 없다. 변천하는 자연현상에 맡겨 두라. 육체에 얽매인 속세의 명리(名利)를 초월해 보라. 꽃은 아

름다운 웃음이 되고 새소리는 즐거운 음악이 되어 그 속에 영원불변의 참모습이 깃들어 있음을 깨닫게 될 것이다.

52

欲其中者 波沸寒潭 山林不見其寂. 虛其中者 涼生酷暑 朝市不知其喧.
욕기중자 파비한담 산림불견기적 허기중자 양생혹서 조시부지기훤

마음에 욕심이 가득 차면 깊은 연못에도 물결이 끓어오르고 산림(山林) 속에서도 그 고요함을 보지 못하며,

마음을 텅 비우면 무더위 속에서도 서늘함이 일고 시끄러운 곳에서도 그 시끄러움을 알지 못한다.

【글자 뜻】 波:물결 파. 寒:찰 한. 潭:깊을 담. 酷:독할 혹. 署:관청 서.

【말의 뜻】 欲其中(욕기중):마음에 욕심이 가득 참. 中은 심중(心中). 波沸(파비):물결이 끓어오름. 寒潭(한담):차가운 연못. 깊은 연못. 虛其中(허기중):마음을 텅 비움. 朝市(조시):본래 '조정(朝廷)과 시가(市街)'의 뜻으로 사람이 많이 모이는 곳, 시끄러운 곳을 가리킴. 喧(훤):시끄러움. 떠들썩함.

【뜻 풀이】 마음에 욕심이 들어앉으면 고요한 호수 속에도 물결이 끓어오른다. 비록 깊은 산속에 있은들 어찌 마음의 평정(平靜)을 얻을 수 있으랴! 그러나 마음에 욕심이 없이 텅 비면 무더운 여름날에도 절로 맑

고 시원한 기운이 서린다. 아무리 시끄러운 시장 복판에 살지라도 그 시끄러움을 모르고 고요한 맛을 지닐 수 있는 것이다.

53

多藏者厚亡. 故知 富不如貧之無慮. 高步者疾顚. 故知 貴不如賤之常安.
다장자후망 고지 부불여빈지무려 고보자질전 고지 귀불여천지상안

많이 지닌 사람은 많이 잃는다. 그러므로 부자(富者)는 가난한 사람의 걱정 없음만 못함을 알리로다.

높이 걷는 사람은 빨리 넘어진다. 그러므로 귀한 사람은 천한 사람의 항상 편안함만 못함을 알리로다.

【글자 뜻】 藏:감출 장. 厚:두터울 후. 貧:가난할 빈. 顚:꼭대기 전. 賤:천할 천. 常:항상 상.

【말의 뜻】 多藏者(다장자):재산을 많이 지닌 사람. 厚亡(후망):많이 잃어버림. 高步者(고보자):높이 걷는 사람, 즉 신분이 높은 사람. 고위고관(高位高官). 疾顚(질전):빨리 넘어짐.

【뜻 풀이】 재산이 많은 사람은 그것을 잃지나 않을까 항상 걱정 속에서 안달을 한다. 그러니 어찌 그런 걱정 없이 지내는 가난한 사람만 할 수 있으랴. 지위가 높은 사람은 떨어질까 안달이다. 그러니 어찌 지위 없는 사람이 평지를 걸어감만 할 수 있으랴.

54

讀易曉窓 丹砂研松間之露. 談經午案 寶磬宣竹下之風.
독역효창 단사연송간지로 담경오안 보경선죽하지풍

새벽 창가에서 역경(易經)을 읽다가 붉은 먹[丹砂]을 소나무 이슬에 갈고, 한낮 책상에서 불경(佛經)을 논하다가 경쇠를 대나무 바람에 울린다.

【글자 뜻】 讀:읽을 독. 曉:새벽 효. 砂:모래 사. 松:소나무 송. 案:책상 안. 寶:보배 보. 磬:경쇠 경. 宣:베풀 선.

【말의 뜻】 易(역):삼경(三經)의 하나인 《역경(易經)》. 曉窓(효창):새벽 창(窓). 曉는 날이 밝을 녘. 새벽. 丹砂(단사):붉은 먹. 주묵(朱墨). 經(경):불경(佛經). 午案(오안):한낮의 책상. 寶磬(보경):경쇠. 절에 있는 돌로 만든 악기. 寶는 미칭(美稱). 磬은 중국 고대의 타악기(打樂器)로 8음(八音)의 하나였으나 후에 절에서 제존(諸尊)을 경각시키기 위해 사용했다. 宣(선):치다. 울리다.

【뜻 풀이】 속세의 티끌을 초월한 심경이다. 동이 트는 새벽 창가에서 역경을 읽다가 솔잎에 맺힌 이슬에 주묵(朱墨)을 갈아 마음에 드는 구절에 방점(傍點)을 찍는다. 한낮이 되면 불경을 책상에 펴놓고 담론(談論)하다가 문득 경쇠를 울리면 대나무 숲 맑은 바람을 타고 사방으로 울려 퍼진다. 온종일 속사(俗事)에 시달리는 사람과 얼마나 대조적인가!

55

花居盆內 終乏生機 鳥入籠中 便減天趣. 不若 山間花
화거분내 종핍생기 조입롱중 변감천취 불약 산간화
鳥 錯集成文 翺翔自若 自是悠然會心.
조 착집성문 고상자약 자시유연회심

꽃이 화분 속에 있으면 마침내 생기(生氣)가 없어지고 새가 새장 안에 들면 문득 자연의 맛이 줄어든다. 이 어찌 산속의 꽃과 새가 한데 어울려 아름다운 모양을 이루고 마음대로 날고 날아 스스로 한가히 즐거워함만 할 수 있으랴!

【글자 뜻】 居:있을 거. 盆:동이 분. 籠:대그릇 롱. 減:덜 감. 錯:섞일 착. 集:모일 집. 悠:멀 유. 然:그러할 연.

【말의 뜻】 盆(분):화분. 生機(생기):생기(生氣). 籠(롱):새장. 본래는 대나무로 만는 그릇의 총칭. 天趣(천취):자연의 맛. 錯集(착집):뒤섞여 모임. 成文(성문):아름다운 문채(紋彩)를 이룸. 文은 모양, 문채(紋彩). 翺翔(고상):새가 날개를 펴고 빙빙 돌며 낢. 翺는 새가 날개를 위 아래로 흔들며 나는 것. 翔은 새가 날개를 움직이지 않고 나는 것. 自若(자약):마음대로. 자유롭게. 會心(회심):마음에 맞아 유쾌해 함. 會는 '일치하다, 하나가 되다' 의 뜻.

【뜻 풀이】 아무리 아름다운 꽃도 화분에 옮겨 심으면 생기를 잃고 하늘을 자유로이 날아다니는 새도 새장에 갇히면 자연의 맛이 없어진다. 꽃이란 산이나 들에 절로 어울려 피어야 아름다운 문채가 돋아나고 새는 숲속에서 자유로이 날아야 유연(悠然)한 법이다. 세상의 모든 일은

인위(人爲)를 가하면 그만큼 자연의 맛을 잃고 마는 것이다.

56

世人只緣認得我字太眞 故多種種嗜好 種種煩惱. 前
세 인 지 연 인 득 아 자 태 진 고 다 종 종 기 호 종 종 번 뇌 전
人云 不復知有我 安知物爲貴. 又云 知身不是我 煩惱
인 운 불 부 지 유 아 안 지 물 위 귀 우 운 지 신 불 시 아 번 뇌
更何侵. 眞破的之言也.
갱 하 침 진 파 적 지 언 야

세상 사람들은 오직 '나'라는 글자를 지나치게 참된 것으로 알기 때문에 가지가지 기호(嗜好)와 가지가지 번뇌(煩惱)가 생겨난다.

옛사람이 이르기를 '나 있음도 알지 못하거늘 어찌 물건 귀함을 알리오.'라 하였고, 또 이르기를 '이 몸이 나 아님을 안다면 번뇌가 어찌 다시 나를 침노하랴.'라고 하였으니 참으로 진리를 간파한 말이로다.

【글자 뜻】 緣:가선 연. 認:알 인. 種:씨 종. 嗜:즐길 기. 惱:괴로워할 뇌. 侵:침노할 침. 破:깨뜨릴 파.

【말의 뜻】 緣(연):말미암음. 因·由의 뜻. 我(아):자아(自我). 소아(小我). 太眞(태진):지나치게 참된 것. 지나치게 진실한 것. 前人(전인):고인(古人). 도연명(陶淵明, 365~427)을 가리킴. 安(안):어찌. 破的之言(파적지언):진리를 간파한 말. 的은 과녁. 破的은 과녁을 꿰뚫음.

【뜻 풀이】 세상 사람들은 지나치게 '나'만을 참된 것으로 알고 있다. 부

귀를 바라는 욕심도 마음을 괴롭히는 번뇌도 다 여기서 싹트는 것이다. 이 '나'가 진정한 '나'가 아님을 안다면 부귀에 대한 욕심은 절로 사라지고 모든 번뇌는 절로 걷힐 것이다.

57

自老視少 可以消奔馳角逐之心. 自瘁視榮 可以絶紛華靡麗之念.
자로시소 가이소분치각축지심 자췌시영 가이절분화미려지념

노년(老年)이 되었을 때의 심정으로 젊은 때를 본다면 바쁘게 돌아다니고 서로 다투며 부귀공명(富貴功名)을 추구하는 마음을 없앨 수 있고, 쇠퇴(衰退)했을 때의 심정으로 영화(榮華)를 본다면 사치와 화려함을 추구하는 마음을 끊을 수 있을 것이다.

【글자 뜻】 老:늙은이 로. 消:사라질 소. 奔:달릴 분. 馳:달릴 치. 逐:쫓을 축. 瘁:병들 췌. 靡:쓰러질 미. 麗:고울 려.

【말의 뜻】 自老視少(자로시소):노년(老年)이 되었을 때 심정으로 자신의 지금의 젊은 때를 봄. 奔馳角逐(분치각축):부귀공명 등을 좇아 바쁘게 돌아다니고 서로 다툼. 自瘁視榮(자췌시영):쇠퇴했을 때 심정으로 자기의 지금의 영화(榮華)를 봄. 瘁는 '병들다, 야위다, 무너지다'의 뜻. 紛華靡麗(분화미려):사치스럽고 화려함. 靡는 華의 뜻.

【뜻 풀이】 잠깐 동안 늙은이가 되어 자신의 혈기 왕성(血氣旺盛)한 젊음을

바라본다면 헛되이 부귀공명(富貴功名)을 좇아 마구 날뛰고 남과 다투는 마음을 없앨 수 있으리라. 또 잠깐 동안 쇠퇴(衰退)하였다 생각하고 자기의 부귀한 처지를 바라본다면 사치와 방탕한 생각을 버릴 수 있으리라.

사람이란 혈기 왕성할 때 늙은 뒤를 생각하고, 순경(順境)에 있을 때 역경(逆境)을 생각하여 마음을 닦아야 하는 것이다.

58

人情世態 倏忽萬端 不宜認得太眞. 堯夫云 昔日所云
인 정 세 태 숙 홀 만 단 불 의 인 득 태 진 요 부 운 석 일 소 운

我 而今却是伊. 不知今日我 又屬後來誰. 人常作是
아 이 금 각 시 이 부 지 금 일 아 우 속 후 래 수 인 상 작 시

觀 便可解却胸中罥矣.
관 변 가 해 각 흉 중 견 의

인정(人情)과 세태(世態)는 갑자기 만(萬) 가지로 변하는 법이니 지나치게 참된 것으로 알지 말라. 요부(堯夫)가 이르기를 '어제 나의 것이 오늘은 저의 것이 되었으니, 오늘 나의 것이 또 내일은 뉘 것이 될 줄 어찌 알랴?' 하였거니와, 사람이 항상 이렇게 본다면 가히 가슴속의 얽매임을 풀 수 있으리라.

【글자 뜻】 態:모양 태. 倏:갑자기 숙. 忽:갑자기 홀. 端:바를 단. 堯:요임금 요. 却:물리칠 각. 伊:저 이. 屬:엮을 속. 誰:누구 수. 胸:가슴 흉. 罥:얽을 견.

【말의 뜻】 倏忽(숙홀):갑작스러움. 급속함. 倏은 倏의 俗字로 빠르다는

뜻. 萬端(만단):여러 가지 모양. 認得太眞(인득태진):지나치게 참된 것으로 생각함. 堯夫(요부):北宋의 유학자(儒學者)인 소강절(邵康節, 1011~1077). 이름은 옹(雍), 字는 요부(堯夫), 시호(諡號)는 강절(康節). 소문산(蘇門山)에 은거하여 경독자적(耕讀自適)의 생활을 했으며, 자신의 주거(住居)를 안락와(安樂窩)라 이름하고 스스로 안락선생(安樂先生)이라 했다. 昔日(석일):어제. 而今(이금):지금. 오늘. 伊(이):彼와 같은 뜻으로 여기서는 '저 사람의 것'의 뜻. 罥(견):덫. 속박. 얽매임.

【뜻 풀이】 사람의 정과 세상 형편은 잠시도 쉬지 않고 변천하는 것이니 그것에 너무 집착하지 말 일이다. 송(宋)나라의 학자 강절 선생(康節先生)도 '어제까지 나의 것이 오늘은 남의 것 되었네. 오늘 나의 것이 또 내일은 뉘 것 될꼬?' 라고 말했다. 사람이란 이처럼 물질에 초연(超然)할 줄 알아야 가슴속 고뇌(苦惱)를 씻어버릴 수 있는 것이다.

59

熱鬧中著一冷眼 便省許多苦心思. 冷落處存一熱心 便得許多眞趣味.
열뇨중착일냉안 변생허다고심사 냉락처존일열심 변득허다진취미

일 많아 바쁜 때에 한번 냉정(冷靜)한 눈으로 보면 문득 허다한 괴로운 생각을 덜게 되며, 일이 뜻대로 안 될 때에 한번 뜨거운 마음을 지니면 문득 허다한 참 취미를 얻게 된다.

【글자 뜻】 鬧:시끄러울 뇨. 眼:눈 안. 熱:더울 열.

【말의 뜻】 熱鬧(열뇨):번잡하고 시끄러움. 다사다망(多事多忙)함을 의미함. 閙는 鬧의 와자(譌字)로, 시끄러움. 苦心思(고심사):괴로운 생각. 근심. 心思는 생각. 冷落(냉락):쓸쓸하다는 뜻도 있으나 여기서는 '영락(零落), 몰락'의 뜻으로 역경(逆境)을 의미함. 熱心(열심):뜨거운 마음. 열정(熱情).

【뜻 풀이】 바쁜 때일수록 침착성을 잃기 쉽다. 냉정한 눈으로 사물을 살펴 처리해야 일을 그르쳐 근심의 씨앗을 만들지 않게 될 것이다. 일이 뜻대로 되지 않으면 실망하기 쉽다. 이때 의욕을 잃지 말고 더욱 분발한다면 드디어는 일을 이루어 참다운 보람을 맛볼 것이다.

60

有一樂境界 就有一不樂的相對待. 有一好光景 就有
유 일 락 경 계 취 유 일 불 락 적 상 대 대 유 일 호 광 경 취 유
一不好的相乘除. 只是尋常家飯 素位風光 纔是個安
일 불 호 적 상 승 제 지 시 심 상 가 반 소 위 풍 광 재 시 개 안
樂的窩巢.
락 적 와 소

하나의 즐거운 경지가 있으면 곧 다른 하나의 괴로운 경지가 있어 서로 대립(對立)되고, 하나의 좋은 경치가 있으면 곧 다른 하나의 나쁜 경치가 있어 서로 엇비끼는 법이니, 오직 늘 먹는 반찬 없는 밥과 자연의 풍경이야말로 곧 안락한 집이다.

【글자 뜻】 樂:즐길 락. 就:이룰 취. 乘:탈 승. 尋:찾을 심. 素:본디 소. 窩:움집 와. 巢:집 소.

【말의 뜻】 相對待(상대대):서로 대립함. 乘除(승제):乘은 곱하다, 除는 나누다의 뜻으로, 轉하여 엇비기다. 尋常家飯(심상가반):흔해빠진 식사. 특별한 반찬이 없는 일상적인 식사. 또는 그러한 생활. 素位風光(소위풍광):자연의 풍경. 素位는 무위무관(無位無官)의 뜻. 風光은 풍경, 경치. 安樂的窩巢(안락적와소):안락한 주거(住居). 안락한 생활. 窩는 본래 짐승이 사는 굴. 巢는 새의 보금자리.

【뜻 풀이】 세상 모든 일은 상대적이어서 한편에 즐거움이 있으면 또 한편에 괴로움이 따르고, 한편 경치가 아름다우면 다른 편 경치는 보잘것 없어 서로 균형을 이루게 마련이다.

그러므로 부귀영화를 누리며 근심 속에서 사느니보다는 차라리 반찬 없는 밥에 벼슬도 없지만 근심 걱정 없이 지내는 것이 안락하게 사는 길인 것이다.

61

簾櫳高敞 看青山綠水吞吐雲煙 識乾坤之自在. 竹樹扶疎 任乳燕鳴鳩送迎時序 知物我之兩忘.
염롱고창 간청산녹수탄토운연 식건곤지자재 죽수부소 임유연명구송영시서 지물아지양망

발 높이 걷고 창문 활짝 열어 청산(青山)과 녹수(綠水)가 구름과 안개를 삼켰다가 토해내는 것을 보면 천지의 자유자재(自由自在)함을 알

게 되며, 대나무와 나무 우거진 곳에 새끼 친 제비와 우는 산비둘기가 계절을 보내고 맞이하는 데 몸을 맡기면 물아(物我)를 다 잊음을 알게 된다.

【글자 뜻】 簾:발 염. 櫳:우리 롱. 敞:높을 창. 看:볼 간. 呑:삼킬 탄. 吐:토할 토. 煙:연기 연. 樹:나무 수. 乳:젖 유. 鳴:울 명. 鳩:비둘기 구. 送:보낼 송. 序:차례 서. 兩:두 양.

【말의 뜻】 簾櫳高敞(염롱고창):발을 높이 걷고 창문을 활짝 엶. 簾은 대나무로 만든 발. 櫳은 격자창(格子窓). 敞은 열다, 즉 開의 뜻. 呑吐雲煙(탄토운연):구름과 안개를 삼켰다가 토해냄. 乾坤(건곤):천지(天地). 自在(자재):자유자재(自由自在). 자유자재한 작용을 말함. 竹樹(죽수):대나무와 나무. 扶疎(부소):나뭇가지와 잎이 우거짐. 乳燕鳴鳩(유연명구):새끼를 기르는 제비와 우는 비둘기. 時序(시서):시절. 계절. 物我之兩忘(물아지양망):사물과 나를 다 잊음. 물아(物我)의 구별과 자타(自他)의 구별이 없어져 자연과 혼연일체가 되는 것을 말함.

【뜻 풀이】 창문을 활짝 열고 아침저녁으로 푸른 산 맑은 물에 구름과 안개가 피어나고 흩어짐을 바라보면 천지자연의 조화가 자유자재(自由自在)함을 깨닫게 된다.

또 대나무와 나무들 우거진 곳에 봄이면 제비가 날아와 새끼 치고 가을이면 뻐꾸기가 와서 울어대어 철에 따라 바뀌어 가는 자연 속에 몸을 맡기면 자연과 내가 혼연(渾然)히 일체(一體)가 됨을 느끼게 된다.

62

知成之必敗 則求成之心 不必太堅. 知生之必死 則保生之道 不必過勞.
지성지필패 칙구성지심 불필태견 지생지필사 칙보생지도 불필과로

이룬 것이 반드시 무너짐을 안다면 이룸을 구하는 마음이 지나치게 굳지 않을 것이요, 삶이 반드시 죽을 것임을 안다면 삶을 보전하는 것에 지나치게 애태우지 않으리라.

【글자 뜻】 敗:패할 패. 則:법칙 칙, 곧 즉. 堅:굳을 견. 保:지킬 보.

【말의 뜻】 太堅(태견):지나치게 굳음. 保生(보생):삶을 보전함. 오래도록 살려고 함. 過勞(과로):지나치게 애태움.

【뜻 풀이】 세상 만물(萬物)이란 잠시도 쉬는 일 없이 변전(變轉)하고 있다. 이 자연의 이법(理法)에 따라, 이루어진 것은 언젠가는 무너지며 목숨을 타고난 것은 머지않아 죽게 마련인 것이다. 이 자연의 진리를 깨닫는다면 악착같이 부귀를 구하지 않고 하루라도 오래 살려고 발버둥치지 않으리라.

63

古德云 竹影掃階塵不動 月輪穿沼水無痕. 吾儒云 水
고덕운 죽영소계진부동 월륜천소수무흔 오유운 수
流任急境常靜 花落雖頻意自閒. 人常持此意 以應事
류임급경상정 화락수빈의자한 인상지차의 이응사
接物 身心何等自在.
접물 신심하등자재

옛날 고승(高僧)이 이르기를 '대나무 그림자가 뜰을 쓸되 티끌은 조금도 움직이지 않고, 달의 그림자가 연못을 뚫되 물에는 아무런 흔적도 없네.' 라 하였다.

또 우리 유학자(儒學者)가 이르기를 '물의 흐름이 아무리 빨라도 주위는 늘 고요하고, 꽃의 떨어짐이 비록 잦지만 마음은 스스로 한가하네.' 라 하였다.

사람이 항상 이 뜻을 가지고 일에 응하고 사물에 접한다면 몸과 마음이 얼마나 자유로우랴!

【글자 뜻】 掃:쓸 소. 階:섬돌 계. 塵:티끌 진. 穿:뚫을 천. 痕:흔적 흔. 頻:자주 빈. 持:가질 지. 應:응할 응. 接:접할 접.

【말의 뜻】 古德(고덕):옛날 덕(德)이 높은 스님. 唐의 조등선사(祖燈禪師) 지선(志璿)을 가리킴. 月輪穿沼(월륜천소):달의 그림자가 연못을 뚫음. 달이 연못 깊숙이 잠겨 있음. 吾儒(오유):누구인지 알 수 없지만 宋代의 유학자로 생각된다. 應事接物(응사접물):일에 응하고 사물에 접함. 何等自在(하등자재):얼마나 자유로운가! 自在는 자유자재.

【뜻 풀이】 바람에 대나무가 흔들려 그 그림자가 뜰을 쓸건만 원래 그림자인지라 먼지 하나 일어나지 않고, 또 달의 그림자가 연못을 꿰뚫고 그 밑에 잠겨 있건만 원래 그림자인지라 물에는 조금도 흔적이 없다. 이는 '허(虛)한지라 응하고 응하되 자취 없다.' 는 뜻을 읊은 것이다.

물은 아무리 급히 흘러도 둘레는 항상 고요하고 꽃은 자주 떨어지지만 내 마음은 한가롭다. 이는 '움직임 속에 고요함이 있다.', 즉 동중정(動中靜)의 진리를 말한 것이다. 만일 우리가 이 진리를 알고 사물을 대한다면 얼마나 마음이 자유자재(自由自在)하랴!

64

林間松韻 石上泉聲 靜裡聽來 識天地自然鳴佩. 草際
림 간 송 운 석 상 천 성 정 리 청 래 식 천 지 자 연 명 패 초 제
煙光 水心雲影 閒中觀去 見乾坤最上文章.
연 광 수 심 운 영 한 중 관 거 견 건 곤 최 상 문 장

숲 사이 솔바람 소리와 돌 위의 샘물 소리도 고요한 속에 들으면 모두가 천지자연(天地自然)의 음악임을 알게 되고, 수풀 사이의 안개 빛과 물속의 구름 그림자도 한가한 가운데 보면 모두가 천지 최상(最上)의 그림임을 알게 된다.

【글자 뜻】 韻:운 운. 聲:소리 성. 靜:고요할 정. 佩:찰 패. 草:풀 초. 煙:연기 연. 最:가장 최.

【말의 뜻】 松韻(송운):솔바람 소리. 泉聲(천성):샘물 소리. 靜裡(정리):정적(靜寂) 가운데. 고요한 가운데. 鳴佩(명패):패옥(佩玉)이 울리는

소리. 佩는 조복(朝服)의 띠에 차는 장식용 옥(玉)으로, 계급에 따라 옥(玉)의 종류도 달랐음. 여기서는 '아름다운 음악'의 뜻. 草際(초제):수풀 사이. 煙光(연광):안개의 빛. 水心雲影(수심운영):물속에 비친 구름의 그림자. 文章(문장):무늬 모양. 아름다운 그림.

【뜻 풀이】 숲속의 솔바람과 계곡을 흐르는 시냇물도 고요한 마음으로 들으면 자연의 뛰어난 음악이요, 수풀에 어린 안개나 물 위에 떠 있는 구름의 그림자도 한가한 마음으로 바라보면 자연의 뛰어난 그림이다. 마음이 고요하고 한가하면 이처럼 천지자연의 풍류(風流)를 깨달을 수 있는 것이다.

65

眼看西晋之荊榛 猶矜白刃. 身屬北邙之狐兎 尚惜黃
안 간 서 진 지 형 진 유 긍 백 인 신 속 북 망 지 호 토 상 석 황
金. 語云 猛獸易伏 人心難降 谿壑易滿 人心難滿. 信
금 어 운 맹 수 이 복 인 심 난 항 계 학 이 만 인 심 난 만 신
哉.
재

눈으로 서진(西晋)의 가시밭을 보면서도 오히려 칼날을 뽐내고, 몸은 북망산(北邙山)의 여우와 토끼에 맡겨지건만 오히려 황금을 아끼도다.

옛말에 이르기를 '사나운 짐승은 굴복받기 쉬워도 사람의 마음은 항복받기 어렵고, 골짜기는 채우기 쉬워도 사람의 마음은 채우기 어렵다.'고 하였으니 참으로 옳은 말이로다.

【글자 뜻】 晋:진나라 진. 榛:개암나무 진. 猶:오히려 유. 矜:자랑할 긍. 狐:여우 호. 兎:토끼 토. 獸:짐승 수. 降:항복할 항. 谿:시내 계. 壑:골 학. 滿:찰 만.

【말의 뜻】 西晋之荊榛(서진지형진):서진(西晋:1165~1216)이 망하고 그 수도인 낙양(洛陽)이 잡초에 묻혀 황폐해짐. 荊은 가시나무. 榛은 개암나무. 北邙(북망):북망산. 낙양(洛陽)의 북쪽에 있는 산으로 여기에 공동묘지가 있었다. 屬狐兎(속호토):여우와 토끼의 먹이가 됨. 語(어):옛말. 고어(古語). 谿壑(계학):골짜기.

【뜻 풀이】 세상 사람들은 서진(西晋)이 망하여 화려하던 낙양(洛陽)이 가시덤불에 파묻힌 것을 눈으로 보면서도 아직도 성자필멸(盛者必滅)의 원리를 깨닫지 못하고 자신의 권세만을 믿고 뽐내고 있다. 또 세상 사람들은 자기의 몸도 머지않아 저 공동묘지에 묻혀 여우 밥이 될 줄도 모르고 재물을 탐내고 있다.

옛말에 이르기를 '차라리 맹수는 길들이면 굴복시키기 쉽지만 사람의 마음은 항복 받기 어렵고, 깊은 골짜기는 그래도 채울 수 있지만 사람의 욕심은 채울 길이 없다.' 고 했거니와 진실로 그러하다.

66

心地上無風濤 隨在 皆青山綠樹. 性天中有化育 觸處見魚躍鳶飛.
심지상무풍도 수재 개청산녹수 성천중유화육 촉처 견어약연비

마음 위에 바람과 물결이 없으면 이르는 곳마다 푸른 산 푸른 나무요, 본성(本性) 가운데 화육(化育)하는 기운이 있으면 이르는 곳마다 물고기 뛰놀고 솔개 나는 것을 보리라.

【글자 뜻】 濤:큰 물결 도. 隨:따를 수. 育:기를 육. 觸:닿을 촉. 躍:뛸 약. 鳶:솔개 연. 飛:날 비.

【말의 뜻】 心地(심지):마음. 마음은 만법(萬法)의 근본으로 모든 法을 생성시키는 토지(土地)이기 때문에 地가 붙었다. 隨在(수재):이르는 곳마다. 모든 곳. 靑山綠樹(청산녹수):푸른 산과 푸른 나무에 둘러싸인 심정이라는 뜻으로 맑고 깨끗한 경지를 형용한 말. 性天(성천):천성(天性). 본성. 化育(화육):만물을 생겨나게 하고 자라게 함. 생육(生育), 발육(發育). 觸處(촉처):이르는 곳마다. 앞의 隨在와 같은 뜻. 魚躍鳶飛(어약연비):물고기가 연못에서 뛰놀고 솔개가 하늘 높이 낢. 자유롭고도 활발한 기상(氣象)을 뜻함.

【뜻 풀이】 마음에 바람과 물결이 일지 않고 고요하면 어디를 가나 마치 청산 녹수(靑山綠樹) 속에 있는 것처럼 세속에 때 묻지 않고, 본성(本性)이 온화하여 덕이 있으면 어디를 가나 마치 물고기가 연못에서 뛰놀고 솔개가 하늘에서 날듯이 자유로운 활동적 경지를 얻게 될 것이다.

67

峨冠大帶之士 一旦 睹輕蓑小笠飄飄然逸也 未必不
아 관 대 대 지 사 일 단 도 경 사 소 립 표 표 연 일 야 미 필 부
動其咨嗟. 長筵廣席之豪 一旦 遇疎簾淨几悠悠焉靜
동 기 자 차 장 연 광 석 지 호 일 단 우 소 렴 정 궤 유 유 언 정
也 未必不增其綣戀. 人奈何 驅以火牛 誘以風馬 而
야 미 필 부 증 기 권 련 인 내 하 구 이 화 우 유 이 풍 마 이
不思自適其性哉.
불 사 자 적 기 성 재

높은 관(冠)과 넓은 띠를 한 고위고관(高位高官)도 한번 가벼운 도롱이에 작은 삿갓을 쓴 이욕(利欲)의 마음 없이 한가한 사람을 보면 부러움의 탄식을 내뿜지 않을 수 없을 것이요, 넓고 큰 자리에 앉은 부호(富豪)도 한번 성긴 발과 깨끗한 책상에 앉아 있는 유유(悠悠)하고 고요한 사람을 만나면 그리워하는 생각이 일지 않을 수 없으리라.

사람들은 어찌하여 화우(火牛)로써 달리고 풍마(風馬)로써 꾀일 줄만 알고 자기 본성(本性)에 맞게 유유자적(悠悠自適)할 것은 생각지 않는가?

【글자 뜻】 峨:높을 아. 冠:갓 관. 帶:띠 대. 蓑:도롱이 사. 飄:회오리바람 표. 咨:물을 자. 嗟:탄식할 차. 豪:호걸 호. 几:안석 궤. 增:더할 증. 綣:정다울 권. 戀:사모할 련. 奈:어찌 내.

【말의 뜻】 峨冠大帶(아관대대):높은 관(冠)과 폭이 넓은 띠. 고위고관(高位高官)의 예복(禮服). 輕蓑小笠(경사소립):가벼운 도롱이와 작은 삿갓. 무위무관(無位無官)인 일반 백성이나 은자(隱者)의 초라한 복장. 飄飄然(표표연):본래 목적지 없이 방랑하는 모양을 뜻하나 여

기서는 이욕(利欲)의 마음을 완전히 없앤 상태를 의미함. 逸(일):안일(安逸). 咨嗟(자차):탄식함. 두 글자 모두 '탄식하다'의 뜻. 長筵廣席(장연광석):길고 넓은 자리. 호화로운 자리. 筵도 席의 뜻. 疎簾淨几(소렴정궤):드문드문 엮은 발과 깨끗한 작은 책장. 几는 机와 同字. 산속의 선비가 앉아 독서하는 모습을 형용한 말. 綣戀(권련):몹시 그리워함. 綣은 '간곡한'의 뜻. 火牛(화우):꼬리에 불이 붙은 소. 風馬(풍마):風馬牛의 약자(略字). 風은 '바람난, 암내 내는'의 뜻으로, 바람난 말과 소. 여기서 風을 '놓아먹이다', 즉 '방목(放牧)하다'의 뜻으로 보는 說도 있다.

【뜻 풀이】 높은 관을 쓰고 큰 띠를 한 고관대작(高官大爵)도 허름한 도롱삿갓 차림으로 낚시질하는 어부의 표연히 속세를 떠난 모습을 보면 자신도 모르게 부러움의 탄식이 흘러나올 것이요, 고대광실(高臺廣室) 좋은 집에서 거드럭거리는 부호도 엉성한 발을 늘어뜨리고 청결한 책상머리에 앉아 조용히 책 읽는 선비를 보면 부러운 생각을 금치 못하리라.

세상 사람들은 어찌하여 약한 자에게는 쳐들어가고 강한 자에게는 아부를 하여 명리(名利)를 얻는 데에만 급급할 뿐 이처럼 유유자적(悠悠自適)할 것을 생각지 못하는가!

68

魚得水逝 而相忘乎水 鳥乘風飛 而不知有風. 識此 可
어 득 수 서 이 상 망 호 수 조 승 풍 비 이 부 지 유 풍 식 차 가
以超物累 可以樂天機.
이 초 물 루 가 이 락 천 기

물고기는 물을 얻어 헤엄치되 물을 잊어버리고, 새는 바람을 타고 날되 바람 있음을 알지 못한다.

이 이치를 알면 가히 사물의 얽매임으로부터 벗어날 수 있고 천지(天地)의 작용을 즐길 수 있을 것이다.

【글자 뜻】 逝:갈 서. 鳥:새 조. 乘:탈 승. 超:넘을 초. 累:묶을 루.

【말의 뜻】 逝(서):감. 자유롭게 헤엄침. 相忘乎水(상망호수):물의 존재를 잊음. 자기가 물속에 있음을 잊고 있음. 物累(물루):외부 사물에 얽매임. 天機(천기):천지(天地)의 오묘한 작용.

【뜻 풀이】 물고기는 물속에서 유유히 헤엄치면서도 물을 잊고 즐거이 뛰놀고, 새는 바람을 타고 푸른 하늘을 자유로이 날건만 바람 있음을 의식하지 못한다. 사람도 이 이치를 깨달아 세상에 살면서도 모든 세속일을 잊고 유유자적하면 천지자연의 오묘(奧妙)한 작용을 마음껏 즐길 수 있는 것이다.

69

狐眠敗砌 兎走荒臺 盡是當年歌舞之地. 露冷黃花 煙
호 면 패 체 　 토 주 황 대 　 진 시 당 년 가 무 지 지 　 노 랭 황 화 　 연

迷衰草 悉屬舊時爭戰之場. 盛衰何常 强弱安在. 念
미 쇠 초 　 실 속 구 시 쟁 전 지 장 　 성 쇠 하 상 　 강 약 안 재 　 염

此 令人心灰.
차 　 영 인 심 회

여우는 허물어진 돌계단에서 잠자고 토끼는 황폐한 고대(高臺)에서 달리나니 이는 다 그 옛날 노래 부르고 춤추던 곳이요, 이슬은 국화(菊花)에 싸늘하고 안개는 시든 풀에 어리나니 이는 다 그 옛날 전쟁하던 곳이다.

성(盛)하고 쇠(衰)함이 어찌 늘 같을 수 있으며 강(强)하고 약(弱)함이 어디 있는가? 이를 생각하면 사람의 마음이 불 꺼진 재처럼 식는구나.

【글자 뜻】 敗:무너질 패. 砌:섬돌 체. 荒:거칠 황. 冷:찰 랭. 迷:미혹할 미. 衰:쇠할 쇠. 悉:다 실. 屬:엮을 속. 舊:예 구. 强:굳셀 강. 弱:약할 약.

【말의 뜻】 敗砌(패체):허물어진 돌계단. 砌는 섬돌, 석계(石階). 荒臺(황대):황폐해진 고대(高臺). 臺는 전(殿), 루(樓). 當年(당년):그 옛날. 黃花(황화):국화(菊花). 衰草(쇠초):마른 풀. 시든 풀. 何常(하상):어찌 오랫동안 계속될 수 있겠는가?

【뜻 풀이】 허물어진 축대와 황폐해진 고루거각(高樓巨閣)의 옛터는 잡초가 우거져 여우와 토끼의 소굴이 되었다. 그러나 이곳도 그 옛날에는

영화를 누려 노래와 춤이 그치지 않던 곳이다. 또 지금은 들국화에 이슬이 맺히고 시든 풀에 안개가 어리는 쓸쓸한 들판이지만 한때 그 옛날에는 영웅과 호걸들이 자웅을 다투던 전쟁터였던 것이다.

그들의 흥망성쇠(興亡盛衰)는 돌고 바뀌어 찾아볼 길 없으니 누가 강하고 누가 약했음이 무슨 소용 있으랴! 이를 생각한다면 사람의 마음은 불 꺼진 재처럼 싸늘하게 식어 공허한 속세의 부귀영화를 다 잊게 되리라.

70

寵辱不驚 閒看庭前花開花落. 去留無意 漫隨天外雲卷雲舒. 晴空朗月 何天不可翱翔 而飛蛾獨投夜燭. 清泉綠卉 何物不可飮啄 而鴟鴞偏嗜腐鼠. 噫 世之不爲飛蛾鴟鴞者 幾何人哉

총욕불경 한간정전화개화락. 거류무의 만수천외운권운서. 청공낭월 하천불가고상 이비아독투야촉. 청천녹훼 하물불가음탁 이치효편기부서. 희 세지불위비아치효자 기하인재

영예와 치욕에 놀라지 아니하니 뜰 앞에 꽃이 피고 지는 것을 한가히 바라보며, 가고 머무는 것에 뜻이 없으니 하늘의 구름이 걷히고 펴짐을 무심히 따르도다.

하늘 맑고 달이 밝으니 어느 하늘인들 자유롭게 날지 못하련마는 부나비는 스스로 촛불에 몸을 던지고, 샘물 맑고 풀이 푸르니 어느 것인들 먹지 못하련마는 올빼미는 굳이 썩은 쥐를 즐겨 먹는다.

아, 세상에 부나비와 올빼미 아닌 사람 그 몇이나 되랴!

【글자 뜻】 寵:괼 총. 驚:놀랄 경. 閒:한가할 한. 看:볼 간. 意:뜻 의. 漫:흩어질 만. 舒:펼 서. 晴:갤 청. 翺:날 고. 翔:날 상. 卉:풀 훼. 啄:쪼 탁. 鴟:솔개 치. 鴞:부엉이 효.

【말의 뜻】 寵辱(총욕):총애를 받음과 욕을 당함. 영예와 굴욕. 去留(거류):떠남과 머무름. 지위(地位)가 높아지고 낮아짐을 가리킴. 漫(만):무심히. 한가히. 天外(천외):하늘. 雲卷雲舒(운권운서):구름이 생기고 없어짐. 卷은 말다, 舒는 펴다. 翺翔(고상):자유롭게 날아다님. 飛蛾獨投夜燭(비아독투야촉):불로 날아드는 여름 나방. 스스로 위험 속으로 뛰어드는 것을 뜻함. 飛蛾는 부나비, 나방. 綠卉(녹훼):푸른 풀. 卉는 풀, 초목(草木)의 뜻. 飮啄(음탁):마시고 먹음. 鴟鴞偏嗜腐鼠(치효편기부서):올빼미는 썩은 쥐를 좋아한다. 鴟鴞는 올빼미. 올빼미는 밤에 닭이나 새 새끼를 잡아먹는 악조(惡鳥)이므로, 轉하여 '흉악한 사람'의 뜻으로도 쓰인다. 鴞는 梟와 同字.

【뜻 풀이】 천리(天理)와 인생을 달관(達觀)한 사람은 부귀와 빈천에 구애됨이 없기 때문에 인생의 영고성쇠(榮枯盛衰)를 마치 뜰 앞의 꽃이 피고 지는 것을 바라보듯이 한가한 마음으로 바라보며, 벼슬길에 나아가고 물러남을 마치 푸른 하늘에 일었다 사라지는 뜬구름처럼 가벼운 마음으로 처신하는 것이다.

하늘이 맑고 달이 밝아 자유자재로 날아다닐 수 있건만 부나비는 하필이면 촛불로 뛰어들어 몸을 사르는가? 맑은 샘물, 푸른 풀 얼마든지 먹을 것이 있건만 올빼미는 하필이면 썩은 쥐를 파먹고 사는가?

어찌 부나비와 올빼미뿐이랴! 세상 사람들 중 부나비처럼 부귀의 불길로 뛰어들어 몸을 사르고 올빼미처럼 이욕(利慾)의 썩은 쥐를 파먹어 인생을 더럽히지 않는 이가 몇이나 되랴?

71

纔就筏 便思舍筏 方是無事道人. 若騎驢又復覓驢 終
재 취 벌　변 사 사 벌　방 시 무 사 도 인　약 기 려 우 부 멱 려 종
爲不了禪師.
위 불 료 선 사

나룻배에 오르자 곧 나룻배 버릴 것을 생각한다면 이야말로 번뇌에서 벗어난 도인(道人)이지만, 만일 나귀를 타고 있으면서 그 나귀를 찾는다면 마침내 깨닫지 못한 선사(禪師)가 되리라.

【글자 뜻】 纔:겨우 재. 就:이룰 취. 筏:뗏목 벌. 騎:말 탈 기. 驢:나귀 려. 師:스승 사.

【말의 뜻】 就筏(취벌):뗏목을 탐. 無事道人(무사도인):진리를 깨달아 번뇌에서 완전히 벗어난 도인(道人). 騎驢又復覓驢(기려우부멱려):나귀를 타고 있으면서 나귀를 찾음. 자신의 마음은 곧 부처이므로 부처를 자기의 마음속에서 구하지 않고 밖에서 구하는 것을 가리킴. 驢는 당나귀. 不了禪 師(불료선사):진리를 깨닫지 못한 선승(禪僧).

【뜻 풀이】 인생이란 마치 나룻배와 같다. 나룻배는 강을 건너기 위한 방편일 뿐이다. 그러므로 강을 건너면 곧 배를 버릴 줄 알아야 진리를 깨달은 사람이다.

이와 마찬가지로 경전(經典)이나 불전(佛典)도 도(道)를 깨닫기 위한 하나의 방편에 지나지 않는다. 만일 부처가 마음에 있음을 깨닫지 못하고 경전이나 불전에 집착한다면 이는 나귀를 타고서 자기 나귀를 찾는 것으로, 영원히 진리를 깨닫지 못하는 어리석은 선승(禪僧)이 되

고 말 것이다.

72

權貴龍驤 英雄虎戰. 以冷眼視之 如蟻聚羶 如蠅競血. 是非蜂起 得失蝟興. 以冷情當之 如冶化金 如湯消雪.
권귀용양 영웅호전 이냉안시지 여의취전 여승경혈 시비봉기 득실위흥 이냉정당지 여야화금 여탕소설

권세 있고 부귀한 사람들은 용처럼 다투고 영웅과 호걸들은 호랑이처럼 싸우거니와, 냉정한 눈으로 이를 바라보면 마치 개미 떼가 비린내 나는 고깃덩이에 모여드는 것과 같고 파리 떼가 다투어 피를 빠는 것과 같도다.

시비(是非)가 벌떼처럼 일어나고 이해득실(利害得失)이 고슴도치의 털처럼 일어나거니와, 냉정한 마음으로 이를 대하면 마치 풀무가 쇠를 녹이고 끓는 물이 눈[雪]을 녹이는 것과 같도다.

【글자 뜻】 貴:귀할 귀. 驤:머리 들 양. 雄:수컷 웅. 眼:눈 안. 蟻:개미 의. 聚:모일 취. 羶:누린내 전. 蠅:파리 승. 蜂:벌 봉. 蝟:고슴도치 위. 湯:끓일 탕. 消:사라질 소.

【말의 뜻】 權貴(권귀):권세(權勢)와 부귀(富貴). 여기서는 권세 있고 부귀한 사람을 가리킴. 龍驤(용양):용(龍)이 날뛰듯이 위세(威勢)를 떨침. 驤은 擧의 뜻. 蟻聚羶(의취전):개미 떼가 비린내 나는 고깃덩이에 다투어 모여듦. 羶은 비린내 나는 고기. 蠅競血(승경혈):파리 떼

가 다투어 피를 빪. 蜂起(봉기):벌떼처럼 일어남. 得失(득실):이해득실(利害得失). 蝟興(위흥):고슴도치의 털처럼 무수히 일어남. 冷情(냉정):냉정한 감정. 냉정한 마음. 冶化金(야화금):풀무가 쇠붙이를 녹임. 化는 熔의 뜻. 湯消雪(탕소설):끓는 물이 눈을 녹임.

【뜻 풀이】 권세 있고 부귀한 사람들은 용처럼 위세를 떨치며 다투고 영웅과 호걸들은 범처럼 어울려 서로 싸운다. 그런데 냉정한 눈으로 이들을 바라보면 마치 개미들이 비린내 나는 고깃덩이에 모여들어 서로 다투고, 파리들이 서로 다투어 피를 빠는 것과 같음을 알게 되리라.

뜬구름 같은 부귀공명(富貴功名)에 부질없이 목숨을 걸고 다투는 그들의 모습이 얼마나 가소로운가?

또 세상에는 옳고 그름을 가려야 할 문제가 독을 지닌 벌떼처럼 일어나고, 이득과 손실을 따질 문제가 고슴도치 털처럼 일어서고 있다. 그런데 냉정한 마음으로 이를 대하면 아무리 복잡하고 시끄러운 문제도 마치 풀무에 쇠붙이가 녹고 끓는 물에 눈이 녹듯이 사라져버릴 것이다.

73

羈鎖於物欲 覺吾生之可哀 夷猶於性眞 覺吾生之可樂. 知其可哀 則塵情立破 知其可樂 則聖境自臻.
기쇄어물욕 각오생지가애 이유어성진 각오생지가락 지기가애 즉진정입파 지기가락 즉성경자진

물욕(物慾)에 얽매이면 인생이 애달픈 것임을 알게 되고, 본성(本性)을 따라 유유자적(悠悠自適)하면 인생이 즐거운 것임을 깨닫게 되

리라.

인생의 애달픔을 알면 세속적인 욕망이 곧 깨어지고, 인생의 즐거움을 알면 성인(聖人)의 경지가 스스로 나타나리라.

【글자 뜻】 羈:굴레 기. 鎖:쇠사슬 쇄. 哀:슬플 애. 塵:티끌 진. 聖:성스러울 성. 臻:이를 진.

【말의 뜻】 羈鎖(기쇄):속박. 얽매임. 羈는 羈의 俗字로, 굴레. 鎖는 쇠사슬. 夷猶(이유):유유자적(悠悠自適)함. 性眞(성진):진성(眞性). 본성(本性). 塵情(진정):세속적인 욕망. 立破(입파):그 자리에서 깨어짐. 聖境(성경):성인(聖人)의 경지. 臻(진):이르다. 나타나다.

【뜻 풀이】 내 마음이 물욕에 얽매이면 인생은 가련하게 느껴지고, 물욕을 초월하여 천성(天性)을 따라 한가한 마음으로 살아가면 인생은 절로 즐거워진다. 만일 인생의 가련함을 깨닫게 된다면 곧 물욕에서 벗어날 수 있고, 인생의 즐거움을 깨닫는다면 이미 성인(聖人)의 경지(境地)가 눈앞에 와 있는 것이다.

74

胸中既無半點物欲 已如雪消爐焰 氷消日. 眼前自有
흉 중 기 무 반 점 물 욕 이 여 설 소 노 염 빙 소 일 안 전 자 유
一段空明 時見月在靑天 影在波.
일 단 공 명 시 견 월 재 청 천 영 재 파

가슴속에 조금의 물욕(物慾)도 없으면 이미 눈[雪]이 화로 불길에

녹고 얼음이 햇볕에 녹음과 같으리라.

눈앞에 스스로 한 조각의 밝은 마음이 있으면 언제나 달이 푸른 하늘에 있고 그 그림자가 물결 속에 있음을 보리라.

【글자 뜻】 胸:가슴 흉. 半:반 반. 點:점 점. 爐:화로 로. 段:구분 단.

【말의 뜻】 半點(반점):매우 적은 것을 의미함. 爐焰(노염):화로의 불길. 一段(일단):한 조각. 空明(공명):달빛이 물에 비치는 모양. 여기서는 '마음이 밝고 빛남' 의 뜻.

【뜻 풀이】 인생의 진리(眞理)를 깨닫는 길은 마음의 물욕(物慾)을 없애는 일로부터 시작된다. 가슴속에 한 점의 물욕도 없다면 인생의 온갖 번뇌(煩惱)는 마치 불길에 눈 녹듯이, 햇볕에 얼음 녹듯이 순식간에 다 사라져버린다.

이리하여 눈앞에 항상 명경(明鏡)처럼 비춰 주는 밝은 마음이 있으면 마치 푸른 하늘에 있는 밝은 달이 그 빛을 맑은 물결 속에 비추는 것과 같아서, 설사 물결이 일어 달빛이 흔들릴지라도 달은 언제나 밝게 빛나는 것처럼 내 마음은 항상 고요하고 밝게 빛나리라.

75

詩思在灞陵橋上 微吟就 林岫便已浩然. 野興在鏡湖
시 사 재 파 릉 교 상 미 음 취 임 수 변 이 호 연 야 흥 재 경 호
曲邊 獨往時 山川自相映發.
곡 변 독 왕 시 산 천 자 상 영 발

시상(詩想)은 파릉교(灞陵橋) 위에 있으니 나직이 읊조리면 숲과 골짜기가 문득 호연(浩然)해지고, 맑은 흥취는 경호(鏡湖) 호숫가에 있으니 홀로 거닐면 산과 내[川]가 스스로 서로 비추게 된다.

【글자 뜻】 思:생각할 사. 灞:물 이름 파. 陵:큰 언덕 릉. 微:작을 미. 吟:읊을 음. 鏡:거울 경. 湖:호수 호. 發:쏠 발.

【말의 뜻】 詩思在灞陵橋上(시사재파릉교상):詩思는 시상(詩想). 灞陵橋는 唐의 도읍인 장안(長安)의 동쪽 파수(灞水)에 있는 다리로, 옛날 사람들이 이별할 때 이 다리에 이르러 버들가지를 꺾어 송별의 뜻을 표하였다 함. 파교(灞橋)라고도 한다. 微吟就(미음취):작은 소리로 나직이 詩를 읊조림. 就는 成의 뜻. 林岫(임수):숲과 산골짜기. 浩然(호연):탁 트이어 막힘이 없는 모양. 野興(야흥):속세를 벗어난 맑은 흥취. 鏡湖曲(경호곡):鏡湖는 지금의 절강성(浙江省) 소흥현(紹興縣) 남쪽에 있는 호수로 감호(鑑湖) 또는 하감호(賀監湖)라고도 한다. 映發(영발):서로 비춤. 아름답게 조화를 이룸.

【뜻 풀이】 시상(詩想)이란 저 당(唐)의 재상 정계(鄭綮)의 말처럼 아름다운 자연 속에서 이루어지는 것이지 금전옥루(金殿玉樓)의 화려한 생활 속에서 얻어지는 것이 아니다. 아름다운 자연 속을 나귀 등에 앉아 조용히 지나다 보면 문득 시흥(詩興)이 떠올라 나직이 읊조리면 숲과 골짜기도 호연(浩然)히 화답(和答)해 주는 것 같다.

또 속세를 벗어난 맑은 흥취는 고루거각(高樓巨閣)의 호화로운 생활 속에서 얻어지는 것이 아니다. 저 당나라의 시인 하지장(賀知章)이 천자 현종(玄宗)에게서 받은 경호곡(鏡湖曲)처럼 맑은 물가에서나 얻어지는 것이다. 이러한 곳에서 홀로 지팡이를 끌고 거니노라면 산과 냇물이 서로 비춰 절로 가경(佳景)을 이루게 되는 것이다.

76

伏久者 飛必高 開先者 謝獨早. 知此 可以免蹭蹬之憂 可以消躁急之念.
복구자 비필고 개선자 사독조 지차 가이면층등지우 가이소조급지념

오래 엎드린 새는 반드시 높이 날며, 먼저 핀 꽃은 홀로 먼저 시든다. 이 이치를 알면 발을 헛디딜 근심을 면할 수 있고 초조한 마음을 없앨 수 있다.

【글자 뜻】 伏:엎드릴 복. 謝:사례할 사. 免:면할 면. 蹭:비틀거릴 층.

【말의 뜻】 謝(사):꽃이 시듦. 꽃이 떨어짐. 蹭蹬(층등):두 글자 모두 발을 헛딛는 모양. 실족(失足)하는 것을 의미하며, 轉하여 세력을 잃는 것을 의미하기도 한다.

【뜻 풀이】 땅 위에서 오랜 동안 엎드려 지내는 독수리나 매는 그 동안에 실력을 충분히 길렀기 때문에 일단 날기 시작하면 다른 새들보다 높이 날 수 있다. 그리고 다른 꽃들보다 일찍 피는 꽃은 지기도 쉬 진다.

어찌 새나 꽃만이 그러하랴. 사람의 모든 일도 다 이 자연의 진리에서 벗어날 수는 없는 것이다. 사람도 이 이치를 깊이 깨달아 경거망동(輕擧妄動)을 삼가고 푹 엎드려 힘과 덕을 쌓는다면 가히 발을 헛디뎌 구렁에 빠지거나 물욕(物慾)에 얽매여 안달을 부리는 과오에서 벗어

날 수 있으리라.

77

樹木至歸根 而後知華蕚技葉之徒榮. 人事至蓋棺 而
수 목 지 귀 근 이 후 지 화 악 지 엽 지 도 영 인 사 지 개 관 이
後知子女玉帛之無益.
후 지 자 녀 옥 백 지 무 익

나무는 뿌리로 돌아간 뒤에라야 꽃과 가지와 잎이 헛된 영화(榮華)였음을 알게 되며, 사람은 관 뚜껑을 덮은 뒤에라야 자손과 재물의 쓸데없음을 알게 된다.

【글자 뜻】 樹:나무 수. 蕚:꽃받침 악. 徒:무리 도. 帛:비단 백.

【말의 뜻】 歸根(귀근):뿌리로 돌아감. 뿌리만 남음. 잎이 다 떨어져 줄기만 앙상하게 남은 것을 뜻함. 華蕚(화악):꽃. 蕚은 본래 꽃받침. 徒榮(도영):헛된 영화(榮華). 일시적인 영화. 蓋棺(개관):관 뚜껑을 덮음. 죽음을 의미함. 子女(자녀):자손. 玉帛(옥백):주옥(珠玉)과 비단, 즉 재산. 帛은 絹과 같은 뜻으로, 비단.

【뜻 풀이】 나무는 꽃과 열매와 잎이 다 떨어져 줄기만이 앙상하게 된 뒤에라야 비로소 봄철의 아름다운 꽃과 여름철의 무성한 녹음과 가을의 불타는 단풍이 다 헛된 영화였다는 것을 알게 된다.

사람도 이와 마찬가지여서 살아 있는 동안에는 온갖 물욕(物慾)에 얽매여 고해(苦海)를 건넌다. 설사 부귀와 영화를 누렸을지라도 죽어

서 관 속에 들어간 다음에야 많은 자손과 재산이 다 헛된 물거품이었다는 것을 알게 된다.

나무를 볼 때에는 잎 속의 줄기를 보고 인생을 생각할 때에는 관 뚜껑에 못 박을 때를 생각하라.

78

眞空不空 執相非眞 破相亦非眞. 問 世尊如何發付.
진공불공 집상비진 파상역비진 문 세존여하발부
在世出世. 徇欲是苦 絶欲亦是苦. 聽吾儕善自修持.
재세출세 순욕시고 절욕역시고 청오제선자수지

참다운 공(空)은 공이 아니다. 형상(形相)에 집착함은 참이 아니요 형상을 깨어 버림도 참이 아니다.

묻노니 석가세존(釋迦世尊)께서 무어라 말씀하셨는가? '속세(俗世)에 있되 속세를 벗어나라. 욕심을 따르는 것이 곧 괴로움이요, 욕심을 끊는 것도 또한 괴로움이니. 들으라, 우리가 스스로 마음을 잘 닦고 몸가짐을 바로 할 것을.'

【글자 뜻】 空:빌 공. 尊:높을 존. 徇:좇을 순, 주창할 순. 聽:들을 청. 儕:동배 제. 修:닦을 수. 持:가질 지.

【말의 뜻】 眞空(진공):참다운 공(空). 만물의 본체(本體). 空은 반야심경(盤若心經)에 있는 '色卽是空 空卽是色'의 空, 즉 현상(現象). 執相(집상):현상에 집착함. 相은 현상. 破相(파상):현상을 깸. 현상을 허망한 것으로 봄. 世尊(세존):석가(釋迦). 發付(발부):의견을 발표함.

在世出世(재세출세):속세(俗世)에 살면서 속세를 초월함. 몸은 속세에 있으면서 마음은 속세를 초월함. 徇(순):따르다. 좇다. 從의 뜻. 吾儕(오제):우리들. 儕는 等·輩의 뜻으로, 무리. 修持(수지):마음을 닦고 몸을 가짐. 수행(修行)을 뜻함.

【뜻 풀이】 우리가 감각기관(感覺器官)으로 느껴 알 수 있는 것은 생멸(生滅) 무상(無常)한 현상(現象=形相)이다. 그런데 이 현상 안에는 현상을 초월한 본체(本體)가 있는 것이다. 그러므로 현상은 공(空)이지만 본체는 공이 아니다. 더구나 본체와 현상은 떨어질 수 없는 일체(一體)로서 모든 사물은 상대적 차별계(差別界)에서는 현상이 되고 절대적 무차별계(無差別界)에서는 본체가 되는 것이다.

그러므로 단순히 표면에 나타난 현상에만 집착하여 그것이 참 실재(實在)라고 생각함은 잘못이지만, 그렇다고 현상을 전혀 허무하고 무가치한 것이라고 생각함도 역시 진리는 아닌 것이다.

이에 대하여 석가(釋迦)는 이렇게 말하고 있다. '사람은 속세에 살면서도 속세를 초월해야 한다. 욕망에 따르는 것은 말할 것도 없이 고뇌(苦惱)이지만 욕심을 끊어 버림 또한 고통이다. 그러므로 평소에 마음을 닦고 몸을 바르게 갖도록 하라.'

79

烈士讓千乘 貪夫爭一文. 人品星淵也 而好名 不殊好利. 天子營家國 乞人號饔飧. 位分霄壤也 而焦思 何異焦聲.

열사양천승 탐부쟁일문 인품성연야 이호명 불수호리 천자영가국 걸인호옹손 위분소양야 이초사 하리초성

의로운 선비는 천 승(千乘)의 나라를 사양하고 탐욕스러운 사람은 한 푼의 돈을 다투거니와 그 인품(人品)은 하늘과 땅의 차이로되 명예를 좋아함은 이익을 좋아함과 다를 것이 없다.

천자(天子)는 나라를 다스리고 거지는 조석밥을 부르짖거니와 그 지위와 신분은 하늘과 땅의 차이로되 마음을 졸임이야 목소리를 졸임과 무엇이 다르랴!

【글자 뜻】 讓:사양할 양. 乘:탈 승. 貪:탐할 탐. 淵:못 연. 殊:다를 수. 號:부르짖을 호. 饔:아침밥 옹. 飧:저녁밥 손. 霄:하늘 소. 焦:그을릴 초.

【말의 뜻】 烈士(열사):의(義)를 존중하는 선비. 千乘(천승):제후국(諸侯國). 乘은 전차(戰車)를 의미하며, 천 승(千乘)이란 전시(戰時)에 내보내는 전차의 수가 천 대(千台)라는 뜻. 一文(일문):돈 한 푼. 文은 본래 네모난 구멍이 있는 둥근 엽전을 의미한다. 星淵(성연): '하늘에 있는 별과 땅에 있는 연못'의 뜻으로 하늘과 땅의 차이를 의미함. 好名(호명):명예를 좋아함. 不殊(불수):다를 것이 없음. 饔飧(옹손):아침밥과 저녁밥. 饔은 아침밥 또는 익힌 음식을 의미하며 飧은 저녁밥 또는 물에 만 밥을 의미한다. 位分(위분):지위(地位)와 신분(身

分). 霄壤(소양):본래 '하늘과 땅'의 뜻이나, 轉하여 하늘과 땅의 차이, 엄청난 차이를 뜻함.

【뜻 풀이】 의협심(義俠心)이 강한 사람은 나라를 주어도 받지 않지만 탐욕스러운 사람은 한 푼의 돈을 가지고 다툰다. 두 사람의 인격의 차이는 물론 하늘과 땅 차이지만 나라를 사양함이 명예를 위한 것이라면 이득을 좋아함과 무엇이 다르랴!

또 임금은 나라를 다스리기 위하여 노심초사(勞心焦思)하고 거지는 끼니를 얻기 위하여 소리를 외친다. 두 사람의 신분의 차이야 물론 하늘과 땅 차이지만 임금이 노심초사하여 마음을 태움이 거지가 목소리가 쉬도록 애씀과 무엇이 다르랴!

80

飽諳世味 一任覆雨飜雲 總慵開眼. 會盡人情 隨教呼牛喚馬 只是點頭.

(포암세미 일임복우번운 총용개안 회진인정 수교호우환마 지시점두)

세상 맛을 다 알면 손바닥을 엎치고 뒤치어 비가 되거나 구름이 되거나 맡겨 두고 눈뜨기조차 귀찮아 하고

인정(人情)을 다 알면 나를 소라 부르거나 말이라 하거나 부르는 대로 두고 다만 머리만 끄덕일 뿐이다.

【글자 뜻】 飽:배부를 포. 諳:외울 암. 覆:뒤집힐 복. 飜:뒤칠 번. 隨:

따를 수. 喚:부를 환.

【말의 뜻】 飽諳(포암):속속들이 앎. 諳은 익숙히 알다. 世味(세미):세상의 쓰고 단 맛. 覆雨飜雲(복우번운):손바닥을 엎어 비를 만들고 뒤쳐 구름을 만든다는 뜻으로, 세상 사람들의 인정(人情)이 변덕스러움을 의미함. 慵(용):귀찮아 함. 會盡(회진):깨달음. 이해함. 여기서 會는 깨닫다. 呼牛喚馬(호우환마):남들이 헐뜯거나 칭찬하거나 개의치 않고 내버려둠. 點頭(점두):머리를 끄덕임. 시인함.

【뜻 풀이】 세상의 단 맛 쓴 맛을 다 맛보고 세상 물정을 다 깨달은 사람은 손바닥을 뒤집듯 경박(輕薄)한 인정에는 관심조차 없어 눈을 감고 보려 하지 않는다. 또 사람을 많이 겪어 세상인심을 알고 있는 사람은 남의 칭찬과 헐뜯음에 개의치 않으며 나를 말이라 해도 고개만 끄덕이고 나를 소라 해도 고개만 끄덕일 뿐이다.

81

今人專求無念 而終不可無. 只是前念不滯 後念不迎
금 인 전 구 무 념 이 종 불 가 무 지 시 전 념 불 체 후 념 불 영
但將現在的隨緣 打發得去 自然漸漸入無.
단 장 현 재 적 수 연 타 발 득 거 자 연 점 점 입 무

오늘날의 사람들은 오로지 생각을 없애려고 애쓰되 마침내 없애지 못하거니와, 다만 앞의 생각을 마음에 두지 말고 뒤의 생각을 맞아들이지 말고서 단지 현재의 인연을 따라 일을 처리해 나가면 자연히 차츰 무념(無念)의 경지로 들어가게 될 것이다.

【글자 뜻】 專:오로지 전. 求:구할 구. 滯:막힐 체. 迎:맞이할 영. 緣:인연 연. 漸:점점 점.

【말의 뜻】 無念(무념):생각을 없앰. 무념무상(無念無想). 前念不滯 後念不迎(전념불체 후념불영):앞의 생각을 마음에 머물러 있게 하지 않고 흘려보내고 뒤의 생각을 맞아들이지 않음. 隨緣(수연):인연에 따름. 외계(外界)의 사물에 따름. 打發(타발):처리함.

【뜻 풀이】 지금 세상 사람들은 무념무상(無念無想)의 경지에 도달하려고 애쓰면서도 결국은 그 경지에 들어가지 못하고 만다. 그것은 생각을 없애려는 생각이 마음을 혼란시키기 때문이다.

오직 마음에 있던 생각을 흘려 보내고 뒤에 새로운 생각을 일으키지 않고서 다만 현재의 인연에 따라 일을 처리해 나가면 차차 저절로 무념무상의 경지에 들어가게 되는 것이다.

82

意所偶會 便成佳境 物出天然 纔見眞機. 若加一分調
의소우회 변성가경 물출천연 재견진기 약가일분조
停布置 趣味便減矣. 白氏云 意隨無事適 風逐自然淸.
정포치 취미변감의 백씨운 의수무사적 풍축자연청
有味哉 其言之也.
유미재 기언지야

우연히 마음에 맞으면 문득 아름다운 경지를 이루고, 천연(天然)에서 나온 것이라야 비로소 참맛을 보게 되나니, 만일 조금이라도 고쳐서 늘어놓으면 그 맛이 문득 줄어드는 법이다.

백낙천(白樂天)이 말하기를 '마음은 일 없을 때 유유자적(悠悠自適)하고 바람은 절로 불어 올 때 맑다.' 하였으니, 맛이 있도다, 그 말이여!

【글자 뜻】 偶:짝 우. 佳:아름다울 가. 纔:겨우 재. 停:머무를 정. 置:둘 치. 適:갈 적. 逐:쫓을 축.

【말의 뜻】 偶會(우회):우연히 마음에 맞음. 佳境(가경):아름다운 경지. 眞機(진기):참다운 기취(機趣). 調停布置(조정포치):고치고 위치를 정함. 인위(人爲)를 가하는 것을 의미함. 白氏(백씨):당(唐)의 시인 백거이(白居易, 772~846)를 가리킴. 字는 낙천(樂天). 適(적):한가함. 유유자적(悠悠自適).

【뜻 풀이】 우연히 마음에 맞아들어야 아름다운 경지를 이룬다. 모든 사물이란 자연 그대로일 때에 참맛을 지니는 것이지 사람이 손을 대어 그 배치(配置)를 조금만 바꾸어 놓아도 참다운 맛이 한결 가시게 마련이다.

당(唐)나라의 시인 백낙천(白樂天)도 '마음은 아무 일 없을 때가 제일 즐겁고, 바람은 절로 산들산들 불어올 때 맑도다.' 라고 말했거니와 이 말이야말로 정말 함축미(含蓄味)가 있도다.

83

性天澄徹 卽饑飧渴飮 無非康濟身心. 心地沈迷 縱談禪沈演偈 總是播弄精魂.
성천징철 즉기손갈음 무비강제신심 심지침미 종담선침연게 총시파롱정혼 천성(天性)이 맑으면 비록 배고플 때 먹고 목마를 때 마신다 할지라도 몸과 마음을 편안하게 하지 않음이 없다.

그러나 마음이 어두우면 비록 선(禪)을 논하고 게송(偈頌)을 풀이할지라도 모두가 정신을 희롱할 뿐이다.

【글자 뜻】 澄:맑을 징. 饑:주릴 기. 渴:목마를 갈. 康:편안할 강. 沈:가라앉을 침. 弄:희롱할 롱. 魂:넋 혼.

【말의 뜻】 性天(성천):천성(天性). 본성. 卽(즉):설사 ~해도. 澄徹(징철):맑게 개어 조금의 흐림도 없음. 饑飧渴飮(기손갈음):배고플 때 먹고 목마를 때 마심. 겨우 기갈을 면하는 가난한 생활을 의미함. 飧은 喰과 同字, 밥을 물이나 국에 만다는 뜻으로 '먹다'. 康濟(강제):편안히 지냄. 心地(심지):마음. 沈迷(침미):마음이 물욕(物慾)에 빠져 흐림. 縱(종):앞에 나온 卽과 같은 뜻. 설사 ~해도. 偈(게):불교의 덕(德)을 찬양하거나 교리(敎理)를 찬미한 四句의 시(詩). 게송(偈頌). '演偈'는 偈를 해석하는 것. 播弄(파롱):희롱함. 조롱함. 精魂(정혼):정신과 영혼.

【뜻 풀이】 자기의 본성(本性)이 한 점의 티끌도 없이 맑으면 비록 끼니를 겨우 이어가는 가난한 생활을 할지라도 몸과 마음이 안락하다. 그러나 마음이 세속의 물욕(物慾)에 얽매여 흐려 있으면 설사 고상한 선(禪)을 이야기하고 게송(偈頌)을 풀이할지라도 몸과 마음은 여전히 번뇌(煩惱)에서 벗어나지 못할 것이다.

84

人心有個眞境 非絲非竹 而自恬愉 不煙不茗 而自淸
인 심 유 개 진 경 비 사 비 죽 이 자 염 유 불 연 불 명 이 자 청
芬. 須念淨境空 慮忘形釋 纔得以游衍其中.
분 수 염 정 경 공 여 망 형 석 재 득 이 유 연 기 중

사람의 마음에는 하나의 참 경지(境地)가 있어 거문고와 피리가 아니라도 절로 편안하고 즐거워지며 향(香)과 차[茶]가 아니라도 절로 맑고 향기로워지거니와, 모름지기 마음을 깨끗이 하고 보고 듣는 것을 끊어 잡념을 잊고 육체를 잊어야 비로소 그 가운데서 노닐 수 있는 것이다.

【글자 뜻】 個:낱 개. 境:지경 경. 煙:연기 연. 淨:깨끗할 정. 釋:풀 석. 游:헤엄칠 유, 놀 유. 衍:넓을 연, 즐길 연.

【말의 뜻】 眞境(진경):참다운 경지. 깨달음의 경지. 絲(사):거문고. 竹(죽):피리. 絲竹은 본래 '거문고와 피리'의 뜻이나, 轉하여 현악기와 관악기, 즉 음악을 의미한다. 恬愉(염유):마음이 편안하고 즐거움. 恬은 편안함, 고요함. 煙(연):향(香)의 연기. 茗(명):차[茶]. 淸芬(청분):맑고 향기로움. 芬은 향기. 念淨(염정):마음을 깨끗이 함. 境空(경공):보고 듣는 것을 끊음. 慮忘(여망):잡념을 잊음. 形釋(형석):형체를 잊음. 육체의 존재를 잊음. 形은 형해(形骸). 游衍(유연):마음 내키는 대로 노닐며 즐김. 소요(逍遙).

【뜻 풀이】 사람은 누구나 자기 마음속에 진리를 깨닫는 신묘(神妙)한 경지를 지니고 있다. 그 경지에 이르기만 하면 거문고나 피리를 듣지 않

아도 절로 마음이 편안하고 즐거워지며 향을 피우고 차를 끓이지 않아도 절로 맑은 향기가 자욱해진다.

그러므로 모름지기 생각을 깨끗이 하고 보고 듣는 인연을 끊어 물욕에 대한 잡념을 잊고 명리(名利)에 얽매인 육체를 풀어 놓아야 비로소 그 신묘한 경지에서 노닐 수 있는 것이다.

85

金自鑛出 玉從石生. 非幻 無以求眞. 道得酒中 仙遇花裡. 雖雅 不能離俗.
금자광출 옥종석생 비환 무이구진 도득주중 선우화리 수아 불능리속

금(金)은 광석(鑛石)에서 나오고 옥(玉)은 돌에서 나오는 법이니 환상(幻相)에서가 아니면 참다운 실상(實相)을 찾을 수 없다.

그러므로 술 가운데서 도(道)를 깨닫고 꽃 속에서 선경(仙境)을 만남은 비록 풍아(風雅)한 일이기는 하나 능히 속(俗)됨을 벗어난 것은 아니다.

【글자 뜻】 鑛:쇳돌 광. 幻:변할 환, 헛보일 환. 酒:술 주. 遇:만날 우. 離:떠날 리.

【말의 뜻】 鑛(광):광석(鑛石). 幻(환):환상(幻相). 현상계(現象界)를 말함. 사람의 육체도 환상의 하나임. 眞(진):幻에 대응되는 말로, 참다운 실상(實相). 진리(眞理)라고도 볼 수 있다. 道得酒中(도득주중):술에 취한 가운데서 도(道)를 깨달음. 仙遇花裡(선우화리):도연명의

〈도화원기〉에 나오는 고사(故事)를 가리킴. 雅(아):다음에 나오는 俗에 대응되는 말. 풍아(風雅).

【뜻 풀이】 세상 사람들이 귀하게 여기는 황금은 광석 속에서 캐낸 것이며 아름다운 보옥(寶玉)은 돌 속에서 캐낸 것이다. 이와 마찬가지로 영원불변(永遠不變)의 참다운 모습도 꿈이나 물거품 같은 이 현상계(現象界) 속에 섞여 묻혀 있는 것이다.

그러므로 속세를 떠나 술에 묻혀 지낸 죽림칠현(竹林七賢)이 취중에 노자(老子)의 도(道)를 깨달았다든지, 어부가 무릉도원(武陵桃源)을 찾아가 신선(神仙)을 만났다는 이야기들은 풍취(風趣)가 있는 것은 사실이지만, 잘 생각해 보면 역시 속됨을 벗어난 것이 못 된다.

진(眞)은 환(幻)에서 캐내야 하는 것이거늘 환(幻)을 떠나서 어찌 진(眞)을 얻을 수 있었겠는가?

86

天地中萬物 人倫中萬情 世界中萬事 以俗眼觀 紛紛
천지중만물 인륜중만정 세계중만사 이속안관 분분
各異 以道眼觀 種種是常. 何煩分別 何用取捨.
각이 이도안관 종종시상 하번분별 하용취사

천지(天地) 가운데 모든 사물과, 인륜(人倫) 가운데 모든 감정과, 세계 가운데 모든 일이 속인(俗人)의 눈으로 보면 하나하나가 각기 다르지만, 도(道)를 깨달은 사람의 눈으로 보면 모두가 한결같거늘 어찌 번거로이 분별을 하고, 어찌 취하고 버릴 것이 있으랴!

【글자 뜻】 紛:어지러워질 분, 많을 분. 種:씨 종. 捨:버릴 사.

【말의 뜻】 俗眼(속안):속인(俗人)의 눈. 다음에 나오는 '道眼'에 대응되는 말. 紛紛(분분):각양각색(各樣各色)인 모양. 道眼(도안):도(道)를 깨달은 사람의 눈. 煩(번):번잡함. 分別(분별):차별. 구별. 取捨(취사):취하고 버림. 취사선택(取捨選擇).

【뜻 풀이】 이 세상의 만물(萬物)과 인간관계의 모든 감정과 세상의 모든 일은 세속(世俗)의 안목(眼目)으로 보면 각각 다 다르지만 진리를 깨달은 사람의 안목으로 보면 모두가 평등하고 영원불변(永遠不變)의 참모습[實相]에 지나지 않는다. 그러므로 굳이 이들을 구분하고 취사선택(取捨選擇)하여 괴로움을 만들어낼 필요가 없는 것이다.

87

神酣 布被窩中 得天地沖和之氣. 味足 藜羹飯後 識人生澹泊之眞.
신감 포피와중 득천지충화지기 미족 여갱반후 식인생담박지진

정신이 왕성(旺盛)하면 베 이불, 작은 방 안에서도 천지(天地)의 화평(和平)한 기운을 깨닫고, 입맛이 왕성하면 명아주국에 밥 먹은 후에도 인생의 담박(淡泊)한 참맛을 알게 된다.

【글자 뜻】 酣:즐길 감, 성할 감. 窩:움집 와. 沖:화할 충. 藜:나라 이름 려, 명아주 려. 羹:국 갱. 澹:담박할 담.

【말의 뜻】 神酣(신감):정신이 왕성함. 布被(포피):베 이불. 窩中(와중):작은 방 안. 窩는 본래 굴혈(窟穴). 冲和之氣(충화지기):조화(調和)로운 기운, 화평한 기운. 味足(미족):입맛이 왕성함. 藜羹(여갱):명아주국. 澹泊(담박):담박(淡泊). 眞(진):참맛.

【뜻 풀이】 사람은 마음만 넉넉하면 작은 집에서 누더기 이불을 덮고 누웠어도 천지자연(天地自然)의 화평(和平)한 기운을 느끼며 안락(安樂)하게 살고, 보리밥에 시래깃국을 먹어도 인생의 담박(淡泊)한 맛을 느끼며 행복하게 살 수 있는 것이다.

88

纏脫只在自心. 心了 則屠肆糟廛 居然淨土. 不然 縱
전 탈 지 재 자 심 심 료 즉 도 사 조 전 거 연 정 토 불 연 종
一琴一鶴 一花一卉 嗜好雖淸 魔障終在. 語云 能休塵
일 금 일 학 일 화 일 훼 기 호 수 청 마 장 종 재 어 운 능 휴 진
境爲眞境 未了僧家是俗家. 信夫.
경 위 진 경 미 료 승 가 시 속 가 신 부

얽매임과 벗어남은 오직 자기 마음에 달려 있다. 마음에 깨달음이 있으면 푸줏간과 술집도 그대로 극락세계요, 그렇지 못하면 비록 거문고와 학(鶴)을 벗 삼고 꽃과 화초를 길러 그 즐거워함이 청아(淸雅)할지라도 악마의 방해는 끝내 있을 것이다.

옛 말에 이르기를 '쉴 줄 알면 속세(俗世)도 선경(仙境)이 되고, 깨달음이 없으면 절간도 곧 속세로다.' 하였거니와 진실이로다.

【글자 뜻】 纏:얽힐 전. 脫:벗을 탈. 肆:방자할 사, 가게 사. 糟:지게미 조. 琴:거문고 금. 鶴:학 학. 魔:마귀 마. 僧:중 승.

【말의 뜻】 纏脫(전탈):얽매임과 벗어남. 세속(世俗)에 얽매임과 세속으로부터 벗어나는 것을 의미함. 心了(심료):마음에 깨달음. 了는 悟의 뜻. 屠肆(도사):가축을 도살하여 고기를 파는 상점. 肆는 상점. 糟廛(조전):술집. 糟는 술 또는 술지게미. 廛은 상점. 居然(거연):그대로. 의연(依然). 淨土(정토):극락세계. 縱(종):비록. 一琴一鶴(일금일학):거문고와 학을 벗 삼는, 세속을 떠난 은자(隱者)의 생활을 의미함. 一花一卉(일화일훼):꽃과 화초를 기르는, 세속을 떠난 생활을 의미함. 卉는 풀, 화초(花草). 魔障(마장):악마의 장애. 도(道)를 깨닫는 것을 방해하는 것. 休(휴):모든 망상을 버림. 塵境(진경):속세. 眞境(진경):선경(仙境). 僧家(승가):절. 승려들의 사회. 俗家(속가):속인의 집. 속세.

【뜻 풀이】 인생의 고뇌(苦惱)에 얽매임과 이에서 벗어남은 곧 자신의 마음에 달려 있는 것이다. 마음에 깨달음이 있으면 몸이 비록 푸줏간이나 술집에 있을지라도 그곳이 바로 극락세계(極樂世界)이다.

그러나 마음에 깨달음이 없다면 몸이 비록 거문고와 학과 더불어 즐겁게 생활하고, 뜰에 온갖 기화요초(琪花瑤草)를 심고 가꾸어 마치 신선처럼 지낼지라도 그 취미는 풍류(風流)에 넘쳐흐르지만 속세의 물욕(物慾)의 방해로 끝내 고뇌에서 벗어나지는 못할 것이다.

그러므로 물욕을 끊으면 속세도 극락세계가 되고 물욕을 벗어나지 못하면 절간도 속세가 되는 것이다.

89

斗室中 萬慮都捐 說甚畫棟飛雲 珠簾捲雨. 三杯後 一
두실중 만려도연 설심화동비운 주렴권우 삼배후 일
眞自得 唯知素琴橫月 短笛吟風.
진자득 유지소금횡월 단적음풍

좁은 방 안에서도 모든 근심 다 버리면 어찌 '단청(丹靑) 기둥에 구름이 날고, 구슬발 걷고 비를 바라본다.'는 것을 말할 게 있으랴!

술 석 잔 마신 뒤에 모든 진리를 깨달으면 다만 달 아래 거문고를 타고 피리를 바람에 읊조림을 알 뿐이다.

【글자 뜻】 慮:생각할 려. 捐:버릴 연. 說:말씀 설. 甚:심할 심. 畫:그림 화. 棟:용마루 동. 簾:발 렴. 捲:말 권. 唯:오직 유. 琴:거문고 금. 笛:피리 적. 吟:읊을 음.

【말의 뜻】 斗室(두실):말처럼 작은 방. 都捐(도연):모두 버림. 捐은 棄의 뜻. 甚(심):어찌. 何의 뜻. 畫棟飛雲 珠簾捲雨(화동비운 주렴권우):아름답게 채색한 기둥에 구름이 날고 구슬발 걷고서 비를 바라본다는 뜻으로, 호화롭고 웅장한 고루거각(高樓巨閣)을 의미한다. 畫棟은 아름답게 채색한 기둥. 단청(丹靑) 기둥. 三杯後 一眞自得(삼배후 일진자득):술 석 잔 마신 후 모든 진리를 깨달음. 一眞은 모든 진리, 천지(天地)의 진리. 素琴(소금):아무런 장식이 없는 허름한 거문고. 橫(횡):눕히다. 여기서는 轉하여 거문고를 타다.

【뜻 풀이】 말[斗]처럼 좁은 오막살이 방에서 잘지라도 속세의 모든 근심 걱정을 버리기만 한다면 어찌 고루거각(高樓巨閣)의 호화로운 생활이

탐날 게 있으랴!

서너 잔 술에 거나하여 우주의 진리를 마음에 깨닫는다면 오직 허름한 거문고를 밝은 달 아래에서 타고 피리를 맑은 바람결에 불어 보내더라도 절로 즐거워진다. 어찌 맛좋은 안주와 어여쁜 기생의 노래와 춤이 필요하랴.

90

萬籟寂寥中 忽聞一鳥弄聲 便喚起許多幽趣. 萬卉摧
만 뢰 적 료 중 홀 문 일 조 농 성 변 환 기 허 다 유 취 만 훼 최
剝後 忽見一枝擢秀 便觸動無限生機. 可見 性天未常
박 후 홀 견 일 지 탁 수 변 촉 동 무 한 생 기 가 견 성 천 미 상
枯槁 機神最宜觸發.
고 고 기 신 최 의 촉 발

모든 소리가 고요해진 속에서 홀연히 한 마리의 새소리를 들으면 문득 허다한 그윽한 정취(情趣)를 불러일으키고, 모든 초목(草木)이 시든 뒤에 홀연히 하나의 빼어난 꽃을 보면 문득 무한한 삶의 기운이 움직인다.

가히 알리로다, 본성(本性)은 항상 마르지 않고 정신은 사물에 부딪쳐 발동(發動)하는 것임을.

【글자 뜻】 籟:세 구멍 퉁소 뢰. 寥:공허할 료. 喚:부를 환. 幽:그윽할 유. 摧:꺾을 최. 剝:벗길 박. 忽:갑자기 홀. 擢:뽑을 탁, 빼어날 탁.

【말의 뜻】 萬籟(만뢰):삼라만상(森羅萬象)의 소리. 籟는 바람으로 인해 구

멍을 통해 나오는 모든 소리. 弄聲(농성):새가 우짖는 소리. 幽趣(유취):그윽한 정취. 萬卉(만훼):모든 초목. 摧剝(최박):꽃이 시들고 나뭇잎이 떨어짐. 擢秀(탁수):뛰어남. 여기서는 꽃이 피어 있는 것을 의미함. 生機(생기):생생발전(生生發展)의 작용. 생기(生氣). 性天(성천):천성. 본성. 枯槁(고고):마르고 시듦. 機神(기신):활발한 정신. 觸發(촉발):사물에 부딪쳐 발동(發動)함.

【뜻 풀이】 사방이 적막할 때 한 마리 꾀꼬리의 울음소리가 들려오면 문득 그윽한 흥취가 새로워지고, 늦가을 모든 초목이 다 시든 뒤에 한 송이 국화꽃을 보면 문득 천지자연(天地自然)의 삶의 작용을 느끼게 된다. 이처럼 사람의 마음은 항상 마르지 않고 있다가 사물에 접하면 활동하는 정신이 발동하는 것이다.

91

白氏云 不如放身心 冥然任天造. 晁氏云 不如收身心
백 씨 운 불 여 방 신 심 명 연 임 천 조 조 씨 운 불 여 수 신 심
凝然歸寂定. 放者流爲猖狂 收者入於枯寂. 唯善操身
응 연 귀 적 정 방 자 류 위 창 광 수 자 입 어 고 적 유 선 조 신
心的 欛柄在手 收放自如.
심 적 파 병 재 수 수 방 자 여

백낙천(白樂天)은 말하기를 '몸과 마음을 놓아버려 눈감고 자연이 되어가는 대로 맡기는 것이 제일이다.' 라 했고, 조보지(晁補之)는 말하기를 '몸과 마음을 거두어 움직이지 않고 고요히 선정(禪定)으로 돌아가는 것이 제일이다.' 라 했다.

놓아버리면 마구 흘러 미치광이가 되고, 거두면 메마른 적막(寂寞)에 들어가 생기(生氣)가 없어진다. 그러므로 오직 몸과 마음을 다루는 데에는 그 자루를 손에 잡아 거두고 놓는 것을 자유자재(自由自在)로 해야 한다.

【글자 뜻】 冥:어두울 명. 晁:아침 조. 凝:엉길 응. 猖:날뛸 창. 收:거둘 수.

【말의 뜻】 白氏(백씨):唐의 시인 백거이(白居易, 772~846). 字는 낙천(樂天). 冥然(명연):어두운 모양. 눈을 감고 있는 모양. 天造(천조):하늘의 조화. 자연이 되어 돌아감. 晁氏(조씨):宋의 시인 조보지(晁補之, 1053~1110), 字는 무구(無咎). 소동파(蘇東坡)의 제자로 소문 6군자(蘇門六君子)의 한 사람. 詩·文·書·畫 가 뛰어났다. 凝然(응연):움직이지 않고 있는 모양. 寂定(적정):망념 잡상(忘念雜想)을 버리고 선정(禪定)에 들어감. 流(류):마구 흐름. 그 도(度)를 지나침. 猖狂(창광):미치광이. 枯寂(고적):고목처럼 생기(生氣)가 없음. 欛柄(파병):칼자루. '요점(要點), 요소(要所)' 의 뜻. 自如(자여):자유자재(自由自在).

【뜻 풀이】 당나라의 시인 백낙천(白樂天)의 시에는 '몸과 마음을 탁 풀어 놓아 눈을 감고 천지자연이 되어 가는 대로 맡겨 두는 것이 제일이다.' 라는 말이 있고, 또 송나라의 시인 조보지(晁補之)의 시에는 '몸과 마음을 바짝 졸라매어 꼼짝하지 않고서 일체의 잡념(雜念)을 버리고 선(禪)의 극치(極致)에 들어감이 제일이다.' 라는 말이 있거니와 이들의 말은 다 같이 극단(極端)에 흘러 중용(中庸)을 얻었다고 할 수 없다.

왜냐하면 백낙천의 말처럼 심신(心身)을 너무 방임(放任)해 두면 미치광이가 되어버릴 것이요, 조보지의 말처럼 심신을 너무 졸라 단속만 한다면 마침내는 죽은 나무 등걸처럼 생기(生氣)를 잃고 말 것이기 때문이다.

그러므로 몸과 마음의 자루를 꽉 잡고, 방임해야 할 처지에서는 풀어 놓고 단속해야 할 처지에서는 졸라매어 중용을 취해 원만(圓滿)히 이끌어가야 하는 것이다. 그러나 그것도 범인(凡人)으로서는 쉽게 해낼 수 있는 일이 아니다. 인생살이는 그렇게 호락호락하지가 않은 것이다.

92

當雪夜月天 心境便爾澄徹. 遇春風和氣 意界亦自冲
당설야월천 심경변이징철 우춘풍화기 의계역자충
融. 造化人心 混合無間.
융 조화인심 혼합무간

눈 내린 밤 달 밝은 하늘을 보면 마음도 문득 그와 같이 맑아지고
봄바람의 온화한 기운을 만나면 마음도 절로 부드러워진다.
이와 같이 자연과 사람의 마음은 한데 어울려 조금의 틈도 없다.

【글자 뜻】 當: 당할 당. 爾: 너 이. 融: 녹을 융. 混: 섞을 혼. 合: 합할 합.
【말의 뜻】 爾(이): 그와 같이. 澄徹(징철): 맑고 막힘이 없음. 意界(의계): 심경(心境). 冲融(충융): 녹아 부드러워짐. 造化(조화): 자연. 천지(天地)의 변화. 混合(혼합): 혼연합일(混然合).

【뜻 풀이】 흰 눈이 대지에 뒤덮인 밤 밝은 달빛이 환히 내리비치면 사람의 마음도 한 점 티끌도 없이 맑게 갠다. 또 따뜻한 바람이 만물을 소생(蘇生)시키는 봄철이 되면 사람의 마음도 풀려 부드러워진다. 이처럼 천지자연(天地自然)과 사람의 마음은 혼연(渾然)히 한데 어울려 있어 거기에는 조금의 간격도 없는 것이다.

93

文以拙進 道以拙成. 一拙字有無限意味. 如桃源犬吠
문이졸진 도이졸성 일졸자유무한의미 여도원견폐
桑間鷄鳴 何等淳龐. 至於寒潭之月 枯木之鴉 工巧中
상간계명 하등순방 지어한담지월 고목지아 공교중
便覺有衰颯氣象矣.
변각유쇠삽기상의

글은 졸(拙)함으로써 나아가고 도(道)는 졸(拙)함으로써 이루어지나니 이 〈졸(拙)〉자 한 글자에 무한한 뜻이 있다. '복사꽃 핀 마을에서 개가 짖고 뽕나무 사이에서 닭이 운다.' 하면 얼마나 순박(淳朴)한가! 그러나 '찬 연못에 달이 밝고 고목에 까마귀 운다.' 하면 교묘하기는 하되 오히려 생기(生氣) 없는 쓸쓸한 맛이 있음을 깨닫게 된다.

【글자 뜻】 拙:졸할 졸. 進:나아갈 진. 吠:짖을 폐. 桑:뽕나무 상. 鳴:울 명. 潭:못 담. 鴉:갈까마귀 아. 颯:바람 소리 삽. 시들 삽.

【말의 뜻】 拙(졸):꾸미지 않음. 자연 그대로. 以拙은 수졸(守拙), 즉 '拙을 지킴으로써' 의 뜻. 桃源犬吠 桑間鷄鳴(도원견폐 상간계명):복사꽃 핀 마을에서 개가 짖고 뽕나무 사이에서 닭이 운다. 순박한 전원

풍경을 나타내고 있다. 何等(하등) : 얼마나. 淳龐(순방) : 순박하여 꾸밈이 없음. 龐은 '높고 크다'의 뜻일 때에는 '롱'으로 읽지만 '충실하다'의 뜻일 때에는 '방'으로 읽는다. 寒潭之月(한담지월) : 찬 연못에 비친 달. 鴉(아) : 까마귀. 工巧(공교) : 앞에 나온 拙에 대응되는 말. 교묘함, 기교 있음. 衰颯(쇠삽) : 생기(生氣)가 없는 모양. 두 글자 모두 쇠잔(衰殘)한 모양을 뜻함. 氣象(기상) : 맛.

【뜻 풀이】 문장(文章)을 지음에는 너무 기교(技巧)를 부리지 말고 꾸밈없이 성실하게 지어 나가면 차차 훌륭하게 이루어진다. 또 도덕(道德)을 닦음에는 소박하게 몸과 마음을 지켜 나가면 인격은 수양되는 것이다.

그러고 보면 이 졸(拙)자 한 글자에는 무한한 깊은 뜻이 깃들어 있다. 글을 지음에 있어서 만일 '복사꽃 핀 마을에 개가 짖고 뽕나무 사이에서 닭이 운다.'라고 한다면 이 얼마나 순박하고 꾸밈이 없는 가운데 한가롭고 아늑한 맛을 풍기는가! 그런데 '찬 연못에 달 밝은데 고목나무에 까마귀 운다.'라고 한다면 비록 교묘한 맛은 있을지 모르지만 쓸쓸하고 생명 없는 느낌을 주어 좋은 문장이라고는 할 수 없다.

노자(老子)도 '아주 뛰어난 재주는 서툰 것 같다(大巧若拙).'고 말한 바 있다.

94

以我轉物者 得固不喜 失亦不憂 大地盡屬逍遙. 以物役我者 逆固生憎 順亦生愛 一毛便生纏縛.

이아전물자 득고불희 실역불우 대지진속소요 이물역아자 역고생증 순역생애 일모변생전박 나를 가지고 사물을 부리는 사람은 얻어도 기뻐하지 않고 잃어도 근심하지 않는지라 대지(大地)가 다 그의 노니는 곳이요,

사물을 가지고 나를 부리는 사람은 역경(逆境)을 본디 미워하고 순경(順境)을 좋아하는지라 털끝만한 일에도 곧 얽매이게 된다.

【글자 뜻】 轉:구를 전. 屬:무리 속. 遙:거닐 요. 固:굳을 고. 憎:미워할 증. 順:순할 순. 纏:얽힐 전. 縛:묶을 박.

【말의 뜻】 轉(전):마음대로 부리다. 使 또는 役의 뜻. 得(득):얻다. 성공하다. 逍遙(소요):노닐다. 유유자적(悠悠自適)하다. 세상일에서 벗어나 아무런 걱정 없이 한가로이 지내는 모습을 뜻한다. 逆(역):역경(逆境). 順(순):순경(順境). 一毛(일모):털끝만한 일. 극히 하찮은 일을 뜻함. 纏縛(전박):얽매임. 속박.

【뜻 풀이】 자기 자신이 만물의 주인공이 되어 능히 만물을 자유자재(自由自在)로 부리는 사람은 부귀공명(富貴功名)을 얻었다 해도 조금도 기뻐하지 않고 그것을 잃어도 근심하지 않는다. 그러므로 이 광대무변(廣大無邊)한 대지(大地) 어디를 가나 그에게는 다 유유자적(悠悠自適)한 낙원이 되는 것이다.

그러나 사물(事物)을 주인으로 삼고 자기 자신은 그 노예가 되어 항상 사물의 부림을 당하는 사람은 역경(逆境)은 본디 미워하고 순경(順境)에 있으면 또 그것을 놓치지 않으려는 애착(愛着)을 갖기 때문에 털끝만한 사소한 일에 얽매여 자유를 잃고 마는 것이다.

95

> 理寂則事寂. 遣事執理者 似去影留形. 心空則境空.
> 이 적 즉 사 적　견 사 집 리 자　사 거 영 류 형　심 공 즉 경 공
> 去境存心者 如聚羶却蚋.
> 거 경 존 심 자　여 취 전 각 예

본체(本體)인 도리(道理)가 비어 쓸쓸하면 현상(現象)인 사물(事物)도 비어 쓸쓸한 법이니 사물을 버리고 도리만 잡으려는 것은 마치 그림자는 버리고 형체만 머물게 하려는 것과 같다.

마음이 비면 외경(外境)도 비는 법이니 외경을 버리고 마음만 지니려는 것은 마치 비린내 나는 고깃덩이를 모아 놓고 쉬파리를 쫓으려는 것과 같다.

【글자 뜻】 遣:보낼 견. 執:잡을 집. 似:같을 사. 蚋:파리매 예.

【말의 뜻】 理·事(이·사):理는 우주의 도리(道理), 즉 우주의 본체(本體). 事는 우주의 사물(事物), 우주의 현상(現象). 理는 水, 事는 波에 비유되기도 한다. 寂(적):비어 쓸쓸함. 공적(空寂). 遣事執理(견사집리):사물(事物)을 버리고 도리(道理)에 집착함. 즉 현상(現象)을 무시하고 본체(本體)에 집착함. 境(경):외경(外境). 인식의 대상인 색(色)·성(聲)·향(香)·미(味)·촉(觸)·법(法)의 6경(六境). 羶(전):비린내 나는 고깃덩이. 蚋(예):蚋와 同字로 모기·쉬파리 등 피를 빨아먹는 모기과에 속하는 곤충의 총칭.

【뜻 풀이】 물체(物體)가 없으면 그림자는 절로 없어진다. 우주의 도리(道理=本體)와 사물(事物=現象)과의 관계는 마치 이 물체와 그림자와의

관계와 같아서 도리가 없으면 사물도 없게 마련이다. 그러므로 사물을 버리고 도리에만 집착하는 태도는 그림자는 없애고 물체만을 남겨두려 함과 같다.

이와 마찬가지로 마음이 비면 환경(環境)은 절로 비게 마련이다. 정신만 튼튼하면 몸은 시장 바닥이나 술집에 있어도 그 환경의 지배를 받지 않는 법이다. 그런데 세상 사람들은 환경을 피하여 산속으로 들어가면서도 속세에 대한 집념은 여전히 지니고 있다. 이는 비린내 나는 고깃덩이를 모아 놓고서 모여드는 파리 떼를 쫓으려 함과 무엇이 다르랴!

96

幽人淸事總在自適. 故酒以不勸爲歡 棋以不爭爲勝
유 인 청 사 총 재 자 적　고 주 이 불 권 위 환　기 이 부 쟁 위 승
笛以無腔爲適 琴以無絃爲高 會以不期約爲眞率 客以
적 이 무 강 위 적　금 이 무 현 위 고　회 이 불 기 약 위 진 솔　객 이
不迎送爲坦夷. 若一牽文泥迹 便落塵世苦海矣.
불 영 송 위 탄 이　약 일 견 문 이 적　변 락 진 세 고 해 의

세속(世俗)을 벗어난 사람의 맑은 흥취(興趣)는 오로지 유유자적(悠悠自適)하는 데 있다.

그러므로 술은 권하지 않음으로써 기쁨을 삼고 바둑은 다투지 않음으로써 이김을 삼으며 피리는 구멍 없음을 좋게 여기고 거문고는 현(絃) 없음을 고상하게 여기며 만남은 기약 없음을 참됨으로 삼고 손님은 맞아들이고 전송하지 않음을 편하게 여기거니와, 만일 한번 겉치레에 이끌리고 형식에 얽매인다면 문득 속세(俗世)의 고해(苦海)에 떨어

지리라.

【글자 뜻】 幽:그윽할 유. 勸:권할 권. 歡:기뻐할 환. 笛:피리 적. 腔:속 빌 강. 約:묶을 약. 率:거느릴 솔, 소탈할 솔. 送:보낼 송. 坦:평평할 탄. 牽:끌 견. 泥:진흙 니.

【말의 뜻】 幽人(유인):세속을 벗어나 한가히 지내는 사람. 은자(隱者). 淸事(청사):맑은 흥취. 청흥(淸興). 自適(자적):유유자적(悠悠自適). 無腔(무강):구멍이 없음. 음률(音律)이 없음. 無絃(무현):무현금(無絃琴). 줄이 없는 거문고. 眞率(진솔):참되고 솔직함. 坦夷(탄이):마음이 편함. 즐거움. 두 글자 모두 平의 뜻. 牽文(견문):겉치레에 이끌림. 泥迹(이적):형식에 얽매임.

【뜻 풀이】 세속(世俗)을 벗어나 한가히 지내는 사람의 청흥(淸興)은 오로지 아무데도 마음이 얽매이지 않고 유유자적하는 데 있다. 그런 사람은 형식이나 겉치레에 얽매이지 않으므로 술은 억지로 권하지 않고 장기, 바둑은 꼭 이기려 하지 않으며 구멍 없는 피리와 줄 없는 거문고를 즐긴다.

즉 그들은 음악은 음률(音律)에 구애(拘碍)되지 않고 흥에 넘쳐 즐김을 고상히 여기며 그리우면 기약도 없이 찾아가고 손님이 와도 마중이나 배웅하지 않음을 편하게 여긴다.

만일 마음에도 없이 겉치레와 형식에 얽매인다면 이는 속세의 고해(苦海)에서 벗어나지 못하고 있다는 증거이다.

97

試思未生之前 有何象貌 又思旣死之後 作何景色 則
시사미생지전 유하상모 우사기사지후 작하경색 칙
萬念灰冷 一性寂然 自可超物外遊象先.
만념회랭 일성적연 자가초물외유상선

이 몸이 태어나기 전에 어떤 모습이었을까 생각해 보라. 그리고 이 몸이 죽은 뒤에 어떤 모습이 될까 생각해 보라. 그러면 모든 망념(妄念)이 불 꺼진 재처럼 식어 본성(本性)만이 고요히 남아 만물(萬物) 밖으로 나와 절대경(絕對境)에서 노닐 수 있으리라.

【글자 뜻】 試:시험할 시. 貌:모양 모. 寂:고요할 적. 超:넘을 초. 先:먼저 선.

【말의 뜻】 象貌(상모):모습. 景色(경색):모습. 萬念灰冷(만념회랭):모든 망념(妄念)이 사라지고 마음이 불 꺼진 재처럼 됨. 一性(일성):본성(本性). 寂然(적연):고요한 모양. 物外(물외):만물(萬物)의 밖. 현실(現實)의 상대세계(相對世界)를 초월함. 物은 형체 있는 것을 의미한다. 象先(상선):현상(現象)이 아직 일어나지 않은 절대경(絕對境). 천지만물(天地萬物)이 생겨나기 이전의 상태.

【뜻 풀이】 내가 세상에 태어나기 이전의 모습과 내가 죽은 뒤의 광경을 눈을 감고 고요히 상상해 보라. 그러면 이제까지의 온갖 망상(妄想)과 근심이 사라지고 마음은 불 꺼진 재처럼 싸늘하게 식어 오직 본성(本性)만이 고요히 남게 되고 속세의 얽매임에서 벗어나 천지만물(天地萬物)이 생겨나기 이전의 고요의 세계에서 노닐 수 있을 것이다.

98

遇病而後思强之爲寶 處亂而後思平之爲福 非蚤智也.
우 병 이 후 사 강 지 위 보 처 란 이 후 사 평 지 위 복 비 조 지 야
倖福而先知其爲禍之本 貪生而先知其爲死之因 其卓
행 복 이 선 지 기 위 화 지 본 탐 생 이 선 지 기 위 사 지 인 기 탁
見乎.
견 호

병든 뒤에 건강의 보배로움을 생각하고 어지러움에 처한 뒤에 평화의 복됨을 생각하는 것은 선견지명(先見之明)이 아니다.

복(福)을 바라면 그것이 재앙의 근본임을 알고 삶을 탐하면 그것이 죽음의 원인임을 아는 것, 이것이 뛰어난 식견(識見)이다.

【글자 뜻】 病:병 병. 强:굳셀 강. 寶:보배 보. 亂:어지러울 난. 福:복 복. 蚤:벼룩 조, 일찍 조. 倖:요행 행. 貪:탐할 탐.

【말의 뜻】 强(강):건강. 平(평):평화(平和). 蚤智(조지):빠른 지혜. 선견지명(先見之明). 蚤는 早의 뜻. 倖福(행복):요행히 복이 오기를 바람.

【뜻 풀이】 병든 뒤에야 건강이 보배임을 깨닫고 어지러운 처지에 놓인 뒤에야 화평(和平)함이 행복인 것을 깨달은들 무슨 소용 있으랴. 재물이나 지위를 탐냄이 재앙의 씨앗이요, 구차히 살려고 애씀이 자신의 묘혈(墓穴)을 파는 소치임을 미리 깨닫는다면 이야말로 선견지명(先見之明)이 있는 탁견(卓見)이라 하겠다.

99

優人傅粉調硃 効妍醜於毫端 俄而歌殘場罷 妍醜何
우 인 부 분 조 주 　 효 연 추 어 호 단 　 아 이 가 잔 장 파 　 연 추 하
存. 弈者爭先競後 較雌雄於著子 俄而局盡子收 雌雄
존 　 혁 자 쟁 선 경 후 　 교 자 웅 어 착 자 　 아 이 국 진 자 수 　 자 웅
安在.
안 재

배우(俳優)는 분 바르고 연지 찍어 붓끝으로 곱고 미움을 이루지만 이윽고 노래가 끝나고 막이 내리면 곱고 미움이 어디 있으랴!

바둑 두는 사람은 앞뒤를 다투어 바둑돌로 승패(勝敗)를 겨루지만 이윽고 판이 끝나고 바둑돌을 거두면 이기고 짐이 어디 있으랴!

【글자 뜻】 優:넉넉할 우, 광대 우. 傅:스승 부, 바를 부. 粉:가루 분. 硃:주사 주. 妍:고울 연. 醜:추할 추. 毫:붓 호. 殘:없앨 잔. 罷:마칠 파. 奕:클 혁, 바둑 혁. 雌:암컷 자. 雄:수컷 웅. 局:판 국.

【말의 뜻】 優人(우인):배우(俳優). 傅粉(부분):분을 바름. 傅는 付의 뜻. 調硃(조주):연지를 찍음. 硃는 朱, 즉 연지. 毫端(호단):붓끝. 俄(아):이윽고. 갑자기. 歌殘(가잔):노래가 끝남. 場罷(장파):막이 내림. 연극이 끝남. 弈者(혁자):바둑을 두는 사람. 기사(棋士). 弈은 바둑. 爭先競後(쟁선경후):앞뒤를 다툼. 수(手)를 다툼. 雌雄(자웅):승패(勝敗). 著子(착자):바둑돌. 子收(자수):착자(著子)를 거둠, 즉 바둑돌을 거둠. 安(안):어찌. 何의 뜻.

【뜻 풀이】 인생은 한 토막 연극이나 한 판의 바둑과 같다. 연극이 시작되면 붓끝으로 그려 꾸며낸 아름다운 사람과 추한 사람들이 등장한다.

그러나 일단 연극이 끝나고 막이 내리면 그뿐, 밉고 고움이 어디 있는가? 또 바둑을 둘 때에는 수를 다투어 승패(勝敗)를 겨루지만 일단 바둑이 끝나고 돌을 거두면 승패가 어디 있는가?

구구(區區)한 감정이나 뜬구름 같은 명리(名利) 때문에 몸과 마음을 수고롭게 하고 욕되게 함이야말로 얼마나 허무한 일인가?

100

風花之瀟洒 雪月之空清 唯靜者爲之主. 水木之榮枯
풍화지소쇄 설월지공청 유정자위지주 수목지영고
竹石之消長 獨閒者操其權.
죽석지소장 독한자조기권

바람과 꽃의 산뜻함과 눈과 달의 맑음은 오직 고요한 사람만이 그 주인이 되고, 물과 나무의 성(盛)하고 마름과 대나무와 돌의 자라고 사라짐은 오직 한가로운 사람만이 그 권리를 누릴 수 있다.

【글자 뜻】 瀟:강 이름 소, 맑을 소. 洒:시원할 쇄. 閒:한가할 한. 操:잡을 조. 權:권세 권.

【말의 뜻】 瀟洒(소쇄):산뜻하고 시원함. 속된 기운이 없이 맑음. 空淸(공청):깨끗하고 맑음. 榮枯(영고):번성함과 시들음. 영고성쇠(榮枯盛衰). 消長(소장):성쇠(盛衰). 操其權(조기권):권리를 잡음. 마음대로 누림.

【뜻 풀이】 봄철의 아름다운 꽃, 여름의 시원한 바람, 가을의 밝은 달, 겨

울의 희고 깨끗한 눈, 자연은 이처럼 철따라 아름답건만 명리(名利)를 좇는 세속의 무리들은 이를 느끼지 못하고 오직 고요히 사는 사람만이 그 주인 노릇을 한다.

또 맑은 물가의 나무와 바위 옆의 대나무가 여름엔 무성하여 푸름을 더하고 겨울이면 시들어 천지의 적막함을 더하여 인생의 영고성쇠(榮枯盛衰)를 말해 주고 있건만 세속에 쫓기는 우리들은 그 정경(情景)을 바라볼 줄 모르고 오직 한가히 유유자적(悠悠自適)하는 사람만이 그 권리를 누리는 것이다.

101

田父野叟 語以黃鷄白酒 則欣然喜 問以鼎食 則不知.
전부야수 어이황계백주 즉흔연희 문이정식 즉부지
語以縕袍短褐 則油然樂 問以袞服 則不識. 其天全 故
어이온포단갈 즉유연락 문이곤복 즉불식 기천전 고
其欲淡. 此是人生第一個境界.
기욕담 차시인생제일개경계

시골에 사는 사람들은 닭고기 안주에 막걸리를 이야기하면 흔연(欣然)히 기뻐하나 맛있는 고급 요리를 물어 보면 알지 못하고, 무명 두루마기에 베잠방이를 이야기하면 유연(油然)히 즐겨하나 곤룡포(袞龍袍)를 물어 보면 알지 못한다. 이는 그 천성(天性)이 온전하기 때문에 그 욕심이 맑은 것이니 이것이 곧 인생의 제일가는 경계(境界)이다.

【글자 뜻】 叟:늙은이 수. 鷄:닭 계. 欣:기뻐할 흔. 鼎:솥 정. 縕:헌솜 온. 褐:털옷 갈. 袞:곤룡포 곤. 個:낱 개.

【말의 뜻】 田父野叟(전부야수):시골에 묻혀 사는 사람들. 叟는 '늙은이'의 뜻. 黃鷄(황계):갈색의 털을 가진 닭. 고기가 매우 맛있다고 한다. 白酒(백주):탁주. 막걸리. 欣然(흔연):기뻐하는 모양. 鼎食(정식):솥에 넣어 찐 맛있는 요리. 귀한 사람이 먹는 맛있는 요리. 縕袍(온포):무명 도포. 短褐(단갈):베잠방이. 油然(유연):성(盛)하게 일어나는 모양. 마음이 흐뭇한 모양. 袞服(곤복):곤룡포. 용의 무늬가 있는 왕이나 고관(高官)의 예복. 天全(천전):천성(天性)이 손상됨이 없이 온전함. 第一個(제일개):첫째. 최고.

【뜻 풀이】 시골에 묻혀 사는 순박한 농부는 닭고기 안주에 막걸리라면 먹기를 좋아하지만 부귀한 사람이 먹는 고급 요리는 이름도 모르며, 무명 두루마기나 베잠방이라면 입기를 좋아하지만 고관(高官)의 화려한 복장이라면 본 적도 없고 탐내지도 않는다.

이것은 다 그들이 천성(天性)을 고스란히 지니고 있어 욕심마저 담박(淡泊)하기 때문이니 이야말로 인생의 제일가는 이상적 경지(境地)인 것이다.

102

心無其心 何有於觀. 釋氏曰觀心者 重增其障. 物本
심 무 기 심 하 유 어 관 석 씨 왈 관 심 자 중 증 기 장 물 본
一物 何待於齊. 莊生曰齊物者 自剖其同.
일 물 하 대 어 제 장 생 왈 제 물 자 자 부 기 동

마음에 사념망상(邪念妄想)이 없으면 어찌 마음을 볼 필요가 있으

랴! 석가(釋迦)가 말하는 '마음을 본다.' 함은 거듭 그 장해(障害)를 더할 뿐이다. 만물(萬物)은 본래 한 물건이니 어찌 가지런하기를 기다릴 필요가 있으랴! 장자(莊子)가 말하는 '만물을 가지런히 한다.' 함은 동일한 것을 스스로 갈라놓을 뿐이다.

【글자 뜻】 釋:풀 석. 觀:볼 관. 障:가로막을 장. 齊:가지런할 제. 莊:풀 성할 장. 剖:쪼갤 부.

【말의 뜻】 其心(기심):망념(妄念). 사념망상(邪念妄想). 觀(관):관심(觀心). 자기를 반성함. 나의 마음의 본성을 객관적 입장에서 관찰함으로써 그 관심(觀心)의 힘에 의해 나의 사념망상을 없애는 것을 말한다. 釋氏(석씨):석가(釋迦). 불교. 障(장):장해(障害). 物本一物(물본일물):만물(萬物)은 외형(外形)에 있어서는 여러 가지 차이가 있지만 절대계(絕對界), 즉 道로부터 보면 본래 일체(一體)임. 齊(제):제물(齊物). 만물(萬物)을 가지런히 함. 莊生(장생):장자(莊子). B.C. 4C 중반부터 B.C. 3C 사이에 살았던 사람으로 이름은 주(周), 字는 자휴(子休). 춘추시대(春秋時代)의 송(宋)나라 사람. 그의 사상은 노자(老子)의 사상에 기초를 두고 있으며 그는 만물일원론(萬物一元論)을 주장했고 생사(生死)를 초월하여 절대 무한의 경지에 소요(逍遙)함을 인생의 목적으로 삼았다.

【뜻 풀이】 내 마음에서 일체(一切)의 잡념(雜念)과 망상(妄想)을 없앤다면 구태여 내 마음으로써 마음을 비춰 보고 반성할 필요가 어디 있는가! 그러므로 불교에서 말하는 '관심(觀心)'이란 마음에 한 점 티끌도 없는 사람에게는 부질없는 군일일 따름이다.

또 이 세상의 만물(萬物)은 현상(現象)으로 보면 가지각색이지만 물질을 초월한 절대계(絕對界)에서 보면 모두가 하나요, 다를 것이 없다. 그런데 장자(莊子)는 만물을 가지런히 한다는 '제물(齊物)'을 논하고 있지만 본래 한가지인 것을 어찌 가지런히 할 것이 있겠는가? 부질없이 갈라놓을 뿐이다.

103

笙歌正濃處 便自拂衣長往 羨達人撒手懸崕. 更漏已
생 가 정 농 처 　변 자 불 의 장 왕 　선 달 인 살 수 현 애 　경 루 이
殘時 猶然夜行不休 咲俗士沈身苦海.
잔 시 　유 연 야 행 불 휴 　소 속 사 침 신 고 해

피리 소리와 노랫소리가 무르익은 때에 문득 옷자락을 떨치고 멀리 떠나감은 마치 달인(達人)이 절벽에서 손을 놓고 걸어가는 것과 같아서 부럽고, 시간이 이미 다 지난 때 밤길을 어슬렁거리며 쉬지 않음은 마치 속인(俗人)이 스스로 몸을 고해(苦海)에 담그는 것과 같아서 우습다.

【글자 뜻】笙:생황 생. 濃:짙을 농. 羨:부러워할 선. 懸:매달 현. 崕:벼랑 애. 漏:샐 루. 殘:없앨 잔.

【말의 뜻】笙歌(생가):피리를 불고 노래함. 주연(酒宴)이 무르익은 때를 가리킴. 笙은 열아홉 개 또는 열세 개의 가느다란 대나무 관(管)으로 만든 관악기. 拂衣(불의):옷자락을 떨침. 長往(장왕):멀리 떠나감. 세속을 떠나는 것을 의미함. 羨(선):부러워함. 達人(달인):도(道)에 통달한 사람. 撒手(살수):손을 놓음. 관계하지 않음. 懸崕(현애):절

벽(絕壁). 撒手懸崕는 위험한 절벽을 손을 놓고 걸어간다는 뜻으로, 위험을 무릅쓰는 대담함을 비유한 말. 更漏(경루):시각(時刻). 更은 夜. 漏는 물시계. 猶然(유연):어슬렁어슬렁 걸어가는 모양. 방황하는 모양. 咲(소):笑의 古字. 俗士(속사):속인(俗人).

【뜻 풀이】 피리를 불고 노래를 불러 술 잔치가 한창 흥취를 돋운 때에 문득 자리에서 일어나 옷자락을 떨치고 휘적휘적 뒤도 돌아보지 않고 떠나가는 것은 마치 통달한 사람이 위험한 절벽을 태연히 팔을 휘저으며 걸어가는 것처럼 통쾌한 일이다.

그러나 밤도 이미 깊어 물시계의 물이 다 없어진 뒤에까지 여전히 밤거리를 쏘다니며 노는 것은 마치 속된 사람이 고해(苦海) 속에 몸을 담그고 있는 것 같아서 웃음거리에 지나지 않는다.

104

把握未定 宜絕跡塵囂 使此心不見可欲而不亂 以澄吾靜體. 操持旣堅 又當混跡風塵 使此心見可欲而亦不亂 以養吾圓機.
(파악미정 의절적진효 사차심불견가욕이불란 이징오정체 조지기견 우당혼적풍진 사차심견가욕이역불란 이양오원기)

마음을 아직 꽉 붙잡지 못했거든 마땅히 시끄러운 속세(俗世)에서 발길을 끊어 내 마음으로 하여금 욕심나는 것을 보지 못하게 하여 마음을 어지럽히지 말고 내 고요한 마음의 본체(本體)를 맑게 하라.

그리고 마음을 이미 굳게 잡았거든 다시 마땅히 속세로 뛰어들어 내 마음으로 하여금 욕심나는 것을 보아도 마음이 어지럽지 않게 하여 나의 원활한 활동을 기르라.

【글자 뜻】 把:잡을 파. 握:쥘 악. 囂:들렐 효. 澄:맑을 징. 堅:굳을 견. 混:섞을 혼. 跡:자취 적. 塵:티끌 진. 養:기를 양.

【말의 뜻】 把握(파악):마음을 꽉 붙잡음. 塵囂(진효):시끄러운 속세(俗世). 囂는 떠들썩하고 시끄러움. 不見可欲(불견가욕):욕심나는 것을 보지 않음. 부귀공명(富貴功名)을 가리킴. 靜體(정체):고요한 마음의 본체(本體). 操持(조지):앞에 나온 把握과 같은 뜻. 마음을 굳게 잡음. 混跡風塵(혼적풍진):속세에 발을 들여놓음. 風塵은 속세. 圓機(원기):원활한 활동. 사물에 얽매이지 않고 자유로움을 의미함.

【뜻 풀이】 아직 자신의 마음을 꽉 붙잡아 그 주인(主人)이 되지 못했거든 속세에서 발을 끊고 산속으로라도 들어가라. 그리하여 속세의 온갖 유혹이 눈에 띄지 않게 함으로써 마음을 어지럽히지 않게 하여 마음의 바탕을 깨끗이 닦으라. 그리하여 마음을 꽉 잡았거든 다시 속세로 뛰어들라. 온갖 유혹을 보고도 마음이 흔들리지 않는다면 비로소 마음의 주인이 되어 아무런 얽매임 없이 자유자재(自由自在)로 세상을 살 수 있게 될 것이다.

105

喜寂厭喧者 往往避人以求靜. 不知 意在無人便成我相 心著於靜便是動根. 如何 到得人我一視 動靜兩忘的境界.
희적염훤자 왕왕피인이구정 부지 의재무인변성아상 심착어정변시동근 여하 도득인아일시 동정양망적경계

고요함을 기뻐하고 시끄러움을 싫어하는 사람은 흔히 사람들을 피함으로써 고요함을 찾거니와, 뜻이 사람 없음에 있으면 이는 곧 나에게 집착하는 것이며 마음이 고요함에 집착하면 이는 곧 움직임의 근본이니, 어찌 남과 나를 하나로 보고 움직임과 고요함을 모두 잊는 경지(境地)에 이를 수 있으랴!

【글자 뜻】 喜:기쁠 희. 厭:싫을 염. 喧:시끄러울 훤. 避:피할 피. 境:지경 경.

【말의 뜻】 厭喧(염훤):시끄러움을 싫어함. 我相(아상):불교의 사상(四相:我相·人相·衆生相·壽命相)의 하나로 망상(妄想)에 의해 나타난 나를 실아(實我)라고 생각하여 이에 집착함. 著(착):집착(執着)함. 動根(동근):동요(動搖)의 근본. 人我一視(인아일시):다른 사람과 나를 동일하게 보고 둘 사이에 아무런 차별도 두지 않음.

【뜻 풀이】 고요함을 좋아하고 시끄러움을 싫어하는 사람들 중에는 간혹 사람들을 피하여 산속으로 들어가 고요함을 찾는 이들이 있다. 그들의 의도가 사람들이 없는 곳을 찾는 데에 있다면 이는 곧 자아(自我)에 얽매인 것이며, 마음이 고요함에 집착하고 있다면 이는 곧 정신의

동요(動搖)의 근본이다.

이와 같은 자아에 대한 집착과 정신의 동요를 가지고서야 어찌 남과 나를 하나로 평등하게 볼 수 있으며 동(動)과 정(靜)을 모두 잊는 절대계(絕對界)의 경지에 이를 수 있겠는가!

106

山居 胸次淸洒 觸物皆有佳思. 見孤雲野鶴而起超絕
산거 흉차청쇄 촉물개유가사 견고운야학이기초절
之思 遇石澗流泉而動澡雪之思. 撫老檜寒梅而勁節挺
지사 우석간류천이동조설지사 무노회한매이경절정
立 侶沙鷗麋鹿而機心頓忘. 若一走入塵寰 無論物不
립 여사구미록이기심돈망 약일주입진환 무론물불
相關 卽此身亦屬贅旒矣.
상관 즉차신역속췌류의

산속에서 한거(閑居)하면 가슴이 맑아지고 시원하여 대하는 것마다 다 아름다운 생각이 든다.

외로운 구름과 들의 학(鶴)을 보면 속세(俗世)를 초월한 생각이 일어나고, 돌 많은 계곡과 흐르는 샘을 보면 마음의 때를 씻어버리고 싶은 생각이 움직이며, 늙은 전나무와 찬 매화나무를 어루만지면 굳은 절개가 우뚝 서고, 물가의 갈매기와 사슴들을 벗 삼으면 번거로운 마음을 다 잊게 된다.

만일 속세로 뛰어들면 외물(外物)과 상관하지 않을지라도 곧 이 몸 또한 군더더기 존재가 되리라.

【글자 뜻】胸:가슴 흉. 次:버금 차. 鶴:학 학. 檜:전나무 회. 梅:매화나무 매. 勁:굳셀 경. 挺:빼어날 정. 鷗:갈매기 구. 麋:큰 사슴 미. 鹿:사슴 록. 頓:조아릴 돈. 寰:인간 세상 환. 關:빗장 관. 屬:무리 속. 贅:혹 췌.

【말의 뜻】山居(산거):산속에 한거(閑居)함. 胸次(흉차):가슴속. 흉중(胸中). 清洒(청쇄):맑고 시원함. 佳思(가사):아름다운 생각. 孤雲野鶴(고운야학):둥둥 떠다니는 한 조각의 구름과 들에 서 있는 한 마리의 학(鶴). 이들은 모두 우리를 떠나 홀로 있는 것들로 한거(閑居)의 풍물들이다. 超絕之思(초절지사):세속을 초월한 생각. 石澗(석간):돌이 많은 계곡. 澡雪(조설):마음의 때를 씻어버림. 檜(회):전나무. 勁節(경절):굳은 절개. 挺立(정립):우뚝 섬. 沙鷗(사구):물가의 갈매기. 麋鹿(미록):큰 사슴과 작은 사슴. 麋는 大鹿. 機心(기심):활동하는 마음. 頓忘(돈망):갑자기 잊음. 塵寰(진환):티끌세상. 속세. 寰은 세상. 贅旒(췌류):贅는 혹, 군더더기. 旒는 관(冠)의 앞뒤에 드리운 구슬 장식. 쓸데없는 존재를 의미함.

【뜻 풀이】속세를 떠나 산속에서 한가히 지내면 가슴속이 맑고 시원하여 대하는 것마다 절로 다 재미가 있다.

푸른 하늘에 외로이 둥둥 떠가는 조각구름이나 들판을 한가히 날아다니는 학을 보면 문득 속세를 초월한 생각이 일어나고, 돌 많은 계곡에 흐르는 맑은 물을 보면 속세에서 묻은 때를 씻고 싶어지며, 또 정정(亭亭)하게 자라 푸름을 잃지 않고 있는 낙락장송(落落長松)이나 눈 속에서 피어나는 매화꽃을 보면 굳센 절개를 우뚝 세우고 싶어지고, 한가히 노니는 물가의 갈매기나 숲 속의 사슴을 보면 문득 모든 속세의 욕심을 다 잊게 되는 것이다.

그러나 이 한가하고 고요한 경지를 떠나 일단 속세로 뛰어드는 날이면 또다시 세속에 때 묻어 자기와 관계없는 것들이 방해가 되는 것은 물론이요, 자신의 몸뚱이까지도 몸에 달린 혹이나 면류관(冕旒冠)에 달린 구슬처럼 쓸데없는 존재가 되어버리고 마는 것이다. 그러므로 마음은 속세를 떠난다고 해서 닦이는 것이 아니다.

107

興逐時來 芳草中 撤履閒行 野鳥忘機時作伴. 景與心
흥 축 시 래 방 초 중 철 리 한 행 야 조 망 기 시 작 반 경 여 심
會 落花下 被襟兀坐 白雲無語漫相留.
회 락 화 하 피 금 올 좌 백 운 무 어 만 상 류

흥취가 때를 따라 일어나면 향기로운 풀밭을 맨발로 한가히 거니나니
들새도 마음 놓고 때때로 벗이 되네.
경치가 마음에 들면 지는 꽃 아래 옷깃 헤치고 우두커니 앉아 있나니
흰 구름도 말없이 천천히 다가와 머무네.

【글자 뜻】 逐:쫓을 축. 撤:거둘 철. 履:신 리. 襟:옷깃 금. 漫:질펀한 만.

【말의 뜻】 逐時(축시):때를 따라. 撤履(철리):신발을 벗음. 맨발. 閒行(한행):한가하게 거닒. 忘機(망기):마음을 놓음. 경계심을 풀음. 機는 기심(機心). 作伴(작반):벗이 됨. 伴은 友의 뜻. 與心會(여심회):마음에 맞음. 회심(會心). 披襟(피금):옷깃을 풀어헤침. 兀坐(올좌):우두커니 앉아 있음. 멍하니 앉아 있음. 漫(만):느릿느릿. 천천히.

【뜻 풀이】 흥이 솟아나면 신발 벗고 맨발로 풀내 싱그러운 풀밭을 한가히 거닌다. 그러면 들새들까지도 마음 놓고 날아와 벗이 되어 주고는 한다. 또 아름다운 경치가 마음에 들면 꽃잎이 뚝뚝 지는 나무 아래에 옷깃을 풀어헤치고 멍하니 앉아 먼 산을 바라본다. 그러면 흰 구름도 말없이 내 곁에 와서 머물러 떠날 줄을 모른다.

마음이 자연과 융합(融合)된 경지를 말하고 있다.

108

人生福境禍區 皆念想造成. 故釋氏云 利欲熾然 卽是
인 생 복 경 화 구 개 념 상 조 성 고 석 씨 운 이 욕 치 연 즉 시
火坑. 貪愛沈溺 便爲苦海. 一念淸淨 烈焰成池 一念
화 갱 탐 애 침 닉 변 위 고 해 일 념 청 정 열 염 성 지 일 념
警覺 船登彼岸. 念頭稍異 境界頓殊 可不愼哉.
경 각 선 등 피 안 염 두 초 이 경 계 돈 수 가 불 신 재

인생의 행복과 불행은 다 마음이 만들어 내는 것이다.

그러므로 석가(釋迦)가 이르기를 '욕심이 거센 불길처럼 타오르면 그것이 곧 불구덩이요, 탐욕에 빠지면 그것이 곧 괴로움의 바다다. 한 생각이 깨끗하면 사나운 불길도 연못이 되고, 한 마음 번쩍 깨달으면 배는 열반의 세계로 오르느니라.' 하였다.

생각이 조금만 달라져도 이처럼 경계가 크게 달라지는 것이니 삼가지 않을 수 있으랴!

【글자 뜻】 區:지경 구. 造:지을 조. 釋:풀 석. 熾:성할 치. 坑:구덩이 갱. 貪:탐할 탐. 溺:빠질 닉. 船:배 선. 岸:언덕 안. 稍:적을 초.

【말의 뜻】 福境禍區(복경화구)：행복한 경지와 불행한 경지. 區는 境의 뜻. 念想(염상)：마음. 釋氏(석씨)：석가(釋迦). 불교. 熾然(치연)：불이 활활 타오르는 모양. 火坑(화갱)：불구덩이. 貪愛(탐애)：탐내고 아낌. 탐욕. 烈焰(열염)：거센 불길. 池(지)：맑고 시원한 연못. 정열의 불길이 없는 연못. 警覺(경각)：번쩍 깨달음. 미혹(迷惑)에서 벗어남. 彼岸(피안)：깨달음의 경지. 해탈(解脫)의 경지. 생사(生死)의 경지를 차안(此岸)이라 하는 것에 대해 현세의 번뇌를 해탈한 열반(涅槃)의 세계를 피안(彼岸)이라 한다. 念頭(염두)：마음. 稍異(초이)：조금 다름. 頓殊(돈수)：크게 다름.

【뜻 풀이】 인생의 행복과 불행은 다 마음이 만들어 내는 것이다. 그러므로 석가가 말하기를 '욕심의 불길이 치솟으면 그것이 곧 불구덩이의 세상이 되고, 물질에 얽매여 탐내고 아끼면 세상이 곧 고해(苦海)가 된다. 그러나 마음이 깨끗하고 고요하면 욕망의 불길이 꺼져 잔잔한 연못처럼 되고, 마음이 번쩍 미망(迷妄)에서 눈뜨면 이제까지 인생의 고해에서 방황하던 사람도 문득 그 배에서 내려 대오철저(大悟徹底)한 피안(彼岸)의 세계에 오르게 된다.'고 했다.

이처럼 생각을 조금만 돌리면 그 경지(境地)가 판이하게 바뀌는 것이니 깊이 삼가지 않을 수 있으랴.

109

繩鋸木斷 水滴石穿. 學道者須加力索. 水到渠成 瓜熟蒂落. 得道者一任天機.
승거목단 수적석천 학도자수가역색 수도거성 과숙체락 득도자일임천기

새끼줄 톱도 나무를 자르고 물방울도 돌을 뚫는다. 도(道)를 배우는 사람은 모름지기 힘써 구하기를 더할 일이다.

물이 모이면 개천을 이루고 참외는 익으면 꼭지가 떨어진다. 도(道)를 얻으려는 사람은 오로지 자연의 작용에 맡길 일이다.

【글자 뜻】 繩:줄 승. 鋸:톱 거. 斷:끊을 단. 滴:물방울 적. 穿:뚫을 천. 索:찾을 색. 渠:도랑 거. 熟:익을 숙. 蒂:꼭지 체.

【말의 뜻】 繩鋸木斷, 水滴石穿(승거목단 수적석천):새끼줄 톱에도 나무가 잘라지고 낙숫물 방울에도 돌이 파임. 작은 공(功)을 끊임없이 쌓아 큰 공을 이룸을 비유한 말. 鋸는 톱, 또는 '톱으로 자르다'의 뜻. 穿은 구멍을 뚫다. 力索(역색):힘써 구함. 索은 求의 뜻. 水到渠成(수도거성):물이 흘러와서 자연히 개천이 이루어짐. 학문을 열심히 하면 스스로 道를 이루게 된다는 말의 비유. 渠는 溝. 蒂(체):蔕의 俗字로 과일의 꼭지, 또는 근본. 天機(천기):자연의 오묘한 작용.

【뜻 풀이】 짚으로 꼰 새끼줄도 톱 삼아 오래 켜면 나무를 자를 수 있고, 똑똑 떨어지는 낙숫물도 돌에 구멍을 뚫는다. 학문을 하는 사람도 이와 같이 꾸준한 노력을 기울이면 드디어는 목적을 달성할 수 있는 것이다.

도랑물이 모여 큰 강을 이루고, 참외는 익으면 절로 꼭지가 떨어진다. 진리를 깨달으려는 사람도 이와 같이 천지자연의 진리대로 꾸준히 정진(精進)하면 마침내는 장강대하(長江大河)를 이루고 드디어는 절로 꼭지가 떨어지도록 원숙(圓熟)하여 대오철저(大悟徹底)하기에 이르게 되는 것이다.

110

機息時 便有月到風來 不必苦海人世. 心遠處 自無車塵馬迹 何須痼疾丘山.
기식시 변유월도풍래 불필고해인세 심원처 자무거진마적 하수고질구산

마음의 활동이 쉬면 곧 달이 떠오르고 바람이 불어오나니, 이 세상 반드시 고해(苦海)는 아니로다.

마음이 속세(俗世)를 멀리 떠나 있으면 절로 수레의 티끌과 말의 자취가 없나니, 어찌 자연에 병들 것 있으랴!

【글자 뜻】 機:틀 기. 便:문득 변. 遠:멀 원. 車:수레 거. 須:모름지기 수. 痼:고질 고. 疾:병 질.

【말의 뜻】 機息(기식):마음의 활동이 쉼. 일을 도모하는 마음의 활동이 중지함. 機는 마음의 활동. 月到風來(월도풍래):달은 중천(中天)에 밝게 떠오르고 바람은 수면(水面)에 불어옴. 마음이 청정(淸淨)해짐. 광풍제월(光風霽月)과 같은 청허(淸虛)한 심경을 의미함. 苦海人世(고해인세):괴로움 많은 세상. 心遠(심원):마음이 세속을 멀리 떠남. 車

塵馬迹(거진마적):수레와 말이 왕래할 때의 시끄러움을 의미한다.

痼疾丘山(고질구산):산수(山水)를 사랑함이 불치의 병이 됨. 痼疾은 고칠 수 없는 병.

【뜻 풀이】 세상 사람들은 흔히 인생을 고해(苦海)라 일컫는다. 그러나 물욕에서 벗어나 마음의 활동을 쉬게만 한다면 절로 밝은 달, 맑은 바람처럼 마음은 깨끗하고 인생은 즐거워진다.

또 사람들은 속세가 시끄럽다 하여 자연을 찾아간다. 그러나 내 마음만 속세에서 멀리 벗어나 유유자적(悠悠自適)한다면 티끌과 소음(騷音)은 절로 사라져 속세는 선경(仙境)이 되는 것이다.

111

草木纔零落 便露萌穎於根底. 時序雖凝寒 終回陽氣
초 목 재 영 락 변 로 맹 영 어 근 저 시 서 수 응 한 종 회 양 기
於飛灰. 肅殺之中 生生之意 常爲之主. 即是可以見
어 비 회 숙 살 지 중 생 생 지 의 상 위 지 주 즉 시 가 이 견
天地之心.
천 지 지 심

풀과 나무가 마침내 시들어 떨어지면 곧 뿌리에서 새싹이 돋아나고, 계절은 비록 엄동(嚴冬)이지만 마침내 날아 나오는 재[灰]로 봄기운이 돌아온다.

만물을 죽이는 기운 가운데에도 자라나게 하는 뜻이 항상 위주로 되어 있으니 이로써 가히 천지(天地)의 마음을 볼 수 있다.

【글자 뜻】 纔 : 겨우 재. 萌 : 싹 맹. 底 : 밑 저. 凝 : 엉길 응. 肅 : 엄숙할 숙.
【말의 뜻】 零落(영락) : 시들어 떨어짐. 萌穎(맹영) : 새싹. 時序(시서) : 본래는 4계절의 순환, 즉 춘하추동을 가리키지만 여기서는 '절기, 계절'의 뜻. 凝寒(응한) : 얼어붙는 추위. 엄동(嚴冬). 回陽氣於飛灰(회양기어비회) : 대나무통[竹筒]에 넣어둔 재[灰]가 날아 나와 일양내복(一陽來復)의 동지(冬至)를 알려 준다. 回陽氣는 일양내복(一陽來復)의 뜻으로 음력 시월은 陰의 기운이 가장 왕성한 때여서 陽의 기운이 하나도 없다가 동짓달이 되어서야 비로소 陽의 기운이 처음 생겨나므로, 轉하여 동지 또는 겨울이 가고 봄이 옴을 의미함. 肅殺(숙살) : 만물을 죽이는 가을, 겨울의 냉혹한 기운. 肅殺之氣는 처서(處暑) 이후에서 백로(白露) 이전까지를 가리킨다. 生生之意(생생지의) : 생생발육(生生發育)의 뜻. 생명력.

【뜻 풀이】 초목(草木)의 잎이 시들고 떨어지면 뿌리에서는 벌써 새싹을 마련하고 있다. 엄동설한(嚴冬雪寒)이 되면 벌써 화풍난양(和風暖陽)의 봄기운이 그 속에서 자라나고 있는 것이다. 이처럼 천지자연(天地自然)의 마음이란 만물을 죽게 하는 가운데서도 언제나 나고 자라게 하는 뜻을 위주로 삼고 있는 것이다.

112

雨餘觀山色 景象便覺新姸. 夜靜聽鐘聲 音響尤爲淸越.
우여관산색 경상변각신연 야정청종성 음향우위 청월

비 갠 뒤에 산빛을 보면 더욱 청신(淸新)하고 고우며
고요한 밤에 종소리를 들으면 그 소리가 더욱 맑고 높도다.

【글자 뜻】 餘:남을 여. 姸:고울 연. 響:울릴 향. 越:넘을 월.
【말의 뜻】 雨餘(우여):비 갠 뒤. 餘는 後의 뜻. 景象(경상):경치. 경색(景色). 新姸(신연):청신(淸新)하고 고움. 姸은 美의 뜻. 淸越(청월):소리가 맑고 높음.

【뜻 풀이】 비가 갠 뒤에 산빛을 바라보면 초목(草木)이 생기를 얻어 그 경치가 문득 더 새롭고 아름답다. 천지가 다 잠든 깊은 밤 고요할 때에 문득 먼 절에서 들려오는 종소리를 들으면 마음이 한결 새로워져 그 소리가 더욱 맑고 고상하게 느껴진다.

113

登高使人心曠 臨流使人意遠. 讀書於雨雪之夜 使人神淸 舒嘯於丘阜之巓 使人興邁.
등고사인심광 임류사인의원 독서어우설지야 사인신청 서소어구부지전 사인흥매

높은 곳에 오르면 사람의 마음이 넓어지고
맑은 시냇가에 서면 사람의 마음이 세속(世俗)을 떠나며
눈비 내리는 밤에 책을 읽으면 사람의 정신이 맑아지고
언덕 위에 올라 시구(詩句)를 읊조리면 사람의 흥취가 높아진다.

【글자 뜻】 曠:밝을 광, 넓을 광. 臨:임할 임. 舒:펼 서. 嘯:휘파람 불 소. 巓:산꼭대기 전. 邁:갈 매.

【말의 뜻】 臨流(임류):맑은 시냇가에 섬. 意遠(의원):마음이 세속을 떠남. 神淸(신청):정신이 맑아짐. 舒嘯於丘阜之巓(서소어구부지전):언덕에 올라 조용히 시구(詩句)를 읊조림. 舒嘯는 조용히 읊조리다. 丘阜는 언덕, 작은 산. 巓은 꼭대기, 頂의 뜻. 興邁(흥매):흥취가 높아짐. 감흥(感興)이 고상해짐. 邁는 '고매(高邁)'의 뜻.

【뜻 풀이】 높은 산에 올라가 탁 트인 아래를 내려다보면 사람의 마음이 절로 넓어지고, 강가에 서서 멀리 흘러가는 물결을 바라보면 사람의 뜻이 절로 원대(遠大)해지며, 비 내리거나 눈 오는 밤에 홀로 등불 돋우고 책을 읽으면 사람의 정신이 절로 맑아지고, 나직한 산마루에 올라 시구(詩句)를 읊조리면 감흥(感興)이 절로 고상해진다.

이와 같이 사람의 마음이란 자연 환경에 따라 감화(感化)되는 것이니 어찌 자연을 수양(修養)의 도장(道場)으로 삼지 않을 수 있으랴!

114

心曠則萬鍾如瓦缶 心隘則一髮似車輪.
심 광 즉 만 종 여 와 부 심 애 즉 일 발 사 거 륜

마음이 넓으면 만종(萬鍾)의 녹(祿)도 질항아리와 같고
마음이 좁으면 한 개의 터럭도 수레바퀴와 같다.

【글자 뜻】 瓦:기와 와. 缶:장군 부. 隘:좁을 애. 髮:터럭 발.

【말의 뜻】 萬鍾(만종):많은 봉록(俸祿). 鍾은 중국 고대의 양(量)의 단위. 一鍾은 6곡 4두(六斛四斗), 약 백 리터 정도. 瓦缶(와부):질항아리. 무가치한 것을 의미함.

【뜻 풀이】 마음이 넓은 사람은 고관대작(高官大爵)의 벼슬자리나 백만금(百萬金)의 재물도 깨진 질그릇 조각처럼 여겨 속세를 초월할 수 있지만, 마음이 좁은 사람은 머리카락 한 개가 수레바퀴처럼 크게 보여 명리(名利)를 쫓게 마련이니 어찌 고해(苦海)에서 벗어날 수 있으랴!

115

無風月花柳 不成造化. 無情欲嗜好 不成心體. 只以我
무 풍 월 화 류 불 성 조 화 무 정 욕 기 호 불 성 심 체 지 이 아

轉物 不以物役我 則嗜慾莫非天機 塵情卽是理境矣.
전 물 불 이 물 역 아 즉 기 욕 막 비 천 기 진 정 즉 시 이 경 의

바람과 달과 꽃과 버들이 없으면 천지(天地)의 조화(造化)도 이루어지지 못하며, 정욕(情慾)과 기호(嗜好)가 없으면 마음의 본체(本體)도 이루어지지 못한다.

다만 나로써 사물을 부리고 사물로써 나를 부리지만 않는다면 기호(嗜好)와 정욕도 하늘의 작용이 아닌 것이 없고 세속적인 마음도 곧 진리의 경계이다.

【글자 뜻】 柳:버들 류. 役:부릴 역. 莫:없을 막.

【말의 뜻】 風月花柳(풍월화류):자연의 다채로움을 형용한 말. 造化(조화):천지(天地)의 조화. 心體(심체):마음의 본체(本體). 轉(전):부리다. 使의 뜻. 嗜慾(기욕):기호(嗜好)와 정욕(情慾). 天機(천기):하늘의 오묘한 작용. 塵情(진정):세속적인 마음. 理境(이경):진리의 세계.

【뜻 풀이】 만일 춘하추동(春夏秋冬)의 순환(循環)이 없어 따뜻한 봄바람, 가을의 밝은 달, 아름다운 꽃, 푸르른 버들이 없다면 조물주(造物主)의 묘한 재주도 이루어질 수가 없다.

이와 마찬가지로 사람도 정욕(情慾)과 기호(嗜好)가 없다면 인생은 무미건조(無味乾燥)하여 마치 마른 나무처럼 생기가 없어 마음의 바탕이 성립되지 못할 것이다. 문제는 정욕이나 기호 자체가 나쁜 것이 아니라 사람이 그것에 얽매여 본성(本性)을 잃는 것이 나쁜 것이다.

만일 자기 마음의 주인이 되어 사물의 지배에서 벗어나 모든 사물을 자유자재로 부리기만 한다면 기호와 정욕도 천지의 작용과 일치되고 속세의 마음도 우주의 진리와 일치되는 경지에 이를 것이다.

116

就一身了一身者 方能以萬物付萬物. 還天下於天下者
취 일 신 료 일 신 자 방 능 이 만 물 부 만 물 환 천 하 어 천 하 자
方能出世間於世間.
방 능 출 세 간 어 세 간

자기 한 몸에 대하여 한 몸을 다 깨달은 사람은 바야흐로 만물(萬物)

을 만물에 맡길 수 있고, 천하(天下)를 천하에 돌리는 사람은 바야흐로 속세(俗世)에서 속세를 벗어날 수 있을 것이다.

【글자 뜻】就:이룰 취. 還:돌아올 환. 間:틈 간.

【말의 뜻】就(취):~에 대하여. 了(료):환히 깨달음. 以萬物付萬物(이만물부만물):만물을 만물에 부여함. 만물을 자기의 소유로 하지 않고 있는 그대로 맡겨 둠. 出世間於世間(출세간어세간):속세 속에 살면서 속세를 벗어남. 몸은 고뇌(苦惱)가 많은 속세에 살고 있지만 마음은 속세를 벗어나 안락한 천국, 즉 깨달음의 세계에서 사는 것을 의미함.

【뜻 풀이】인생의 진리(眞理)를 깨달음은 자기의 한 조각 마음에 달려 있는 것이다. 자기 한 몸에 대하여 완전히 깨달은 사람이라면 세상의 모든 사물을 자기의 소유로 하려 하지 않고 사물 그 자체에 맡겨 둘 것이다.

이와 같이 온 천하를 고스란히 천하에 돌려보내어 천하의 자유 의사(自由意思)에 맡겨 두는 사람이라야 능히 속세에 살면서도 속세에서 벗어나 이 세상을 천국(天國)으로 삼을 수 있는 것이다.

117

人生太閒 則別念竊生 太忙 則眞性不現. 故士君子 不可不抱身心之憂 亦不可不耽風月之趣.

인생태한 즉별념절생 태망 즉진성불현 고사군자 불가불포신심지우 역불가불탐풍월지취 사람이 너무 한가하면 망념(妄念)이 슬그머니 생기고, 너무 바쁘면 참다운 마음의 본성(本性)이 나타나지 않는 법이다. 그러므로 군자(君子)는 몸과 마음의 근심을 지녀야 하며, 또한 청풍명월(淸風明月)의 맛을 즐겨야 한다.

【글자 뜻】 竊:훔칠 절. 抱:안을 포. 憂:근심할 우. 耽:즐길 탐. 趣:풍취 취.

【말의 뜻】 太閒(태한):너무 한가함. 別念(별념):본성(本性) 이외의 생각. 망념(忘念), 잡념(雜念). 竊生(절생):모르는 사이에 생겨남. 슬그머니 생겨남. 眞性(진성):마음의 본성. 身心之憂(신심지우):심신(心身)을 수양하는 근심을 가리킴. 風月(풍월):청풍명월(淸風明月). 아름다운 자연.

【뜻 풀이】 '소인은 한가하면 악을 저지른다.' 라는 말이 있거니와 사람이란 지나치게 한가로우면 모르는 사이에 잡념이 일어나 방탕(放蕩)과 사치(奢侈)에 흐르기 쉽다. 이와 반대로 너무 바쁘면 자기의 마음마저 돌아다보지 못하고 취생몽사(醉生夢死)하기 일쑤다.

그러므로 지각이 있는 사람은 항상 자기의 마음과 몸가짐을 삼가 아무리 한가해도 사념망상(邪念忘想)을 일으키지 않고, 아무리 바쁜 때라도 화조풍월(花鳥風月)을 벗 삼는 마음의 여유를 잃지 말아야 하는 것이다.

118

人心多從動處失眞. 若一念不生 澄然靜坐 雲興而悠然共逝 雨滴而冷然俱清 鳥啼而欣然有會 花落而瀟然自得. 何地非眞境 何物無眞機.
인심다종동처실진 약일념불생 징연정좌 운흥이유연공서 우적이냉연구청 조제이흔연유회 화락이소연자득 하지비진경 하물무진기

사람의 마음은 흔히 흔들리고 있을 때 그 본성(本性)을 잃게 되거니와 만일 한 생각도 일어나지 않아 마음을 맑게 하고 고요히 앉아 있으면, 구름이 일어나면 한가히 함께 가고 빗방울이 떨어지면 서늘하게 함께 맑아지며, 새가 지저귀면 흔연(欣然)히 즐거워하고 꽃이 떨어지면 환히 마음에 깨달을 것이니, 어느 곳인들 참다운 경지(境地)가 아니며 어느 것인들 참다운 작용이 아니랴!

【글자 뜻】 澄:맑을 징. 坐:앉을 좌. 逝:갈 서.

【말의 뜻】 從(종):따라. 말미암아. 動處(동처):움직이고 있을 때. 동요(動遙)되고 있을 때. 澄然(징연):몹시 맑은 모양. 悠然(유연):한가한 모양. 會(회):마음에 듦. 즐겁게 생각함. 瀟然(소연):산뜻한 모양. 깨끗한 모양. 自得(자득):스스로 깨달아 앎. 眞境(진경):참다운 경지. 진리의 세계. 眞機(진기):천지자연의 참다운 작용.

【뜻 풀이】 사람의 마음이란 본래 누구나 맑은 호수처럼 청정무구(淸淨無垢)한 법이다. 그런데 그 마음을 고이 간직하지 못하고 생각을 일으켜 흔들어 놓기 때문에 파문(波紋)이 일어 본성(本性)을 잃게 되는 것이다.

그러므로 만일 마음에 아무런 잡념도 일으키지 않아 맑고 고요한 채로 조용히 앉아 있기만 한다면, 하늘에 흰 구름이 떠가면 그와 함께 한가히 가고 후드득 빗방울이 떨어지면 그와 함께 맑아지며, 새가 노래하면 절로 마음이 즐거워지고 꽃잎이 떨어지는 것을 보면 자연의 이치를 환히 깨닫게 될 것이다.

이런 경지에 이른다면 몸이 어디에 있든 낙원(樂園) 아닌 곳이 있으며, 무엇을 대하든 우주 자연의 현묘(玄妙)한 작용 아닌 것이 있으랴!

119

子生而母危 鏹積而盜窺 何喜非憂也. 貧可以節用
자 생 이 모 위 강 적 이 도 규 하 희 비 우 야 빈 가 이 절 용
病可以保身 何憂非喜也. 故達人 當順逆一視 而欣戚
병 가 이 보 신 하 우 비 희 야 고 달 인 당 순 역 일 시 이 흔 척
兩忘.
양 망

자식이 태어나면 어머니가 위태하고 돈이 쌓이면 도둑이 엿보는 법이니 어느 기쁨인들 근심이 아니랴!

가난은 비용을 절약하게 하고 병은 몸을 보전하게 하는 법이니 어느 근심인들 기쁨이 아니랴!

그러므로 달인(達人)은 순경(順境)과 역경(逆境)을 한가지로 보아 기쁨과 근심을 모두 잊는다.

【글자 뜻】 危:위태할 위. 鏹:돈 강. 積:쌓을 적. 窺:엿볼 규. 戚:근심할 척.

【말의 뜻】 鏹(강) : 돈꿰미. 가운데 구멍이 난 돈을 끈으로 꿰어 묶은 돈뭉치. 窺(규) : 엿봄. 節用(절용) : 비용을 절약함. 達人(달인) : 도(道)에 통달한 사람. 順逆(순역) : 순경(順境)과 역경(逆境). 欣戚(흔척) : 기쁨과 슬픔, 기쁨과 근심.

【뜻 풀이】 자식이 태어나는 것은 기쁜 경사이지만 어머니는 자식을 낳기 위하여 위험한 지경을 당해야 한다. 또 돈이 쌓여 부자가 되는 것은 즐거운 일이지만 재산을 잃어버리지 않을까 항상 근심에 쌓여 지내게 된다. 그러고 보면 세상일이란 기쁨이 오면 근심이 따르기 마련이다.

가난하면 비용을 절약해 쓰게 되고, 병을 앓음으로써 더욱 건강 관리를 하게 된다. 그러고 보면 세상일이란 근심이 오면 기쁨이 뒤따르기 마련이다.

그러므로 세상 이치를 깨달은 사람은 순경(順境)에 있다 해서 기뻐하지 않고 역경(逆境)에 놓였다 해서 절망하거나 슬퍼하는 일 없이 언제나 초연(超然)히 유유자적(悠悠自適)하는 것이다.

120

耳根似飇谷投響 過而不留 則是非俱謝. 心境如月池
이근사표곡투향 과이불류 즉시비구사 심경여월지
浸色 空而不著 則物我兩忘.
침색 공이불착 즉물아양망

귀는 마치 계곡에 태풍(颱風)이 불어닥쳐 소리를 내는 것과 같은지라 다 지나쳐 남겨두지 않으면 시비(是非)도 함께 사라진다.

마음은 마치 달이 연못에 빛을 던지는 것과 같은지라 텅 비워서 집착(執着)하지 않으면 물아(物我)를 모두 잊게 된다.

【글자 뜻】 根:뿌리 근. 颷:폭풍 표. 響:울릴 향. 謝:물러날 사. 浸:담글 침.

【말의 뜻】 耳根(이근):귀. 불교에서 말하는 6근(六根: 眼根 · 耳根 · 鼻根 · 舌根 · 身根 · 意根)의 하나. 불교에서는 외경(外境)이 이 육근(六根)을 통해 우리의 마음속으로 들어온다고 하며, 이 관문인 기관을 根이라고 한다. 颷谷(표곡):계곡에 태풍이 불어닥침. 颷는 태풍 또는 회오리바람. 謝(사):남아 있지 않음. 없어짐. 月池浸色(월지침색):달이 연못에 빛을 던짐. 著(착):붙잡음. 집착함. 物我(물아):외물(外物)과 나.

【뜻 풀이】 태풍이 골짜기에 불어닥치면 바람 소리 요란하지만 바람이 지나가버리고 나면 골짜기는 다시 고요해진다. 사람의 귀도 이와 마찬가지이다. 여러 사람들의 아첨하고 헐뜯는 모든 소리를 귀 밖으로 흘려보내면 시비(是非)와 원망은 다 사라질 것이다.

또 밝은 달이 고요한 연못에 비치면 달빛이 연못 속에 잠긴다. 그러나 달이 지나가고 나면 연못 속에는 아무것도 없다. 사람의 마음도 이와 마찬가지이다. 마음을 텅 비워 조금도 세속(世俗)의 명리(名利)에 얽매임이 없다면 자연과 나를 다 같이 잊어 물아일체(物我一體)의 진경(眞境)에 이르게 될 것이다.

121

世人爲榮利纏縛 動曰塵世苦海. 不知 雲白山靑 川行
세 인 위 영 리 전 박 동 왈 진 세 고 해 부 지 운 백 산 청 천 행
石立 花迎鳥咲 谷答樵謳. 世亦不塵 海亦不苦 彼自
석 립 화 영 조 소 곡 답 초 구 세 역 부 진 해 역 불 고 피 자
塵苦其心爾.
진 고 기 심 이

세상 사람들은 영화(榮華)와 명리(名利)에 얽매여 걸핏하면 '티끌세상' 이니 '괴로움의 바다' 니 하고 말한다. 그들은 구름 희고 산 푸르며, 냇물 흐르고 바위 우뚝하며, 꽃은 맞이하고 새는 웃으며, 나무꾼은 노래하고 골짜기는 화답한다는 것을 모른다.

이 세상은 티끌세상이 아니요 이 바다 또한 괴로움의 바다가 아니건만 그들은 스스로 자신의 마음을 티끌세상과 괴로움의 바다로 만들고 있을 뿐이다.

【글자 뜻】 纏:얽힐 전. 縛:묶을 박. 咲:웃을 소. 樵:땔나무 초, 나무꾼 초. 謳:노래할 구.

【말의 뜻】 榮利(영리):영화(榮華)와 명리(名利). 纏縛(전박):얽매임, 속박. 纏은 '얽다, 얽히다' 의 뜻. 動曰(동왈):걸핏하면 ~라고 말함. 樵謳(초구):나무꾼이 노래함. 塵苦(진고):진세(塵世)와 고해(苦海).

【뜻 풀이】 세상 사람들은 대개 부귀영화(富貴榮華)에 마음이 얽매여 있기 때문에 흔히들 '티끌세상' 이니 '고해(苦海)' 니 하며 인생을 비관적으로 생각하고 있다.

그러나 조금만 그 속박(束縛)에서 벗어나 대자연을 바라보라. 하늘

에 흰 구름 한가히 날고 산은 푸르러 아름답고, 맑은 냇물이 흘러가고 바위들이 우뚝우뚝 서 있으며, 꽃은 활짝 피어 반가이 맞아주고 새는 노래하며, 나무꾼의 노랫소리에 골짜기가 화답한다.

어디에 티끌세상이 있으며 어디에 고해(苦海)가 있는가! 세상은 이처럼 낙원(樂園)이건만 사람들 자신이 속세의 명리(名利)에 얽매여 있기 때문에 티끌세상과 고해 속에서 허덕일 뿐인 것이다.

122

花看半開 酒飮微醉 此中大有佳趣. 若至爛熳酕醄
화간반개 주음미취 차중대유가취 약지난만모도

便成惡境矣. 履盈滿者 宜思之.
변성악경의 이영만자 의사지

꽃은 반만 피었을 때 보고 술은 조금만 취하도록 마시면 그 가운데 크게 아름다운 맛이 있다.

꽃이 활짝 피고 술이 흠뻑 취하기에 이르면 곧 추악한 경지에 이르는 법이니 가득 찬 상태에 있는 사람은 마땅히 이를 생각할 일이다.

【글자 뜻】 看:볼 간. 醉:취할 취. 爛:문드러질 란. 熳:빛날 만. 酕:취할 모. 醄:취할 도.

【말의 뜻】 爛熳(난만):꽃이 활짝 핀 모양. 만개(滿開). 酕醄(모도):술에 흠뻑 취함. 두 글자 모두 술에 취해 곤드레만드레한 모양. 만취(滿醉). 惡境(악경):추악(醜惡)한 경지. 盈滿(영만):가득 참. 부귀영화를 한껏 누리는 상태를 말함.

【뜻 풀이】 꽃은 반쯤 피었을 때가 아름답고 술은 거나하게 취했을 때 그쳐야 한다. 활짝 핀 꽃은 곧 시들어버리고 술이 곤드레가 되면 오히려 추해지기 때문이다. 어찌 꽃과 술만이 그러하랴!

세상 모든 일이란 가득 차면 기울어지게 마련이다. 부귀영화(富貴榮華)를 한껏 누리고 있는 사람들은 특히 이 이치를 깊이 생각하고 깨달아 너무 가득 차지 않도록 조심해야 할 것이다.

123

山肴不受世間灌漑 野禽不受世間豢養 其味皆香而且
산 효 불 수 세 간 관 개 야 금 불 수 세 간 환 양 기 미 개 향 이 차
冽. 吾人能不爲世法所點染 其臭味不迥然別乎.
렬 오 인 능 불 위 세 법 소 점 염 기 취 미 불 형 연 별 호

산나물은 사람이 가꾸지 않아도 절로 자라고 들새는 기르지 않아도 절로 살건만 그 맛이 모두 향기롭고 또한 맑다. 우리 사람도 세상의 법에 물들지 않으면 그 맛이 뛰어나 다르지 않겠는가!

【글자 뜻】 肴:안주 효. 灌:물 댈 관. 漑:물 댈 개. 禽:날짐승 금. 豢:기를 환. 冽:맑을 렬. 染:물들일 염.

【말의 뜻】 山肴(산효):산에서 자라는 나물. 야생의 나물. 世間(세간):'인공(人工)'의 뜻. 灌漑(관개):물을 줌. 가꿈. 豢養(환양):기르다. 가축 등을 '사육하다'의 뜻. 豢도 養의 뜻. 冽(렬):맑음. 깨끗함. 世法(세법):세상의 법. 속세의 명리(名利). 點染(점염):물듦. 臭味(취미):냄새와 맛을 뜻하지만 여기서는 인격, 품격(品格). 迥然(형연):

아득히 먼 모양을 뜻하나 여기서는 '특별히 뛰어난' 의 뜻.

【뜻 풀이】 도라지나 고사리 같은 산나물은 사람이 물 주거나 가꾸지 않아도 절로 자라건만 그 품격은 사람이 가꾸는 야채보다 고상하고, 꿩이나 들새들은 사람이 모이를 주어 기르지 않아도 절로 살건만 그 품격은 집에서 기르는 닭이나 오리보다 한결 산뜻하다.

사람도 이와 마찬가지로 명리(名利)에 얽매이지 않고 물들지 않는다면 그 품격이 얼마나 고상하랴!

124

栽花種竹 玩鶴觀魚 亦要有段自得處. 若徒留連光景
재화종죽 완학관어 역요유단자득처 약도유련광경
玩弄物華 亦吾儒之口耳 釋氏之頑空而已 有何佳趣.
완롱물화 역오유지구이 석씨지완공이이 유하가취

꽃을 가꾸고 대나무를 심으며 학(鶴)을 즐기고 물고기를 바라볼지라도 또한 그 가운데 스스로 깨닫는 바가 있어야 한다.

만일 눈앞의 광경에 빠져 겉모습의 아름다움만을 희롱한다면 이는 또한 우리 유학(儒學)에서 말하는 '구이지학(口耳之學)' 이요, 불교에서 말하는 '완공(頑空)' 일 뿐이니 무슨 아름다운 맛이 있으랴!

【글자 뜻】 栽:마를 재. 鶴:학 학. 觀:볼 관. 弄:희롱할 롱. 華:빛날 화.
【말의 뜻】 段(단):일단(一段). 한 개. 留連光景(유련광경):눈앞의 광경에만 빠져 있음. 玩弄(완롱):완상(玩賞)하고 즐김. 物華(물화):겉모

습의 아름다움. 口耳(구이):구이지학(口耳之學). 학문이 귀로 들어와 입으로 나간다는 뜻으로, 小人의 학문을 의미하며 학문이 습득되지 않음을 뜻함. 釋氏(석씨):석가(釋迦). 불교. 頑空(완공):만물을 공(空)으로 보는 소승불교(小乘佛敎)의 견해.

【뜻 풀이】 뜰에 화초와 대나무를 가꾸고 학과 물고기를 길러 즐기는 일은 물론 좋은 취미이기는 하다. 그렇지만 그런 가운데서도 자연의 진리를 깨닫는 바가 있어야 한다. 만일 이를 깨닫지 못하고 겉모습의 아름다움에만 반하여 그것을 즐긴다면 어찌 그윽한 참맛을 알 수 있겠는가?

이는 마치 유학자(儒學者)들이 말하는 구이지학(口耳之學)이나 불교도(佛敎徒)들이 말하는 완공(頑空)에 그칠 뿐이다. 귀로 들은 것을 그대로 입으로 말하는 학문이 어찌 몸에 이로움이 있으며, 일체(一切)가 공(空)이라 한다면 어찌 자연의 진리를 깨달은 것이라 할 수 있으랴!

125

山林之士 清苦而逸趣自饒 農野之夫 鄙略而天眞渾具. 若一失身市井駔儈 不若轉死溝壑神骨猶清.
산림지사 청고이일취자요 농야지부 비략이천진혼구 약일실신시정장쾌 불약전사구학신골유청

산속에 은거(隱居)하는 선비는 청빈(清貧)하여 세속(世俗)을 초월한 맛이 절로 많고, 들에서 농사짓는 사람은 소박(素朴)하여 자연 그대로

의 본성(本性)을 다 지니고 있다.

만일 한번 몸을 시중(市中)의 거간꾼으로 떨어뜨린다면 차라리 도랑이나 골짜기에 굴러떨어져 죽을지언정 정신과 육체가 맑음만 못할 것이다.

【글자 뜻】 饒:넉넉할 요. 鄙:더러울 비. 略:다스릴 략, 간략할 략. 駔:준마 장. 儈:거간 쾌. 溝:도랑 구. 壑:골 학.

【말의 뜻】 山林之士(산림지사):산속에 은거(隱居)하는 지조 높은 사람. 淸苦(청고):청빈(淸貧). 逸趣(일취):세속(世俗)을 초월한 맛. 鄙略(비략):꾸밈이 없고 거칠음. 야비조략(野鄙粗略). 天眞(천진):천진난만한 성질. 자연 그대로의 본성(本性). 渾具(혼구):다 구비함. 駔儈(장쾌):교활한 거간꾼. 중개인(仲介人). 두 글자 모두 '거간(居間)꾼'의 뜻. 轉死溝壑(전사구학):도랑이나 골짜기 사이에 굴러떨어져 죽음. 굶어 죽는 것을 비유한 말. 神骨(신골):정신과 육체. 심신(心身).

【뜻 풀이】 산속에 은거(隱居)하는 뜻 높은 선비는 청빈(淸貧)한 생활을 즐기기 때문에 자연히 속세를 초월한 고상한 맛을 지니고 있다. 또 전야(田野)에 묻혀 밭가는 농부는 소박하고 꾸밈이 없이 자연히 천진난만(天眞爛漫)한 성질을 다 갖추고 있다.

그러나 이와 반대로 시장 바닥에서 협잡꾼 노릇이나 하는 패거리들은 얼마나 속세의 때가 묻은 존재인가! 사람이 이렇게 타락하기보다는 차라리 몸과 마음을 깨끗이 지닌 채 산골에 묻혀 살다 이름도 없이 죽어가는 것이 얼마나 나은 일인가!

126

非分之福 無故之獲 非造物之釣餌 卽人世之機阱. 此
비 분 지 복 무 고 지 획 비 조 물 지 조 이 즉 인 세 지 기 정 차
處著眼不高 鮮不墮彼術中矣.
처 착 안 불 고 선 불 타 피 술 중 의

분수에 넘치는 복(福)과 까닭 없이 얻은 이득은 조물주(造物主)의 낚시 미끼가 아니면 인간 세상의 함정이다. 이러한 경우 눈을 높이 들지 않으면 그 술책 속에 떨어지지 않기 어렵다.

【글자 뜻】 獲:얻을 획. 釣:낚시 조. 餌:미끼 이. 阱:함정 정. 墮:떨어질 타.

【말의 뜻】 非分之福(비분지복):분수에 넘치는 복(福). 無故之獲(무고지획):정당한 이유 없이 획득한 이득. 造物(조물):조물주. 釣餌(조이):낚시의 미끼. 機阱(기정):함정. 機는 속이다. 阱은 穽과 同子. 鮮(선):드묾.

【뜻 풀이】 세상 사람들은 흔히 자기 분수에 넘치는 지위나 불로소득(不勞所得)의 횡재를 바라고 있다. 그러나 여기에는 운명의 신(神)이 사람을 희롱하기 위하여 던진 낚시의 미끼가 들어 있거나 사람들이 만들어 놓은 깊은 함정이 숨어 있게 마련이다.

그러므로 이런 곳에서는 눈을 높이 들어 그 덫에 걸려들지 않도록 조심해야 한다. 만일 눈앞의 이득만을 생각하여 덤벼든다면 그는 틀림없이 미끼나 함정에 걸려 일신(一身)을 망치고 말 것이다.

127

人生原是一傀儡. 只要根蒂在手. 一線不亂 卷舒自由
인 생 원 시 일 괴 뢰 　지 요 근 체 재 수 　일 선 불 란 　권 서 자 유
行止在我 一毫不受他人提掇 便超出此場中矣.
행 지 재 아 　일 호 불 수 타 인 제 철 　변 초 출 차 장 중 의

인생은 원래 하나의 꼭두각시놀이이니 오직 그 밑뿌리를 손에 쥐고 있어야 한다. 한 가닥 실도 혼란됨이 없고, 감고 풀음이 자유롭고, 가고 멈춤이 나에게 있어 털끝만큼도 남의 간섭을 받지 말아야 곧 이 놀이마당에서 벗어날 수 있는 것이다.

【글자 뜻】 傀:꼭두각시 괴. 儡:꼭두각시 뢰. 線:줄 선. 掇:주울 철. 超:넘을 초.

【말의 뜻】 傀儡(괴뢰):꼭두각시. 꼭두각시놀이. 根蒂(근체):밑뿌리. 근본. 토대. 蒂는 蔕와 同字로 '근본'의 뜻. 卷舒(권서):감고 풀음. 行止(행지):가고 멈춤. 움직이고 정지함. 提掇(제철):간섭(干涉). 掇은 본래 '노략질하다'의 뜻. 超出(초출):초월. 場中(장중):무대. 인생을 비유한 말.

【뜻 풀이】 인생이란 본래 하나의 꼭두각시놀이[人形劇]와 같은 것이다. 꼭두각시놀이란 인형의 각 부분에 실을 매어 이 실들을 가지고 조종(操縱)하는 연극이다. 그러므로 꼭두각시놀이에서는 무엇보다도 실의 밑뿌리를 꽉 움켜잡고 있어야 실들이 헝클어지지 않고, 감고 풀어줌을 자유자재로 하여 움직이고 멈춤을 내 마음대로 할 수 있는 것이다.

인생도 이와 마찬가지로 자기의 마음의 밑뿌리를 꽉 잡고 있어 조

금도 남의 간섭을 받지 말아야 비로소 꼭두각시놀이의 무대와 같은 속세를 초월할 수 있는 것이다.

128

一事起則一害生. 故天下常以無事爲福. 讀前人詩云
일 사 기 즉 일 해 생 고 천 하 상 이 무 사 위 복 독 전 인 시 운
勸君莫話封侯事 一將功成萬骨枯. 又云 天下常令萬事
권 군 막 화 봉 후 사 일 장 공 성 만 골 고 우 운 천 하 상 령 만 사
平 匣中不惜千年死. 雖有雄心猛氣 不覺化爲氷霰矣.
평 갑 중 불 석 천 년 사 수 유 웅 심 맹 기 부 각 화 위 빙 산 의

한 가지 일이 일어나면 한 가지 해로움이 생기는 법이니 천하(天下)는 항상 일 없음을 복(福)으로 삼는다.

옛사람의 시를 읽으니, 이르기를 '그대에게 권하노니 제후(諸侯)에 봉해지는 일을 이야기하지 말라. 한 장수가 공(功)을 세움에는 만 사람의 뼈가 마르느니라.' 하였고 또 이르기를 '천하가 항상 무사태평(無事太平)하다면 칼이 갑(匣) 속에서 천 년(千年)을 썩어도 아깝지 않으리라.' 하였다.

비록 영웅의 마음과 용맹스런 기개가 있을지라도 모르는 사이에 얼음과 눈처럼 사라지리라.

【글자 뜻】 讀:읽을 독. 匣:갑 갑. 雖:비록 수. 霰:싸라기눈 산.

【말의 뜻】 前人詩(전인시):당(唐)의 시인 조송(曹松)의 詩 〈己亥歲〉를 가리킴. 封侯(봉후):공(功)을 세워 제후에 봉해짐. 입신영달(立身榮達)을 의미함. 萬骨枯(만골고):만 사람의 뼈가 마름. 만 명의 부하가 죽

어간다는 뜻. 匣(갑):작은 상자. 千年死(천년사):명검(名劍)을 천 년 동안이나 사용치 않고 내버려두어 녹이 슨다는 뜻. 雄心猛氣(웅심맹기):영웅다운 마음과 용맹스런 기개. 氷霰(빙산):얼음과 싸락눈.

【뜻 풀이】 세상의 모든 일이란 언제나 이해(利害)와 득실(得失)이 상반되게 마련이어서 한 가지 기쁜 일이 생기면 반드시 해로운 일이 뒤따르는 법이다. 그러므로 인생이란 무사태평(無事太平)한 것이 가장 맑은 복이다.

옛사람의 시에 이르기를 '그대여, 공을 세워 제후(諸侯)가 되는 일 말하지 말게. 한 장수 공 세움에는 일만 사람이 죽어간다네.' 라 하였고, 또 이르기를 '천하가 늘 무사태평하다면야 갑 속의 칼이 천 년을 썩은들 아까우리.' 라 했다. 이런 시구(詩句)를 읽으면 공명(功名)을 세우려던 생각이 모르는 사이에 봄눈처럼 사라져버릴 것이다.

129

淫奔之婦 矯而爲尼 熱中之人 激而入道. 清淨之門
음 분 지 부 교 이 위 니 열 중 지 인 격 이 입 도 청 정 지 문
常爲婬邪之淵藪也 如此.
상 위 음 사 지 연 수 야 여 차

음탕한 여자도 극단(極端)에 이르면 여승(女僧)이 되고, 명리(名利)에 열중하는 사람도 과격(過激)해지면 불도(佛道)에 들어가거니와, 깨끗한 불문(佛門)이 음탕함과 사악함의 소굴(巢窟)이 됨이 이와 같도다.

【글자 뜻】 淫: 음란할 음. 婦: 며느리 부. 矯: 바로잡을 교. 激: 격할 격. 淵: 못 연. 藪: 늪 수.

【말의 뜻】 淫奔之婦(음분지부): 음탕한 여자. 奔婦는 정식으로 혼례를 거치지 않고, 남자에게서 달아난 여자라는 뜻으로 바람난 여자를 가리킴. 矯(교): 극단(極端)으로 달림. 尼(니): 여승(女僧). 熱中之人(열중지인): 일에 열중하는 사람. 여기서는 명리(名利)에 열중하는 사람을 의미한다. 入道(입도): 불문(佛門)에 들어감. 清淨之門(청정지문): 신성한 불문(佛門). 婬邪(음사): 음란(婬亂)함과 사악(邪惡)함. 婬은 淫과 통용됨. 淵藪(연수): 소굴(巢窟). 淵은 물고기들이 모여드는 곳. 藪는 새나 짐승들이 많이 모이는 곳.

【뜻 풀이】 음탕하게 굴던 매춘부가 극단에 이르면 머리를 깎고 절로 들어가 여승(女僧)이 되기도 하고, 명리(名利)에 열중하던 사람이 실패를 거듭하면 속세에 뜻을 잃고 절간으로 들어가 승려가 되는 수도 있다. 이리하여 청정무구(清淨無垢)의 극치(極致)인 불문(佛門)이 음탕하고 사악한 사람들이 모여드는 소굴(巢窟)을 이루게 되는 것이다.

130

波浪兼天 舟中不知懼 而舟外者寒心. 猖狂罵座 席上
파랑겸천 주중부지구 이주외자한심 창광매좌 석상
不知警 而席外者咋舌. 故君子 身雖在事中 心要超事
부지경 이석외자색설 고군자 신수재사중 심요초사
外也.
외야

파도가 하늘에 맞닿을 때 배 안에 있는 사람은 두려움을 모르나 배 밖에 있는 사람은 마음이 서늘해지며, 미치광이가 좌중(座中)에 욕설을 퍼부을 때 그 자리에 있는 사람은 경계할 줄 모르나 그 자리 밖에 있는 사람은 혀를 찬다.

그러므로 군자는 몸은 비록 일 가운데 있을지라도 마음은 그 일을 초월하여 밖에 있어야 하는 것이다.

【글자 뜻】兼:겸할 겸. 懼:두려할 구. 罵:욕할 매. 席:자리 석.

【말의 뜻】兼天(겸천):하늘과 맞닿음. 하늘에까지 이름. 兼은 '하나로 합치다' 의 뜻. 懼(구):두려움. 寒心(한심):마음이 서늘해짐. 두려워하며 걱정하는 것을 의미함. 猖狂(창광):미쳐 날뜀. 여기서는 술에 만취(滿醉)한 사람이 날뛰는 것을 의미함. 罵座(매좌):좌중(座中)에 욕설을 퍼부음. 咋舌(색설):혀를 깨물다. 아니꼽게 생각한다는 뜻. 여기서는 '혀를 찬다' 로 해석했다. 咋은 '잠깐' 의 뜻일 때에는 '사' 로 읽고, '깨물다, 씹다' 의 뜻일 때에는 '색' 으로 읽는다.

【뜻 풀이】풍랑(風浪)이 심하여 금세 배가 뒤집힐 지경에 이르면 배에 타고 있는 사람들보다 오히려 기슭에서 이를 바라보는 사람의 간담(肝膽)이 더 서늘해지고, 술자리에서 주정뱅이가 미쳐 날뛰면 좌중 사람들은 취해 모르지만 맨 정신으로 바라보는 제삼자들은 혀를 차고 눈살을 찌푸리는 법이다.

그러므로 군자는 몸은 비록 일의 소용돌이 속에 있을지라도 마음만은 항상 일 밖에 두어 냉정(冷靜)을 잃지 말아야 하는 것이다.

131

人生減省一分 便超脫一分. 如交遊減便免紛擾 言語
인 생 감 생 일 분 변 초 탈 일 분 여 교 유 감 변 면 분 요 언 어
減便寡愆尤 思慮減則精神不耗 聰明減則混沌可完.
감 변 과 건 우 사 려 감 즉 정 신 불 모 총 명 감 즉 혼 돈 가 완
彼不求日減而求日增者 眞桎梏此生哉.
피 불 구 일 감 이 구 일 증 자 진 질 곡 차 생 재

사람이란 한 푼(一分)을 덜어 줄이면 곧 한 푼을 초월(超越)하는 법이다.

사귐을 덜면 분란(紛亂)을 면하고, 말[言]을 덜면 허물이 적어지며, 생각을 덜면 정신이 소모(消耗)되지 않고, 총명(聰明)함을 덜면 본성(本性)을 보전할 수 있다.

사람들이 날로 덜기를 구하지 않고 오직 더하기를 구하는 것은 자기 인생을 속박하는 것이로다.

【글자 뜻】脫:벗을 탈. 擾:시끄러울 요. 寡:적을 과. 愆:허물 건. 耗:소모할 모. 梏:쇠고랑 곡.

【말의 뜻】減省(감생):덜어내어 줄임. 一分(일분):한 푼. 적은 양(量)을 의미함. 交遊(교유):교제. 사귐. 어울림. 紛擾(분요):시끄러움. 분란(紛亂). 寡(과):적음. 愆尤(건우):허물. 잘못. 두 글자 모두 허물의 뜻. 耗(모):소모(消耗)하다. 聰明(총명):聰은 귀가 밝은 것을 의미하며 明은 눈이 밝은 것을 의미한다. 귀와 눈이 예민함을 의미함. 混沌(혼돈):천지(天地)가 구분되기 이전의 어두운 상태. 여기서는 총명(聰明)에 대응되는 말로 '본성(本性)'을 가리킨다. 桎梏(질곡):속박. 桎은 죄인의 다리에 채우는 차꼬, 梏은 죄인의 손에 채우는 수갑

으로 모두 형구(刑具)이다.

【뜻 풀이】 사람이 세상을 살아감에 있어서 무엇이나 자기에게서 조금만 덜어내면 그만큼 세속(世俗)에서 초탈(超脫)하게 되는 것이다.

만일 사람 사귐을 조금 덜어 삼가면 시끄러운 일이 없을 것이요, 말을 줄여 조심하면 허물이 적어지고, 생각을 줄이면 그만큼 정신의 소모가 줄어들며, 총명한 체하는 마음을 덜어 내면 인간의 본성(本性)을 잃지 않을 것이다.

그런데 세상 사람들은 이 덜어내는 묘미(妙味)를 깨닫지 못하고 부질없이 더하려고만 허둥대고 있거니와 이는 결국 자기 인생을 속박하는 것일 뿐이니 어찌 한심스럽지 않으랴!

132

天運之寒暑易避 人世之炎涼難除. 人世之炎涼易除
천운지한서이피 인세지염량난제 인세지염량이제
吾心之氷炭難去 去得此中之氷炭 則滿腔皆和氣 自隨
오심지빙탄난거 거득차중지빙탄 즉만강개화기 자수
地有春風矣.
지유춘풍의

천지 운행(天地運行)에 의한 추위와 더위는 피하기 쉬워도 인간 세상의 더위와 추위는 제거하기 어렵고, 인간 세상의 더위와 추위는 제거하기 쉬워도 내 마음의 추위와 더위는 제거하기 어렵다.

만일 내 마음의 추위와 더위를 제거하기만 한다면 가슴 가득히 다 화기(和氣)여서 가는 곳마다 절로 봄바람이 있으리라.

【글자 뜻】 運:돌 운. 暑:더울 서. 腔:속 빌 강.

【말의 뜻】 天運(천운):천지의 운행. 4계절의 운행을 의미한다. 炎涼(염량):인정(人情)의 뜨겁고 차가움. 인정의 변덕스러움을 비유한 말. 氷炭(빙탄):차갑고 뜨거움. 냉열(冷熱). 마음의 변덕스러움을 비유한 말. 滿腔(만강):가슴에 가득 참. 隨地(수지):이르는 곳마다.

【뜻 풀이】 천지(天地)의 운행(運行)에 따라 생기는 여름의 더위와 겨울의 추위는 그래도 피하기가 수월하지만 세상 인정(人情)의 더웠다 식었다 하는 변덕은 피하기가 어렵다. 세상 인정의 변덕은 그래도 견디기 수월하다. 가장 제거(除去)하기 어려운 것은 자기 마음의 더웠다 식었다 하는 변화이다.

만일 자기 마음의 이러한 변화를 제거하기만 한다면 온 마음이 화기(和氣)에 가득 차 어떤 경우나 어떤 처지에 있을지라도 따뜻한 봄바람처럼 만물을 자라나게 할 것이다.

133

茶不求精而壺亦不燥 酒不求冽而樽亦不空. 素琴無絃而
차 불 구 정 이 호 역 부 조 주 불 구 례 이 준 역 불 공 소 금 무 현 이
常調 短笛無腔而自適. 縱難超越羲皇 亦可匹儔嵇阮.
상 조 단 적 무 강 이 자 적 종 난 초 월 희 황 역 가 필 주 혜 완

차[茶]는 좋은 것을 구하지 않으니 차 단지 마르는 일 없고
술은 향기로운 것을 구하지 않으니 술통 비는 일 없네.
장식 없는 질박(質朴)한 거문고는 줄이 없어도 항상 탈 수 있고

짧은 피리는 구멍이 없어도 스스로 즐겁네.

비록 복희씨(伏羲氏)는 뛰어 넘기 어려우나

가히 죽림칠현(竹林七賢)에는 필적(匹敵)할 수 있으리.

【글자 뜻】 茶:차 차. 樽:술통 준. 羲:복희씨 희. 皇:임금 황. 儔:짝 주. 嵇:산 이름 혜.

【말의 뜻】 精(정):정량품(精良品). 극상품(極上品). 壺亦不燥(호역부조):차[茶] 단지에 찻잎이 떨어지지 않음. 壺는 병, 단지. 洌(례):맛이 맑고 향기로움. 樽(준):술 단지. 素琴(소금):장식이 없는 질박(質朴)한 거문고. 無絃(무현):무현금(無絃琴). 줄이 없는 거문고. 후집(後集) 96의 【말의 뜻】 참조. 無腔(무강):구멍이 없는 피리. 縱(종):비록. 羲皇(희황):중국 태고(太古) 전설의 제왕(帝王) 복희씨(伏羲氏). 성덕(聖德)이 일월(日月)과 같았다고 함. 여기서는 태고의 소박함에 비유한 말. 匹儔(필주):필적(匹敵)하다. 동류(同類)가 되다. 匹은 짝, 벗. 儔는 우리, 동배(同輩). 嵇阮(혜완):晋나라 혜강(嵇康)과 완적(阮籍). 이들은 산도(山濤)·상수(向秀)·유영(劉伶)·완함(阮咸)·왕융(王戎)과 함께 죽림칠현(竹林七賢)으로 일컬어지는 인물로 세속(世俗)을 피해 죽림(竹林)으로 들어가 청담(淸談)을 일삼았다. 여기서는 세속을 초월함을 비유하여 말하고 있다.

【뜻 풀이】 좋은 차[茶]를 바라지 않으니 항상 차를 끓여 마실 수 있고, 좋은 술을 바라지 않으니 술 또한 언제나 마실 수 있다. 또 이런 가운데서 장식 없는 질박(質朴)한 거문고는 현(絃)이 없어도 타며 항상 즐길 수 있고, 피리는 구멍이 없어도 항상 스스로 즐길 수 있다.

이러한 경지야말로 유유자적(悠悠自適)의 경지로서 비록 태고시대

(太古時代) 복희씨(伏羲氏)를 따르지는 못할지라도 진(晋)나라 시대 죽림칠현(竹林七賢)에 필적하는 즐거움은 누릴 수 있으리라.

134

釋氏隨緣 吾儒素位 四字是渡海的浮囊. 蓋世路茫茫
석 씨 수 연 오 유 소 위 사 자 시 도 해 적 부 낭 개 세 로 망 망
一念求全 則萬緖紛起. 隨寓而安 則無入不得矣.
일 념 구 전 즉 만 서 분 기 수 우 이 안 즉 무 입 부 득 의

불교에서 말하는 '수연(隨緣)'과 우리 유교에서 말하는 '소위(素位)'의 네 글자는 곧 바다를 건너는 부낭(浮囊)이다.

대개 세상을 건너는 길이란 아득히 멀기에 오로지 한 생각 완전함을 구한다면 만 갈래 마음의 실마리가 어지러이 일어나는 법이니, 처지에 따라 편안히 하면 이르는 곳마다 만족하지 못하는 일이 없으리라.

【글자 뜻】位:자리 위. 渡:건널 도. 浮:뜰 부. 囊:주머니 낭. 蓋:덮을 개. 茫:아득할 망. 緖:실마리 서.

【말의 뜻】釋氏(석씨):석가(釋迦). 여기서는 불교(佛敎)를 의미함. 隨緣(수연):인연을 따름. 인연에 따라 일을 처리하거나 처신(處身)하는 것을 의미함. 素位(소위):자기의 본분을 지킴. 현재 자기의 지위와 신분에 맞게 처신하는 것을 의미함. 素는 傃, '향하다, 처하다'의 뜻. 浮囊(부낭):물에 빠지지 않고 뜨게 하기 위해 몸에 지니는 주머니로 '유일한 구명용구(求命用具)'의 뜻. 世路茫茫(세로망망):세상을 건너는 길이 아득히 멂. 萬緖(만서):만 갈래 생각의 실마리. 모든 욕념

(欲念). 寓(우):임시 거처. 잠시 놓인 처지. 無入不得(무입부득):이르는 곳마다 얻지 못함이 없다. 어떤 경우에 처해서도 만족하지 못하는 일이 없다는 뜻.

【뜻 풀이】 불교에서는 '수연(隨緣)'을 주장하고 있다. 즉 인생의 부귀(富貴)와 빈천(貧賤)은 다 전생(前生)의 인연에 의하여 이루어지는 것이므로 그 인연에 따라 처신해야 한다는 것이다.

또 유교에서는 '소위(素位)'를 주장하고 있다. 즉 사람은 자기의 본분(本分)을 지키어 그 분수 밖의 일은 바라지 말아야 한다는 것이다. 부귀하면 부귀한 대로 또 빈천하면 빈천한 대로 마음을 편안히 간직한다면 어떤 처지에서도 편안함을 얻어 인생을 즐겁게 살 수 있을 것이다.

학문을 키워주는 미래로의 산책

온고지신(溫故知新)

'온고(溫故)'는 옛것을 익힌다는 뜻이고, '지신(知新)'은 새것을 안다는 뜻으로
새로운 것을 알기 위해서 옛것을 익히고 배워야 한다.